U0015822

施善與教化：明清的慈善組織

梁其姿／著

清末北方的一個「惜字施棺」所

清末北方棲流所外流民群集

自　序

　　我自從1984年發表了有關育嬰堂一文後，約十年來的工作主要集中在明清的慈善組織上面。十多年前這是個沒有人注意的題目，沒有太多現成的論文可供參考，因此我大部分的精力放在原始資料的收集及整理，希望至少可從中將這些組織理出一個大概歷史輪廓出來。近年來注意這個問題的學者越來越多，無論國內研究台灣史的年輕學者，或國際上較資深的研究各時代的學者，目前有不少人從不同的角度去看慈善組織。在這個時候將我過去的研究工作做一個總結，應該是個好的時機。雖然本書內容與我過去曾發表的一些論文有重複的地方，但是，這本書不是論文集，而是以新的分析架構配合近年新的研究與資料重新寫成的書，書稿在1995年初完成，交付出版。也算是在中央研究院工作多年的一個階段性的交代。

　　1982年我在當時陳昭南所長的鼓勵下進入中研院這個極為優良的研究環境工作，對陳先生當年不但不排斥我這個與台灣學術界毫無淵源的人，還給予我支持與充分的研究空間，讓我自由地探索學術之路，至今仍然感激。

　　本書初稿完成後，中研院幾位老朋友費心看完了我的稿件，給我提供了寶貴的批評及意見，他們是沈松僑、陳永發、陳國棟、李孝悌、范毅軍及劉錚雲諸位先生；另一位一直關注我的研究的是劉翠溶女士。在這裡特別感謝他們多年來的督促與鼓勵。初稿也曾經行政院國科會兩位不具名評審人仔細評審，感謝他們的意見與指正。當然，雖然經過修改，書中仍不免有許多不妥當之處，這些純粹是我個人的過失。

此外，不少友人曾在個別的問題上給我提供資料或意見，在此無法一一致謝，只能在書裡適當的地方向他們致意。

美國一些友人多年來關心我這個研究，他們的關心也是促使我寫成此書的一個重要原因，這裡特別要感謝Benjamin Elman、Charlotte Furth、Richard von Glahn、Susan Naquin、Evelyn Rawski、William Rowe及黃宗智與高彥頤諸位先生。日本的溝口雄三與夫馬進先生、北京的陳祖武先生也在我研究期間給予協助與鼓勵，在此謹誌誠摯的謝意。

劉蓮枝、陳秀娟、張蕙菁、林秀美幾位小姐曾在資料收集及整理方面先後給我極大的幫忙。在這裡除了感謝她們之外，還要祝福她們前途美好。

這個研究曾得行政院國科會及傅爾布萊特(Fulbright)基金的研究贊助。同時，除了在中研院各圖書館及漢學研究中心資料室收集資料外，1985-86年間我到哈佛大學哈燕社、普林斯頓大學東亞研究所研究一年，1993年間我到香港中文大學歷史系研究三個月，上述機構及圖書館都曾給我提供研究資料方面的幫助，謹此致謝。

本書在聯經出版公司順利出版，得感謝林載爵先生的熱心幫忙。

最後，謹以本書紀念先母、我敬愛的老師，廣西岑溪陳靜(觀)女士（1922-1992）。

梁其姿

1997年元月於南港

目　次

導　言

　　本書主要討論明清時代的慈善組織，但並非所有的慈善事業。筆者感興趣的是一方善士所共同組織的善會及善堂，這些組織不屬宗教團體、也不屬某一家族，是地方紳衿商人等集資、管理的長期慈善機構，這類組織通常並無重要的經濟功能，各項活動亦無時間上的急迫性，如救棄嬰、收養貧病、寡婦、施棺施藥施米，甚至惜字紙等。這些機構並不包括以賑災爲主的社倉、義倉、粥廠等，此類組織直接地牽涉著經濟，甚至政治秩序問題，有較長久的歷史淵源，也有較多的政府參與。本書亦不討論個別善士修橋補路式的善行，也不包括義田義莊類的家族救濟組織，政府及宗教團體的賑濟活動也自然不在討論範圍之內。宗教組織及家族所辦的慈善活動的由來已久，並非獨見於明清時期。而本書所討論的慈善組織則是明清社會的新現象。

　　在時間方面，這個新現象出現在十六世紀末期的明代，其後除了在十七世紀中葉明清交接之際稍息數年外，一直有所發展，甚至在民國初期，爲數不少的傳統善堂仍在繼續運作。但本書所處理的善堂歷史主要是十九世紀中以前的歷史。我把研究集中在1850年代以前，主要是基於以下的考慮：十六世紀末至十九世紀中的這段歷史較有一致性，在這段時間內出現的慈善組織是中國傳統社會文化的產品。十九世紀中期以後，我們看到較多前所未有的社會變數：其一，隨著帝國主義的入侵，西方基督教組織在十九世紀中以後大舉進入中國，一方面與中國傳統善堂競爭，一方面也因而影響了中國原有善堂的發展方向，此後的善堂已

多少被「洋化」了[1]；其二，經過十多年的太平天國之亂，中國社會
——尤其在南方——在十九世紀的下半葉處於百廢待舉的狀態中，都市
善堂因而擔任了複雜的善後工作。即是說，它們的任務除了傳統的救濟
工作外，同時也往往包括了維持政治秩序，這使得它們的性質有了較深
遠的變化，不再如咸豐以前的善堂那樣單純。可以說，十九世紀中葉以
後的善堂有太多非傳統的因素，分析起來令重點分散，倍加討論上的困
難，所以本書不處理這段歷史，只在有特別需要時引用一二例來說明個
別問題。

那究竟這個維持了幾百年的現象有多普遍呢？筆者利用了兩千多種
的方志對整個清代的慈善組織作了一個統計：育嬰組織先後共成立了至
少973個，普濟堂399個，清節堂類216個，以施棺爲主的善會善堂589
個，綜合性的善會善堂338個，其他難以分類的743個，而且這些數字必
然是低估的，因爲實際上無法參考所有的方志，而方志資料本身也常有
遺漏。這些數字向我們顯示慈善組織普遍性的大致程度。這些慈善組織
遍布全國，省分包括江蘇、浙江、安徽、江西、湖北、湖南、四川、福
建、廣東、廣西、雲南、貴州、河北、山東、河南、山西、陝西、甘肅
等，等於全國主要省分都有(詳細統計資料見附錄)。可以說慈善組織在
清代是一個非常普遍的現象，它們的重要性及社會意義是不容忽視的。

本書除了追溯明清慈善組織的淵源、並描述它們的組織形態、主要
活動外，另一目的是探索這個新的歷史現象與明清的社會經濟，及思想
發展的關係。我認爲明清慈善組織不是一個簡單的社會新現象，其中滲
透了複雜而具體的文化因素；我們必須較全面地去了解這個現象，不但
從客觀的社會經濟角度去探討善堂的成因，也更要從施善者的主觀角度
去分析善堂的功能與性質。基本上筆者嘗試從社會文化史這個角度去討
論問題，相信只有這樣，我們才可以深入地了解明清時代的社會文化。

---

1 最早成立的西方教會慈善機構之一是上海青浦縣的育嬰堂，據徐家匯所藏
《江南育嬰堂記》所述：「江南教會自道光末教禁初開，即多建育嬰公
所，而以青浦縣之蔡家灣爲最大。」(卷二)有關十九世紀中以後中國本土
善堂與洋辦善堂的競爭，可參看王明倫《反洋教書文揭帖選》，1984，頁
289、315、396、397。

一、研究的角度

　　所謂文化史，並沒有清楚的定義[2]。我們只能說，它比傳統的思想史更注意老百姓的價值觀，更注意社會經濟變化與價值觀變化間的密切關係；與傳統社會經濟史不同的地方，則是不再認為純粹的物質條件變化能充分地解釋歷史現象，人的價值觀往往不受客觀物質條件的限制，而催生新的、不全然配合現實的現象。我認為明清慈善組織正好說明了這點。從善會善堂的活動中可看出它們並非單純地要解決社會的貧人問題，事實上它們也並不能解決這些問題，而是藉著施善去嘗試重整社會秩序。重點特別在社會身分等級的重新界定，訴求往往帶著極濃厚的道德性。我們可從慈善活動中看到施善者如何嘗試從道德面重新塑造「貧」與「富」、「良」與「賤」的差別，或強化貞節觀念、鼓吹象徵科舉文化的「惜字」活動來維護儒生階層的身分地位，而其實當時的傳統社會分類概念已鬆馳，儒生地位亦不穩固，而且這種趨勢已難以逆轉。從現代的觀念看，濟貧的原則應按經濟或法制的理論訂定，但在明清時代，慈善濟貧卻純粹是為了維護一些社會文化上的價值，而不是基於經濟理性的社會政策。而越後期的善堂，它們的文化意義越明顯：如救濟寡婦的清節堂、助人積陰德的惜字會等，而且這類較晚出現的善堂最能表現出中國傳統行善的特色。

二、要探討的問題

　　本書所要探討的問題之一，就是透過民間慈善組織發展的歷史，看社會經濟改變與價值觀改變的關係；我認為從善會出現的明末開始，一直到十九世紀中期，慈善組織不但在組織形態上有長足的發展，在意識形態上也有明顯的改變。這個轉變也反映在本書的章節組織上。

　　本書第一至第四章主要是時序式的描述，第一章討論明代以前慈善

---

2 有關最近文化史研究的發展，可參看Hunt 1990。

觀念與慈善組織的歷史發展，了解歷史的概況後，我們才可更了解明清慈善組織的特點在哪裡；第二、三及第四章按時序討論從明末至清乾隆之間的善會歷史，即從明末的同善會，到清初善堂的草創，以及乾隆時期的官僚化；除了述說史實外，這幾章亦嘗試分析善堂的成因及運作原則，以及變化的原因；第五及第六章的時序比較不明顯，雖然第五章所討論的清節堂及惜字會的出現，比第六章的保嬰會及助葬善會稍早，但這些善堂均在嘉慶道光之際普及起來；這兩章主要討論善堂發展到嘉道以後的意識形態改變，以及這種意識形態與小社區發展的關係；並提出此時慈善組織所反映的「儒生化」。

所謂「儒生化」並沒有一個很清楚的定義；本書創用此詞來說明乾隆後期以來慈善組織在意識形態上的重要轉變。自宋以來三教合一的思想已漸趨成熟，這是眾所周知的，在很大程度上，明末以來的善會現象，也得歸功於三教合一的發展。然而在這個大趨向裡，我們仍可看見較細緻的變化。相比於清前期慈善組織的較傾向於「普濟」佛教理想，乾隆以後的善堂更明顯地反映了一些儒家的價值：如重視孝道與貞節、蒙學教育、儒家正統的葬禮、惜字紙積德以「增加」中科舉的機會等。當然，這些價值雖主要為儒家價值，但其中的一些因素並非純粹屬儒家理想。學術地位較高的大儒不見得無條件地認同這些價值，如惜字、拜文昌，甚至強迫寡婦貞女守節等；因此我不稱之為「儒家化」，而用「儒生」一詞，強調宣揚這些價值的人，自乾嘉以來主要是社會及文化地位並不特別高的儒生，及文化價值取向以中下層儒生為準的人；事實上包括了所有給科舉文化籠罩著的小百姓。

因此「儒生化」所蘊涵的意識形態發展不單包容了一些正統儒家思想因素，而且也滲入了不少一般百姓所接受的通俗信仰的觀念。換言之，這個價值取向的發展不是純粹從上而下的，也有由下而上的影響；清中後期的善會善堂——如清節堂、施棺助葬會、惜字會、義學等——充分地反映了「儒生化」這個「雙向」式的文化交流發展。而中下層儒生也正處在大士紳與小百姓之間的社會地位。乾嘉以後的善會不但有宣揚儒生價值的功能，而且在實際的組織及運作上，與中下層儒生的生活問題有極密切的關係。

　　本書要處理的另一課題就是公共範圍（public sphere）的問題。公共範圍近年來在美國中國研究界成爲熱烈討論話題，一些學者曾引用我有關善會善堂的論文去說明明清社會公共範圍，甚至公民社會（civil society）的性質。我開始作這方面的研究時，其實並沒有想到這個問題；美國學者Mary Rankin在她1986年討論同治以後的浙江省一書中首先用這個概念分析近代中國問題；對於討論明清中國政府與社會的關係而言，這的確是個有用的概念；就是說在官方與家族之間，有一個「公」的範圍，明清社會活力在其間得以發揮。本書所討論的慈善組織亦的確處在這個非政府、非私人的空間中，因此本書將正視這個概念。對善堂的發展過程、組織及運作形態作了較詳細的描述後，我在結論部分討論公共範圍此一概念。

　　本書所可能引起的問題之一，應是到底中國有沒有福利國家（welfare state）的傳統？筆者希望說明雖然自宋以來中國即出現了具規模的慈善機構，但是這個慈善的傳統與近代西方迥然不同，中國的傳統不可能產生以西方傳統爲基礎的福利國家。可以說，近代中國的福利國家思想，主要是從西方輸入的，並非來自本身的歷史經驗。本書主要內容應充分反映這一點，在結論中，筆者亦會對這問題再加以說明。

三、其他值得注意的相關歷史現象

　　本書除了要探討上述較嚴肅的課題外，還希望給明清社會描繪一幅較活潑的圖象。希望書中所描述的明清社會現象能糾正一般人對中國傳統社會的刻板概念；例如職業婦女的問題，書中育嬰堂的乳婦就是不折不扣的職業婦女，清初時乳婦離開家庭到育嬰堂哺棄嬰作爲生計，後來甚至結合起來占據善堂，對抗負責管理的男性；又如稍後的清節堂，婦女參與創堂與管理的例子不少，足可說明中國城居婦女其實甚早參與公共事務；另一方面，我們也可看到與家庭發生糾紛的青年寡婦，除了像傳統那樣躲到寺庵裡以外，還可以申請入清節堂這個避難所。這些雖只屬歷史片斷，但或可稍爲修正人們對中國傳統婦女角色的呆板印象。

　　又如父母溺澩、棄嬰的心態與動機等，實際的事實比我們能想像的

要複雜得多；此外，如搶孀現象、風水與喪葬問題、夭折嬰兒不能葬於家族葬地、地方「無賴」利用這些社會問題來圖利等，都是當時常見的現象，但經官方資料的扭曲，及一般文集的疏忽，這些人間故事已漸爲人所誤解或遺忘。對今天的讀者來說，這些幾百年前的事可能是極「新鮮」的。筆者的目的之一就是讓讀者更了解明清的具體社會生活、更同情當時小百姓的種種處境。

四、中國與江南社會

無論是嚴肅的概念分析也好，較輕鬆的社會生活描寫也好，我因能力及資料所限，無法以整個中國作爲討論的背景；基本上，我主要以江南地區爲主要研究的對象，但其中也加進了一些其他地區的資料作爲補充。我用了兩千六百多種的方志，對明清全國的善會善堂作了一個大致的統計。雖然如此，我必須強調，書中的重要分析，主要符合江南地區社會文化，不一定符合中國其他地域的社會文化。這個事實也反映在統計數字中，終清一代，江浙兩省有比例最高的善會善堂，如兩省占了超過全國58%的施棺善堂，超過61%的救濟寡婦的善堂，育嬰堂的數量也占全國的32%(其他數字請看附錄)。可見慈善組織現象影響江南地區最深。

雖然我不認爲江南地區文化代表了明清時代中國文化，但江南是明清時代文化及經濟發展最發達的地區，是毫無疑問的。這個地域上的限制，希望讀者加以留意。

五、所用資料

本書主要用的是方志資料，但除外也用了大量的文集、官箴、其他官書等資料。

眾所周知，沒有史料是完美的，或者說沒有史料能百分之百地告訴我們所謂的歷史真相。本書所用的主要是文字資料，換言之，這些資料均受制於寫作人的主觀立場，而每類史料的作者總有盲點。如方志資料

絕大部分是官方的地方史料，因此內容傾向「正統」史料，如爲官方所接受的政治史、制度史，在人物方面，則著重歷代的地方官及在主流社會有名望的地方精英等；而文集的作者主要是受過相當正統教育的文人，因此他們的意識形態也限制了他們的視野及思維，他們的寫作內容也因而往往有所偏頗，例如愛談論各種怪誕事物，如男變女、怪物作孽等異事，但卻極少記載具體社會邊緣的現象；至於官箴與官書的限制也就更明顯，這些文獻單純從官方立場看社會，後者則更是純粹的官方資料。

　　不過雖然如是，利用史料的人如果能意識到史料本身的限制，則這些材料仍有極高價值；地方志雖不脫官方意識形態的框框，但是其中還是包涵了仔細的及較全面的地方史資料，本書所談的善堂資料，清代部分即主要來自方志。其中尤以江南方志史料價值最高；舉凡善堂的創辦時間、經過、負責的人、規章等，江南方志多有詳細的記載。無論在資料的準確性、豐富性而言，江南方志比其他地區方志的水準要高，這也是本書的分析部分不得不依賴這些資料的主要原因。但是至於善堂的日常運作記錄，如乳婦哺育嬰孩的問題、衛生醫藥問題、領養的情形等等，方志就隻字不提。要到清後期的個別善堂志才有這方面的資料，如藏於哈佛燕京圖書館的《江寧府重建普育堂志》(1871)及《江寧府重建普育四堂志》(1886)、藏於東京東洋文化研究所的《洪江育嬰小識》(1888)、藏於北京圖書館的《海寧州城重設留嬰堂徵信錄》(1891)等是筆者曾利用的資料，但它們記載的事實都很晚，而且與同期西歐救濟院的記錄冊比起來，還是不夠詳細。

　　而文集由於內容多樣化，往往補充了方志不足之處，尤其明末清初的善會善堂，以及溺棄嬰等資料，主要在文集中得到；文集的資料長處在於接近真實，如清初文人唐甄描寫有關蘇州育嬰堂的情形、魏禧描述揚州育嬰堂及其他善局的成立經過，都比方志來得具體，並且生動自然。可惜的是一般明清文人對善堂興趣缺缺，所以有詳細相關資料的文集並不多。

　　官箴的資料類似方志，如清初黃六鴻著名的《福惠全書》，書中即有地方官應如何推動育嬰堂的資料，但較缺乏真實情形的記載。但官箴

有一優點，那就是對官紳關係特別敏感；由於這類文獻的作者多是仕紳，他們主要的關懷之一是如何拉攏背景相同地方紳衿富戶，而又不失代表中央的身分，因此文獻中常見官民關係的材料。本書在第四章中即用了不少官箴資料來分析問題。

至於官書如實錄、起居注、會典、會要等等都是提供具體史實的史料，尤其是財務方面的資料，《清會典》、《錢穀備要》、《戶部則例》等官方文獻均載有一些善堂的財務情形，這對於我們了解中央如何資助不同地方的善堂有相當的重要性。

明清時期住在中國的西洋人已不少，而且其中記錄他們所見所聞的亦不在少數；尤有進者，這些外國人與中國文人的觸角不一，興趣也相異，視野自然不同；例如他們會較注意社會邊緣的各種現象；所以在外國人的遊記中，我們可看到有趣的資料，如明末清初耶穌教士對中國溺嬰及育嬰堂等均有描寫，其中一個清初法國耶穌會教士更翻譯了《福惠全書》有關育嬰堂的一段，並加上自己的觀察，甚有意思；而清中後期來華的傳教士也不缺對中國善堂有濃厚興趣的，如英國的William Milne，即在他的遊記中記錄了大量的善堂資料，也補充了中國文獻的不足。

最遺憾的是，明清通俗文學對社會的貧病弱者等邊緣人完全忽略。明清文學史上沒有一個像英國狄更斯的作家，對孤兒棄婦感到同情及興趣，生動地描述孤兒院內的生活。清代的慈善機構數量及種類極多，並維持了兩百多年之久，竟沒有引起任何文學創作者的興趣，也確是奇怪的事。這也解釋了為甚麼本書極少利用文學創作作為史料。

總之，筆者盡量利用各類史料，將明清善會善堂的歷史重建起來，但史料是永遠看不完的，遺漏無法避免，尤其是江南地區之外的史料。有關善堂的問題，也當然遠不只這本小書所論及的。本書所忽略的課題，必然還有不少。如果這本書能引起一些讀者的興趣，讓他們繼續發掘相關的問題，使得明清社會的面目更為明朗，那是本書所能作出的最大貢獻。

第一章

明末以前的慈善——觀念與制度 變化

　　慈善活動自古已有，有個人的行善，有家族接濟族人的行善，當然也有政府、廟宇救濟平民的慈善活動。行善的項目也各有不同，舉凡修橋築路辦學、施錢施藥施粥、印製善書勸人行善、辦義田、義莊、社倉義倉、助葬助婚、減賦賑饑等，難以一一列舉，而行善的動機也各有不同。本書所討論的慈善活動並不包括所有的慈善活動，本書主要的討論對象是明清以來出現的、由地方人舉辦的慈善組織，並不包括家族的義莊等活動，或寺廟的善舉，及政府的賑災濟貧政策，個人的善行也不在討論之列。

　　我單獨處理這些民間慈善組織，是因為它們是明清時代的新現象，它們的組織形式、意識形態、歷史發展軌跡等均反映了明清社會的特色。可以說本書是透過分析這些善會善堂來了解明清社會的精神所在。

　　這些明清時期的慈善組織，大部分仍以濟貧為主，但如深入分析它們的行善原則，我們可看出行善者更複雜的動機，一些是有意識的，如求積福；另一些是下意識的，如在社會經濟變化較激烈時期，行善者透過施善企圖保持鬆懈中的社會等級秩序；有時濟貧只是這些動機的藉口，有時這些動機甚至不一定透過濟貧來實現。

　　不過，雖然濟貧只是慈善組織最表面的活動，甚至並非全部的活動，但是有關貧窮的觀念的變化，往往直接地影響慈善活動的出現與組織形態，因此我們在簡述歷代不同慈善活動以前，先分析貧窮觀念在歷

史上的變化。從分析中我們將看見貧窮概念其實緊密地關係著社會身分等級的變化，而我認爲後者才是推動慈善組織的基本動力。

一、古代的貧窮觀念

貧窮不是純粹客觀的經濟社會現象。隨著時間、空間的改變，貧窮的定義有所不同。今天專家爲所謂貧窮線作出種種界定，認爲貧窮是一個可客觀量化的經濟現象，是因爲現代人相信可以客觀地擬定一套「解決」貧窮的政策。這是現代工業化國家的社會福利政策的基本出發點，但並非放諸四海皆準。

傳統社會，無論中西，對貧窮有迥然不同的看法。首先，它不全然是社會經濟問題，也是道德問題，而在不同文化中，貧窮所象徵的意義也不相同。貧窮被視爲一需要解決的社會經濟問題，並非理所當然，而是經過曲折的歷史變化所產生的新概念，所謂歷史變化，不單指社會經濟上的，還有思想文化上的。不同的歷史時代有不同的貧窮概念，貧窮不一定成爲公共課題，關切貧窮問題的人，或擔當濟貧任務的人也有所不同。本節主要追溯中國在明末之前貧窮觀念的演化，以及歷史上不同的濟貧團體的表現。探討這段歷史有助於我們了解明末以來貧人爲何會成爲社會問題，以及明清慈善家的特別歷史意義[1]。

「貧窮」這個觀念通常有兩層意義，一屬社會經濟層面，一屬道德層面。對西方「貧窮」觀念的歷史演變作過系統研究的學者Himmelfarb認爲直到十九世紀，雖然有亞當史密斯及馬爾薩斯等經濟學者對貧窮狀態作了理性的分析，但是貧窮在西方社會中依然基本上是個道德上的觀念[2]。在中世紀早期，以基督教爲本的西方文化以道德意義賦予貧窮，由於耶穌的形象是一個窮人，所以貧窮有正面的意義；自十六世紀以後，窮人以及游蕩的乞丐被視爲疾病，尤其是黑死病的媒介，貧窮的道德意義從正面漸轉爲反面，在繼之而來的商業發展時代中，經濟實力成爲衡量個人成功的主要標準，貧窮、無業的人，自然進一步受到道德上

---

1 本章部分改寫自：梁其姿 1993。
2 Himmelfarb 1984，524-527。

的譴責[3]。貧窮在西方的意義隨著宗教、自然環境、社會經濟的變化而有了極端的改變。

中國歷史的發展與西歐國家極為不同，「貧窮」此一觀念在中國社會的演變自然也與西方大異其趣，但與西方一樣，這個觀念的演變一方面關連著社會結構的演化、牽涉著經濟發展的步伐，另一方面也掙脫不開傳統思想的窠臼，演變過程不明晰，隱含著很大的曖昧性。同時，由於中國文化中沒有像中古基督教那樣具絕對性的宗教思想，而且中國社會也很早就脫離封建制度，階級間的籬藩比較容易跨越，比西方社會有較大的流動性，探討貧窮及貧人這些觀念在中國文化中的發展比在西方恐怕更為困難。

大體而言，在宋以前，雖然貧富的差別在中國社會一直是明顯的經濟現象，但「貧窮」並不構成一個需要解決的特殊經濟社會問題。有「齊俗」理想的早期社會雖也論及貧富的差別，但是這種差別只是一種抽象的經濟概念，司馬遷認為這種「自然」的差別是「物之理」[4]，韓非子認為當政者應以稅賦方式來「均貧富」[5]，對他們而言貧富只是籠統的經濟分類概念，貧人並不構成一具體的、可能危害國家經濟的社會類別。在當時人的觀念中，貧民之所以構成社會問題，並非單純地由於物質上的匱乏，而是由於缺乏家族鄰里的相助，古書中不見將純粹生活困苦的人作為一個獨特社會類別來討論，而將鰥寡孤獨這四種在人倫上有缺憾的人等同為貧人，《孟子》中的一段最具代表性：「老而無妻曰鰥，老而無夫曰寡，老而無子曰獨，幼而無父曰孤，此四者，天下之窮民而無告者」（〈梁惠王下〉）；《管子》中則以孤、老寡及老鰥三者為政府應接濟的對象：「此三人者皆就官而食，是以路無行乞者也，路有行乞者則相之罪也」（〈輕重乙篇〉）[6]。換言之，在古人的觀念中，製

---

3 Gutton 1974，94-102。

4 杜正勝 1990，47。

5 《韓非子》18。

6 「窮」一字的意思雖然比「貧」更廣，有「盡」「極」「不達」等其他意思，但此字在早期顯然亦已包含了「貧」的意義，二字亦有相通之時，所別只在於程度的不同，荀子：「多有之者富，少有之者貧，至無有者窮。」（《荀子・大略》）而「貧窮」合併為一詞，在戰國時已常見：「振貧窮而恤孤寡」，「有罪者赦之，貧窮不足與與之」（《韓非子》13）。可

造社會問題的貧人主要產生自不完整的家庭,如果政府將這種倫理上的缺憾加以彌補,則社會上不應有無助的貧人,貧窮這個概念在社會問題這個層次上面也就等同倫理關係的問題。在沒有所謂「貧窮線」[7] 觀念的古代社會,貧窮作為一個社會階層其實難以具有所謂客觀的、經濟上的定義,貧苦與無依也就自然被看作是同義詞了。

古代中國認為貧窮和道德無關,貧窮狀況在道德上是中性的。雖然《尚書》以貧為六極之第四,在凶短折、疾、憂之後,而《論語》也很清楚地說出:「貧與賤是人之所惡也」,但是貧窮只是一種不幸的狀況或命運,並沒有反映當事人的道德,因此孔子接著便說如果貧賤「不以其道得之,不去也」。換言之,個人的道德修養並不能決定他的經濟狀況,只表現在他如何面對不同的狀況,所以「小人貧斯約,富斯驕,約斯盜,驕斯亂」(《禮記·坊記》),而「君子貧窮而志廣,隆仁也,富貴而體恭,殺勢也」(《荀子·修身篇》)。君子與小人的道德修養不同,見於他們處理貧窮與富貴狀況的方式,可見貧窮本身並無任何道德上的不妥,也沒有道德上的優越性,是一中立的狀況。

雖然貧窮並不代表道德上的優越,但是在儒家的早期傳統中,士的形象往往與貧分不開,而士人也愛以貧來表示清高。墨子就觀察到當時的「世俗君子,貧而謂之富則怒,無義謂之有義則喜」(《墨子·耕柱》),即一般士人以為「貧」與「有義」有著某種關連。孔子的三名弟子顏淵、曾參與原憲(子思)也就成為中國兩千年來貧士的楷模,而早期儒家文獻中,亦多標榜三人的貧而好學,子思貧苦但有自得之志,富有的子貢不識趣地問他:「夫子豈病乎?」原憲曰:「吾聞之,無財者謂之貧,學道而不能行者謂之病,若憲,貧也,非病也。」這句話令

見「窮」在「困乏」這層意義上,並非只狹義地指鰥寡孤獨四種人,而泛指貧人,而《孟子》或《周禮》注在說鰥寡孤獨為窮民而無告者時,並非為「窮」一字作嚴格的定義,而是廣義地說明何謂社會上困乏的人。

7 美國所訂之「貧窮線」主要是為了適應其行政之方便,以Orshansky index作為根據,即假設貧戶不得不以超過其入息三分之一來購買基本所需之食物,因此用農業部所訂之最低食物預算(low-cost budget for food)之三倍作為貧窮戶收入之標準,但這個算法,如其他算法一樣,受到多方的質疑,參看Katz 1989,115-117。

子貢慚愧一生 [8]；而顏回自言有基本的物質條件讓他生活下去，加上得到孔子的薰陶，「足以自樂」，不屑入仕以求更舒適的生活，令孔子也不禁「愀然變容」[9]。春秋時代的隱士榮啓期對孔子曰：「貧者，士之常，死者，人之終，處常得終，當何憂哉。」這句話也令孔子大爲佩服（《孔子家語・六本》），而「貧者，士之常」這個概念也就深深地影響著後世的儒士，讓不得志的士人得到精神上的平和。

不過，雖然春秋戰國時代貧士的典型突出，但是其實在此時的儒家觀念中，士人也不一定貧，也不必堅持貧窮的狀況來突出本身的道德及學問，孔子即說：「邦有道，貧且賤焉，恥也。」（《論語・泰伯》）[10] 換言之，在春秋戰國這個邦無道的時代，士人無位而貧，固屬「正常」，但是在良好的政治環境下，有學問的人也可以、並且應該出仕並擺脫貧的狀況。故墨子對世俗君子「貧而謂之富則怒，無義謂之有義則喜」的這種扭曲心態的評語是：「豈不悖哉」（《墨子・耕柱》）。換言之，此時貧士的突出形象其實並沒有在基本上動搖貧窮在道德方面的中性。

當貧窮不構成道德問題時，慈善組織難以成爲一普遍社會現象。在中國，貧窮之所以成爲道德問題，與社會身分等級的變化有直接關係。而中國身分等級制度的歷史，雖然一直有變化，但總體而言，宋代以後的變化最爲激烈；而俗世（官辦的、非宗教的）慈善機構，也就普遍地出現在宋代以後；明末以來，又是另一段變化激烈時期，而此時出現的民間慈善機構也就更盛況空前。下文以貧窮與身分等級間關係的發展，作一簡略的描述。

二、身分等級與經濟地位的關係

「貧」與「賤」之關係與賤民類別的出現：上古至五代

在早期社會，「貧」與「賤」往往相提並論，使今天的讀者有貧者

---

8 《史記》六十七，〈仲尼弟子列傳〉，1982。
9 皇甫謐 1985-86，《高士傳》上〈顏回〉。
10 有關古代士人處理生活與行「道」的問題，請參看：余英時 1987，頁34-42、73-74。

必賤的錯覺，而其實「賤」一字在早期並無今天道德上的貶意，而泛指無官位的人，是相對於有官職者「貴」的地位。處貧賤的人（尤其士人）不會因而感到恥辱。令人羞恥的職業當然存在：春秋時齊國有一個乞丐，後來改行在馬廄當馬醫作役，別人問他是否感到恥辱，他回答說：「天下之辱，莫過於乞，乞猶不辱，豈辱馬醫哉。」（《列子·說符篇》）但是類似乞丐、獸醫等的卑賤的職業在此早期似乎仍不成為法制上受歧視的類別，也不被冠以「賤民」之類的名稱。換言之，貧與賤在此時的混淆，與古代社會分等的制度有關，當時除了統治者及編戶齊民，以及至遲在春秋間出現的士、農、工、商四民社會類別[11]外，就是一無法律保障的奴隸與罪犯[12]，即只有官、庶、奴的簡化分等，漢律以庶民相對於奴，不屬奴役而受人卑視的職業雖在社會上確實存在，但這些職業類別仍未有法律上的意義[13]，此時仍未有後世法律上所定之「賤民」類，「賤」一字也自然還沒有後來「賤民」所蘊含的意思，主要仍是「無位」的意思。今天的讀者對貧與賤（尤其當用在士人身上時）在詞意上的可能誤會，主要是來自上古與後世法制上的巨大差異。

賤民作為有別於四民的特別階層，並且有不同於古代奴隸的法律地位，恐怕是晚至五世紀的事情。當時並無賤民一詞，在法制上，這些人被稱為「雜戶」。據清代刑法學者沈家本(1840-1913)的研究，雜戶一詞，起於豪族開始支配社會政治的北朝，所謂雜戶包括樂戶、驛戶、隸戶、營戶等[14]。元代（十四世紀初）的《吏學指南》一書指出雜戶為「前代以來配隸諸司課役者，並不同百姓之屬」[15]。這些雜戶有其專業，不能與良民通婚，經過法律特別的除豁才可以成為良民，但卻比秦漢時的奴隸有較多的自由，就是後來明清時代賤民的前身（見下文）。換言之，從士族升起的南北朝時代開始，「賤民」一詞有更具體確切的法律含意及社會基礎。雖然五世紀中期的北魏法律禁止皇族及士民之家與「百工

---

11 今存古籍中最早直接提此一四民階級的是《國語》及《管子》，有關四民概念的考證，最近的討論應為：王爾敏 1992。

12 杜正勝 1990，34、307、352。

13 崛敏一 1987，106、133-136。

14 沈家本 1985，422-423。

15 徐元瑞 1988[1301]，103。

技巧卑姓爲婚」[16]，但是工商之類到底爲四民之類，身不屬賤，無論在法律或社會地位上仍比雜戶爲高。良人、賤人作爲一種客觀的、法律上的分等從此時開始發展，至階級分明的唐代更爲穩定與成熟[17]。「賤」一字除了原有相對於「貴」的意思，即「無位」的意思之外，還獲得了相對於「良」的新意思，即「小人亦恥爲之」的「良賤之賤」[18]。因此，雖然此時做卑賤工作的人與先秦至漢代的一樣注定是貧者，但是「賤」字這個新的意義，應加強它與「貧」的分異。前者是四民引以爲恥的社會身分，後者是中性的經濟身分，也應是大部分四民自認所屬的經濟身分。這個轉變，無疑地發生在五代至唐這個時期。

宋以來社會身分等級變化及貧民階層的誕生

中國社會結構在宋代有畫時代的發展，魏晉至唐代的士族豪門已沒落，代之而起的是布衣階層，社會流動隨著科舉制度的進一步鞏固而比前代活潑。有學者認爲由於印刷術的發達、科舉制的開放、政府的鼓勵，宋代，尤其是南宋的士人大幅度增加，而其中不少出身清貧。自先秦以來，入仕首次成爲庶民階級可以真正期盼的前景，科舉成爲社會地位提升的具體可行的途徑[19]。文人在政治、文化上的領導地位也獲得了社會普遍共認，士人對這地位的認同顯然比對經濟地位的認同強得多。如果說先秦的貧士如顏回、原憲等的形象非常鮮明及有典範性，那麼南宋以貧士自居的士人的特點似乎在於他們空前的普遍性。雖然宋代士子的「貧」同樣難以有客觀的定義，但可以肯定的是，這些自命貧窮的士人，對貧窮這個狀況已經沒有子貢式的質疑，甚至中舉當官的，也往往

---

16 濱口重國 1966，293；崛敏一 1987，293。

17 崛敏一 1987，138-147；濱口重國 1966。

18 徐元瑞《吏學指南》（1301初版）在「良賤孳產部」中有「貴賤」條及「良賤」條。貴賤：身富位尊曰貴，卑卜無位曰賤，《刑統賦釋》曰：「貴賤之賤，君子有時居之。」良賤：名編户籍、素本齊民，謂之良；店户、倡優、官私奴婢，謂之賤。《刑統賦釋》曰：「良賤之賤，小人亦恥為之。」
《刑統賦釋》應爲宋時作；「賤」這兩個不同的意思，到宋元已明顯普遍被接受。參看徐元瑞 1988[1301]，103。

19 梁庚堯 1991，135-136。

以貧窮來形容及表示自己的清廉與氣節[20]。

　　與此同時，良賤之分也在宋代有全新的社會意義，主要的原因是賤民在此時獲得了法律上的解放：唐代及以前的奴婢及雜戶仍有許多是因入罪而被貶爲賤民的，到了宋代，這類的賤戶已大爲減少，許多所謂奴婢其實是良民，而賤民或雜戶在宋代的法律定義已甚鬆弛[21]，不過法律上對賤民的解放卻讓所謂「貴」與「賤」的觀念獲得了更豐富的社會含義。在一般人的心目中，貴賤、良賤等分等不再是僵硬的法定分等，或「高位」與「無位」之分，而主要在職業性質，這在當時的家訓中可看得清楚，袁采（ca. 1140-1190）在《世範》中的「子弟當習儒業」中說：「士大夫之子弟，苟無世祿可守，無常產可依，而欲仰事俯育之計，莫如爲儒。其才質之美，能習進士業者，上可以取科第致富貴，次可以開門教授，以受束脩之奉。其不能習士業者，上可以事書札，代牋簡之役；次可以習點讀，爲童蒙之師。如不能爲儒，則巫、醫、僧、農圃、商賈、技術，凡可以養生而不至於辱先者，皆可爲也。子弟之流蕩，至於爲乞丐、盜竊，此最辱先之甚。」[22] 明顯地，習儒是唯一高貴的選擇，上者還可能因此而舉業；其他的職業雖然不違反法律、可解決生計問題，但仍屬次等的選擇，等而下之的是爲法律及社會所難容的盜與乞。其實袁采對職業的分類正符合宋代的科舉資格限制，按自北宋後期以下的規定，沒有資格應試的除了不孝不悌的人外，還包括工商雜類及僧道歸俗之人，考進士的更要找三人作保，以保證考生不是出身工商雜類及曾爲僧道者[23]。因此，雖然宋代在法律上解放了許多原爲奴隸的賤戶，但是社會並沒有因此得到真正的平等；由於社會成員的複雜化、以儒學爲主的科舉制的強化，貴與賤反而得到了另一種更具體而深刻的社會意義：最高貴爲儒業，其次應爲有資格應試的農民，最下賤爲乞盜奴僕，中間爲百工商賈等雖不屬賤，但理論上無機會攀升到社會高層的人。

　　宋代社會擺脫了門第大族的支配，庶民專業的貴賤之分，開始有另

20　梁庚堯 1991，109-114。
21　高橋芳郎 1986，17-20。
22　袁采 1978[1476]中：8上。
23　《宋史》1982，155〈選舉志〉；荒木敏一 1969，68，370。

一層社會意義。在科舉制與政權的緊密配合下，儒業在各行業中自然居最高貴的位置，而士人在宋代的崇高地位及數量上的激增，使得他們對貧窮較不在乎，貧窮更不造成任何道德上的問題或焦慮，貧與賤的差別已為社會把握頗穩。許多士人因而甘心安於清貧，甚至有一股風氣讓一些中了科舉的士人寧放棄入仕所帶來的名利而以高士自居[24]。

　　但是在另一方面，由於宋代異常發達的商業發展，社會上可看到新的財富累積，財富與商業的觀念並開始發生重大的變化，但是這些觀念的變化在宋代似乎只在經濟思想的層面上產生影響，而仍未深入個人道德的層面。學者發現宋代已有人公然批判重本抑末的概念，而站在商人的立場為「末業」辯護，士人兼商的也漸不罕見[25]。這方面的變化一直延續至明清時代，並深刻地影響了後世財富與貧窮的道德意義（見下文）。不過在宋代這個變化的開端，日益明顯的商業財富似乎仍未能動搖四民社會秩序及其價值觀，也未能真正打破傳統中貧賤之間的界限。

　　但是有一點值得我們特別注意，那就是在經濟上有空前發展的宋代，社會首次「發現」了都市貧民階層，使得政府覺得需要制定一套長期濟貧的政策；這清楚地表現在宋政府自十一世紀開始對貧弱老者的救濟政策上，南宋政府對此更為積極，這是前代政府從來沒有做過的。以前長期的濟貧只是宗教團體（特別是唐代的佛寺）的工作，而濟貧對佛教信仰而言，有特別的宗教哲學意義及傳教的作用；貧窮是一個普遍性的道德問題，與俗世的觀念有所不同。對俗世，貧民主要是個製造具體社會問題的社會類別。宋政府將貧民問題作為行政問題來作系統性的處理，反映了它對作為社會類別的窮人有了嶄新的了解，宋代官方救濟機構主要收容都市中貧窮的老病之人及棄嬰，所創的安濟坊、居養院等開啓了持續了近九百年的養濟院的官方濟貧制度的先河[26]。在這個財富比前代充裕而且不再是控制在少數大族手中、人身關係有革命性的解放、同時在社會觀念上貧窮清楚地有別於卑賤的時代，窮人首次成為一個特殊的社會類別，而且主要在財富最為集中、品流最為複雜的都市內，是

---

24 荒木敏一　1969，71。
25 葉坦　1989，140-143。
26 見下文；王德毅　1970，86-130，1971；梁其姿　1986，53。

一個可以理解並且很有意思的現象。可以說，新的財富使社會秩序產生大幅度的變化，使得舊有的社會分類方式不足以涵蓋新的複雜性，新的類別必然應運而生。

而政府特別針對貧民而設辦的救濟機構，表示貧窮已被視爲一種具體社會問題。更重要的是「貧窮」這個概念從宋代開始成爲一個清楚而獨立的社會類別概念，雖然「貧」與「士」或與「宦」在此時常被聯想在一起，文獻中也經常以傳統的「鰥寡孤獨」來形容待濟的人，似乎貧窮這個概念在積極方面還是離不開崇高的文化地位，或在消極方面與人倫上的缺憾是同義詞；但是實際上從宋代濟貧機構的政策看來，貧窮已開始有純粹經濟社會性的定義，不一定帶有文化上或倫理上的其他因素，這項發展已然非常明顯。其中一個有力的例證，就是北宋十二世紀初開始設立的埋葬貧人的漏澤園，這些貧人公墓後來竟有分葬良賤的情形[27]，這個實例足已證明貧窮類別已包容了良與賤而自成一獨立的社會類別了，需要救助的不一定只有貧而賤者，貧而良者，已不罕見了。其他濟貧機構在訂定收容標準時也同樣說明了這一點。有關細節，下文有更詳細的描述。

然而官方的長期濟貧機構在宋亡後約三百多年間沒有進一步發展，反而萎縮。這當然並不說明元明間的貧窮問題減輕了，而是這三百年間的社會經濟發展沒有如宋代一樣使都市貧窮成爲突出的問題。而窮人再次成爲觸目的社會類別是在十六世紀以後的中明以後，這個時期與南宋相同的地方在於快速的經濟發展，及活潑的社會流動。

三、小結：社會文化身分與經濟地位關係的曖昧性

從上述貧窮觀念及社會身分等級的相關歷史變化中可看出，貧窮觀念的變化或貧民階層的被認定，並非單純爲經濟問題，也是社會等級與文化地位認同的問題。自上古至五代，「貧」與「賤」之間有較清楚的界線，經濟地位不輕易與社會文化地位混淆，於此時，除了宗教團體爲了宗教原因而舉辦的慈善活動，我們不見俗世社會舉辦同類活動；到了

27　王德毅　1970，97。

宋代，我們開始看見「賤民」得到法制上的局部解放，換言之，「賤
民」作爲社會身分的意義已沒有前代的鮮明，就在這個時候，另一社會
類別的輪廓開始清晰：貧民階層，宋代政府也制定了一連串濟貧的政
策，這些政策後來成爲明清民間慈善組織的藍本。

　　不過宋代社會經濟兩種身分關係的變化有其局限，主要的原因是
「士」於此時獲得前所未有的崇高社會文化地位，可以說儒家的理想，
透過科舉制度的進一步落實而得到前所未有的實現。就是說，對「士」
的文化身分的確認，肯定了經濟身分與文化社會身分的差別：士可能貧
窮，但是在社會上他仍是最值得尊敬的。因此宋代的經濟發展對原有的
社會等級制度的沖擊是有限度的。

　　宋以後另一次經濟發展的高峰在十六世紀的明代以後。此次的發展
對社會等級制度的沖擊就更爲嚴重。可以說，經濟身分與社會文化身分
中間的界限更爲模糊。此時不但「賤民」因新的財富得到進一步的解
放，而且科舉制度發展到明中後期已無法再提高「士」的地位。因此無
論在社會上層或下層，原有的身分等級制度受到空前的侵蝕。有關這個
發展，第二章有更詳細的描述。而「貧窮」（與「財富」）之成爲重要的
道德問題，即發生在這個關鍵的時代。而明清時代的慈善組織的出現就
主要爲了嘗試解決這個道德問題，這也是爲甚麼此時的慈善組織較普遍
地由民間主辦。

　　社會身分制度所面臨的嚴重威脅，在清中後期更爲明顯。這個危
機，尤其影響了下層儒生，當時諸如惜字會、清節堂、助葬會等新的慈
善機構大量出現，多與下層儒生的社會文化地位受到重大威脅有關，而
這些最具「中國特色」的慈善組織，也充分地反映了當時主流文化所面
臨的危機。本書第五章及第六章將詳細討論這些問題。

　　在更深入談論明清時代的慈善機構之前，讓我們先簡略地回顧一下
明中期以前具體的社會救濟活動，以便更突出十六世紀以來的特色。

四、慈善組織的歷史

　　雖然宋代以前貧人還不成爲一個清楚的社會類別，但是慈善組織很

早已出現，不過這些組織的主要原動力是宗教——尤其是佛教——信仰，這些宗教團體濟貧的意識形態與宋政府的組織有相當大的差別，前者是存著種善可得福報的「福田思想」[28]，出發點是爲了出家、在家人的修善，後者是爲了減輕因貧窮階層而產生的種種社會問題。不過，雖然有此差別，早期的宗教慈善機構在很大程度上影響了後來非宗教的機構，尤其在組織形態方面。至於十六世紀以前的非宗教性慈善組織的主要推動者，則是家族與政府，這兩種組織在宋代都有極大的發展，本節就宗教、家族、政府這三種早期的濟貧組織主辦者作簡單的描述。

傳統的施善團體：家族、宗教組織與政府

自范仲淹(989-1052)以佛教組織爲模範創辦范氏義莊以來，這個制度成爲後世家族互助救濟的一個典範[29]。家族義莊的成立到了明清交際(十七世紀)之時有大幅度的增加[30]，清後期(光緒年間)的江南地區又有另一次的增加[31]。可見家族自宋以來一直是保障其成員各種福利的重要制度。不過義莊制度與明清之際在中國江南及華南地區大幅度增加的宗族組織，均有很複雜的政治文化因素，特別反映了配合中央政權的意識形態進一步滲入地方[32]，因此不能以單純的救濟機構視之。

作爲社會救濟制度，義莊有兩個主要的限制：其一爲它們主要的目的並非純粹的濟貧，而是維持家族的生命與聲望：例如義學是爲了訓練科舉的人材，以便增加家族成員當官的機率，藉此加強家族的社會政治地位及聲望；爲救濟寡婦而設的義田是爲了避免她們改嫁而辱及族門，也是爲了爭取更多朝廷旌表的機會以光宗耀祖、炫顯閭里，進一步取得在地方上的領導地位。換言之，多種物質上的救濟方式，都是基於受益

---

28 道端良秀 1937，16-17，此文引《大正藏經》八十五卷之《法決疑經》一段以說明這種思想：「我於處處經中說布施者，欲令出家在家人修慈悲心，布施貧窮孤老乃至餓狗，我諸弟子，不解我意，專施敬田，敬田者即是佛法僧寶，悲田者貧窮孤老乃至蟻子，此二種田悲田最勝。」說明了南北朝至唐代慈善機構背後的思想。

29 Twitchett 1959。

30 Bernhardt 1992。

31 劉錚雲 1987。

32 李文治 1988；Faure 1989。

者以後對家族有直接回報這個原則之上。限制之二，家族的義莊制度涉
及的人有限： 受益的人主要是有相當社會資源的大家族的部分成員，在
宗族制度較弱的地區，義莊並不多見；就算在宗族制特別發達的地區，
義莊也只救濟了少部分的人，即族中主要房的成員，而非所有族人[33]。
雖然民間慈善組織的出現與義莊的發展在時間上有相當耐人尋味的吻
合，但是義莊的主要意義仍應在宗族制度發展方面，而不是在廣義的社
會福利方面。家族救濟制度的限制，使得大部分的小百姓基本上並不能
依賴這類制度來幫助他們渡過生命中的難關。因此家族以外的團體在社
會救濟上自然也扮演了舉足輕重的角色。在明清以前，宗教組織與政府
是主要的非家族性施濟團體。

　　相對於家族的義莊制度，政府與宗教團體所舉辦的慈善機構無論在
目標或在對象方面都比較廣。在此一層次上，這兩種組織與明清以來的
民間慈善運動有更多可作比較的地方，這些組織都是救濟一般人，並沒
有限制受濟者的身分，而且更沒有要求或期待受益者作任何物質上的回
報，換言之，這類救濟方式沒有任何直接、可估計的經濟或社會效益。
但是對行善者而言，社會救濟本身有重要的道德上、精神上的意義，政
府的救濟政策也有安定社會及穩定政權的作用。政府、宗教團體、地方
紳商在不同時期負起主要的社會福利責任，一方面反映了在社會發展的
歷史裡，三者在不同時期的相對重要性，另一方面，也反映了社會救濟
在意識形態上的歷史變化。本節乃追溯唐至明初的社會救濟組織的歷
史，探討慈善組織的責任是如何從一個團體轉落到另一團體。

　　宗教團體濟貧是古今中外社會所常見的。西方中古時代的濟貧醫院
主要是基督教教會所主辦的，至於修道院、寺院等收容貧人、或殘廢的
人、被家庭所遺棄的婦女，或發散食物衣服給地方的貧戶等濟貧活動，
更是不勝枚舉。中國社會在中古時代也有類似的宗教組織。按法國學者
謝和耐（Jacques Gernet）的研究，六世紀以後，傳入中國的佛教，其義
理中含有強烈的行善觀念；此時中國佛教——主要是大乘佛教——的輪
廓才真正的清晰，而行善也從此成為中國佛教信仰的基本實踐活動之

---

33 而事實上誰是族人也難有具體的定義，家族的自我認定通常都以它的持續性
　　及聲望作為主要的原則。

一[34]。大乘佛教所要救濟的，不限於信徒或僧侶，還包括有一切貧病者以至動物；以翻譯《涅槃經》等大乘經典著名的北涼天竺僧曇無讖（385-433）也翻譯了多處提到行善的《優婆塞戒經》；在此大乘佛經中，我們可看到佛教行善的一些理念，這些理念深深影響了後世的行善行為：「若人得財貪惜不施，當知即是未來世中貧窮種子……既捨施己心不生悔，復能分別福田非福田。」施財濟貧的人若因了解「無常」與「不自在」而慷慨施捨，心不覺痛惜，則「當知是人能足行檀波羅蜜」（即至彼岸）[35]。

　　這些行善的理念在南北朝時代，即中國式佛教成形的時代，開始得到實踐。五世紀末，齊武帝（483-493在位）蕭賾之長子文惠太子即基於信奉釋教而立「六疾館」來收養貧病之人。「溺於釋教」的梁武帝（502-548在位）也在521年於京師建康（今南京）置孤獨園，養孤幼與貧老者。同時代的北朝魏世宗（499-515在位）也以篤信釋教聞名，於501年下詔：「於閑敞之處，別立一館，使京畿內外疾病之徒，咸令居處，嚴敕醫署，分師療治。」[36] 這些由皇帝所創建的慈善病院所遺下的史料不多，除了可確定這些機構與佛教信仰的密切關係外，我們無從得知它們詳細的運作情況及維持了多久；雖然如是，這些早期的濟貧機構無疑地為後來隋唐時代的佛寺悲田院起了模範的作用。

　　隋唐為佛教的盛世，在九世紀中期以前，得到政權支持的佛教團體在財力上日益雄厚，而且與地方的社會經濟發展有息息相關的配合，在社會福利方面，著名的悲田養病坊就是一個突出的例子[37]。隋唐佛教有三福田，以供養父母者為恩田，供佛者為敬田，施貧為悲田；悲田院的成立，應不會晚於隋代，隋代僧德美（585-648）即承其師之志立悲田敬田兩種義田，「常年一施，或給衣服，或濟餱糧」[38]。同時悲田布施以集體方式為最佳的看法也已形成，按同時代的《像法決疑經》所說：「敬

34　Gernet 1956，216-220。

35　《優婆塞戒經》 1983，5：1060；Gernet 1956，214。

36　那波利貞 1960，8；《南齊書》1982，21：401；《梁書》1982，3：64；
　　《魏書》 1982，8：202。

37　Gernet 1956，213-223。

38　《續高僧傳》 1983，29：697；Gernet 1956，216。

田者即是佛法寶，悲田者貧窮孤老乃至蟻子。此二種田，悲田最勝。善
男子，若復有人，多饒財物獨行布施，從生到老，不如復有眾多人，不
同貧富貴賤，若道若俗，共相勸他各出少財聚集一處，隨宜布施貧窮孤
老惡疾重病困厄之人，其福甚大……獨行布施其福甚少。」[39] 即六世紀
的佛教經典已多處鼓勵有大規模組織的悲田救濟行動。後來唐代佛寺所
辦救濟貧病人的醫院也就稱爲悲田養病坊，養病坊的創立，應早於八世
紀初，因爲八世紀初期這些組織已引起政府的猜忌，設專門的官員來監
督。玄宗開元五年，即公元717年，宰相宋璟（663-737）即有奏：「悲田
養病，從長安已來，置使專知，且國家矜孤恤窮、敬老養病，至於按比
各有司存；今遂聚無名之人，著收利之使，實恐逃逋爲藪，隱沒成姦，
昔仲繇仕衞，出私財爲粥，以施貧者，孔邱非之，乃覆其饋，人臣私
惠，猶且不可，國家小慈，殊乖善政，伏望罷之，其病患人，令河南府
按比分付其家。」[40] 長安爲武后在公元701至704年的年號，在此時政府
「置使專知」，監督這些佛寺所管理策畫的醫院。宋璟上奏時，佛寺的
社會力量已引起政府更嚴重的顧忌。宋璟的奏請的主要目的也是廢除這
些佛教救濟組織，他覺得政府甚至不應監督這些可能「聚無名之人」的
宗教機構，應乾脆廢止這種機構。但是他的建議並未爲玄宗所接受 [41]。
不過，唐政府要控制這些釋教組織的意願還是日益強烈，宋璟之奏後十
七年，即公元734年，玄宗下令將京師的乞兒全歸病坊收管，所有額外
經費由政府以利錢支付 [42]。此一詔令的目的無疑是爲了增加官方參與悲
田院的分量，藉此消減佛寺的影響力。

　　宋璟的建議在百多年之後才完全落實，在這段時間中，佛寺對社會
的影響力不但不降，反而有增強之勢，令政府感到越來越嚴重的威脅，
到公元845年（會昌五年），當時的武宗終於廢天下僧寺，這是中國佛教
發展史上極重要的事件。寺廟舉辦的濟貧組織在此後的命運又如何？從
廢佛同年十一月宰相李德裕（787-849）的奏文中可看出，政府並沒有放棄

---

39 道端良秀 1937，17；《像法決疑經》 1983[1336]，在《大藏經》。

40 《全唐文》 1987，207：7上。

41 《全唐文》 1987，704：3下。

42 《全唐文》 1987，704：3下-4上；李燾《續資治通鑑長編》 1964，214：
　　6809。

悲田養病坊，佛寺被廢以後，政府即直接承擔這些機構的全部經費，並委任地方上有名望的人來監管機構的行政：「悲田出於釋教，並望改為養病坊。其兩京及諸州，各於錄事耆壽中，揀一人有名行謹信，為鄉里所稱著者，專令勾當。其兩京望給寺田十頃，大州鎮望給田七頃，其他諸州，望委觀察使量貧病多少給田五頃，以充粥食。」[43] 換言之，從九世紀中期以後，政府從佛教組織的手中承接了慈善組織的管理工作，用公款支付養病坊的開銷，並挑選地方有名望的耆老管理事務，佛教組織的社會影響力因而消減，但政府的社會責任也相對地增加了。

其實在傳統的政治觀念中，很早就出現政府應是社會福利的主要、甚至是唯一的提供者的想法。這觀念在早期的儒家傳統中已可見，子路在衛國出私財救貧，孔子止之，說：「汝之民餓也，何不白於君，發倉廩以賑之？而私以爾食饋之，是汝明君之無惠，而見己之德美矣。」[44] 即是說私自以一己之財濟貧有影射政府無德的嫌疑，這件事也是上文宋璟反對佛寺所辦的養病坊時所引的根據。宋璟反對佛寺收容貧病之人的原因之一就是他認為只有政府才有資格做濟貧的工作，對佛寺的施捨並不信任；但是另一方面他又認為政府雖具有資格但並不需要作社會救濟，他提出：「國家小慈，殊乖善政」這句話，又建議乾脆廢除病坊，將其中的貧人遣送返家（見上文）。宋璟的態度可說明兩點：首先，在唐代，貧民並不構成一個令政府特別關切的社會類別，濟貧的重要性主要仍在個人道德修養與宗教思想的範圍內；其次，對當時有識之士而言，就算貧窮並不是迫切的社會或政治問題，政府是唯一有充分資格去擔負濟貧工作的制度，任何其他的組織都會引起政治性的猜忌，因為民間的濟貧除了標榜自身的道德優越外，還可能意味著政府無能。因此，雖然唐政府並不認為貧窮是個重要的社會問題，但是也最後從佛寺的手中「奪取」了濟貧的責任。不過唐代政府繼承了養病坊的組織以後，似乎並沒有進一步發展這個制度，至少有關這個制度後來的發展，史籍並沒有記載；到底唐政府只意在顯示其權威，並沒有將濟貧列為持久的政策。

---

43 《唐會要》 1974，49〈病坊〉863。
44 《孔子家語》1968 2：〈致思〉第八，2下-3上。

從南北朝到唐代的這段歷史中，可看到佛教對社會救濟活動的一貫性影響，以及佛教組織從五世紀到九世紀間的壯大過程。初期由篤信佛教的皇室成員從上而下地推行救濟組織，到了唐代，民間的佛寺已有足夠的社會經濟力量來自行組織悲田院，這種日益龐大的社會經濟力量，終於引起政府的猜疑，加上教團生活的日漸腐化、唐代政府對本身威權的進一步確認，終於引起了會昌廢佛的事件。從此以後，在社會救濟一事上，宗教團體從第一線退到第二線，主力落在中央政府身上，這個發展，到了宋代達到高峰。宋代政府不是被動地接收慈善組織，而是破天荒地建設了一系列的社會救濟機構，以滿足貧人不同的需要。宋代的做法，雖然不能全面，但也顯露出統治理念上之成熟。

宋代的政府救濟政策

在歷代政府中，宋代政府，尤其南宋政府在救濟貧老病者的工作上，表現得最為積極。除了一貫的酌量給予乞者米豆及金錢的政策之外，宋政府還在建立收容貧病機構方面有所開創。北宋開國不久本沿唐的悲田福田院舊制救濟貧人及貧病之人，唯此時的福田院已屬政府組織，先在京師開封成立，後來在其他州縣也有同類的建設。據《宋史》所載，宋初在京師沿唐代悲田院傳統組織福田院，在開國之初原有兩所，稱為東、西福田院，以收容老者、病者、無依之貧者，及乞丐，到了1063年再添南北福田院，連東西兩院，四院可各收養三百人，所以京師的慈善機構可共收逾千人。六年後，即1069年，這四所福田院又兼冬日額外收容老幼貧疾無依乞丐，春暖時才讓這些人出外自覓生計，其他的州縣後來也有模仿京師的例子。到了崇寧(1102-1106)初期，當權的蔡京(1046-1126)推動了一連串救濟制度的改革，其中包括在1102年將福田院重組為兩個不同的機構：居養院及安濟坊，前者主要收容貧老之人以至被遺棄的小兒，而安濟坊則治療貧病之人，這兩種機構的經費來源主要是常平倉，在京師設立之後即推行至外縣，宋代史料中已有不少提到北宋末期南方縣分的居養安濟坊 [45]。這些機構已儼然成為都會的官方慈

---

45 《宋史》 1982，178：4339-4340；王德毅 1970，89-90，94，124。

善組織。

　　但北宋的福利政策發展至南渡前夕已出現浪費的弊端，所引起的抱怨猶如現代一些福利國家所經常面對的批評：蔡京的居養安濟坊被批評爲「州縣奉行過當，或具帷帳，顧乳母女使，靡費無藝，不免率斂，貧者樂而富者擾矣」[46]。政府對貧人的照顧，除了引起富人的抱怨，還有軍方的指謫，認爲過分的濟貧嚴重地減少了軍餉的供給，因而時諺爲之諷：「不養健兒，卻養乞兒；不管活人，只管死尸。」[47] 這些批評遂引至救濟錢糧的相對減少[48]；姑勿論當時的批評是否合理，這些言論可反映出北宋時代官方所推動的社會福利政策的確有相當的規模，以至在整個國家財政收支平衡上有深遠的影響，同時也牽涉到統治原則的重要爭辯：以富人所繳之稅來辦社會福利應到那個程度才合理？解決社會貧窮問題與國防問題孰重孰輕？濟貧到了宋代已清楚地不再單純是宗教救贖上的問題，而是一個具體而實際的政治考慮，甚至成爲政治鬥爭的工具：當時濟貧機構所受的不同程度的重視其實與蔡京起落不斷的政途密切相關[49]；總上所述，貧人在宋代已成爲必須正視的社會類別。貧窮問題——尤其是都市貧窮問題——也被視爲必須處理的社會問題。而濟貧政策所引起的關注及批評，已有類似近代國家福利政策之處。

　　宋的南遷並沒有改變政府對濟貧政策的重視。基本上南宋政府仍沿北宋的傳統，在各大縣城建立居養安濟院來安置貧病之人，並在各方面加強了醫療福利。尤有進者，在貧窮所引起的諸問題中，南宋政府還特別注重棄嬰現象，因而創辦了慈幼局等育嬰的機構。在機構的經費及管理上，也有新的變革，政策方面較前更主動。換言之，在社會福利一事上，南宋政府比北宋政府還有進一步的發展與創新。

　　首先北宋傳統的居養院制度南渡之後，有日益普遍化的趨向，甚至有地方官建議不只在州縣城中設立，還要在鄉間普遍成立[50]，但在鄉間的居養院終宋一代恐怕仍只屬偶然有之，不能達到普遍的理想。至於醫

---

46 《宋史》 1982，178：4339。
47 金中樞 1968，156；趙翼 1975[1791]，27：30上。
48 王德毅 1970，90引《宋會要稿》「恩惠」條。
49 金中樞 1968，23-30。
50 王德毅 1970，92；1971，400。

藥救濟方面，則有更豐富的發展；北宋時創立的安濟坊在難民如潮的南宋初期擔負了部分安定社會的責任，高宗下詔將近城寺院充作安濟坊，收養並醫理貧病之難民[51]；除安濟坊之外，南宋政府還增添一種功能相若的機構：養濟院。養濟院於公元1131-1132最先設於紹興與臨安兩府，然後推廣至全國，到了1201年，一個中等的州治如淮南西路的和州，建有一可容一百名貧病之人的養濟院[52]。這新機構似乎已漸取替安濟坊的功能。在醫療福利方面，除了收養病人，還加強了施藥的措施，免費施藥與貧病人的惠民藥局及其他同樣性質的施藥局也是創於南宋時期[53]。這些惠民藥局在南宋後期大都市疫災中擔任重要的施藥角色，後來元明兩代都沿政府施藥的傳統，在主要州縣維持惠民藥局的運作，下文將再詳細討論後來的發展[54]。

　　南宋在社會福利方面最創新的策略，主要在防止棄嬰殺嬰方面。宋政府及個別地方官在南渡不久即注意到貧戶溺棄嬰兒的社會現象，這個現象在福建、浙東、江南西等路似乎甚為普遍，深受地方官的重視，公元1138年即有令使有初生兒之貧戶可減賦役，並可支錢四千，到了1145年又將支錢改為支米一斛，比較實惠。這項以錢米資助貧戶之育兒的原則，到了十二世紀後期及十三世紀，已在許多州縣得到實施，只是在細節方面，各地方官作法略異[55]。這個救濟方式當然與著名的舉子倉有密切的關係；為了救濟地方上的饑荒，朱熹等創建了社倉，1135年創辦的舉子倉的原則與社倉相似，以沒官田的租收以為糴本置倉，仍由州縣丞管理倉務；舉子倉先在福建路四個州實行，後來發展到其他州縣[56]。後來成立的慈幼庄就是從舉子倉發展出來的，慈幼庄是真德秀(1178-

51　王德毅 1970，125。

52　王德毅 1971，129-130。

53　按《四庫全書提要》中「太平惠民和劑局方」提要所說，惠民藥局當創辦於1148年，但北宋名科學家沈括(1031-1095)曾作〈惠民藥局議〉，抎評其中貪污情形，如此文確為沈括所作，惠民藥局應於北宋之1095年前已設立，見沈括 1926；但惠民藥局普遍的發展，應為南宋以來的事情，則應是無爭議的史實。

54　Leung 1987，136-137對此問題曾作簡單的述說。

55　王德毅 1970，107、112-116；1971，408-409。

56　今堀誠二 1955，130、136；曾我部靜雄 1962，57；王德毅 1971，414。

1235）任江東轉運使時於1217年所創，經營原則與舉子倉一般，但其救濟的主要目標是已被遺棄的小兒，庄田所收的錢米用來資助收養棄嬰之家，或作爲官司召募乳婦之費用[57]。換言之，南渡後不久的宋政府特別著力於鼓勵貧戶生育，促進生齒。

舉子倉與慈幼庄仍不算最創新，南宋最具特色的慈善機構要數集中收容棄嬰的機構，即在1247年建立有名的慈幼局以及其前身嬰兒局。這可算是世界上最早的專業並官營孤兒院之一，嬰兒局於1219年創於湖州，按創辦人通判袁甫所記，局的組織算得上完善，棄嬰「使乳母乳之，月給之粟，擇媼五人爲眾母長，眾乳各哺其兒，又一人焉以待不時而來者。來者眾，則益募乳收之……歲及七齡，粟勿復給……有疾病者，醫一人謹視焉，今增其二」[58]。約十年後，即1230年，通判趙善繚在九江亦設立同樣的機構[59]。在十三世紀初期，嬰兒局主要仍是地方性的官方組織，要到中葉，以嬰兒局爲模式的慈幼局始成爲全國性的慈善機構。慈幼局之始，一般認爲在1247年之臨安府，是理宗所令設的：「淳祐七年十二月有旨：令臨安府置慈幼局，支給錢米，收養遺棄小兒，仍僱請貧婦乳養……于府治側建屋，而凡存養之具纖悉畢備，其有民間願抱養爲子女者，官月給錢米，至三歲住支。所存活不可勝數。」十年後，1257年理宗令「天下諸州建慈幼局」[60]，從此時到南宋末的三十多年間，諸路較大的州縣均設有慈幼局，《永樂大典》中有記載的有七、八處，但如從方志、文集等資料著手，其數應遠不只此[61]。

在同時期的歐洲，雖然基督教各教派的寺院也是慈善機構主辦者，也有專門收養病人的醫院，但是並不像宋政府那樣將不同的貧窮問題分門別類，以不同的機構來處理；這是中國中古社會所獨有的，尤其防止棄殺嬰及收養棄嬰一項，更是最清楚地反映出當時社會因人口增長而面對的問題。有關此點，本書第三章中將再詳細討論[62]。救濟棄嬰機構的

---

57 王德毅 1970，120；1971，420-421。

58 王德毅 1970，117 引袁甫《蒙齋集》卷十二〈湖州嬰兒局增田記〉。

59 王德毅 1971，418-419；今堀誠二 1955，140。

60 王德毅 1970，118-120；宋采義、豫嵩 1988，28。

61 今堀誠二 1955，140-1；王德毅 1970，118-120。

62 宋南渡之後，政府及地方官所普遍注意到的溺嬰問題，可以從今天的「家庭

現象後來再次出現在十七、十八世紀人口大幅上升之時，這雖然是後話，但育嬰機構的普遍化與中國人口增長之兩次高峰相吻合，也是耐人尋味的歷史現象，值得玩味。

　　不過，談到社會救濟或福利，每個人都會想到有效性的問題；上文已提過在北宋時居養院等政策已被認為太浪費，引來富人的拒抗，甚至軍備不足的帳亦被算在這頭上。南宋時代救濟機構亦同樣受到批評，但批評的重點主要是行政上的弊漏，如常平倉制度本多天救濟地方貧民，但也有時由於里正及丐首的貪污，令真正的窮人無法受濟。而由地方有力之人所倡導的社倉，也因拖延納捐及貸米過程產生貪污等情形，使得許多貧戶不能受惠[63]。居養院之法雖嚴厲地懲罰貪官及冒名入住者，但也無法完全阻擋流弊的發生，讓「狡獪者舉家皆預支請，而貧寠者反見棄遺」。而安濟坊的醫生也有假冒的情形[64]，救濟棄嬰的政策也有不少漏洞；如舉子倉有時並不能真正幫助有新生兒的貧戶，反而讓插手的地方豪民沾利及倉官中飽私囊[65]。

　　到了南宋末年，慈幼局的弊端更多，有關這點，著名的黃震（東發，1213-1280）留給我們最詳細的描寫：他在1272年任江西常平倉司時，張貼了一道「曉諭遺棄榜」，無保留地批評撫州慈幼局的缺失：「本司元有慈幼局，見今所養，不過四五名各已長成之人……慈幼徒有虛名，當職愧焉……其見在本局四五人，既已長成，每日坐守兩餐，自少不學事藝，將來有何歸著……。」他張貼榜文的原因，就是希望「店舖人有欲收為使喚，或買賣人有欲收為歌賣，及或有宗族親舊自欲收

<hr>

計畫」角度去分析；宋代是中國人口一次大幅增長的時代，南宋時代南方地區的人口增長幅度尤其大，這方面的人口數字估計可參考趙文林、謝淑君 1988，592-595；這表示當時的生育率提高及死亡率下降，人的預期壽命增長，一般家庭及貧戶面對這樣的變化多以棄殺初生嬰兒以保持戶口人數的平衡；古時社會沒有精確的避孕觀念與方式，墮胎對母體又有相當的危害，因此通常以棄殺嬰的方式來處理不能養或不想養的嬰兒。有關宋代溺棄嬰問題最近的著作有：劉靜貞 1994。
63　王德毅 1970，88 引《救荒活民補書》；1971，416-417 引《朱文公文集》及《宋會要稿》。
64　金中樞 1968，15-16 引《建炎以來繫年要錄》及《宋會要‧食貨》60之12；19-20 引陸游《渭南文集》。
65　王德毅 1970，116 引《宋會要稿‧義倉》。

錄，或民間欲收養爲子，並仰經坊長求四鄰保明申上，本司當倂此兒一年合支錢米，作一頓給付收錄之家，使之早有歸著……」。黃震並反對繼續舉辦慈幼局，他認爲「官司收哺於已棄之後，孰若保全於未棄之先」。他因此建議取消此局，恢復舉子倉的制度，以錢米補助待產的貧戶 66。撫州慈幼局在宋末的沒落很可能不是個別的例子，而是相當普遍的情況。著名的馬可孛羅在元初（1274-1275之間）到中國，「聞說」在宋時的杭州有救濟棄嬰的機構，別人告訴他：「在那國裡有許多貧窮婦女養活不起嬰孩，出生後就把他棄了……〔國王〕把那些小孩放在各處，預備許多乳母來撫養他們。有錢的人沒有小孩子的，可以來到國王處求之……此外假如一個孩子長大了，他的父親或母親仍要他回去，祇要他能用書信證明孩子是他們的，國王就讓他們領回去。童男童女長到結婚年齡時，國王讓他們配爲夫婦，賞賜他們錢財，使他們可以舒服的生活。照這法子，每年國王撫養成人童男童女約二萬人……。」67 文中的「國王」即指南宋皇帝。馬可孛羅的遊記真實與幻想糅雜，但就算他的描述有誇大之處，也可看出元初人對南宋的慈幼局記憶猶新；換言之，當時臨安慈幼局已成歷史名詞，宋政府的種種「善行」，亦只能靠時人的記憶及轉述。如果連首都的慈幼局在宋亡前後都無法維持，其他的機構的命運可想而知。

由於宋代慈善機構主要是政府所舉辦的，它們的沒落與宋代政府的衰敗關係至爲密切。不過雖然如此，南宋時代的社會救濟已有日益明顯的地方色彩，朱熹的社倉制度及連帶的舉子倉制度在很大程度上依靠地方的資源來維持，是在地方父老協議下而設辦的措施，甚至慈幼局、安濟院等機構的財源也少不了地方富人的田銀捐助 68；比較積極的幾個地方官也創辦了一些有地方特色的制度，與中央所制定的標準機構不盡相同，甚至啓發了以後的中央制度，如蘇軾（1036-1101）在1089年知杭州時

---

66 黃震 1767，第15冊，79：5上-下。

67《馬可孛羅遊記》 1974，283 在「大可汗怎樣征服蠻子大省」一節內；在遊記的法文版，同一段內還有一句是說國王替無人認養的童男找職業：Marco Polo 1980 II，339。

68 王德毅 1970，113-116；1971，415-416；今堀誠二 1955，144-145；《婁縣志》 1786，2：10上-14下，〈宋知華亭縣程熹安濟院管田記〉。

所創之安樂坊、吳居厚(1035?-1113)知開封府時在1102年設的將理院，成爲後來安濟坊的典範[69]，南宋的蘇州更是經歷了不同地方官的醫療建設成果，如陳耆卿(1180-1236)於1226年左右改醫院爲安養院養老病以別於養病囚之安濟坊[70]；吳淵(1109-1257)於1231年建之廣惠坊養男女病患，並兼施棺[71]。這些機構往往仰賴地方富戶的捐贈得以維持，至於地方有名望之人在饑荒時施粥，更是常見的事[72]。不過，雖然地方資源已經常直接用於地方福利之上，但是宋代社會救濟制度基本上仍由中央政府所策畫，在社會救濟的意識形態方面，宋代仍沿著唐中期後以中央爲主導的傳統，政府被視爲唯一有資格組織長期濟貧機構的制度，民間的力量只能作適度的配合；因此政權的衰落必然帶來濟貧制度的衰落。已相當壯大的社會力量仍未被長期地、有組織地動員起來。

新的貧人定義及濟貧政策

從宋代的例子，我們看到重要的歷史變化。首先是上文一再強調的貧人作爲一具體社會類別的誕生，以及社會貧窮成爲中央政權要解決的問題之一。慈善機構救濟貧人的標準顯示了這一點，從十二世紀開始，許多機構對收容的對象的規定，已從傳統的「鰥寡孤獨」類改稱爲「貧乏不能自存之人」或「老疾貧乏不能自存之人」。崇寧四年(1105)有關居養院的詔令說得最清楚不過：「自京師至外路，皆行居養法，及置安濟坊，雖非鰥寡孤獨，而癃老疾廢，貧乏而不能自存，當職官審察詣實，許與養。」[73] 雖然「貧乏」仍沒有很準確的定義，但受濟人的先決條件是「不能自存」而不是無親這一點，已非常清楚。至於如何確定受濟之人爲貧乏，則「在郡邑者，責之社甲首副；在村落者，責之保正副長」[74]。即以地方有名望的人對待濟的人的經濟條件作主觀的判斷。

---

69 金中樞　1968，5引《實治通鑑長編》435：20；Leung　1987，136。

70 《姑蘇志》　1506，22：30上-下；陳耆卿 1981，5：12上-下。

71 《姑蘇志》　1506，22：30下-31下；吳淵 1977，8；《江湖小集》71：12上〈廣惠坊記〉。

72 劉子健 1987，307-359。

73 金中樞 1968，12，14。

74 金中樞 1968，15。

認定貧乏者——尤其都市的貧乏者——構成社會問題是宋代政府的
一大觀念上的突破，以收養方式來處理這個問題也是一種創新的公共政
策。在這方面，我們可以說宋政府比起同時代的西方政府在政治理念上
更為早熟。但是如果沒有前代佛教慈善制度，則這個創新並不可能；北
宋早期的福田院，本來就是唐代舊制之名稱，後來的安樂坊、居養安濟
院等制，常有以僧侶管理之例，在較僻遠的地方，這些機構時以寺院為
址[75]。換言之，在組織形態上，宋代慈善機構的發展無疑地沿自南北朝
至隋唐之佛教傳統，但在濟貧政策擬定的理念上，卻有革命性的創新。

短暫的元代在社會救濟方面並沒有繼續發揚宋代的制度，絕大部分
的機構在宋亡國以後均消失了，唯獨醫療救濟方面比宋代有進一步的發
展，宋創設的惠民藥局制，在元代更為普遍，政府並設廣濟提舉司來監
管全國惠民藥局的經營，地方的行政系統裡又加上了「醫學」一項，以
訓練地方的醫生，以及配合惠民藥局施藥的工作[76]。但是除了醫藥方面
的救濟，元代在其他社會福利方面乏善可陳，元代一些文人只能緬懷前
宋的種種「德政」[77]。換言之，宋代頗具前瞻性的救濟政策在宋亡後無
法維持；一方面是此後的中央政府不似宋代的積極，另一方面，民間的
力量仍沒有成熟到可作長期自我組織的程度。

明政府的救濟政策：養濟院的困境

明代政府在社會長期救濟政策方面如元代一樣沒有太大的創新。明
初朱元璋只保留了惠民藥局及養濟院兩項，而且惠民藥局主要是施藥給
軍旅的貧戶，而養濟院的原意也並非如宋代的收容所有貧病之人，而主
要是收養老人，所以在明開國時曾一度稱為「孤老院」[78]；換言之，太

<hr>

75 金中樞 1968，8-9 有關安濟坊前身將理院之制及後來養濟院之制，引《宋
　會要‧食貨》；王德毅 1970，129 有關蘇軾以僧主安樂坊事，引《咸淳臨
　安志》；92 有關居養院以寺觀為院址，引《朱文公集》。
76 Leung 1987，137-138 引《元史》、《元典章》及地方志。
77 其中最有名的是詩人鄭元祐（1292-1364）在《遂昌山樵雜識》中所提到宋代
　之慈幼局事，他覺得這個制度使得「道無拋棄者……其恩澤之周也」，見
　梁其姿 1984，101。
78 梁其姿 1986，54 引《皇明實訓》洪武 4：41下；星斌夫 1978，131-149。
　Leung 1987，139 引《明會要》1960，31：職官；《明實錄》1966，洪武
　十七年六月：2519；《欽定康濟錄》1739，3下：45下-46上。

祖心目中的這些救濟機構也並非爲了社會一般的貧民，而主要是安撫軍隊，及重申敬老的倫理思想。而這些機構也並沒有得到明代政府太持久的注意，有關惠民藥局的法則，最後一次的全國性頒布是在宣德三年（1428），主旨是由於當時的藥局已普遍荒廢，貧民無平價藥物可取，宣德皇帝令重振醫學及藥局；但是事實上明代十五世紀以後的惠民藥局制已失去作用，中央法令也無從挽救，從方志的資料可看出，到了十六世紀後半葉，連最富裕的江南地區的惠民藥局也大部分只徒具虛名，已沒有任何實際功能。筆者曾以四十五種方志的資料看五十五個江南縣治內惠民藥局的情況，發現到了1566年，廿八個縣城內的藥局已荒廢，十九個情況不清楚，只有八個表面上仍然有施藥功能 [79]。這個抽樣調查足以說明藥局制度在此時已實際上產生不了作用。可見惠民藥局等施善機構並不被明政府所注重。

　　至於養濟院，很快地就擺脫了宋代居養院「德政」的清純外表，而更清楚地施展了社會控制的功能。早在仁宣二宗時期（1415-1435），京城的養濟院已有新的條例，入住的貧老病者必須在當地注籍，並得到鄉長的正式許可。外來流民不能進入，只能受蠟燭、旛竿二寺的糧食救濟，這個做法將流民與地方貧民分開，有助於將流民遣返原籍地；而到了成化期間（1465-1487），京師的養濟院爲改善市容而改變原有的政策：因「京城街市多有疲癃殘疾之人，扶老攜幼，呻吟悲號，徒足以干天地之和，而四夷朝使見之亦或將爲所議」，所以憲宗令「〔道途乞丐殘疾之人〕有家者責親鄰收管，無家者收入養濟院，照例給薪米，並外來者亦暫收之，候和煖，量與行糧，送還原籍」；養濟院因而多了收容多寒流丐的任務，到了弘治年間（1493），由於流乞收不勝收，春暖後將他們遣返原籍的做法漸成定例，而且並不限於順天府 [80]。明代養濟院這種維持地方社會秩序的功能，也被十六世紀到中國行商的葡萄牙人所覺察，卑烈拉（G. Pereira, ca. 1530）與達庫魯斯（G. da Cruz, ca. 1520-1570）認爲中國都市內街上沒有乞丐是由於養濟院收容了所有的疲癃窮疾；他

79　Leung 1987，139 引《明實錄》40：93，宣德三年三月；141、160、162。
80　梁其姿　1986，54 引《明實錄》278：7上；《皇明實訓》1984，1：39下-40
　　上、3：1下-2上、7：38上-下；《大明會典》1587，80：7上；沈榜　1980，
　　91；高攀龍 1632，7：17下-18上。

們並打聽了入養濟院的手續，知道申請入院必先得到地方官開具證明身分。另一葡萄牙人品妥(F. M. Pinto，1509-1583)從寧波到南京途中，即曾在某個小城的養濟院內居住療傷：「〔養濟院的負責人〕還找來了一個醫生替我們看病……〔我們離去之前〕他在一本厚冊上寫下我們的名字，我們跟著簽了名……這樣，為我們而花了的費用才可以報帳。」[81] 可見養濟院制度在各地仍然有效地運作，這主要是由於它們有著重要的控制外來人的任務。

　　隨著明官僚制度的發展，明代養濟院有起碼的效率，但是與之共存的，還有無所不在的貪污舞弊問題。這些問題早在上述宋代的濟貧機構中已出現，到了明代，更是變本加厲；直至明末時期，許多養濟院已腐敗得令真正貧人裹足不前。養濟院最嚴重的弊端之一是貧老的冒認問題；由於胥吏的貪污或無能，養濟院中住了本無資格受濟的人，又或已歿之貧老名額沒有被報銷，養濟院繼續領他們的錢糧，這些錢糧當然為胥吏所侵占；各種的弊端不但帶來極大的浪費，也令真正有需要的貧人被摒諸門外。曾在1590-1593年當順天府宛平縣令的沈榜(1550-1596)，在他著名的《宛署雜記》中，就詳細地述說了當地養濟院的各種貪污情形：長久以來，地方官疏於查點院內留養老人實況，使得貧老中有「會頭」盤據其間，「亡者十不開一，存者十不給一，而利遂歸一人。」當沈榜前往查點時，報名冊竟是「得之亂籍中」，而冊中所錄九十歲以上的老人竟達九十多名，虛報之情形極為嚴重；經沈榜半年的整頓，「遂得除百餘名，即可省米數百石，庫布百餘疋」[82]。

　　這類情形不單發生在京師地區，在外省亦常見，1605年版的《武進縣志》有下列記載：「（嘉靖）二十三年(1544)，知府符驗案查冒濫之弊：有家資百數金者、有父子俱在者、有子孫並居者、有夫婦同處者、有人死而名存者，即前後銷名。有以一人而當二人者、有以一名而銷三名者……隨將冊內男女七百餘名內，除病故及有子女親族，並積有盈餘，自能度日者革去，實存五百三十一名。」1579年版的《杭州府志》裡所載的餘杭縣養濟院亦有類似的情形：「詭情匿跡之徒，往往竄名院

81　梁其姿 1986，54-55引 Boxer 1953，30-31、123；Pinto 1968，62-64。
82　梁其姿 1986，55 引沈榜 1980，89-91。

戶以冒歲支，是貧者未必賑，而賑者未必窮矣」；後來更有「充院長
者，雖瞽廢而凶惡異常，赴官領給錢糧，皆一詈吞蝕，其他役使奸淫，
不可盡述」[83]。可見地方官僚往往無力監督養濟院的管理，造成各種不
可思議的弊端。類似的情形常見於明末方志記錄，可見是很普遍的現
象。

　　養濟院在明代的諸種舞弊，大半起於地方官的疏懶，令下面直接管
理院務的胥吏有機可乘，沈榜就很坦白地道出在宛平縣的前任各縣令如
何畏懼群乞的騷擾，而不敢清查院務：「委官稍繩之法，則群然噪呼，
引其老而瞽者百十人，穢身結衣，集長安道，候九卿過，則環泣而乞
憐……其穢既不可近，而麾之又不得去，過者率爲所窘。有司懼得罪，
無敢點查者。」上述武進縣的問題則在於：「里老之受賄，吏書之通
同，斗級糧長之影射。錢糧本以哀窮民，乃以養奸宄矣！」明末浙江文
人陳龍正(1585-1645)亦清楚地看到他家鄉嘉善養濟院的貪污情況：「本
邑養濟院初入時須囑之費十金……故今養濟院中非盡貧漢，貧漢有填溝
壑耳！」[84] 在明末要整頓養濟院的確需要有過人魄力的地方官，而像沈
榜的例子實如鳳毛麟角，所以雖在名義上明代每縣皆有養濟院，「貧漢
有填溝壑」的情形，恐怕比比皆是。換言之，明中期以來的政府救濟政
策對都市貧民的生活已沒有太多實際上的保障。

　　而明中後期又是中國社會另一次經濟大幅度發展的時期[85]，江南都
市工商業所來的人口增長更令人矚目[86]，隨之而來的人口壓力、身分等
級分化等現象使得貧窮問題成爲困擾的道德問題，遠比宋代爲甚；然而
官方的濟貧機構卻普遍地腐敗，在政治理念方面，明政權又缺乏宋代的
創意。明政府並不曾制定一套長期性的、全國性的社會救濟政策。既然
政府並不正視新富及貧窮所帶來的社會焦慮，地方精英自然而然地接手

83 《武進縣志》1605，3：88上-下；《杭州府志》1579，51：9下，《康熙仁
　　和志》在《武林坊巷志》1987，第七冊，537；《六合縣志》1684，4：54
　　下。星斌夫 1978，147-149 中還有其他類似的例子。
84 梁其姿 1986，55-56引同註82、83：沈榜 1980、《武進縣志》；並陳龍正
　　1631，4：36下-37上。劉宗周亦曾因養濟院之腐敗而上疏，見劉宗周
　　1824，15：12上。
85 有關明末的經濟蓬勃發展的描寫，參看許滌新、吳承明 1985，36-183。
86 Skinner 1977，16-17。

處理這個問題；他們的關心，主要基於在新財富進入社會以後，貧窮所產生的社會上及道德上的極大困擾。他們所構想出來的「解決」方式，也必然是包涵著極濃厚的道德性。這也是下一章所要討論的課題。

第二章
明末清初民間慈善組織的興起

　　十六世紀以後的明代，中國的經濟發展再達到另一個高峰。此次的
歷史經驗所帶來的社會及文化上的變化似乎比宋代更爲激烈。明末的快
速經濟發展，不但帶來人口大幅度的增長，及連帶引起的都市化問題，
更令人注目的是財富不均、階級分化，以及部分有識之士認爲「風俗日
奢、日漓」之各種現象，這些現象在富裕地區尤受人詬語。相對地，政
府的行政效率日差，貪污舞弊情形已見怪不怪，上文提到養濟院的衰落
不過是冰山一角。

　　客觀的社會經濟變化往往相連著主觀價值的動搖。明末各種思想共
存，不論保守的、極端的均有爲數不少的信徒；同時，傳統價值則空前
地混淆，貧富貴賤等觀念是其中最顯目的幾項。當時憂國之士多有改良
社會之志，所謂改良，主要是重興他們理想中的社會秩序。爲了達到此
目的，他們制定了一些社會策略，一方面爲了因應新的社會變化，一方
面卻爲了維持傳統的價值；明末在江南地區出現的民間慈善組織就是這
種策略的一種典型。

一、明末善會的興起

　　明末民間慈善組織之中以同善會最突出。同善會的成立無疑與明末
士人愛結社的風氣有關係[1]。同時善會也明顯地有盛行於北魏以後、尤

---

1 Gernet 1986；陳寶良 1991；謝國禎 1982，7-13；1982B。

其隋唐時代的在家釋教組織，如義邑、法社等[2] 的影子。明末同善會是有意識地模倣當時極流行的放生會，而放生會即直接來自在家釋教組織的傳統。嘉善學者陳龍正(1585-1645)於1631年在家鄉成立同善會，當時他即指出：「又近來僧家每每合做放生會，凡有善心的也欣然樂從……看些現在的陰騭報應，連那愛物的心，自然也觸動了……幾曾見真實做好人的恣口殺生，這會(同善會)卻是放生會的源頭。」[3] 可見在思想上、組織上同善會與俗世佛家組織極為相近。

成立最早的同善會，大概是楊東明(1548-1624)於萬曆十八年(1590)在他家鄉河南虞城成立的。二十多年後的崇禎時期，在江南地區的士人相續組織同善會，形成一種風氣，明亡以前江浙地區有同善會事蹟的至少有武進、無錫、崑山、嘉善、太倉等地，日本學者夫馬進更指出同善會遍布福建、山東、河南、江西各省[4]。江南地區參與同善會活動的士人包括多位東林黨人士及他們的同情者，如錢一本(1539-1610)、高攀龍(1562-1626)、陳龍正等，這些其實都還未包括史籍極可能遺漏的。如果把不同名稱而性質相同的善會也算起來，恐怕數目就更多了；例如楊東明在成立同善會後一年設廣仁會濟貧病之人，為明殉節的黃淳耀(1605-1645)就曾在其家鄉嘉定縣參加了類似同善會的慧香社，這個組織也成立於崇禎年間(1640)；又如在揚州創立的育嬰社，也約在同時(1643年以前)，組織方式亦大同小異，只是以養棄嬰為主[5]。又例如殉明的另一士人祁彪佳(1602-1645)也在崇禎間屢次在其家鄉紹興成立藥局、育嬰社等救濟貧病[6]。

---

2 義邑始於北魏五世紀末，流行於隋唐之際（見山崎宏 1947，第四章），由在俗信徒約三十人組成，每月定期誦經和開設齋會。法社則流行於唐至宋間，九世紀出名的華嚴社一年四季召開大聚會，每人要誦經一卷；社員還會捐田以充法社之費用，這些組織都有成立條文；中唐以後，此類佛教組織有時甚至舉行俗講。參看鎌田茂雄 1986，199-201。明末的同善會在成立設條文、定期開會、設會員制、舉行俗講、捐贈方面多有模倣之處，唯其宗旨並不相同。

3 陳龍正 1631，四下：93上-下〈同善會一講〉。

4 夫馬進對同善會發展史有最詳盡的描述，見夫馬進 1982，37-76。

5 梁其姿 1986，59，引黃淳耀《陶菴全集》，四庫珍本2：9上下；劉宗周 1903 [1634]，5：61下；《甘泉縣志》1743，7：47上。

6 祁彪佳 1969，2：29-34，6：144-147；夫馬進 1986，11-12，引祁彪佳《荒

　　明末名士大部分在罷官或退隱期間在故鄉推動地方慈善活動。善會通常由具名望之士人領導，召集地方百姓創會並定期開會。救濟目標較具體的善會，如藥局、育嬰社等，往往由一二人主持其事，號召善心人士捐款以支付藥物、乳母等花費；救濟對象較廣的同善會，組織形式則比較複雜，此類善會每季聚會一次，每次主會之人由會員推出；聚會目的有三：一是收集會費（會員每人約自九分至九錢）；二是商討救濟案並善款的分配；三是由主會之人以俗講方式來警惡揚善，勸諭聽講之大眾安分守己，並發揚濟貧的善心；為了加強俗講的效果，講詞將貼在墙上[7]。這兩類基本善會所共有的特點是，它們成立時必有仔細規條，責成會員遵守，目的是為了讓組織能長久地維持下去。

　　至此，我們大概可看出明末慈善組織的主要特色：它們絕大部分是長期性的組織，由地方上有名望之士人推動，這些無官位的地方領袖帶動一般百姓組織善會，救濟當地貧民，但又不屬任何宗教團體。受濟貧民並沒有家族、注籍、宗教信仰，或隸屬特別社團等資格限制。換言之，明末的善會具有嶄新的社會性格，南北朝至唐代佛教慈善組織以傳教為主，而明末善會的理念主要在於處理俗世社會問題，而非宗教思想問題；它們也不似宋代的救濟組織，處處由中央政府或地方官領導，而以地方上無官職而有名望的人為領袖，同時被救濟的人的資格並不受官方機構所訂的注籍所限制；再者，這些善會也不同於以救濟家族成員為主的義莊；所以，雖然在組織形式及濟貧項目方面，明末善會都明顯地受到唐以來佛教組織及宋代政府機構的影響，但是如果同時考慮這些民間組織的目標、領導、所救濟的對象，明末善會可說是一個前所未有的中國社會新現象。

　　同善會等明末善會在十七世紀的發展不但極為普遍，而且個別善會本身也有可觀的擴張，這從江南地區同善會所遺留的資料中可見一斑。陳龍正在1631年成立的嘉善同善會開始時只吸引百人不到的會員，十年

政全書》17：28；Leung 1987，145-6，引祁彪佳 1982[1937]，壬午：17下-上；年譜：10上。
7　梁其姿 1986，59，引陳龍正 1631，4：88下-91下，《嘉善纂修啓禎條款》1650，2：18下-19下。

後，這個善會已有數百名會員了，同時爲了應付不斷增多的待濟人，善會開始購置不動產——莊田，以收租來支付開銷；在會員數量日增、濟貧活動益繁之下，陳龍正於1641年向縣政府申請建會館，並得到批准，同年「同善會館」落成。而無錫的同善會在成立三年餘後，人數亦增至過百，高攀龍在該會第二次演講時說：「這個同善會，今日是第十四次了，會友有百餘人，人人皆出自心自願。」而按現存史料，這無錫同善會前後共聚會至少八十六次，一直維持到康熙年間；同樣地，崑山縣、吳縣的同善會一直保持活躍。崑山同善會在明亡前一年(1643)的夏季聚會更邀得縣令主會，爲最盛大的一次，也從此看出這些地方善會已漸得到地方官的重視；到了清代，崑山的善會雖沒有如明末時般定期舉行，但仍「旋舉旋廢」式的維持著，在康熙九年(1670)更出面救濟當地的水災饑民。同善會的歷史在順治初年仍有新的發展，在較偏遠的寶應縣，順治六、七年左右(1649-1650)，士人朱爾遠(1588-1664)、王有容(1606-？)分別與友人模倣陳龍正辦同善會 [8]。可見晚明江南地區的善會是相當普遍、同質性極高的的社會文化現象，而且還一直在擴大。

要到順治九年(1652)後，清政府爲了徹底清除文人反清的組織，屢次禁止文人任何形式的結社 [9]，才強制性地中止了這個發展的自然趨勢。同善會的復興在乾隆時代，但這個組織已以另一形態復出，不過此乃後話(見第四章)。

下一個自然要問的問題，就是爲何這個現象會在明末出現？

---

8 梁其姿 1986，59 引《嘉善縣志》1724，11：4上-下，錢士升著〈同善會館碑記〉；高攀龍 1632，12：34上；夫馬進 1982，46，52-53；《揚州府志》1810，32：15上-下。光緒《崑新兩縣續修合志》，1：21上-下。《重修寶應縣志》1841，18：18上；《寶應縣志》1932，28：32上〈朱克簡清封徵仕郎內府中書科中書舍人私謚貞純府君行述〉。

9 順治九年（1652），清政府即在地方學校之明倫堂立「學校條規」碑示生員，其中一條爲：「生員不許糾黨多人，立盟結社」(見《(欽定)學政全書》1812，4：2上)；此一規條似未完全達到阻嚇作用，因此八年後，即順治十七年(1660)正月禮科右給事中楊雍上疏，謂江南士子之結社「由於好名，其後因之植黨，相習成風」，望下令「約束士子，不得妄立社名，糾眾盟會」。結果得旨：「結社訂盟……深爲可惡，著嚴行禁止。」《清實錄》1969，《順治實錄》131：17上-18上。謝國禎 1982，7-13。

二、善會興起的原因

從需求面解釋善會出現的原因：一個不具說服力的解釋

　　由於這些慈善組織都以濟貧爲主旨，因此我們很自然地從需求面去考慮濟貧組織出現的原因，就是說從窮人大量出現這個角度去解釋這個新的歷史現象，認爲由於有更多貧人需要救濟，所以慈善組織才會在此時出現。研究近代西方國家社會救濟發展歷史的學者，其中也不乏採取這種解釋的。有人認爲西歐十六世紀以來，由於人口增加、饑荒連年、通貨膨脹等原因，產生了都市中貧民階級的激增[10]。波蘭學者、也是前團結工會的顧問蓋瑞梅克（B. Geremek）在他所著有關歐洲從中古到近代的貧窮以及濟貧機構歷史的書中，也大篇幅地談經濟結構的改變如何引起農村破產，導致失業農民大量湧入都市，形成都市貧民階級，這個變化他名之爲資本主義的重新結構過程（restructuration capitaliste），意即西方經濟結構從封建制度過渡至資本主義制度期間的調整時期，此時期的特徵之一就是由於經濟失調而產生大量都市貧民。而近代歐洲國家所漸發展出來的福利政策就是爲了應付這樣的一種結構性的經濟轉化[11]。歐洲政府設立濟貧組織，譬如收容棄嬰、貧病人、失業人等機構，用以取代中古以來基督教教會組織，應付都市貧窮問題。這個變化巧妙地與明末民間慈善組織出現的時間吻合：兩者都發生在十六世紀後半葉。那麼，我們是否確也可從客觀需求這個角度去充分解釋此一全新歷史現象？

　　在許多方面，明末時期的江南地區的確經歷著重大的社會經濟變化；日本學者與大陸學者早已對這些現象作過深入的研究。例如有關農村中租佃地主（或曰寄生地主、不經營地主）在明末以來的增加，這些通常有紳士身分，或兼營商業的地主將農業所得之利潤用在都市的生活，相對地減少在農村的投資，引致水利及其他方面的技術維護漸失調，農

10　Davis 1975，24；Slack 1988，45。
11　Geremek 1987，145-157。

村傳統經濟形態以及社會關係因而遭破壞[12]。而大地主徙居城中，以及他們在城裡的生活方式加速了農村資金集中到城市的作用，加大了農產品向城市的單向流轉，擴大了城鄉間的不等價交換[13]；這些因素均加重了小地主及佃農的負擔。不過，與此同時，佃農卻漸獲得前所未有的人身解放；在承租、退佃、遷徙方面佃農比宋代甚至明代前期要自由得多，這與嘉靖以後一條鞭法的推行，以及黃冊管理的鬆弛當然有密切關係，以致在明末江南地區退佃已成爲一些地主的頭痛問題[14]。這些農村生產形態及社會關係的變化到了清初期更爲迅速[15]；農村社會的此類變化，加上十七世紀後半以來的人口大幅度增長，勢必帶來更多農村流動人口。

尤有進者，學者指出，清初以來，江南地區之稻田耕作的集約化已不需要更多勞動力的投入，據李伯重的研究，此富庶地區的稻田每畝投入工數，明末爲12.1個，清中期已減爲10.5個[16]；換言之，雖然明末以來商品農作吸收了一定的勞動力，但是稻作業的發展、農村社會人身關係的解放、人口的不斷增加、都市經濟的吸引力等因素，必然將江南地區農村經濟所無法消化的人口引至都市，因此明末以來，江南都市內出現大量從農村流徙而至的人，而都市貧民階層的持久性的出現，也必然與此有直接的關係。在這方面，明末以來江南地區與上述蓋瑞梅克筆下資本主義來臨前夕的西歐似乎相似，不過要強調的是：因爲資本主義根本沒有在當時的中國出現，中國當然沒有經歷所謂「資本主義重新結構」的過程；農村經濟也並沒有在明末「破產」，清代以後的農業事實上透過拓耕還有進展；明清時代的經濟結構基本上沒有改變。大陸學者也只能以「資本主義萌芽」此一曖昧概念來形容此時之歷史發展；換言之，明末的種種變化雖引起重要的社會後果，但沒有帶來經濟結構性的轉化。

---

12 Hamashima 1977(1969)；伊原弘介 1982。
13 許滌新、吳承明 1985，231-234。
14 許滌新、吳承明 1985，58-59；有關一條鞭法的影響，可參考梁方仲 1989，34-89；1990，185-211。
15 石錦 1985；許滌新、吳承明 1985，223，231-4。
16 吳承明 1989，76 引李伯重〈明清江南水稻生產集約程度的提高〉，《中國農史》1984/1。

　　筆者並沒有野心要解釋爲甚麼明清時期雖然有經濟發展，但是資本主義卻沒有在當時的中國出現，也不認爲這是一個合理的問題。畢竟資本主義是近代西方文明的特產，不是放諸四海皆準的歷史必然。不過雖然明清之際不可能有所謂「資本主義重新結構」現象，但是純粹從歷史事實的角度來觀察明末社會，我們也可看到類似近代西方在經濟轉型時所經歷的都市貧窮問題。

　　這個問題的發生原因複雜，除了上文述及的法制方面的變革、人口的大幅度增長外，十七世紀的明末也是天災人禍特別嚴重的時代；萬曆年間北方諸省災荒連年，使得陝西、畿輔、山西、山東、遼東及河南各地饑民大增，也導致從天啓時期開始米價上漲，同時期白蓮教在北方迅速發展，擁眾不下二百萬人。崇禎時期李自成、張獻忠所領導之民變，無不與饑荒及政府救災無效有直接關係[17]。就算在較富裕的長江三角州地區，饑餓狀況也很普遍，事實上，明末時代江南地區士人對荒政異常關切，有關著作亦特別豐富[18]；這些著作雖然也反映了地主與最受饑荒影響的佃農之間的相互依賴關係，但主要乃充分說明了在蓬勃的手工業經濟發展表象背後，是不容忽視的貧農饑餓問題，這點極可能促進了日益嚴重的貧富懸殊現象，而這個現象，卻難以用量化分析。

　　有學者指出明中期至清初間中國氣候屬乾旱期，而且以十六、七世紀全國受旱面積達50%以上的年數最多（均爲十七年），而其中持續乾旱年數以十七世紀最多，而十七世紀中，又以1636-1641年的明末時期爲乾旱持續時間最長的一次旱災[19]。這些異常的自然氣候變化當然會帶來較多的饑荒，但是我們亦不能忽略人文因素的重要性：如技術落後、管理效率低下等，這些與明末政治大環境敗壞有關的人爲因素使得自然災害的後果更爲嚴重。對特別關注水利歷史的學者而言，明末時代無疑處於水利效率循環的低點，其中的原因，除了上述租佃地主的疏忽傳統責任外，中央政權的軟弱無能，不能作技術上的支援、擔任水道上下游利益矛盾之協調者，因此不能立時紓解自然氣候反常所引起的困境，令其越

17　李文治　1989，215-25；彭信威　1988，703-704；謝國楨　1981，8，149-187。

18　川勝守　1984，493-500。伍繼濤、閻新建　1988，57-62。

19　陳玉瓊　1988，300-307。此外，請參看Eastman 1988。

益嚴重，也是一重要因素。十六世紀以來長江下游，尤其太湖地區頻頻
發生的水災也主要基於這些人文因素[20]；水利之不濟所直接或間接引起
的其他災難更不可勝數，如連年的旱災及大量農田被荒棄，而這些結果
又往往引起蝗災，天啓崇禎年間江南地區不斷的大蝗災，無不與此有
關[21]。

　　與此同時，十七世紀中期的疫災亦特別嚴重，方志所載有關崇禎年
間疫災所帶來之人間慘劇令人不忍卒讀，如1642年桐鄉之疫災慘況：
「甚至一二十口之家，求一無病之人不可得，又或一二十口之家，求一
生全之人不可得，故始則以棺殮，繼則以草殮，又繼則棄之床褥，尸蟲
出戶外……掘泥窖爲葬埋，計或五十一氂，或六十七十一氂，不三月而
五六十窖俱滿……。」[22] 學者對明末的疫病流行作過初步的研究，雖然
至今就有關疫病的性質、死亡率、疫病所影響的時空範圍等問題，仍欠
準確的定論，但是至少有一點值得重視：當時吳中醫家吳有性（1561？-
1661）於1642年著《溫疫論》，提出新的「溫病」理論，以接近病菌說
（「戾氣」）來解釋傳染病，脫離了正統的「傷寒」論，在中國醫學思想
史上成爲一件大事，這個在傳染病理論上的突破毫無疑問地受到當時江
南疫病流行的啓發，是吳有性多年對江南地區屢次疫病仔細觀察所得的
結果[23]。從此可見明末江南疫症之嚴重性。疫症之流行當然與病毒變化
有直接關係，不過瘟疫之破壞性也往往與人文因素息息相關：營養不良
的人民、人禍連年、醫療資源不足的社會對病疫更缺乏抵抗力，這種關
係直到今天仍然存在著。與其他天然災害一樣，破壞性特別強的疫病，
其實往往反映了社會本身的各種人爲弱點。

　　上述各種的天然災害，加上當政者之救助無能，無不令下層百姓的
生活更爲困苦，就算在富裕地區的居民也不能倖免；這些所謂「自然」
災害，加上明末自嘉靖以來的人禍，如貪污異常嚴重的吏治、萬曆末年
之後日益嚴重的來自北方的外患等，無不一再加重政府的糜費，這些負

20　P. E. Will　1984。

21　同上，36-37。

22　《光緒桐鄉縣志》1887，20：9下-10上。

23　有關明末疫病之研究，至目前較詳盡的是Dunstan　1975。有關溫病學的發
　　展，參看《溫病學》1983。

擔當然也轉嫁到百姓的頭上來[24]。因此雖然明末以輸出絲、茶與瓷爲主的海外貿易爲中國帶進了不少白銀[25]，但是並不一定因此改善了大部分人民的生活。反而可能增加了貧富之間的差距。大陸、日本學者早已注意到明末江南市鎮中出現了大量的游民、無賴類之無業之民，寄生在都市繁華虛象之中，時而與抗稅之工人結合、時而與土豪勾結、時而群居生事，不一而定，令當政者頗爲頭痛[26]。這些無「正當職業」之市井之人，與工資微薄的僱工人，最缺乏家族及僱主的扶持，遇到各種突發性的天災人禍之時，或當生老病死人生關頭之際，其無助可想而知，這些赤貧的大量出現，構成地方政府的一個大問題，在在說明了都市貧窮問題在明末已成爲一長久性、結構性的社會問題。

但是這些現象可否充分地解釋明末都市慈善組織的出現呢？換言之，受到經濟變化所侵蝕而日益鬆動的人身附屬關係、比以前遠爲鬆散的農村社會組織、無法完全消化農村多餘勞力的都市社會、連串的天災人禍所產生的貧民階層，以及這些都市貧民物質上的需要，是否自然地催促了明末時期慈善組織的誕生呢？

有幾點考慮讓我們認爲答案是否定的：第一，朝代末期制度鬆弛，加重了天災人禍的破壞性、製造了更多的貧困，幾乎是中國歷朝的共通點，並非明朝的特點，但只有明末才有民間長期慈善組織的出現，說明明末時期應有特別的催化劑，促使這個特別現象的發生；第二，慈善組織最先及主要出現在明末最富裕的江南地區，而不是最貧窮、即客觀上最需要救濟的地區，說明了單從客觀需求這個角度來分析這些組織的產生，不可能具有足夠的說服力；第三，這些背景性的現象，無法充分地說明推廣慈善工作的慈善家的主觀心態與動機。

如果我們回頭將明清的情況與上述蓋瑞梅克對西歐的分析作比較，我們更清楚無法從需求的角度去解釋爲何近代西方的都市貧窮問題產生

---

24 有關明末兵費及其他靡費的激增，參看彭信威 1988，707；其所引起的加派雜項遼餉，參看唐文基 1991，345-371。

25 有關美洲白銀入中國的研究，全漢昇無疑是先驅，他在這方面的著作相當多，最新的爲全漢昇 1987。

26 日本學者中特別針對都市無賴的有：上田信 1981，1-35；謝國禎則在資料收集方面有極大貢獻，可參看謝國禎 1980，第九章之〈階級分化〉。

了國家主辦的收容機構，而明清的同類現象卻產生了地方士人舉辦的善會。事實上，這方面的考慮充分地顯示，西方的慈善機構要放在近代西方國家意識型態的發展脈絡中探討，而要了解明清的慈善組織起因，則先要了解明清地方精英的思想及其社會角色的歷史發展。換句話說，要圓滿地、充分地解釋慈善組織的出現，應把重點放在作爲慈善家的地方領袖的主觀動機，被救濟之窮人的客觀需求只不過提供了一個必需的背景及條件而已。

從施善者的主觀角度分析善會的出現

1. 貧富良賤觀念的變化

　　要了解施善者行善的動機及他們所選擇的方式，我們得先再從貧富觀念及社會等級的相關轉變著手，探討明末時期有關貧富的概念，以及濟貧的意義。然後從這方面的分析來進一步理解此時慈善團體的組織型態、救濟方式、原則等特點。只有這樣，我們才能抓到歷史現象的特殊性，並找出它在明末江南地區這個特定時間及空間之內的社會文化意義。

　　首先，貧與富在此時得到了新的道德意義。早期儒士認爲貧富爲道德中立，宋時的士宦以清貧來標榜節操，這些觀念到了十六世紀以後都已不再是主導思想。此時，貧人的道德漸受懷疑；道德感極重的陳龍正就體會到在他的時代「貧非盡賢」，他對此話的解釋甚有意思：「貧者多高，富者多劣，此其大凡也。間有家業日落，未必賢，產殖漸滋，未必不肖。如公子荊日增一日，勤儉所致，無損於品。顧有品人自不至太富，富則能散之，若汰侈成性，妄取過費，入不供出，墮盡祖宗之業，彌彰其不肖耳，豈得自附於灑落以不問家人產爲高致耶。」[27] 陳龍正在這段話中對貧富的道德性的看法很能代表明末時代社會對財富的態度。作爲士人，陳脫離不了「貧者士之常也」的傳統觀念，所以認爲貧者多高是一般的常態，但是事實上他注意到貧人不一定有品德，反而一些富人卻有勤儉的美德。他雖然沒有對貧富者的道德表示絕對的意見，但是

---

27 陳龍正 1631，9：75a-b。

明顯懷疑傳統賦予貧與清高間之必然關係，指向「貧」所可能意味著的
道德上的不足，以及「富」人所可能具有的道德優越性；他認為財富只
要不過分即具有正面價值。其實既然適量的財富是好的，所謂「貧者多
高，富者多劣」的觀點應該不能成立，陳龍正在這點上的矛盾正反映了
明末社會經濟變化對傳統貧富觀念的沖激，使得原來固定的觀念發生了
搖動。

　　貧窮狀況在明末日益顯著的負面價值，對士人與仕宦階層的心態影
響最大。因不事生產而散盡家財的，其實是許多文人的通病，在宋代社
會這種文人可能得到同情、甚至尊敬，在晚明社會，他們則可能受到相
當大的社會壓力；黃姬水(1509-1574)、黃省曾(1490-1540)、黃魯曾
(1487-1561)三人，為父子伯姪，出身吳中名族，然均仕途坎坷，不善經
營，偏偏卻有收藏古書等各種消費性嗜好[28]，以致魯曾晚年及姬水中年
時，皆將祖產耗盡，生活拮据。以陳龍正的標準，他們可算得「不
肖」。姬水著《貧士傳》，以古代貧士的生活態度來撫慰自己，他自
覺：「幼遭坎壈，雖處屢空之時，緬懷古人，實獲晏如之抱。」而為此
書寫後序的魯曾感觸更深：「而晚節末路，困蹇屯否之餘，讀之深有所
感。」[29] 在十六世紀後期江南地區這個在物質文明發達的社會，魯曾與
姬水明顯地已沒有宋代貧士自鳴清高的態度，而只能以古人才有的這種
態度來聊以自慰。而這本《貧士傳》可說是自晉皇甫謐(215-282)寫《高
士傳》以來以同樣題材編成，流存至今的僅有著作，有趣的是姬水所錄
的七十五個著名貧士當中，只有三名是明代人(王達、王賓、邢量)，這
當然並不表示明代的貧士在數量上比前代為少，而是反映了明代的士人
不再如前代般以清貧來標榜自己的德行，或者說，貧窮不再是士人引以
為傲的處境。《貧士傳》的出現可說是貧士階層在社會裡日益受到壓力
的情況下，對已逝去的時代的悲嘆與緬懷。

---

28 Goodrich & Fang 1976，661-665。
29 黃姬水 1985-86，序，後序。《貧士傳》的各種版本皆以黃省曾為後序的作
　　者，但從該後序的年分(嘉靖辛亥，即1551省曾已歿十年)、作者的號(即中
　　南山人，省曾之號為五嶽山人)、作者自稱與姬水的關係(伯姪)等判斷，
　　「省曾」應為「魯曾」之誤。筆者感謝中研院史語所朱鴻林先生協助查證
　　此點。

　　另一晚明文人謝肇淛(1567-1624)也同樣地緬懷宋代的廉吏劉俤及賞識他的真宗(十世紀)，劉俤這位「來時騎馬去騎驢」的貧宦由於他的清廉而爲真宗所賞識，被拜爲京官，謝肇淛說：「今之小官如俤者，難矣，然不可謂無其人也。」即明末還是有貧宦，但他繼續說：「如宋真宗者，今監司千萬中無一人也。」意思是賞識廉吏的人已沒有了，吏因清廉而獲升官的例子也極爲罕見了[30]。這顯然是社會對貧士及貧宦的態度已有基本的改變，後果當然是一般士宦對貧、廉等價值的認同異於前代。

　　貧士在明中期以後所感受到的社會壓力，與當時的經濟發展與思想有密切的關係。明中後期奢侈的社會風氣，學者已經廣爲討論，而這個轉變也被公認爲是嘉靖以來，即十六世紀上半葉以後的事[31]。這種因商品經濟的發展所帶動的所謂「奢靡風氣」直接地關連著貧富觀念的轉變。有關此點，士人所受的衝擊似乎最大；傳統上，士人的主要前途爲入仕，其次爲教書，而嚴格而言，兩者均不是收入豐富的職業，在這方面明代與宋代並沒有基本的差別。然而在晚明，越來越多的士人爲了維持一定的生活水準，入仕的收取賄賂、兼營商業，無官位的直接從商或手工業等經濟活動；上述的黃省曾即注意到他的家鄉吳中「縉紳士夫多以貨殖爲急」[32]，這情況宋代已有，在明末只算變本加厲，不算特別；特別的是另一明末文人陳邦彥(崇禎末諸生)所覺察到的現象：當了官的人如「官成之日，或垂橐而返，則群相姍笑，以爲無能……一行作吏，所以受知於上者，非賄賂不爲功，而相與文之以美名曰禮」[33]。就是說爲官者不擇手段致富已成爲普通現象；賄賂已成爲明末以來官場文化的重要部分，堅持傳統廉吏氣節當然爲社會所恥笑，被認爲是不識時務，亦無怪上述的謝肇淛看不到宋真宗般的監司了。

　　這種因生活壓力的增加而放棄傳統士人氣節的做法，一直維持到清代，清初的思想家唐甄(1630-1704)即觀察到爲官之人如果因賄賂而致富：「謂之能吏。市人慕之，鄉黨尊之，教子弟者勸之。有爲吏而廉

30　謝肇淛 1977，14：355。
31　劉志琴 1984；徐泓 1989；林麗月 1991。
32　劉志琴 1984，206。
33　吳晗 1991，15-16。

者，出無輿，食無肉，衣無裘，謂之無能。市人賤之，鄉黨笑之，教子弟者戒之。」[34] 唐甄本身雖當官而潦倒一生，當然對這種官場唯利是圖的普遍風氣有極大的感觸，但他的話也不能被視爲純粹的意氣之語，如謝肇淛與陳邦彥所言，社會輿論與整個官僚制既已不再欣賞廉吏，爲官而堅持清廉的人所要承擔的精神及社會代價也就愈來愈大，願意付出的人也就自然大爲減少。不過就算清廉如唐子，他也已經不同於古代以貧爲士之常態的士人，他退官後賣田經商爲牙，顯然不甘於窮苦，也不羞於與商牙爲伍，但最後經商失敗，老年極爲困苦，這種窮苦而有文才的顏淵式人物在此時所引起的，不再是社會的讚美，而是憐憫，爲他的遺著作序的楊賓這樣寫：「嗚呼！文亦何用於世，名亦何益於唐子，而使之困折不利，至於如此之極哉！吾甚爲造物者不解也。」他認爲文采與名氣應爲士人帶來經濟上的報酬，所謂「貧者，士之常也」的觀念已顯然不再被士人接受。而他所認識的唐甄在潦倒時的精神狀態是極爲痛苦的：「往往闔門而臥，出則披敗絮，蹣跚吳市中，入廣座，終席不發一語。有進而與之言者，唯唯而已，不甚答。」[35] 這樣痛苦萬狀的貧士，與灑脫的顏淵、榮啓期的分別何止天壤！就算與宋代以節操自許的所謂貧宦也無法相比 [36]；然而唐甄的沮喪並非由於他的道德修養不及古人，而是他們所處的社會狀況截然相異，其價值取向也完全不同，貧人所受的社會壓力非昔可比，而貧窮在經濟繁榮的明清江南社會中的負面意義，在唐甄身上充分地顯示出來。

其實比唐甄長約一輩的陳確(1604-1677)即已說過：「確嘗以讀書治生爲對，謂二者真學人之本事，而治生尤切于讀書……唯真志於學者，則必能讀書，必能治生。天下豈有白丁聖賢、敗子聖賢哉！豈有學爲聖賢之人而父母妻子之弗能養，而待養於人者哉！」[37] 明白地說明對讀書人而言，維持家人的溫飽比做學問更重要，因爲養家活口是極大的道德

34　唐甄　1955，107。顧炎武也有同樣的感嘆，他認爲要澄清吏治應除贖罪之則，「貴孝弟，賤賈人，進眞賢，舉實廉」，但他覺得自明神宗以來「黷貨之風日甚一日，國維不張而人心大壞，數十年於此矣！」（顧炎武 1976，13：26下）。

35　唐甄　1955，247-8。

36　有關宋代社會對貧宦節操的讚美，可參考梁庚堯 1991，113-114。

37　陳確　1979，5：158-159；余英時 1987，101。

責任。反觀唐子因貧困而經歷的狼狽：「父死三十一年而不能葬，母死
五年而不能葬，姊死三十年而不能葬，弟死二十九年而不能葬。乃遊於
江西，乞於故人之宦者，家有一石一斗三升粟，懼妻及女子之餓死
也……。」[38] 唐子晚年的貧困並不令他自覺清高，而是因無法對家人盡
起碼的義務而感到極端的愧疚。從陳確與唐甄的這幾句話中，我們可體
會明清文人生活擔子之重，如不善經營所受到的社會及精神上的壓力是
不容忽略的。

明末至清中期，雖然邦不能算「有道」，但顏淵、榮啟期式的貧窮
已顯然非儒所甘願接受的狀況，因此清中期的錢泳(1759-1844)在他著名
的《履園叢話》中說：「商賈宜於富，富則利息益生；僧道宜於貧，貧
則淫惡少至。儒者宜不貧不富，不富則無以汩沒性靈，不貧則可以專心
學問。」[39] 錢泳的話顯示了貧與富這兩個概念到了清中期各包涵了令士
人不安的因素，財富的腐蝕性似乎較早為士人所認同，也是早期的士以
貧自許的基礎，但貧窮對做學問的不利，則是到了此時才被普遍地承
認。

但是貧窮在社會價值上的負面意義並不意味著財富已得到完全正面
的道德意義。其實，財富在晚明以來的社會所引起的普遍焦慮，也是前
所未有的。

富貴如浮雲的感慨，當然自古已有，絕非起自明清，但是財富是極
不穩定的這個特質，深嵌於民間社會的心態之中，以致形成特有的宗教
信仰，卻是明末始有的現象。有關此點，我們可從兩方面來說明：一是
美國學者萬志英(R. von Glahn)所研究的明末江南五通神的意義[40]；一
是明末功過格等善書在這方面的宗教功能[41]。按萬志英的研究，道教神
五通雖在宋代已出現在江南，但要到晚明才成為民間普遍信仰的財神，
不過，五通財神在當時的形象，並不像清中期以後「儒家化」了的財
神，沒有代表著節儉、勤奮、誠實等正統的美德。明末的五顯神聚結著
陰氣，代表的是陰間的魔力。五通神(後來的五路財神)一方面為人瞬間

---

38 唐甄 1955，97。
39 錢泳 1982，7：183。
40 R. von Glahn 1991。
41 酒井忠夫 1960；Brokaw 1991。

帶來財富，一方面也爲人瞬間帶來災禍，是個好色的「妖神」；五通神在明末代表著令人既盼望又害怕的財富。而這個財富的概念在當時富庶的地區應已深入社會上下各層；嘉靖時吳人陸粲(1494-1551)即觀察到信奉五通神「雖士大夫家皆然，小民竭產以從事」[42]。萬志英認爲這種對財富的概念主要來自明末經濟的快速發展及金融秩序的極端混亂，在毫無保障制度之下，財富的得失可於朝夕之間[43]。

明末人對財富的曖昧態度亦可從流行的功過格等善書中看出，功過格主要勸人行善積德，而主要爲富人而構想的「費錢行功」則是明末以來功過格的主要形式之一[44]，這些善書一方面告訴讀者財富是一種福分（即如《書經》所云富居五福之第二位），另一方面則勸諭富者散財以積德。累積太多的財富仍令人感到不安，這與上述陳龍正所說：「有品人自不至太富，富則能散之」的觀念一致。

散財行善對明清的許多新富而言，的確能幫助減低財富所帶來的焦慮，這與明清社會的財富缺乏制度上的保障，有密切的關係[45]；萬志英認爲財富爲人所帶來的這種心理威脅，在明末特別嚴重，要晚至十八世紀，始因經濟環境及金融秩序的穩定而稍減；但這穩定性似乎不長久，同時也只是相對於晚明時代較大的穩定性而已，其實到了清中期，財富的不穩定性依然明顯，錢泳這樣形容當時的富：「若力田、商賈之富，譬如圍河作壩，聚水成池，然不可太滿，一旦風雨壩開，亦可立時而涸，要知來甚難而去甚易也。」又說：「富貴如花，不朝夕而便謝；貧賤如草，歷冬夏而常青。然而霜雪交加，花草俱萎，春風驟至，花草敷榮。富貴貧賤，生滅興衰，天地之理也。」[46] 這種財富朝不保夕的環境中，有錢人除了拜祭神祇及散財積德以求心安外，也似乎沒有其他實際有效的辦法讓他們的財富獲得更好的保障，或更多的道德上的妥當性

---

42 陸粲　1987，5：51。

43 R. von Glahn　1991，712-713。

44 Brokaw 1991，208-209；酒井忠夫　1960，393。

45 萬志英文中認爲財富無保障的主因是金融秩序的極度混亂，其實除此之外，明清中國與同期西歐主要國家比較起來較缺乏財產的保障，諸如保險制、法律對私財的保護等保障財產的制度，在近代西歐國家已甚發達，而在明清中國則非常不成熟。

46 錢泳　1982，7：176，178。

了。

明末以來除了貧富的概念起了變化，社會意義上良賤的分別也明顯地日益模糊。第一章討論了宋代經濟地位與身分等級的變化；到了明清，這些社會分等又因財富的進入有了新的轉變。在這方面，我們可從上層及下層兩種變化討論。

在上層方面，學者已就明末以來士與商之間的密切關係，以及因此而引起的商人社會地位的提升作過詳細的研究，余英時認為商為四民之末的傳統觀念，到了十六世紀有開始鬆動的跡象，時人甚至有認為商的地位高於為士；雖然我們沒有可能將這個觀念的普遍性作量化的分析，但是士與商在身分上的混淆，在宋時已可見，到了明清時期更發展為社會常態之一，這個現象與商業的繁榮、科舉競爭之白熱化、為了應付這些社會變化所產生的多元性家族策略（如訓練部分子弟行商、部分子弟讀書，或以婚姻關係取得文化或經濟資源）等等有密切關係，這項發展在江南地區更為突出，是學者所公認的事實[47]。

更耐人尋味的是社會下層在良賤方面的混淆，而這個現象是直接起於財富的重新分配。宋代在法律上沒有嚴格的賤民定義，僅四民、軍戶、僧道以外的雜戶，這些雜類受到卑視及排斥，這主要是社會習俗與文化傳統的表現[48]，並非法律上的歧視。到了明清，賤民問題的發展充滿變數及矛盾。一方面，所謂賤民從明末開始在生活上有了前所未有的機會，賤民致富不再是奇譚，而社會對他們也不再一味地排斥。另一方面，法律上卻為賤民更清楚地下一嚴格定義，以至學者認為在這點上，明清法律是恢復了唐律的精神[49]，重新制定良賤的分別。其實與其說復古，寧可說這是明清法律對社會新變化的積極反應，企圖釐清日益混淆的良賤。下文即就這幾點作討論。

賤民在宋代的解放是法制上的解放，在明代他們的解放是社會性的，儘管並非徹底。在宋代，我們知道工商雜類及僧道歸俗之人不能參加科舉考試（見上文），到了明代這方面的限制已大為放鬆，明代的選舉

---

47 余英時 1987，104-120；Ho 1954。
48 高橋芳郎 1986，23-24。
49 高橋芳郎 1986，24。

法在社會身分上只禁止倡優之家、隸卒之徒[50]。到了明末，一些文人如
上述的謝肇淛甚至認為賤民也應被允許參加科舉，因奴隸中也可能有才
且賢者，他更注意到在新安地區，當地習俗已不禁有賤民身分的人出
仕[51]。誠然，社會流動的各種障礙從明初開始已漸消失[52]，雖然不同地
區有不同程度的解放。明律上所定的良賤之分，在婚姻制度上、刑法制
度上（如良賤為婚姻、良賤相毆、奴婢罵家長、良賤相姦等條文）[53]　雖
然較宋代遠為清楚，對賤犯良的行為也處罰得較嚴厲，但是所謂賤民的
內容已比宋代的雜類大為縮小[54]，基本上只有倡優、奴婢與皁隸。尤有
進者，實際上到了明末，在社會觀念上，甚至連倡優戲子一類已與四民
的社會地位相差不遠，試看崇禎時人姚旅對他身處的社會階層的看法：
「余以為今有二十四民……（除傳統四民及軍、僧以外），道家又一民
也……醫者又一民也……卜者又一民也……星者又一民也……相面又一
民也……相地又一民也……奕師又一民也……馹儈又一民也（即牲口經
紀）……駕長又一民也（策馬之人）……舁人又一民也（抬轎者）……篦頭
（梳頭者）又一民也……修腳又一民也……修養（按摩者）又一民也……倡
家又一民也……小唱又一民也……優人又一民也……雜劇（雜技者）又一
民也……響馬巨窩又一民也……凡此十八民者，不稼不穡，除二三小
技，其餘世人，奉之如仙鬼，敬之竭中藏……。」[55]　要知道傳統上四民
是良民，四民以外者的身分才可能是賤民，明末之人戲語二十四民，即
表示這許多在傳統上被認為是卑賤的職業事實上已為社會所接受，其語
雖有戲謔及誇大之意，但很活潑地反映出時人對所謂良賤的下層分野已
不如前代的嚴格，而且這些小民之所以較不受卑視，與他們在經濟生活

<hr>

50 除倡優外，不准參考的有鄉試學官、罷閒官吏、居父母之喪者，但這些類別
　　與等級身分無關；《明史》1965，70：1694;《大明會典》1587，77：25
　　上。
51 謝肇淛 1977，14：369。
52 Ho 1964，53-91.
53 黃彰健 1979，6：509，20：834，21：850，25：944。
54 按明制，只有功臣才可有官方賞予的奴婢，而明初的奴婢主要是政府以罪
　　抄沒的人口，一般庶民只能用身為良民的雇工人來作傭工，參看沈家本
　　1985，401。換言之只有少數的奴婢是賤民，大部分的傭工其實是支領月薪
　　的良民。
55 謝國禎 1981，385-386。

日益複雜的社會中，能以「二三小技」而維持不錯的生活有密切的關係。

被傳統視爲卑賤的小民自明末以來不但能以其專業提高生活水準，而且其中特別成功者還會以通婚的策略來改變他們的社會地位，謝肇淛告訴我們，「今世流品，可謂混淆之極。婚娶之家，惟論財勢耳，有起自奴隸，驟得富貴，無不結姻高門，締眷華胄者。……而爲名族者，甘與秦晉而不恥……。」[56] 可見明末以來賤民往社會上層流動的機會已增多，至少通婚已成爲可行的路徑。當然前提是這類賤民必須先有過人的財富。

到了清中期，上文已提及的錢泳更鼓吹政府放鬆對蘇州所謂聲色事業的管制，以符合百姓生計之需求：「金閶商賈雲集，宴會無時，戲館酒館凡數十處，每日演劇養活小民不下數萬人。此原非犯法事，禁之何益于治。……由此推之，蘇郡五方雜處，如寺院、戲館、遊船青樓、蟋蟀、鵪鶉等局，皆窮人之大養濟院。一旦令其改業，則必至流爲流棍、爲乞丐、爲盜賊，害無底止，不如聽之。」[57] 以傳統道德標準來壓制及排斥所謂賤業，顯然到了明清時代已失效，對當官者而言，維持百姓的生計，以保存既有之社會安定，比抑制賤業來得實際。而事實上，所謂賤業在大都市已禁不勝禁，主因是其中所牽涉的經濟利益極大，許多傳統上被視爲卑賤的職業，到了明清已成爲賺錢的工作。傳統的賤者不必然貧，此時已司空見慣。也由於他們生活上的改善，以及與良民通婚的策略，他們「賤」——即被卑視——的身分也就似是而非，而官方要壓制他們生計的意願也就自然不高了。

除了上述所謂二十四民可憑二三技謀生計外，賤者而以富著稱的，最爲明末人所注意的是浙東的丐戶。這些丐戶的賤民地位雖在法律中不明確，但在社會習俗上是不折不扣的賤民。有關這些丐戶在明末的活動，葉權（1522-1578）的記載最早，他說：「鼓吹歌唱，以至舁轎、篦頭、修足，一切下賤之事，皆丐戶爲之。」[58] 後沈德符（1578-1642）在

---

56 謝肇淛 1977，14：369。
57 錢泳 1982，26-27。
58 葉權 1981，187。

《萬曆野獲編》中也重述丐戶在社會所受的排斥：「今浙東有丐戶者，俗名大貧，其人非丐，亦非必貧也，或云本名惰民，訛爲此稱，其人在里巷間任猥下雜役，主辦吉凶及牙儈之屬……男不許讀書，女不許纏足，自相配偶，不與良民通婚，即積鏹巨萬，禁不得納貲爲官吏……。」[59] 沈德符緊接著說有一家世殷厚的醫者本來已成功登科，後來被同鄉指原爲丐民，不敢就選，才轉爲醫。另一浙江文士王士性（1547-1598）也注意到這些惰民：「其人非不有身手長大、眉目姣好與產業殷富者，然家雖千金，閭里亦不與之締婚。」[60] 陳龍正也注意到一般的丐頭也「取利甚多，有妻子有居室，安然受眾乞之供」[61]。有關明清丐戶的種種故事，不勝枚舉，無論真假，這些故事均顯示雖然社會對賤民有傳統的限制，但從賤業中得利的大有其人，有的甚至可能因此有機會爭取社會地位的提升。上述葉權就聞說會稽有一董大貧，「家巨富，有女甚美，欲嫁良民。良民誰（雖？）貧徹骨，不與爲婚」[62]。這些記載反映出賤民一旦致富，即利用各種手段改變其賤民身分。頗能反映明末江南人心態的三言小說中的〈金玉奴棒打薄情郎〉的金玉奴就是浙東丐戶團頭之女，說故事者開頭即說：「若數著良賤二字，只說娼優隸卒，四般爲賤流，到數不著那乞丐……可見此輩雖然被人輕賤，到不比娼優隸卒。」做了七代丐頭、家財千萬的團頭也就讓一窮秀才入贅以提高自身的社會地位[63]。這些通俗故事當然不能說明乞丐致富的普遍性，也不表示他們與良民通婚是件平常的事，上述幾個實例就說明賤民與良民通婚並不容易；正如目不識丁的大富沈萬山的發跡故事雖流行於江南[64]，卻不能證明其真實性或普遍性，惟與時人筆記對觀，可看出這類情節極

59　沈德符 1976，4：1648-9。

60　王士性 1981，4：72。

61　陳龍正 1631，4：124下。

62　葉權 1981，187。

63　馮夢龍 1620-21，〈金玉奴〉：5上。這種把乞丐放在倡優隸卒之上的看法，清初的李漁（1611-1680？）也重新強調，他在小說《連城璧》中這樣說：「若把世上人的營業，從末等數起，倒數轉來，[乞丐]也還是第三種人物。第一種下流之人，是強盜穿窬。第二種下流之人，是娼優隸卒。」引自曲彥斌 1990，37。

64　謝國禎 1981，3：339-341。

能挑動當時社會的想像力。雖然法律仍嚴屬地區分良賤，社會對待傳統所認定的賤民的態度已較前寬裕得多；至少仰仗財富謀取更高的社會地位是一件可能的事。

那麼其他在法制上為賤民的倡優隸卒又如何？文人筆記及通俗小說中描述倡優生活侈奢的其實不是從明開始，宋代已不乏這方面的記載[65]，例子不勝枚舉，此處不再贅述。另一種收入甚豐的賤民之屬就是衙門的胥吏，上文已提及的黃省曾在描述晚明吳中風俗的《吳風錄》中也這樣記錄：「自郡守徐，親信吏胥門隸，往往成富人。」[66] 這種情形在清中期仍然一樣，錢泳告訴我們：「若今之吏役、長隨、包漕、興訟之輩，有一事而富者，有一言而富者。」[67] 這類的記載當然主要是申訴衙吏的貪污橫行，但是也說明了到了明清，賤者不定然貧，貴賤與財富的關係已失去原有的規律性[68]。這使得賤者因富而改善了其社會地位，良賤交往也不再罕見，乾隆時代的崑山人龔煒(1704-1769)就告訴我們崑山有一跛隸因家甚裕，仕宦「屈節相往來者比比矣」[69]。

貧富固然自古以來即不能反映士與商社會地位的相對高低，明末以後，連社會下層的良賤也難從貧富來加以區別。傳統的尺度已無法準確地衡量人的社會地位，經濟條件已明顯地比以前更能影響社會地位。大陸學者經君健從法制的角度去探討清代賤民問題，也觀察到類似的現象，他發現賤民等級裡有人屬於「統治階級」，就是衙門裡的差役、長隨等人；也有人屬於地主階層，即「賤民地主」，而且這些地主「甚至比縉紳地主、紳衿地主更為凶惡」，這些人往往依傍權勢及財勢去欺壓比他們社會地位高的良民，所以「在清代社會，階級和等級形成了經緯縱橫的複雜局面」[70]。

65 劉坤太 1989，457。
66 謝國禎 1981，3：372。
67 錢泳 1982，176。
68 有關社會地位與經濟地位的缺乏絕對性，美國學者孔復禮(Philip Kuhn)在一篇1984年發表的論文中已提出，請參考Kuhn 1991，237-239。但孔沒有指出中國這個社會分類的特點是宋以後才開始，明清以後才特別明顯的。而他所舉的例子大部分為清代的例子。
69 龔煒 1984，3：82。
70 經君健 1993，254-257。

　　的確，明末以來貧富良賤的相對關係變化是相當激烈的，擾亂了以往的社會分類及價值觀，「笑貧不笑娼」這句戲語很極端地把這些變化形象化了。其實，實際的情形沒有如此的極端，一方面，貧在社會上、道德上的負面意義固然日益明顯，貧士與貧宦不再為社會所表揚這現象頗能說明這一點；但是，另一方面，財富仍未得到完全正面的意義，反而是焦慮的來源之一，因此雖然財富日益影響社會地位，社會良賤類中間的分界也因此日漸模糊，但是良賤之分的概念仍未能被貧富之分所取代 71；與賤者交往的士人是「屈節」、富裕的賤民仍需與良民聯婚以真正提高其社會地位，明顯地，傳統的符號資本(symbolic capital) 72 在明清社會仍未失其效用。不過，既然舊的價值標準已不足以應付現實生活，而新的標準仍付諸闕如，所謂「風俗日益澆漓」等的慨歎自然地充斥著明末以來地方志的風俗篇及士人的文集，而一些社會策略亦因應產生，以嘗試重新訂定價值標準。

　　而明末出現的善會即是此種社會策略之一。

2. 善會作為整頓社會秩序的策略

　　財富所引起的社會身分混淆現象，產生了不同的適應方式。一般而言，社會對新的轉變有保守的反應，但並非一成不變的保守；面對這巨大的社會經濟變化，舊有的價值與社會分類不再有效，社會因而嘗試重新界定價值：即再認定誰是貧人、誰是賤人、哪類財富為正當、哪類為不正當；這個新的認定規範，一方面要適應新的社會變化，但另一方面也要抱住舊的價值，最後的折衷，自然免不了矛盾。明末開始的民間慈

---

71 經君健說：「賤民地主盡管經濟地位上升，但他並不因此而改變其低下的等級地位，這卻是清代封建等級制度具有堅韌性的表現。」見上注，頁258。

72 這裡用 Bourdieu 的概念，符號資本(以別於經濟資本 economic capital)意指表面上看來沒有經濟價值的東西，如家庭或個人聲譽、社交儀式，甚至如婦女的貞節等等，Bourdieu指出這些東西其實與經濟資本可互換，符號資本甚至可說是經矯飾的經濟資本，一個家族或個人要爭取社會成就的策略就是設法累積及利用經濟及符號資本，聯婚及禮物交換是最常見的方式之一。而明清時代的「良」「賤」之分的社會身分，或看來崇高的「士紳」身分當然是符號資本的一種，有經濟資本的賤民設法取得符號資本，當然主要是為了進一步累積所有資本以取得更大的社會成就。
有關討論可參看Bourdieu 1990[1972]，特別是頁171-183。

善組織就有這種釐清價值的作用。上文提過由於經濟發展及賤民在法律
上的解放，宋代政府「發現了」都市貧民階層，官方所設辦的各種善局
即反映了這個新社會類別的誕生，貧民在中國俗世社會再次成爲焦點，
就在明末以來的都市社會，但這第二次的世俗慈善組織不再由政府舉
辦，而是由地方社會精英所推動。這點頗能反映價值混淆主要引起社會
上層的焦慮；這些俗世民間慈善組織的最主要功能之一，就是解決財富
所帶來的社會地位混淆問題，及財富本身所產生的焦慮問題。

　　明末的善會的主要任務是濟貧，但是它們所濟的貧人並非任何生活
困苦的人，而是符合所定標準的貧人，也就是說，善會透過濟貧爲所謂
「貧窮」作道德上的澄清，換言之，當貧窮此一狀況在道德上開始發生
問題時，善會以濟貧方式來維護貧窮爲道德中立的傳統概念。明末的同
善會的章程可說明此點，說過「貧非盡賢」的陳龍正即爲他在家鄉浙江
嘉善所辦的同善會(1631)很清楚地訂定了受惠人的資格：善款得優先發
給孝子、節婦等有德行而貧困之人，然後爲政府的養濟院不收但又不願
淪爲乞丐之貧老病人(即不作惡的貧人)；善會明文不救濟的是「不孝不
悌、賭博健訟、酗酒無賴，及年少強壯、游手游食以致赤貧者」；此外
他還舉出四種「宜助而不助」的人：一是衙門中人，因爲這些人年輕時
不勞而獲，年老時如貧困，只是「稍償其孽」；二是僧道，因爲他們不
耕而食，而且可自行廣募；三是屠戶，因爲這種人「仁心必短」；四是
敗家子，因其罪在於敗風俗[73]。

　　從陳龍正對貧人的分類，我們可看出他的觀點有二：一是貧窮狀況
是道德中立的： 有德行的人與敗德的人都可能是窮人；二是不值得救濟
的貧人除了因不檢點而致窮者外，還有傳統上或法律上本爲賤民的人，
同善會辨別貧民的標準一方面維持了貧窮傳統的中立性，另一方面把賤
民與敗德者歸爲一類，同屬爲社會所排斥的貧人。陳龍正所定的標準到
了十八世紀中有了改變，1736年在嘉善的楓涇鎮成立的同善會的濟貧標
準，雖大致上重覆陳龍正在百多年前所定的條文，但不能受濟的類別中
已沒有屠戶、僧道兩項，只剩衙役民蠱之類[74]。從這些分類，我們可大

73　陳龍正　1631，4：88下-91下。
74　余治《得一錄》　1969，1：3下-4上。

致上知道明清社會精英在貧的中立道德地位被質疑、在賤民的意義日益含糊矛盾之時,如何再加以重新界定。這些精英對所謂卑賤的人的認定明顯地比法律來得廣,即有更多在法律上為良民的人被認為是道德上的卑下者,而被歸入卑賤之類,不准受救濟,不過,明清善會對貧民的定義,也多少反應了賤民法律地位的改變。

但是慈善組織的貧富貴賤概念不一定完全合乎邏輯,反而往往充滿矛盾。這主要在於貧窮與富裕的道德中立性在傳統觀念的影響下仍然成立,而另一方面又由於新財富的出現而搖動,而善會的當事人並沒有覺察到這種矛盾。有關此點,從楊東明在1602年冬施粥時所寫之〈訓民俚言〉,及其中一受濟貧民的答詩中可看出,楊東明令家僮在進行施粥時往來朗誦俚言:「貧人聽知,都要學好,為甚受貧,積福不早,上天眼明,看得分曉,肯做好人,衣食不少。」顯然是透過行善來教化受濟的民眾。然後一個曾讀書之貧人主動答詩:「我輩本無良,饑寒不可當……寄聲富貴客,莫為守財忙。」[75] 明顯地,在楊東明及受濟貧人眼中,貧人之所以貧是由於道德上的缺憾(「本無良」、積福不早,這裡所指可能是他們的祖先或他們本身),富人之所以富,是因為他們早早「積福」,這些似乎是相當普遍通俗的概念,而楊東明很自然地加強這概念來勸人「做好人」及「散財為善」。他在1591年組織以施藥為主的廣仁會時,只找富人作會員的主要理由之一顯然是他認為「散財行善」是最好的積福方式。

同樣的觀念,也出現在陳龍正在同善會的講語中,他在同善會第七次演講中這樣說:「富貴的要思量,幾百幾千人中才生得我一個,人中富貴便像那樹中奇花異果、山川中秀石甘泉、天上明霞綵雲,人人稱羨……今既處富貴,天已把個好人看待我,何不長行好事去湊那皇天,這便是上等人家不可不為善的緣故……至如窮人,已是十分福薄,生在苦惱中過活。」因此陳龍正也勸下等人要誠心行善以轉禍為福;對陳龍正而言,貧人之福薄通常不單是命中注定,更重要的是他們本身的缺點,在他另一次演講中,他提出貧人之所以貧:「到得仔細看他起來,畢竟身上坐一件病,或貪口、或懶惰、或心想不定,俗說叫百會百

---

75 楊東明 1612,1:17下。

窮。」[76] 明顯地，陳龍正與楊東明等明末的行善者認爲富貴者作爲「好人」有道德優越性，而貧窮者之所以貧窮，通常由於他們在道德上有缺憾。但另一方面，他們施濟時又把貧人分爲好壞兩種，節孝的屬好窮人，懶惰忤逆等的屬壞窮人，而只有前者能受濟，從而重申貧窮本來的道德中立性；這兩種態度，其實並不一致。但是明末善會這種矛盾正恰當地反映了當時的社會精英對財富及貧窮的曖昧與不安的態度。

這種態度與傳統西方基督教的濟貧原則完全不同，在十七世紀的西方國家，仍可見這些傳統的原則。我們甚至可在中國本土看到這方面的例子。明末時天主教耶穌教會教士已來傳教，不少文人受了影響，有的信教受洗，有的甚至要宣揚西方的濟貧機構模式；其中一個有趣的例子就是在陝西西安欲成立「仁會」的受洗文人王徵(1571-1644)，他的〈仁會約〉(1634年序)所設計的善會與當時同善會大致雷同，不過其中最大差別就是他強調受濟的人不應分貴賤善惡，他說：「凡濟貧乏，不宜分品類，日不分世物之貴賤而並照，雨不分善惡人之田而並濡。我施人，奈何擇人乎，蓋施恩者，不須度彼之分量。」[77] 他這句話顯然針對當時中國本土發展出來的善會而發，也是一個受了西方宗教影響的文人回頭看中國善會時的重要觀察；他的觀察，使我們更加了解明清世俗善會的特色：「分品類」是善會主要的功能。

當然，受天主教影響的善會在中國並沒有產生太大的影響；同善會所蘊含的濟貧思想乃當時的主流；對受濟人「分品類」的堅持，要到了十八世紀，雍正二年(1724)下令全國大都市都應設立育嬰堂普濟堂以救濟貧民以後才比較放鬆，但其實也一直沒有消失。清初的一些普濟堂明文不收游手好閒之人 [78]；就是說賤民之屬，及不符合主流道德規範的人，不能受善堂的惠澤。到了十八世紀後期，即1770年代開始，救濟寡婦的清節堂興起，這些善堂也明文規定只收清白之家的寡婦，甚至只收儒生之寡婦，曾爲倡妓者及奴婢一概不收，再嫁者被逐出 [79]。將貧人分

---

76 陳龍正 1631，4下：98上，103上。
77 王徵 1634；此文獻現藏法國國家圖書館東方手稿部，編號第7348。在〈仁會約所行條目〉頁15上。
78 梁其姿 1986，68。
79 夫馬進 1991；Leung 1992。

別於法律上的賤民、道德上的賤人，一直是明清由地方精英所領導的慈
善組織的一項堅守的原則。在法制對賤民的定義縮小以迎合新的社會分
化時，上層社會透過救濟貧民來重新在貧窮和卑賤之間畫一界線，一方
面具有教化社會的作用，也舒解了財富所帶來的焦慮。這是在傳統價值
因財富的增加而混亂時，社會精英階層為維護舊有價值而又不抗拒新價
值的一種折衷形式。

　　從宋到明清這段歷史中，我們看到濟貧機構的發展，這並不表示宋
與明清這兩個時期的經濟發展製造了更多的貧人，而是這些時代經歷的
經濟社會發展改變了社會分類的觀念及方式，貧人因而成為新的社會類
別。筆者認為他們的產生與賤民的逐步解放有密切的關係；在賤民仍沒
有正式「出現」的先秦時代，及賤民成為嚴格的法律類別的南北朝至唐
代，並沒有所謂貧民的特殊社會類別。古代的奴隸、至隋唐的雜戶等受
社會法律歧視的類別，無論在社會地位或經濟地位上均在最下層，在貴
賤分明清晰的社會裡，所謂「貧民」並非有意義的社會類別。賤民從宋
到明清的逐步解放使得「賤」一詞漸失去其社會分類的意義，賤民不一
定貧，實際上也可以利用財富來淡化、甚至擺脫其賤的身分，在這種趨
勢下，說某人屬「賤」，已不一定能準確地指明他實際所具有的社會實
力，更不能說明他的經濟地位及可能具有的權勢，反而如指某人「貧
窮」，則很清楚地說明他低下的經濟地位，以及他因此所可能受到的具
體社會壓力、甚至歧視。在此時已較不可能出現一個貧窮但有社會權力
的人。「貧」也自然地成為另一種較有效的社會分類標準。如學者在探
討美國現代貧窮時所觀察到的：「因為貧窮這個辭顯示了個人差別，所
以圍繞著貧窮的討論的重點在於重建社會性的差異。」[80] 明清時代的中
國社會，雖然不像現代美國社會一樣全然以經濟地位來作社會分等，但
是貧人無疑地已成為比前代更具體的社會類別。

　　同時宋與明清時代社會財富的增加也加速了貧民類別的形成；財富
的增加，尤其是明清以後的財富使得舊的社會價值觀念瀕臨崩潰，貧人
很容易地成為社會價值重整策略的焦點：傳統價值漸失效用所帶來的焦
慮，反映在對貧窮的道德性的重新檢討之上，在這關鍵性問題獲得解決

---

80 Katz 1989，5。

之前，新財富所帶來的焦慮需要舒解，而救濟窮民成為最佳的舒解方式
之一。事實上，社會財富的增加與賤民的解放之間當然有密切的關係。
貧民作為中國社會類別的出現，正反映著經濟地位與社會身分地位這兩
項分類原則之間的矛盾在中國社會日益明顯。西方近代社會救濟機構以
工作倫理來分辨誰值得救濟、誰不值得救濟（deserving and undeserving
poor），學者認為是當時商業資本主義思想的影響。而中國明清民間善會
對被救濟的人的道德分別卻持另一原則：良賤之分，不過並非純粹法制
上的良賤之分，而是混合著新舊道德價值的良賤之分。這是在貧窮的道
德中立性日益受到挑戰的時代、傳統賤民的社會地位日益不明朗的時
代，具有文化優勢的社會精英階層以更新的傳統分類法嘗試重塑社會秩
序的一項策略。

到這裡，我們自然要問：誰是這些具有文化優勢的地方精英？這正
是下文所要探討的。

三、明末清初「善人」的背景及活動

如果說西方近代歷史發展的主要特色是主權國家（nation-states）的興
起，中國的近代歷史發展則應該是地方精英的壯大，不過這並不一定意
味著他們對中央政權挑戰，其實大部分時候，地方精英與中央政權是相
互依賴、相輔相成、雙方合作無間。地方精英在明清時期的壯大所帶來
的主要影響之一是部分地方行政落實在地方，而社會救濟就是其中最主
要的項目之一。地方精英在這方面的影響力無疑增加了，但是並沒有因
此減低中央政權的力量。到十八世紀末為止的明清時代的政治發展特點
之一，就是這二者的同時茁壯。本節即描述推動慈善組織的地方精
英——善人及他們的活動，及分析這類人的社會角色。

慈善家散財行善，古今中外都有，不足為奇。不過，從十六世紀末
開始，行善似乎空前地普遍，也得到前所未有的社會肯定。這在江浙地區
的方志中可清楚看出；明末以來的方志，開始固定地、系統地記錄地方
慈善家的活動，而「善人」這個古老的名詞在此時得到了新的社會意
義。「善人」一詞的出現不會晚於宋代著名的《太上感應篇》，這本在
明代極為流行之善書鼻祖這樣形容作各種善事的善人：「所謂善人，人

皆敬之，天道佑之，福祿隨之，眾邪遠之，神靈衛之，所作必成，神仙可冀。」[81] 可清楚地看到其中主導之道教思想，及作善人主要爲求長生的動機。自明末以來，人行善的動機可能仍差不多，但「善人」一詞已多了另一層「社會」的意義。1601年的《揚州府志》卷十八中即有「善人」的定義：「贊曰布衣韋帶之士，業不顯於當年而汲汲好行其德者，鄉所謂善人也。」在文集之中，我們也同樣可看到「善人」已成爲一種特殊社會人，他們多數是「布衣」身分，而且往往有相當家財，但不以學問或爲名宦而著稱，而因慷慨散財行善於鄉里而留名後世；明末清初之際與都市善人交往甚密的魏禧(1624-1681)對此詞亦有類似的解釋：「世之稱善人有二：謹餙行矜式閭里，所謂鄉黨自好者也。輕財樂施有功德於人，所謂富好行其德者也。二者操行不同，同歸於善。」明顯地，他所說的第二種善人才是方志中所指的善人，也是本書所感興趣的善人[82]。在明末以來的方志、文集中，無數的墓誌銘、行狀等都是爲「某某善人」而寫，這種情形一直維持到清末民初期間，可見在明清時期，地方上有一定財富的人，爲了保持或提高其社會地位，除了用傳統的策略外（即一方面投資於下一代之教育，期望他們有中舉當官的一天；另一方面以經營土地或商業來維持家計），以散財行善方式得到地方社會的肯定，也成爲日益流行的新策略。下面就舉出一些具體例子來描繪這些善人的面貌。

　　明末文集極流行記錄善行，其中許多爲不見經傳的地方慈善家的活動；其中張履祥(1611-1674)的《言行見聞錄》即載有不少這類行善者的活動：「洞庭富室席氏雅好爲德，於鄉里近山之貧者，夏則給以蚊帳，冬則給以絮衣，不能舉火則周以米，死不能殮則與以棺……以是人皆德之」；「有趙十五者，福州人，工畫。閩俗賤女，子舉，女輒棄，十五以丹青爲田，收而養之，每一人日米升，寄人乳哺三歲，任所欲取去。十五不以德，所活女亦不盡知德也。」[83] 方志中更不乏善人活動的記載，如1846年的《重修寶應縣志》載有一名陳言的人：「（嘉靖）十七年

81　惠棟《太上感應篇注》1789，卷上：14下-16上。
82　魏禧 1973，12：20上〈新城楊善人善行實蹟跋〉。
83　張履祥 1871，34：18下-19上；31：6上。

（1538）大疫，施棺至千餘，二十八年（1549）饑，出粟壹千石……邑修儒學，言助白金六百兩。」又有名喬夢斗者：「崇禎末江淮大饑……賑粥於北門外之泰山殿，費不下千金……終身不怠。」夢斗有子名巖：「繼父志，益喜施與，順治十一年（1654）歲大饑，巖出粟爲糜食，饑者日千餘人，歷多春不倦……存活者不可數計……。」1810年《揚州府志》中也錄有不少這類善人的生平事蹟，如明末一名陳鳶者：「少年以貿易起家，值荒歲，以米粥賑饑民，死者給棺瘞之。」[84] 這些只是無數類似例子中隨手找到的幾個。從這些記載中，我們可看到這些善人雖無功名或文名，但均有相當家財，至於他們的身世，有關史料不多，但我們可從個別的文集找到線索。

上文提到明清之際活躍於江南文人圈的魏禧，他就爲不少「善人」寫傳。魏禧數遊揚州，與當地名人頗有交往，他對其中之「善人」特別尊重，可能是由於他父親也以行善稱著之故 [85]。他爲不少活躍在明末淸初的「善人」寫了壽敘、墓誌銘及紀聞錄等，從中我們可進一步看到這些善人的仔細背景。魏禧最欣賞的揚州慈善家應算吳自亮（1611-1676）與閔象南（世璋，1607-？）；這二人可說是明末至淸中期善人的一種典型，兩人皆原籍安徽，年輕時家道中落，被逼棄儒從商，跑到揚州依從鄉里前輩販鹽，漸而致富，遂散家財以行善，因而著名於當地。且看原爲崇禎末生員的閔象南如何白手起家：「遂走揚州，赤手爲鄉人掌計簿，以忠信見，倚任久之，自致千金行鹽筴，累貲鉅萬。自是遂不復賈，歲入自家食外，餘盡以行善事，故君年七十有二，筭財利數十年而產不更饒。」至於吳自亮，他從商的原因是其父從周（1591-1677）不善經營，「雖服賈四方，資不饒而好行其德」，因此吳自亮青年時代即覺得：「父母甘旨不具，多讀書何爲？遂棄儒而業賈」。他行商的成就遠超過他的父親，家業大起，只是兩父子均慷慨行善，家財不曾累積，以至當從周比自亮晚一年以八十七高齡去世時，竟「囊無長物」[86]，這可能是

84　《寶應縣志》1846，18：13上，18下。《揚州府志》1810，32：6下。

85　據魏禧所載，他的父親「年十九喪先大父，貲產值二萬金，所行利人事盡一歲之入，故家無餘財……」，魏禧 1973，10：31上。

86　魏禧　1973，10：30下〈善德紀聞錄敘〉；10：64下〈歙縣吳翁墓表〉；10：66下〈歙縣吳君墓誌銘〉。

誇大之辭，不過卻也反映出吳家之遭遇與閔家極為相似。

這兩位「閔善人」及「吳善人」的背景相當地代表了揚州及其他明清商業都市慈善家身世的特色；雖然他們主要的身分是富商，但是不能以單純商人視之，他們的先祖不乏曾中舉，甚至當過官的人，他們本身年輕時也多曾習儒，有的如閔象南更有生員的身分。他們成為成功的商人後，也往往要自已的子弟習儒，走上科舉之途。在他們的交誼網絡中，文人佔極重要的地位，魏禧便是許多善人交往的對象。魏叔子文集中曾提到的主要善人的家世，包括閔象南、吳自亮、楊元卿、程休如、程文傳、申大猷等，大部分反映了這幾個特色[87]。何炳棣在四十年前所寫的有關十八世紀揚州鹽商的論文中，亦強調了商人與文人在揚州的錯綜關係[88]，士商頻密交往的情形並非為揚州所獨有，而是明清許多大都市所共有的現象，此時科舉競爭激烈，在人口較密集及富裕的地區如江南，更是如此，家族如無雄厚的經濟實力支持子弟之長期教育，其子弟舉業之途將甚為艱辛，因此家族治儒兼經商已不為怪。

這類背景並不單純的商人在清代社會扮演重要的角色，他們為了取得某種文化地位，往往投資在文化活動上，如置圖書館、資助文社詩社等；而舉辦慈善活動，也屬於他們交際的活動之一。方志所記載的善會善堂贊助人、管理人往往並非全部皆真正透過科舉獲得功名的紳士，不少可能透過捐納而得功名。而這類「紳衿」當高級官員的機會較小，在地方上的名望，主要建立在他們對地方的貢獻之上，舉辦善會善堂自然是主要項目之一。商人透過財富能提升自身的社會地位，使得慈善組織在清代普遍化，尤其在商業較發達的都市中。

終清一代，這些「善人」從慷慨行善中得到地方人士的表揚與肯

---

87 魏禧 1973，10：29上-40下〈善德紀聞錄：為閔象南作〉；12：20上-下〈新城楊善人善行實蹟跋〉（記楊元卿）；11：67上-69上〈桯翁七十壽敍〉（記程休如）；18：6上-7下〈歙縣程君墓表〉（記程文傳）；18：66上-69下〈歙縣吳君墓誌銘〉（記吳自亮）；18：64上-65下〈歙縣吳翁墓表〉（記吳從周）；〈三原申翁墓表〉（記申大猷）。其中閔象南、程文傳、程休如、吳自亮等人資料亦可於《兩淮鹽法志》1806及《揚州府志》1810，〈人物〉卷中找到。

88 Ho 1954，130-168，158-165。

定[89]。他們是清代都市慈善機構的主要支柱，他們的重要性在清代前中期尤為顯著；他們行善的動機除了上文所述，受到激變中的貧富觀念所影響外，似乎還與他們的儒學背景有關係。善人們的先祖有的曾為儒吏，他們本人也不乏有生員資格的。不過，他們仍主要以務商為生，他們的行善，似乎是為了補償「棄儒」這痛苦的經歷，至少，這是魏禧對他們的了解，魏在書寫這些善人的傳記的字裡行間，往往流露出對他們「棄儒」命運的同情，在上述閔象南、吳自亮等人的傳記中，我們都看到了魏的這種心態；在善人程文傅的墓表之後，另一文人張天樞題上一段，更清楚地表明了這種以行善來補償棄儒的心理：「世家子棄儒學賈，是最難關，是最傷心處。而學賈由於家貧，家貧由於廉吏。」而張天樞認為這個想法，就是魏禧為程寫墓表之「大頭腦，筆筆注意在此」[90]。而導致家貧的「廉吏」與散財行善的「善人」在實際行動方面，也實在有極多可作比較的地方。如因先祖為吏清廉，使得家道中落，逼得子弟棄儒從商，那麼這些發跡後的商人散財行善，甚至讓家財不再大量累積，就是模倣廉吏的行為，也是對他們不能真正當儒吏的一種心理補償；善人與廉吏，兩者皆顯出對財富的某種輕視，及對地方公共事務的關注，二者的價值觀是相同的。這種價值觀也反映了上文所述調合新舊價值的折衷方式，及對財富的曖昧態度。這個價值觀所產生的動力不可輕視，明清幾百年間不斷發展的民間慈善活動，可說部分產生自這股動力，而持有這種價值觀的地方精英自明中後期以來不斷成長茁壯，成為政府不容忽視的一股社會力量。

　　清初都市善人的活動，與明末善會領導人的施善活動一脈相承。後者多是頗有名氣的、甚至與東林黨有密切關係的文人，及個別投入救災活動的士人。特別鼓吹善行的劉宗周（1578-1645）、陳龍正等都在他們的文集裡提到明末嘉善善人丁賓（1571年進士，1633卒），這位曾為句容令的慈善家曾於1587至1588年間在其家鄉賑災，按陳龍正所言，丁賓除自

---

89 如《璜涇志稿》1830，7：19下-20上之〈璜涇塔院善人鄧在明壙誌銘〉；乾隆間曾任寶應邑令之吳乾玉為當地一「潘善人」寫傳，寶應士人王懋竑（1668-1741）並為此傳作「傳後」，並用孟子之語稱潘善人為「一鄉之善士」，見王懋竑1839，1：7上-8下。

90 魏禧1973，18：7上〈歙縣程君墓表〉。

出金三萬以濟災，「竭其祖藏」之外，不足之處尚「繼以貸云」，而且
「其一切設施方略，無不曲盡精微遙計」。在他退官後的1625年災荒期
間，他更捐粟濟貧及出資替貧民付稅。在《明史》的列傳裡，丁賓的善
行與他當官的事蹟受到同樣的褒揚[91]。另一獨力辦善舉的是上文曾提及
的紹興士人祁彪佳，他除了在疫災時在家鄉成立藥局、饑荒時設粥廠、
病坊、育嬰社等外，還親自到紹興山區賑災，他的助手向張履祥述說祁
彪佳的活動：「賑饑之日，寅而出，酉而入，以粥擔，醫生自隨，郡中
既設法賑濟，窮鄉深谷，無不至。遇饑者先與之粥，病者與之藥，因與
之米麥，銀錢有差，死者爲之棺。日行數十里不知倦……，日力既盡乃
已。是日所持錢米既盡，又稱貸給之方快。少有所餘，意快快不樂也。
其濟人一念真切如此。」[92]

　　從丁賓、祁彪佳等的例子可看出明末善人施善的範圍相當大，他們
不單在居住的縣城中設立較具規模的善會，甚至到縣城外的地區施濟。
換言之，這些善人的聲望範圍通常是涵蓋縣城及城外地區的，如果以同
善會的例子來看，他們的影響及活動範圍，更可以說遍及江南地區。這
種相當大的影響力自然也加重了他們對地方的責任感。明末時這些名士
大部分已退休在家，並無官職讓他們落實治理的理念；而善會組織往往
彌補了這方面的缺憾。換言之，透過善會，這些頗有名望的地方文人可
一盡儒官的任務。

　　首先他們透過善會企圖改善地方風氣；他們對明末的政治氣候當然
非常的不滿，透過善會的管道，他們可嘗試落實教化社會的理想；他們
的理念往往囿於傳統，套句現代的話，他們是保守的政治在野派。我們
可從他們在善會的活動中看清楚這一點。

　　由他們主講的同善會講語向群眾宣傳的主要有幾點：其一是個人行
爲的檢點關乎著整個地方的社會安穩，高攀龍在第一次同善會的講話即
強調：「……一人作歹，十人看樣，便成了極不好的風俗。這一團惡
氣，便感召得大地一團惡氣……昔年福建興化府，人作惡異常，有識的

91　陳龍正 1635，卷又一：56下-57上；劉宗周 1903，〈類記〉5：48下；丁賓
　　的行善活動亦見於《明史》1965，221：5829-30。
92　張履祥 1871[1644]，31：5上-下。

人皆說，此城必屠，不數年間，倭子來，獨攻興化府，士民都被屠殺。
若不是人心風俗所爲，何以有見識人先說倭子未來之前……做好人雖喫
些虧，到底總算是大便宜。做惡人雖占些便宜，到底總算是大喫虧。急
切回頭，不可走差了路，害了自家，又害子孫，又害世界。」[93] 同善會
講語的另一重覆出現的主題，就是各種災難隨時會發生，因此老百姓應
行善守法，以避凶趨吉。陳龍正在讀過高攀龍的同善會講語後，這樣寫
著：「此會十分有妙處……提醒其惻隱，上上下下合縣學善，雖有兵火大
患到來，此方人或者可免落劫，我連歲痴愚，每思庚午三月朔夜，千里
鬼哭之變，十分奇慘，不知應出何事來……此會勸化大眾，長善消
孽……便是釀和氣、跳劫運。」[94] 可看出地方社會安全不但是明末精英
階層的極大顧慮，也是一般百姓所至爲擔憂的。同善會領導人透過演講
鼓吹老百姓集體行善以避免厄運。

　除了利用危機感來勸人安分行善之外，同善會的領導通常還以善會
的每季聚會作爲輔助鄉約的教化工具。陳龍正在嘉善〈同善會第一講〉
中即說：「官府講鄉約，有勸有戒……這會只當是講鄉約的幫手。」[95]
鄉約制度是王陽明（1472-1529）在十六世紀初期重興的，作爲地方官定期
公開俗講、褒貶善惡來教化百姓的工具，到了嘉靖年間，舉行鄉約已成
爲地方官的經常任務之一，後來黃佐（1490-1566）、葉春及（1552舉人）等
地方官都寫了較爲詳細的有關鄉約制度的文獻[96]。鄉約當然是官方所推
動的制度，而同善會的領導人則透過善會這種民間組織來「輔助」地方
官教化人民工作，且看同善會的主持者如何站在官方的立場來教訓百
姓，高攀龍每每向百姓提醒皇帝的至高神聖：「太祖皇帝是我朝的開
基，聖主到今造成二百五十年太平天下，我等安穩喫碗茶飯、安穩穿件
衣服、安穩酣睡一覺，皆是高皇帝的洪恩。高皇帝就是天，這言語便是
天的言語，順了天的言語，天心自然歡喜。」而所謂「天的言語」當然
指太祖的聖諭六條：「孝順父母、尊敬長上、和睦鄉里、教訓子孫、各

---

93 高攀龍 1632，12：33下-34上〈同善會講語，第一講〉。
94 陳龍正 1631，4：109下〈書高忠憲同善會講語後〉。
95 陳龍正 1631，4下：93〈同善會一講〉。
96 黃佐 1983；葉春及1987，卷九〈鄉約篇〉。

安生理、毋作非爲」。這點在無錫同善會開宗明義第一講即已闡明 [97]。而明清官方主持的鄉約的主要內容也不外是宣揚聖諭六條所包涵的意識型態；雖然幾個東林黨的領導人對當時由閹黨把持的政治環境不滿，高攀龍甚至爲此犧牲性命，但是在政治理念方面，他們其實並沒有新的想法，仍然是保守地要維護社會既存的規範、秩序與價值觀。同善會領導人的主要目標之一的確是協助中央治理地方社會。

同樣地，同善會領導人與地方官關注的，是政府政策在地方上的具體實施，陳龍正在嘉善同善會中第二講中說：「近日編審里長一節，多方規避，以致賦役難均……緣何設計規避，貽累小戶，天道人情，豈容汝安富長久……又如近日迎神賽會一節……只因其間有包頭數人常年從中取利，挨家斂分，小民從風而靡。」[98] 即從推行新稅法到禁止迎神賽會等一般地方官必得實行之地方事務，同善會的領導人都協力推動。這些例子在在說明了積極推動善會活動的明末地方精英，與政權合作的意願其實相當強。這種動力出自兩者相同的意識形態與政治理念。他們所反對的只是他們心目中認爲「不道德」的政治勢力。

從同善會各講語、規條的內容中，我們可看到同善會的意識型態，其中有俗化佛教的影響，也有起源自道教功過格累積功德的思想，但最主要的思想因素，仍然是正統儒家的政治理念。這些善會的最終目的，乃是在社會、價值觀念變化相當快速之時，以道德的訴求來維持既存的社會規範。而所謂道德的訴求，是圍繞在財富與貧窮概念之上，從而重申傳統的「安分守己」原則。

而發起、策畫推動、維持這些慈善活動的，是地方賢達，包括士人、商人及其他的地方富民。在這方面，善會組織鞏固了這個地方社會階層的勢力，這股新興社會勢力是明末都市社會、文化環境中的典型產品。善會基本的保守意識形態及新的組織形態到清代依然不變，而且在許多方面更爲加強了。善人與政權的合作關係，終清一代更爲緊密，這是下文所要述及的。

---

97 高攀龍 1632，12：35上-下。
98 陳龍正 1631，4下：93上〈同善會一講〉；96上-97上〈同善會二講〉。

第三章
慈善組織的制度化(1655-1724)

　　清入關以後其中一項社會政策就是禁止文人結社，尤其對江南士人結社嚴加禁止，這方面的禁止在順治期間已一再重申[1]；清政府的做法無疑是鑒於明末如東林、復社等江南文社曾爲明末政治帶來的震盪，以及這股南方文人勢力對北京政權的潛在威脅。清朝對江南文人的顧忌直接地影響了明末善會在清以後的發展；正如上章所說的，同善會等的組織形式是受明末文人結社風氣所感染，而同善會的主要推動人多少與東林黨有關係。清入主並宣布禁結社後，同善會的發展明顯地遭遇到挫折，並沒有繼續擴大，而漸消聲匿跡。不過，雖然如是，民間慈善活動並不因此中斷，清朝當政約十年後，第一所具規模的育嬰堂在揚州成立，之後育嬰堂、藥局、普濟堂、施棺養老等綜合性善堂、收容寡婦的清節堂等在清三百年間漸漸布滿全國，先在較大的都會，後遍及鄉鎮，成爲前所未有的獨特現象。明末善會發展到清代善堂之間的具體過程究竟如何？兩種組織的推動力量有無變化？這是本章要討論的。但在開始探討這過程之前，讓我開宗明義地說明，明善會到清善堂的發展，絕對是一脈相承，原因在於兩者皆產生自同一社會動力。

一、明清慈善組織的過渡——揚州育嬰社的例子

　　在明末善會與清初善堂之間我們不難看到關連：兩者主要的救濟項

---

[1] 見第二章註9。

目都相當一致，而且亦同樣地集中在江南地區的市鎮內。不過如果要深一層去追溯兩者之間一脈相承的關係，則需要更仔細的偵察工作；讓我們以清代最早、最主要之慈善組織之一的育嬰堂作爲例子，育嬰堂發展的關鍵在於明清之際。

保嬰本爲明清之際許多救荒策中的重要部分，由於饑荒之時，難民多棄子或賣子以自存，因此種種救荒策中往往有一條是鼓吹有力之人、甚至官府收養棄兒，以保存其性命，渡過難關。清代著名的《救荒備覽》(1794)所錄明代著名救荒事例之中，舉了劉彝任處州令時出榜召人收養饑民之棄兒的例子，也舉了揚州蔡楗（連）育嬰社的事例，這第二個例子是我們下面要詳細述說的。《救荒備覽》也錄了上文曾提到的魏禧所著之「救荒策」，其中一條「當事之策」就是收養棄子，建議有力之人收養棄嬰，官府具結，本生父母日後不得贖回[2]。爲明殉節的祁彪佳也曾寫了一本《荒政全書》，其中一項即爲保嬰，記錄了明末時代地方人士於饑荒時收養棄嬰的事跡。他自己在家鄉紹興濟荒時也屢次組織保嬰局[3]。後爲南明福王效力的黃希憲，也在崇禎十四、十五年(1641-1642)吳中饑饉時建議於蘇郡六門內外擇空房養育病餓小孩，僱老嫗照顧[4]。上述這許多有文字記載的例子，說明了至少在較富裕的江南地區，地方有力之富民及士人均相當重視在災難時嬰兒及幼孩的生命；不過大部分有關保護棄嬰的建議，仍只屬荒政之一部分，並非長期的救濟計畫，離宋代慈幼局的模式仍遠。其中只有揚州蔡連所辦的育嬰社最例外，因爲這個組織平時即收養棄嬰，並不限於饑荒時期，是沿宋代的前例；更超越宋代慈幼局的地方是它的持久性：這個育嬰堂直接開啓了清一代三百年善堂的傳統。

蔡連（一曰璉、楗，或蓮；號商玉）雖然只是明清之際揚州地區一個普通的商人，但他所創之揚州育嬰社在當時非常著名，許多文集均有記錄，後來地方志也載錄了這件事。文人中對此事描述最詳細的是劉宗

---

2 勞潼《救荒備覽》1850[1794]，2：16上，4：12下。

3 夫馬進 1986，12，36-7，此文頁10-14詳細地列舉了明末多位曾提出荒政時要保嬰之人，如林希元(ca. 1480-1560)、徐復祚(1560-1630後)等人。祁彪佳 1982，《小柴錄》(1641年日記)62下-63上。

4 黃希憲 崇禎5：92上-93上，崇禎十五年四月於吳長兩縣。

周，據他所載蔡連在揚州舉辦的育嬰會，方法是聚集同志，以四人共養一棄嬰，每人每月出銀一錢五分，收容路邊棄嬰在社，以會員的捐銀雇乳婦，這些乳婦月領工錢六錢，育養棄嬰，以三年爲期，到時招人領養。劉宗周記載此事在1634年以前，育嬰社的成立也應該在崇禎初期[5]。此事也被晚劉宗周一輩、歷任兩淮鹽運使的周亮工(1612-1672)所記載，他述說他舉放生社，主要是感於廣陵育嬰社之設，他也因此將此善舉記載在〈放生社序〉中：「蔡君商玉與廣陵諸君子既有嬰育之舉，因而廣之而立放生一社，可謂得其所推矣。」[6] 然而方志對揚州育嬰社的記載僅止於始自明末此一事實，並沒有詳細說明後來的發展，如嘉慶版《兩淮鹽法志》提到育嬰堂時說：「舊爲育嬰社，明季廢於兵燹」；同治版的《揚州府志》根據道光時安徽人方濬頤著〈揚州育嬰堂記略〉所載當地育嬰堂：「在前明則號爲育嬰社」；1743年的《甘泉縣志》雖然以蔡璉爲入清以後育嬰堂之創辦人[7]，但是也沒有告訴讀者，育嬰堂是如何從明末的育嬰社發展起來的。

有關這段歷史，仍然是魏禧爲我們提供了較爲詳細的記錄：1677年冬魏禧偕友過揚州育嬰社，看見一百數十乳婦及襁褓中之嬰兒，當日剛好是發乳婦工錢及嬰兒絮衣之日，當值者唱名分發；在育嬰社之右則有醫生爲嬰兒看瘡癩等嬰疾。魏禧看此情況大爲感動，便好奇地打聽育嬰社的起源，別人告訴他這是廿三年前(1655)春天，蔡商玉與閔象南合作創辦的組織；閔認爲揚州之所以多棄嬰，主要是因爲揚州多富商，而富商買妾僑家乃平常之事，因此生育也特繁，乳母之需求量亦跟著增加，貧家婦女爲了當富家之乳母以賺取優厚之工錢，不惜拋棄親生的幼嬰 ；姑勿論閔象南的解釋是否正確，他對揚州棄嬰問題的這個了解，使他與蔡商玉不再以短期救荒形式處理棄嬰問題，而作長期的救濟活動，就像宋代的慈幼局一樣；閔與蔡於是立社館，由社員集捐以聘乳婦，並由蔡

---

5 劉宗周 1903，5：61下。

6 周亮工 1979，15：9下-11上〈放生社序〉。

7 《續纂揚州府志》1874，3：7上；《兩淮鹽法志》1806，56：4下。《甘泉縣志》1743，7：47上-下；其他與甘泉縣志記載相同的方志有：《重修揚州府志》1810，18：5下；《江都縣志》1881，7：24上。

8 魏禧 1973，10：31下-32上「〈善德紀聞錄敘〉：爲閔象南作」。

主持其事；四年後的1659年夏，鄭成功進攻江蘇沿岸，引起一度驚亂，育嬰社人東逃西竄，資金也跟著大為缺乏，只靠蔡商玉獨力支撐了數月之久；清軍平定鄭軍後，閔象南鑒於獨力維持善堂不易，將制度改為社員每人輪值一月，如果會員所捐不足以應付開銷，餘額由當值者補足，閔自己則自願一年輪值兩個月。這樣，揚州育嬰社維持到魏禧參觀的1677年，共廿三年之久，據云活嬰不下三、四千人[9]。

當然，綜合上述各種史料，我們仍無法拼出一幅完全令人滿意的歷史拼圖，究竟明末至1655年之間育嬰社如何發展？揚州被清軍屠城對育嬰組織有甚麼影響？為何方志多認為揚州育嬰組織在清代即稱為育嬰堂，而魏禧仍用明末的名稱「育嬰社」，這是方志還是魏禧的錯誤？為何清代的某些方志完全不提蔡連的貢獻，反而強調了魏禧認為次要的另一鹽商程休如、甚至魏全然不提的其他鹽商的角色？究竟蔡連是怎麼樣的商人？這些細節問題恐怕以現存的資料難以解答。不過，大致上，我們可從有限的資料中得到如下的圖像：揚州商人蔡連在崇禎初年於揚州辦育嬰社，得到多方的注意，明清交際之間因兵災而中廢，順治間，於1655年左右，蔡連得到富商「善人」閔象南之資助，重組育嬰社，並創行會員人值一月之制度；很可能這個育嬰組織到了康熙，甚至雍正時代才更名為育嬰堂，但後來之方志為了記載之便，稱揚州育嬰堂創於1655年。更重要的是這個例子清楚地說明，明清之際的慈善組織之所以得以維持數十年不衰，並克服了朝代交換之間社會混亂所帶來的困難，主要的關鍵在於地方商人的苦心經營。

而揚州育嬰堂並不是當時獨一無二的例子。杭州育嬰堂的發展史也說明了清初地方善人獨撐局面的經歷：育嬰堂始於康熙五年（1666），由地方生員陸元章創辦，得到各地方官的捐俸，後來康熙十三年間（1674），福建耿精忠之亂，「兵馬往來，捐助不繼，幾致間斷」，至1681年，「衿士章士旭等……各捐己資，互相勸助，修復勝舉，廣育棄嬰，比前更倍……」。而這位章士旭不但捐錢，而且如揚州的閔象南、蔡商玉一樣，還親自監督善舉：「建育嬰堂于吳山下，倩人抱道路棄兒，僱乳嫗乳之。每月朔望，必躬詣其所，召嫗抱兒以次視之，衣服遍

---

9 魏禧 1973，10：32上-下。

給，時其寒暖燥濕，疾病醫藥之費不少懈。及長，人願者具領狀與之。行之四十年如一日」，這樣才奠定了杭州育嬰堂終清一代的基礎[10]。杭州育嬰堂在清初的經歷與揚州育嬰堂是大同小異的——善堂在此兵荒馬亂之際，主要靠地方有力人士的維持。在地方福利方面，十七世紀中後期的官方力量，無論是中央或地方政府的力量，實際上是不太重要的。這也是明清善會與宋代機構最大的差別。

事實上，要到雍正初期，準確來說是雍正二年(1724)，中央政府才開始注重、並鼓勵地方慈善組織的發展。

二、清初慈善機構的發展及制度化

一般的史料均以揚州在1655年重修的育嬰堂為清代第一個長期性的慈善機構，雖然方志的資料記載了江西贛縣在1646年已有一育嬰堂，但是這個記載與其他相關史實不吻合[11]，可能是方志編者的錯誤，因此在

---

10 《康熙仁和志》《康熙錢塘志》，引自《武林坊巷志》1987，第一冊，477，481。

11 在方志資料裡，我們發現江西贛縣在1646年有一「老育嬰堂」，這在《贛州府志》1848裡有簡單記載：「老育嬰堂在縣治東，縣岡坡下，順治三年副都御史周清原奏請建設，地方官率士民捐輸，為日給費，五年，因圮，令廢生祠為之，今圮。」(33：4上)1736之《江南通志》在〈人物志〉之「官蹟」項下有關周清原一條似乎啓發了贛州志的記載：「周清原……歷副都史，疏請革舖舍飭刑具，又請宜省俱立育嬰堂收養棄孩，俱得旨允行，聖祖嘗稱為孝子，御書孝經賜之，遷工部右侍郎卒。」(142：45下)這一資料也在1879之《武進陽湖志》23：31下-32上中大致重複。
其實這兩項資料均有問題。其一，周清原當副都史的時間不可能在順治時，他康熙十八年(1679)才被推薦為博學鴻詞，並為庶吉士，被分派作修明史的工作，1879年的《武進陽湖志》清楚地說是康熙任他為副都使，後於康熙四十五年(1706)當工部右侍郎只短短一年即死在任上(見《清代毗陵名人小傳稿》1984，2：17；錢實甫編《清代職官年表》1980，1：179-180；《清史稿》1928，〈列傳·文苑一·彭孫遹條〉，因此，說他在順治三年為都御史時於江西建育嬰堂，事實上不可能；同時只有方志指他曾仕副都御史，其他史料並無記載，是否錯誤，尚待查證。其二，這個錯誤可能由於曾當左都御史的董訥是推薦周清原為博學鴻詞的人(《己未詞科錄》1985 [1807]，2：13下；《鶴徵前錄》1985 [1797]，23：18上)。董曾任兩江總督(康熙廿六至廿七年間[1687-1688])，而且政績驕人，康熙三十一年(1692)被擢升為左都御史。他離任兩江總督後當地人為他建生祠，並請康熙復其官；董訥父親遇春本來就是明末山東的富有善人，以慷慨施捨聞

有進一步的證據來確定贛縣這一項資料之前，我們仍以揚州育嬰堂爲第一個有規模的清代善堂。

從1655年到雍正以詔令推動全國建立育嬰普濟堂的1724年之間，共有近七十年的時間；在這段時間裏，全國各地的育嬰、普濟及其他名目的地方救濟組織很穩定地增長。按筆者就全國兩千六百多種地方志所作出的統計，在1724年以前（不計1724當年建立的）建立的育嬰堂至少有九十八個，普濟堂五個，施棺的善所八個，其他性質如施藥、在河道設救生船、養老等善堂二十個，散布在蘇、浙、魯、閩、鄂、皖、湘、滇、贛、桂、豫、粵、冀等省分，大部分集中在蘇浙兩地；育嬰堂方面，兩省共有五十一所，占所有嬰堂總數百分之五十二強，五所普濟堂中占了三所，八所施棺善所中占了四所，這兩省只有在其他性質善堂方面占較少數：二十所中占四所 [12]。換言之，清初慈善機構的發展無疑是直接繼承著明末在江浙地區的傳統。繼揚州府城出現第一所育嬰堂之後，揚州地區內其他各州縣紛紛跟進：高郵（1656）、甘泉（1662）、儀徵（1662）、興化（1699）及同樣在江北的通州及如皋（1664，1668），早在宋代已有慈幼局的杭州則在1666年立育嬰堂（見上文），離江南較遠而同時期立育嬰堂的只有湖南寶慶府武岡州在1662年的機構 [13]。從這些簡單的統計中，大致可看出清代初期慈善組織最主要是育嬰堂，而且從揚州地區開始發展，原因是揚州早在明末時已成立育嬰社，育嬰堂是揚州育嬰社的延續。

我們在前一章已提到揚州育嬰社是明末諸善會中的一個，與同善會等組織類似，如由地方士商發起、有會員制度等；但育嬰社特別之處，

名，奏請於贛縣建育嬰堂可能是董訥在任兩江總督時的政績之一（參看《國朝鼎甲徵信錄》1985 [1863]，1：18下-21下；《清史稿》1927，〈本紀〉七，康熙廿六及卅一年；〈列傳〉66〔卷279〕〈董訥條〉），但此點已難於查證。不過不論事實如何，周清原於順治三年在江西建育嬰堂之事，多處不符合史實，尤其順治三年這個年分，不知從何而來，大概是治方志者之錯誤；在沒有進一資料確定江西育嬰堂建於1646年以前，本文仍以1655年揚州復建之育嬰堂爲清代的第一所。

12 梁其姿 1991。此計畫參考了2615種公藏於台灣地區內外的方志，包括所有地區，除了下列因相關資料太少的省分：吉林、黑龍江、新疆、内蒙、青海、西藏。

13 同上，並《湖南通志》1820，36：1下。

在於它的目標比同善會更具體：拯救棄嬰及雇用貧家乳婦，間接也救濟
了貧家產婦。同時，育嬰社的組織沒有同善會的政治色彩，自始至終，
這個組織的主要推動人是揚州商人，與明末的東林文人關係並不深。這
一點也解釋了爲甚麼在順治禁文人結社之後，同善會沈寂了好一陣子，
乾隆時再以另一面貌復現（見下章），而育嬰社卻能在清入關後不久復
社。至於順治帝在約1657之後成爲虔誠的佛教徒，隨後的雍正也同樣地
崇佛 [14]，與清初育嬰堂這個以愛惜生命、戒殺生的慈善組織的快速增長
有無關係，則在目前證據不足的情況下，難以判定。但從上文提到周亮
工受揚州育嬰社的啓發而組放生會一事，並爲文強調在愛惜生命方面
「儒與釋同一義也」[15]，可看出清初育嬰堂這個組織確具有濃厚的釋教
思想因素。然而，育嬰堂是如何從一單純的地方會員制組織，發展爲一
頗具規模的永久性機構呢？關鍵之一在善堂收入的正規化。

財務的正規化：官方的認許及官民合資

　　所謂收入的正規化，是指不再以不規律的個人金錢捐贈爲主要收入
來源，而發展穩定巨額收入。對揚州地區的善堂而言，因地利之便，最
大的可靠財源是兩淮鹽稅補助，要取得鹽稅定額撥項，意味著與官方得
保持密切而良好的關係，這種努力對鹽商而言，是基本的謀生策略，並
不特別困難；因此由鹽商主辦的育嬰堂較易取得大量而穩定的鹽稅補
助。揚州育嬰堂早在康熙五十年（1711），便在收入正規化方面有突破性
的發展。當年，鑑於「歲需不敷，堂宇傾頹」，紳商捐購民地，遷堂於
新置之地，更重要的是同時鹽運使集商公議，決定從該年開始，每年從
鹽稅中捐銀一千二百兩給育嬰堂，對每年花費約二千兩的育嬰堂而言，
這筆款項是最主要的收入；1724年，雍正因鹽政弊端日益嚴重而進行大
幅度的改革 [16]，其中一項是禁革鉅額的浮費陋規，但是育嬰堂的每歲補

14　Hummel 1970，256-257；馮爾康 1992，442-452。

15　周亮工 1979，15：9下-11上〈放生社序〉。

16　有關雍正時期雍正的鹽政改革爲整個清代的鹽政問題，參看陳鋒 1988，特
　　別是第六章：〈鹽政的改革及其效應〉，及第三章第二節有關雍正禁革浮
　　費的情況。

助額居然沒有被刪除，反而被皇帝指定爲永遠存留爲育嬰用 [17]，這當然與雍正大力推動育嬰堂之政策有關（見下文）。不過主持揚州育嬰堂的主要揚州鹽商——其中包括著名「善人」閔象南之子閔寬——與官方的良好關係也是不可忽略的原因。事實上清初首先建立的幾個育嬰堂集中在兩淮之地，與鹽商集中於此地有極大關係；而且，從乾隆初期開始，對鹽政而言，當地的育嬰堂就等於鹽政屬下的機構之一：「〔育嬰〕堂爲鹽法衙門所設，應聽本衙門稽核，不關有司」[18]，管鹽政的官僚不但管核育嬰堂的財務，而且這些官僚還有時爲育嬰堂訂定規條 [19]，不過這是後話，下章再作詳細討論。

除了揚州地區善堂得鹽稅之贊助外，不少早期成立的其他育嬰堂設置不動產來收取租金，以使收入趨於穩定，此時地方善士的捐贈也漸從最早的金錢轉爲不動產；如建於1669年（康熙八年）的興化縣育嬰堂在運作了四十年後，於1710年（康熙四十九年）成立一個叫積善會的組織，令人不期然地想起約一百年前的同善會等組織，不過邑中善士所捐的不再是純粹的會費，而還有耕地、田地的租收可以供育嬰堂爲經費 [20]。又如通州附近的石港場育嬰堂是在1699年（康熙三十八）成立，堂的經費一開始即由地方士紳所捐贈的耕地的租錢供應，而且這些已捐給育嬰堂的田地都勒石爲記，主要是爲了避免日後各種可能的土地交割、繼承問題所引起的紛爭。同樣地，鄰近的掘港場育嬰堂（成立於1694年）也是靠當地商人所捐之房屋田畝維持 [21]。江北的其他較特出的例子還有如皋縣，這裡的育嬰堂建於1669年（康熙八年），開始時的經費也只是由地方的士紳多方捐募所籌，六年後知縣高瑜爲堂設義田，嬰堂始有固定的收入。而這段設義田的經過也是頗具趣味性，據創堂的士紳之一范永所載，如皋通例每十年編審里甲，十年內凡新置、過割地產業者必需呈驗稅契，1673年到如皋爲令的高瑜趁著1675年編審里甲之便，將驗妥之稅契放在育嬰堂中，令民往堂中取契，同時吩咐守堂的人勸來取契的人捐錢，爲

---

17 《甘泉縣志》1743，7：47上-下；《兩淮鹽法志》1806，56：4下-5上。
18 《兩淮鹽法志》1806，56：5上，這個作法自1742（乾隆八年）年開始。
19 細節請參看第四章。
20 《重修興化縣志》1852，1：4上。
21 《兩淮鹽法志》1806，56：7上。

堂置地產，取契的人一來本是有田地、較富裕的人，二來大概也鑑於這是縣令的意思，不好推拒，於是「取契者不待勸諭，各隨其力而輸焉」，結果共得金五百多兩，置了田地，以後樂善者循例捐田，或捐錢供育嬰堂買田，成立了堂的義田，這些田地產並載錄在地方志中。而對修方志的人而言，育嬰堂的歷史中兩個關鍵性時刻，就在其創立與置田產之時[22]。

事實上不少康熙後期創建的育嬰堂往往在開創時就積極置房地產，上述1666(康熙五)年創建的杭州育嬰堂在1692(康熙三十一)年重建時，為了「恐遲久不繼，買田數百畝為儲偫」；蘇州育嬰堂在1676年成立，1699年布政使劉殿衡「力勸紳士置產，以為久計」[23]。創堂者大概吸收了早期嬰堂收入不定的教訓，一開始就勸人捐田產，使善堂得以有順利的開始及持久的本錢，如前述通州石港場在1699(康熙三十八)年創建的育嬰堂，就是典型的例子[24]。十八世紀以後，一般較有組織的慈善機構無不以置田作為主要的工作之一，雖然置產的動機不一定單純地為了應付善堂的開銷，也可能牽涉到貪污舞弊的問題(見下章)，但是田產已被認定為善堂組織不可缺的部分；不少方志中有關善堂的記載都附有詳細田產的登錄，包括面積、性質(灘地、田地、園地等等)、地點等[25]。

這些例子均顯示在雍正帝正式鼓勵育嬰堂的成立以前，早期的育嬰堂為長久之計，已紛紛尋求最穩當的方式來固定及增加收入。換句話說，清早期的育嬰堂其實已不再以短期救濟饑荒中被棄的嬰兒為目標，而以長期策畫為目標；這點與宋代慈幼局相同。不同的地方在於這些育嬰堂不是政府所設立的，中央並沒有規定預算來支付這些機構的開銷，因此自然地大部分得依靠地方的資源。除了幾個由地方官鼓勵成立的嬰堂，及江北鹽運地區的特殊例子之外，其他大部分的早期嬰堂的房產，都主要靠地方紳衿或商人的捐贈。

---

22 《通州直隸志》1875，3：70下-73上；《直隸通州志》1755，4：27下-28上。

23 顧震濤 1986，17：259；《杭州府志》1784，51：36上。

24 《通州直隸志》1875，3：66下。

25 如《通州直隸志》1875，3：72下；《泰興縣志》1885，8：4上-6上。

管理制度的建立：輪值制與董事制

不過除了固定的收入之外，另一個讓育嬰堂等善堂可以長久生存的同樣重要因素，就是管理組織。清代的善堂建立了兩種主要的管理模式：輪值制，及一人負責數年的「董事制」。前者應是繼承揚州育嬰社的制度，而有中古時代在俗佛教組織的影響；後者則可能是源自宋以來如社倉等官督民辦的賑恤組織原則。兩種模式都有極悠久的歷史淵源。

上文提到的揚州育嬰社在清初重建以後，曾經歷一段財務困難的日子，創辦人蔡連得獨力經營育嬰社數月之久。主事的閔象南後立一輪值制，讓社員每人輪值一月，如果當月的捐金不足以支付開銷，即由當值者補足，這個制度的建立明顯地是為了應付不穩定的財源。不過輪值的構想恐怕還有更深的歷史文化根源，上文曾提過的南北朝到隋唐時期的佛教在俗組織如義邑和法社等組織似乎已有類似的輪值制度，這些早期的宗教團體主要輪值誦經、主持齋會等；不過我們可以想像當值者也必有其他的世俗任務，使得組織得以維持不散[26]。這些佛教在俗組織的名稱、結構等也必然結合著中國古代村落互助傳統及佛教的宗教需要。在此我們不便深究這個淵源，只是強調清代慈善機構這個輪值制度的構想，以及它的一直被維持，不是一件偶然或簡單的事，而是有極深遠的宗教及文化背景。

輪值制度在清初育嬰堂很可能是最主要的管理制度，康熙初期的地方官黃六鴻(1651舉人)，即著名官箴《福惠全書》（1694序）的作者，在這本代表了當時地方行政理想的書中詳細地描述了標準的育嬰堂模式；關於其管理形態，黃六鴻這樣寫著：「延請紳衿好義者董其事……每年十二人為會首，每月輪一人，使值一月之事，然會首未暇夙昔在堂，又必聘一老成有德者，居住本堂……其會首及碩德諸先生，凡有所勸募樂施者，每月擇定某日會收，于三日前各會首及諸先生，即各用本堂知單傳請，於是日早臨本堂，值月者就本堂設饌恭候……不必用酒所以敬事……其樂施金錢，住堂管事及值月會首同收，按名登記，于收數後結

---

26 有關這些早期佛教組織的描寫，仍以日本學者的研究比較重要，請參看山崎宏 1947，第四章。感謝劉淑芬教授建議我注意這份資料。

一大總，以示同事……〔每月收支賬目〕于次月會收之日，當眾交代下
月會首接管……。」這是輪值制的標準形式，實際上個別嬰堂的輪值制
有些微的差別 27；大原則是一年內每月有不同的管理人，而且每月要有
正式的賬目交割程序。這是後來具規模的育嬰堂的標準組織。十八世紀
到中國的法國耶穌教會的教士當特科爾(le Pere d'Entrecolles，1662-
1741)也注意到並十分欣賞育嬰堂的組織形式，並在1720年給他的法國
友人翻譯了黃六鴻的這一段描述 28。可見在雍正帝還沒有大力推廣育嬰
堂之前，這個組織形態已相當成熟及普遍被採用。

　　除了輪值制之外，慈善組織的另一組織方式是董事制，由一或二、
三人管理堂務數年之久，這個模式很可能源自宋代社倉的制度，朱熹
(1130-1200)在1181年提出的社倉制度令五百家有一社倉，管理的社首是
五百家自擇的「公平曉事者」29；這個制度到了明代有更周詳的構想，
嘉靖八年(1529)，兵部侍郎王廷相(1474-1544)建議設社倉，「令民二、
三十為一社。擇殷實而有行義者一人為社首，處事公平者為社正，能書
算者為社副，朔望會集……」。這個設計完善的社倉法，後來「無力行
者」30。查王廷相這個想法，靈感來自北方民俗會社之禮，據他所說，
這種禮俗:「每一二十家朔望一會，各出錢數十文收貯，令一人掌管，四
時祭神，備辦牲醴，遇有喪事之家，用以賻助，積貯之多，或值年不順
成，各家亦得分用救濟……弘治之前，往往如此。近年以來，惟城市人
尚有此俗，鄉村之民舉行頗少。」31 可見這是一種深植民間社會的自助
組織形態，從農村傳入都市，並自明中以後，主要盛行在都市社會內。

　　到了清初，社倉制度再度受到中央的注意，戶部在康熙十八年

---

27 黃六鴻 1978，31：16下-18下；這個輪值制不只一個模式，高郵州育嬰堂的
　　輪值制是十二人，每月二人，要住堂料理一切，包括出入賬目，看管火燭
　　藥材稻穀，監督買辦供膳，每次交任時要連四柱清冊，並經州府交代；如
　　十一人中有人退出，其他十一人要保舉一人頂替，而且這十二人要互相監
　　督，以杜絕循私。見《高郵州志》1783，1：46下。
28 Le Pere d'Entrecolles 1979，225。
29 馬端臨《文獻通考》1987，21〈市糴二〉：213「社倉」條。
30 《明會要》1960，56〈食貨四〉：1077；《明史》1965，79〈食貨三〉：
　　1926。王廷相 1989，第四冊《浚川奏議集》3〈乞行義倉疏〉：1241。
31 王廷相 1989，第四冊《浚川奏議集》3〈乞行義倉疏〉：1240-1。

（1679）題准鄉村立社倉，市鎮立義倉，形式上仍沿宋明舊制，由本地
「敦實」之人任正副社長，但當時康熙帝鑑於社正不是官吏，沒有催人
還補的權力，社倉制度的可行性低，沒有致力的推廣。而推行這個制度
的地方官，如上述的黃六鴻，也將官方在社倉制度中的角色加重，認為
正副社長要得官方認許，而且每年收登的賑目要報官查核。到了雍正
初，正副社長如管理十年無過，中央竟賜予八品冠帶；到乾隆初期，戶
部定社倉事例，限每三年更換社長[32]。換言之，清代初期政府對社倉的
監督遠比明代密切，出發點是為了提高制度的公信力及可行性。不過雖
然清政府比明政府積極，但是官吏始終沒有直接的參與社倉的行政，中
央也一直不願意這個制度變為官制。民間慈善組織的董事管理制度也繼
承了這個民辦官督的形態。

　　育嬰堂採行董事制的時間通常較輪值制稍晚，一般都在乾隆時代制
定，而且這些育嬰堂亦有較多的官方影響。其中一個例子就是通州的育
嬰堂，嬰堂開始時按一般的輪值制，請紳衿按年輪管，到了乾隆九年
（1744）換成董事制，第一任的士紳還有任官的資格[33]。高郵州在1656年
成立的育嬰堂本來也採用輪值制，到了1783年經知州整頓後，改為董事
制，雖然是「會同紳士公舉端廉殷實之人」，但是比以前受更嚴密的官
方監督，而且限定三年一換，一如社倉之例[34]。乾隆時代著名的地方官
陳宏謀（1696-1771）的育嬰堂構想，就與康熙時代的黃六鴻不一樣，他認
為嬰堂應設「堂長」及「司事」，堂長「令府縣慎選品行端方、老成好
善、家道殷實之士，毋論貢監生員，許紳衿公舉，報明入堂，地方官優
以禮貌……該堂長管理三年……本司給與匾額獎勵」，司事則「協同

32　《清史稿》1928，卷121（志96）〈食貨二〉：3559-61，時來自福建的李光地
　　（1642-1718）以社倉具奏，康熙帝認為這制度沒有官方監督，言易行難，所
　　以沒有推廣。又見《清朝文獻通考》1987，35〈市糴四〉：5180。
　　如黃六鴻 1978也提到地方社倉設立的需要：「于各縣四鄉之中，擇人戶眾
　　多之處，建立社倉，每鄉或一所二所……即擇鄉之老成篤實有家道者，為
　　之社正，老成有心計，善書算者，為之社副，其人闔鄉公舉，而有司酌定
　　之；各取認保甘結，有司稍從優禮，每歲所收登之籍而報之官，以有所稽
　　考。社正司鐍鑰，社副典簿冊，使兼為職掌，而互相覺察……。」（27：8
　　下-9上）。
33　《直隸通州志》1755，4：27上。
34　《高郵州志》1845，1：54下，58上-下，66下。

堂長照管一切事務，每月給銀六錢……管理三年……給以花紅匾額示獎」[35]，很清楚地，陳宏謀要推廣的就是董事制，目的是為了加強官方監督嬰堂的管理。董事制的行於育嬰堂是清代中後期官方勢力漸介入民間善堂的一個結果，有關此點，下章會進一步申述，不過，雖然如是，我們也不要忘記董事制並非乾隆時代的發明，這個組織形態由來以久。

輪值制與董事制往往被主事人按情形所需斟酌運用，如丹徒在1733年成立的育嬰社本來由主持人「董事」，1738年後，得到更多地方士紳的支持而改為分月輪值制[36]。丹徒的這個例子當不是例外。

因此無論在人力或財力的資源方面，清初的慈善組織的主要支柱都在地方，換言之，這些慈善組織從明末到清初的制度化，幾乎全靠地方社會的力量，而很少依賴中央政府的支援。在財源方面，代表中央的地方官通常只是以捐俸的方式來帶動及鼓勵地方人士解囊，或利用職權來方便善堂籌款，如上述如皋縣令之透過編審制的執行來勸捐。發起捐款的多是較富有的士紳或商人，康熙時代居住在蘇州的唐甄，因僕人送親生女兒入育嬰堂，所以特別注意當地嬰堂的情形，據他所載，蘇州嬰堂：「乳婦之記籍者三百餘人，歲費千餘金，皆士大夫助之。」[37] 可見捐助善堂的地方善士，多屬地方紳衿。但除富有的紳商外，一般的老百姓也多有捐贈，方志上稱他們為「眾姓」，有時候善堂立碑記來肯定他們的善舉，有時候將捐錢姓名牌懸嬰堂內以作表揚[38]。至於管理堂務的輪值士紳或董事，他們通常在地方上較有名望，有時就是慈善組織的發起人；他們的名字也通常為地方志所記錄，就是說，他們雖然沒有顯赫的仕業，也沒有如明末東林黨人的文名，但是憑著他們替地方組織善舉一項，他們也做到了名留地方史。如揚州閔象南、蔡連等人一樣，這些「善人」對地方社會福利的貢獻讓他們得到社會的承認與肯定。他們的名字不但出現在有關慈善組織的〈公署〉、〈義舉〉等卷，也常出現在〈人物〉卷[39]。

---

35 戴肇辰輯《學仕錄》1867，5：38上-39上，陳宏謀〈育嬰堂條規事宜冊〉。
36 《江南通志》1736，23：3下。
37 唐甄 1955，下：148。
38 例：《直隸通州志》1755，4：25上-26上。
39 如《高郵州志》1783，順治時代（1656）創辦施藥局及育嬰堂的地方生員張

在既有穩定的人力及財力情況之下，慈善組織通常自然地發展為善堂，即有自建專用的建築物。清初的善堂建在甚麼樣的土地上，是個有趣的問題，但不一定有單純的答案。一般而言，善堂多建在都市公共的土地上，尤其寺廟的屬地；如通州在1664年建的育嬰堂是「州西天妃宮改建」，興化縣的育嬰堂即當地的「胡公祠」，京師的育嬰堂原在「夕照寺」內，蘇州的育嬰堂在城內圓妙觀雷尊殿之西「築室數楹」。另一常見的做法就是善堂的主辦人集資購民地來建堂，如最早成立的揚州育嬰堂到了1711年因原屋傾廢，由當地紳商「購買民地於北門外」重建；儀真在1662年建的善堂原是租屋而設，十六年後才由地方善士勸捐置屋重修；吳江縣的嬰堂在1737年由善士買民房改建；常熟嬰堂在1743年也由邑人捐錢購買民地重建[40]。上述兩種做法都見於方志的記載之中。

這些有建築物的善堂在成立一段時間之後，到底產權屬誰，似乎並沒有引起關注。方志有時將它們與官辦的養濟院等其他公署並列，有時將它們另外列入「建置」、善舉等；編法不一。地方有力之士或官員通常只注意在善堂名下的不動產，並不關心善堂屬誰的問題。不過，由於善堂之創建通常經過一群地方善人的捐款策畫，又必須得到官府的認可，成立以後的管理又多由地方商衿等負責，並不單純地隸屬任何團體，因此地方社會大概以公共組織視之，類似廟宇、書院等。只是廟宇書院歷史由來已久，而善堂卻是清初以來的新事物。善堂的這個曖昧不清的法律身分地位使得舞弊的情形容易發生，但也同時使得官僚力量輕易地介入管理。這些情形我們在下章作討論。

三、清初期善堂的理想

清代在1724年詔令之前的八十年間，不少各類善堂已在各地的大都市裡成立，尤其以江南地區最為集中。有趣的是，早期的善堂以育嬰堂

陽、王藻等不但在卷一之「公所」被提及(1：46上)，還在〈人物〉卷之「篤行」部再被詳細表揚(10下：19下-20下)。
40 《直隸通州志》1755，4：25上；《重修興化縣志》1852，1：3下；《畿輔通志》1910，109：15下；《蘇州府志》1824，23：30上；《甘泉縣志》1743，7：47上-下；《儀真志》1718，5：24上-下；《吳江縣志》1747，8：23上；《常昭合志稿》1797，4：8上。

為主,也開始有施藥局,沿著長江有救生局,有救生船隨時救援江上遭船難的旅人,也有類似官辦的養濟院的普濟堂,專門收養貧而無依的老人。如果我們回頭看明末慈善組織的概況,不難看出其中極為密切的發展關連,明末育嬰社顯然地啓發了清代育嬰堂的成立;至於清初施藥局的組織,則楊東明的廣仁會(1591)到祁彪佳在紹興家鄉屢次舉辦的施藥局(崇禎末期),都無疑是先驅。換言之,清初的慈善組織的種類與目標,很大程度上繼承了明末善會。而這些組織的目標特色是甚麼呢?收養棄嬰、救生、施藥給貧病之人,這些活動共同的特色就是挽救垂危的生命。令人不期然地想起與明末善會同時流行的「放生會」背後的思想,通俗佛教的影響是很明顯的。而在眾善舉中,又以數量龐大的育嬰堂最充分地反映這種普濟眾生的思想。

溺嬰與育嬰

溺嬰與棄嬰行為與人類歷史一樣古老,無論在東方或西方都如是[41]。有關溺嬰棄嬰的例子,從上古至近代的史料均有記載。古代沒有很有效的避孕方法,甚至連避孕觀念也很模糊;如果生育不能控制,墮胎又是傷及母體的方式,而一般的家庭資源有限,不能養育所有生下來的子女,那麼就只能以溺棄嬰孩的方式來限制家庭口數的增長,其意義就類似今天的家庭計畫。不過這個行為雖然在社會上因客觀的需要而相當普遍,但在道德上一直受譴責,畢竟殘害人的生命與人類社會要延繼生命的本能相矛盾,也沒有任何主流的社會思想能圓滿地解釋、接納這個行為。在傳統父權制度下的中國農業社會中,溺棄嬰孩的受害者又以女嬰為主。所以將新生嬰孩放在盛滿水的盆內溺斃,統稱為溺女[42]。

41　有關中國古代溺棄嬰兒的問題,可參看Kinney 1993,107-138;曾我部靜雄
　　1962;劉靜貞 1994;梁其姿 1984,98-105;徐永志 1992,30-42。
　　西方談古代殺嬰問題的論文非常多,Boswell 1988對此問題有較全面的處理
　　及參考書目。

42　蘇東坡(1036-1101)記錄了從友人聽來的民間溺嬰習俗:「岳鄂間田野小
　　人,例只養二男一女,過此輒殺之。尤諱養女……初生,輒以冷水浸殺,
　　其父母亦不忍,率常閉目背面,以手按之水盆中,咿嚶良久乃死。」安徽
　　人朱松(1079-1143)也觀察到:「吾鄉之人,多止育兩子,過不問是男女,
　　輒投水盆中殺之。」在福建,「閩人生子,多者至第四子,則率皆不舉,
　　為其貲產不足以舉也。若女則不待三……」;這種「理性」地為了控制兒

　　假如溺棄嬰兒被認為是實行家庭計畫的理性方式，普遍被社會接受，毫無道德上的問題的話，慈幼與育嬰堂的制度就不會出現。許多明清、甚至近代到中國旅行的西方人，均有一種誤解，以為中國人殺嬰，已成習慣，不會引起當事人的不安；同時以為輪迴之說化解了殺嬰所帶來的良心譴責。換言之，這些西方觀察者以為中國人殺一呱呱墮地之初生嬰孩，就如今天的人避孕一樣輕鬆，沒有道德上的包袱[43]。其實溺嬰行為雖然在民間相當普遍，但是一直是個令人非常困擾的道德問題。從史料中對殺嬰的記載，往往可看出父母之不忍（見註42），而宋元社會的法律都明文禁止溺殺嬰兒，並且對溺嬰的父母有相當嚴重的懲罰[44]，雖然明清的法律對此不甚明確，但地方官均不時譴責這個習俗。除了法令方面的制裁，溺嬰其實也往往引起深重的良心自責。

　　清初文人陳確（1604-1677）給我們記載了他母親的自述，述說她在二十四歲時溺女之慘痛經驗：「吾平生無負心事，惟於二十四歲產一女，溺之，至今為恨。惟時貧困既甚，顧室中無一有，獨擬一雞為產後之需，臨產而人食我雞。又我父在杭，使人歸囑後母云『陳女產，必立使人候之』，謂當有所遺也。母竟使僅長壽空手來候，又自起作食食之。*遂恨絕，謂吾父母生我，長大尚如此受苦，是奚翅漚沫者，育之何為，徒自害害彼耳*。堅欲溺之。血暈不能起，使祖房婢綵繡溺之，置淺水中，一夜不死。我怒甚，〔明日〕強起拒門自溺之。蓋回首閉目而後溺之，弗能視也。嗟乎！吾豈忍乎哉！」[45] 她的敘說除了反映出一般所見

　　女口數的溺嬰行為，一直維持到明清，甚至現代，例如富庶的康熙時代太湖地區的鄉間：「田野小人，喜生男而惡生女，父母例以二女為則，過此輒殺之」，此類方志的記載，實不勝枚舉，參看上引劉靜貞 1994文；曾我部靜雄 1962，頁52-53。具區志 1689，7：5下-6上；其他方志及文集上類似的記載，參看上述徐永志 1992文，頁30-33。上古部例子見於Kinney 1993文；及楊聯陞 1987，8。

43　曾我部靜雄 1962，54 引Kingsmill之話：「由于長久的因襲，中國人並不認為溺女是一種罪惡」；利瑪竇認為輪迴之說化解了中國人對溺嬰之自責，見Ricci 1953，86-87。十九世紀中訪問中國的英國人William Milne特別提到一本談中國十八世紀末期問題的小冊子，作者Barrow誇張地描寫中國人視殺嬰為平常事，參看W. Milne 1859，32-39.

44　梁其姿 1984，98，101。

45　陳確 1979，11：532-3。

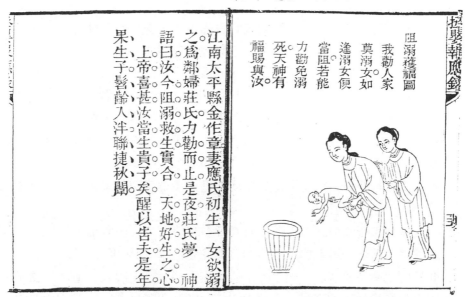

江南太平縣金作章妻應氏初生一女欲溺
之爲鄰婦莊氏力勸而止是夜莊氏夢神
語曰汝今阻溺救生實合天地好生之心
上帝喜甚汝當生貴子矣醒以告夫是年
果生子髫齡入泮聯捷秋闈

阻溺獲福圖
我勸人家。
莫溺女。
逢溺女俱。
當阻免溺。
力勸若能。
死天神有。
福賜與汝。

圖一　清中後期勸人莫溺嬰的宣傳冊子特別多，多以因果報應來作為勸阻的主題。此圖出自咸豐時代的小冊子。從插圖我們大概得知當時人是以甚麼方式溺殺初生女嬰的。來源：1855《拯嬰報應錄》。

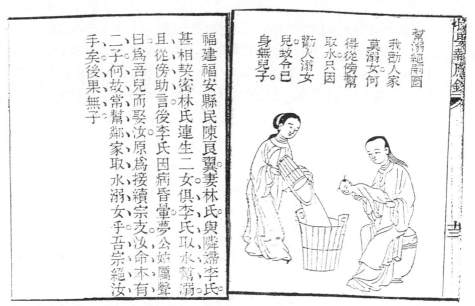

福建福安縣民陳賚翼妻林氏與隣婦李氏
甚相契密林氏連生二女俱李氏取水幫溺
且從傍助言後李氏因病昏暈夢公姑厲聲
曰爲吾兒而娶汝原爲接續宗支汝命本有
二子何故常幫鄰家取水溺女乎吾宗絕汝
手矣後果無子

幫溺絕嗣圖
我勸人家。
莫溺女何。
得從傍幫。
取水只因。
勸人溺女。
兒玫令己。
身無兒子。

圖二　宣傳品除了勸人不要溺殺自己親生的嬰孩外，還勸人不要協助別人溺嬰。來源：1855《拯嬰報嬰錄》。

父母行事時的不忍、及事後的良心責備以外，還說明了幾點：溺嬰並非限於下層社會，有文化地位的儒士家庭也有溺嬰的經驗；婦女，尤其是母親往往是溺嬰與否的決定者；而赤貧不一定是溺嬰的主因，陳確母親的經驗即顯示出生母當時的心理狀況有決定性的影響（見引文斜體部分）。事實上，民間流行的輪迴故事，目的正是爲了減輕溺嬰者不可避免的沈重良心責備，而並不能證明當事人因相信輪迴之說而不受良心譴責。慈幼局與育嬰堂的建立，其實救不了多少棄嬰，主要的功能是勸阻人不要溺殺嬰孩。這些機構的出現更進一步地說明了溺嬰行爲的確產生了個人與社會的道德困擾。

宋代和清代都是人口增長幅度特大的時代[46]，主因很可能是死亡率的下降，甚至生育率的升高，即自然的死亡率（因天災、人禍、疾病等）低於出生率；換言之，出生的小孩有較大機率長大成人，這個發展是否使得更多的父母溺棄嬰孩來控制家庭口數？我們無法從現存的數據中得到證明。不過慈幼局與育嬰堂等機構都在這兩個時代出現，是耐人尋味的巧合。也反映了客觀條件之限制（家庭有限資源應配合口數）與道德（好生之德）之間的矛盾；在傳統社會的環境下，這個矛盾並無解決的方式；禁止溺嬰，收容棄嬰是舒緩矛盾的唯一辦法。而育嬰組織的效果也必然是道德宣揚多於實際直接的救嬰，因爲育嬰堂只能收容了少數的都市棄嬰，無法拯救絕大部分「多餘」的嬰兒。重要的是，這些善堂所宣揚好生之德的理念，爲社會稍爲平衡了溺嬰的罪惡感，而溺嬰基本上在當時是無法根絕的。可以說，育嬰堂有著一種宗教性淨化的作用。

南宋朱熹創辦的舉子倉與後來十三世紀創建於兩浙的嬰兒局、慈幼局等，都是清代育嬰組織的先例，在第一章中已提及。這些官方機構對棄嬰「過分」周到的照顧，早已引起宋人的批評，及西洋人如馬可勃羅的讚嘆。慈幼局在宋政權衰亡後就成爲歷史名詞，要到明末時慈幼的理想才再以育嬰社的方式重現，不同之處在於明末以來的育嬰組織不再由中央政府主導，而由地方精英分子出錢出力來策畫。但在理想性方面，

---

46 有關宋清兩代人口激增的討論，參看趙文林、謝淑君 1988，第七章及第十章。明清人口的討論以何炳棣（Ho） 1959年的英文專書最詳細，此書已被譯成中文：何炳棣 1989。

宋代與明清的機構是一樣的，尤其清初的育嬰堂更是明顯地帶有完美主義，充分地顯示了這些善堂對社會的道德示範作用。下文就用幾個具有代表性的育嬰堂的運作規則來說明這一點。

圖三　蘇州育嬰堂的創始人之一貢生許定升（字升年）。蘇州育嬰堂在城內圓妙觀旁，圖中所示是乳婦在嬰堂門口聚集的情形。來源：夫馬進　一九八六。

　　從育嬰社到育嬰堂的發展，主要是將原來分散在自家乳育棄嬰的乳母漸集中在善堂內，集中棄嬰及乳母於一堂原是宋代慈幼局的做法，而清初的育嬰堂的主事人則更注意育養的細節，尤其對乳母的嚴密控制。較具規模的育嬰堂通常都有詳細的章程，規範著乳母的行為。在這裡，我們舉出幾個較具代表性的清初嬰堂來說明。雖然在細節上這些嬰堂的運作稍有差別，但是在幾項大原則上，它們是相當一致的。這就是高郵州育嬰堂（創於1656年）、通州育嬰堂（創於1664年）、杭州育嬰堂（創於1666年）、蘇州育嬰堂（創於1674年）、江寧育嬰堂（創於1670年）及松江育嬰堂（創於1674年）等六個嬰堂；其他早期的育嬰堂多少都有一些運作

原則的記載，但不及這幾個嬰堂的章程完整。而大部分嬰堂早期遺下的
規則部分仍為後期的董事經理所遵行，因此從這些機構較晚期的方志記
錄中仍何以看出早期的情形[47]。

這些早期的育嬰堂在草創時期仍主要由乳母在家哺養棄嬰，每月定
期到嬰堂接受檢查；但它們的共同目標是逐步集中棄嬰及乳婦在堂中管
理，這個目標到了乾隆初大部分得到實現。當乳母棄嬰較集中在堂內之
後，規章大部分著重在對嬰孩的照顧，至於這些條文是否嚴緊地被實
施，則從資料上無法判斷，相信理想與實際之間應有一段距離。規條反
映了育嬰堂的理想，則是無庸置疑的。

最常見的規條之一是針對乳母的選擇及控制。育嬰堂的規章都特別
著重乳婦的健康，聲明只要壯年之乳婦，並要善堂的負責人定期驗看乳
汁，或只僱用官媒介紹的乳婦；更重要的是此時期有規模的嬰堂往往
要求乳婦入住堂內，不准在家中育養棄嬰，而且乳婦之夫不準入住堂
內[48]。這些措施顯然是為了控制乳婦的質量，逼使她們專心乳育，並確
保她們不會在乳育期間因懷孕而影響乳汁的供應。同時大部分的嬰堂要
求一婦只育一嬰，以保證嬰孩得到足夠的乳汁，一般乳育三年始斷乳，
如果乳母有自己的親生嬰兒，則某些嬰堂允許她們一并育養[49]。這些考
慮主要來自清初期育嬰堂的經驗；初時嬰堂規模均較小，棄嬰多由乳母
帶回家乳育，乳母只是每月朔望帶嬰孩到嬰堂接受檢查，這方式產生許
多弊端，如乳母因沒有監督而較不盡心乳育，使嬰兒容易生病甚至夭
折，或者她們私自調換嬰孩等。蘇州育嬰堂、通州育嬰堂在方志裡的記
載都明白指出由於這些弊端日益嚴重，使得善堂的主辦者改制，將乳婦
及棄嬰集中於一堂，以便於管理及監督。乳婦在生活上的待遇尚屬不

---

47 下文所引用資料來自下列方志：《高郵州志》1783，1：46上-52下；《通州
直隸志》1879，3：61下-65上；《蘇州府志》1824，23：29上-31上；《杭
州府志》1784，35上-37下；《松江府續志》1884，9：6下-10下；《江寧府
重建普育堂志》1871，14下-23上。

48 一個例外是揚州育嬰堂，這堂在乾隆期間(1765年)增建屋間，令乳婦各占其
一，並允許夫婦同居，這是很少見的例子。見《兩淮鹽法志》1806，56：7
上。

49 《高郵州志》1783，1：50下。

錯，嬰堂除了供她們食宿外，每月還給工食銀及糧米；如杭州育嬰堂月給工食銀五錢，米二斗；而蘇州育嬰堂在康熙期間的乳婦工錢在三百錢之例[50]。

住堂乳婦的數目從順治到乾隆間也不斷增加，通州的嬰堂初時無住堂乳婦，到了1754年設乳房二十一間，住堂乳婦也不會超過此數，到了1774年增為一百間，住堂乳婦額定七十名；蘇州嬰堂在康熙年間已有乳婦三百多人[51]，其中多少為住堂乳婦，不得而知，不過到了1739年，即乾隆四年新建的嬰堂有已擴大為有一百四十多間乳房的建築物，即至少容納百多名乳婦，如兩人一房，則幾乎三百人可以同時住在堂內；揚州嬰堂的規模更為驚人，這個開風氣之先的善堂原只有外養的乳婦，後來在乾隆八年（1743）設「暫乳」三名，這三名乳婦負責乳育臨時送來、不及分派外養的棄嬰，到了1765年嬰堂擴大增建，共有房四百間，令領嬰乳婦各占其一，即同時可有四百乳婦住在其中，這是現有資料中看到最大的嬰堂。嬰堂對乳婦的管理從規章上看來很嚴格，她們不得擅自出堂，堂的門戶管理森嚴，通常派門房日夜看守，查問來訪人等，禁止閒雜人進入。而且堂內定期檢查嬰孩健康，如果因為乳婦的疏忽而嬰孩衰弱，則乳婦會因而受罰甚至被逐出。

棄嬰的醫藥照顧也是大型嬰堂工作重點之一；揚州嬰堂內有幼科醫一人，外科一人，每月有定額的醫藥費；其他的嬰堂也多特別聲明董事要注意隨時召醫治療棄嬰。但是這方面的細節卻不常見於章程中。

育嬰堂的另一特色是濃厚的宗教色彩，尤其是佛教及其他通俗宗教的色彩。通州的嬰堂在1664年即由郡人創建，地點在城內的天妃宮；嘉善（建於1722年）、平湖（建於1706年）、浙江吳興南潯鎮（建於1722年）的育嬰堂也有碧霞元君的崇拜，這個選擇本不稀奇，天妃或碧霞元君是被認為有保護兒孩能力的神祇；高郵州的育嬰堂則設有觀音殿，而通州的嬰堂在1732年由僧人重建；蘇州府的育嬰堂在初辦之時，竟設在城中玄妙觀雷尊殿之西，直到1739年才由官府撥地，由巡撫移建至城之東北；而江寧府在1683年的建堂，也不得不首先歸功於當地僧人慧心在此

---

50 《杭州府志》1784，51：37下；唐甄 1955，148。
51 唐甄 1955，148。

前的推動，1662年建的京師育嬰堂也是首先建在城東南隅的寂〔夕〕照寺中[52]。

在收容棄嬰及安排他們的出路方面，育嬰堂都有相似的做法。一些嬰堂主動地到外撿拾縣城內外棄嬰，高郵嬰堂在四城門設木箱，交門軍看守，每有棄嬰被棄置箱內，即被送到嬰堂，這個做法後來被廢，因為天寒時放在箱中的棄嬰容易被凍死[53]。從規條中看來，一般棄嬰，主要是由他的家人帶到堂中，或者由路人送到堂中；高郵州志即要求管理的人將送到的嬰孩的年庚八字查明，說明送嬰來的人是他的親人或鄰人；杭州嬰堂說明，每個抱至之嬰「先記其到會之日時，觀其五官四肢，後開其左右手，逐指而認其螺箕，簡在懷內，有生辰八字，備謄於冊，衣何色，襁何帛，掛號備識之，以待後日之尋,求便於識認」；另外，被路人撿拾的棄嬰則要注明嬰孩被棄置的地點[54]，這些規條都說明了當時都市人通常公開地將親生子女棄於育嬰堂，所以不少棄嬰不但已有名有姓，甚至生辰八字都不缺；嬰堂為了謹慎，還利用指紋、衣襁等來辨別嬰兒。這些做法也透露出不少父母還抱著日後環境好轉時領回骨肉的希望。從這些特點中看出，父母棄嬰主要出於貧窮，因生了私生子而要偷偷摸摸送嬰到育嬰堂的大概並不多，這與十七、八世紀的西方社會並不相同。

育嬰堂通常都在規條中注明要安排棄嬰的出路，除了殘廢的直接轉送養濟院或普濟堂外，主要得為女嬰找到願意收養為養女或養媳的婆家，也要為男嬰找願意收為養子或僱工的家庭，而且特別聲明不准由娼家認養，也不准棄嬰被領養當奴僕，也不允許嬰堂向領養之家索款，典型的手續是這樣的：「嬰兒人欲乞養為子女者，預於會長處說明，察其人非下賤，家足饔餐，性不暴戾，詳實可信，即給單一紙，令其寫領

---

52 《通州直隸志》1879，3：61下；《松江府志》1815，16：13上；《松江府續志》1883，9：16上；《嘉善縣志》1894，5：16上；《平湖縣志》1886，4：22上-下；《南潯志》1859，34：20下；《蘇州府志》1883，24：13上-下；《江南通志》1736，22：3下；《蘇州府志》1824，23：30上；夫馬進 1986，37，注17。

53 《高郵州志》1783，1：50下。

54 《高郵州志》1783，1：50上；《武林坊巷志》1987，第一冊：476，引《康熙仁和志》。

單，填注姓名書押，轉送監會加復察無異，給與一兒。」[55] 不過從這些較早期的規條中，我們實看不出嬰堂的負責人如何去追蹤被認領出堂後的兒童的生活狀況，或如何確保領養的是清白人家，在沒有任何有效保障之下，恐怕兒童淪爲奴僕或妓女仍屬不少。上文述及的康熙年代住在北京的法國耶穌教士當特科爾神父在1720年給他友人的信中曾提到有關嬰堂中領養童養媳的貧苦家庭，也有富足而無子的父母到堂中領養男嬰，後者通常讓養母假裝懷孕數月，然後夜裡摸黑到嬰堂中領養男嬰，日後充作自己的親生兒子[56]。換言之，嬰堂也的確爲有領養需要的家庭提供了服務，但是既然領養男女嬰的家庭有富貧之別，這些外國人聽聞的作法是否暗示嬰堂也會因被棄的男嬰較少，而且求男嬰之家較富有，而向領養之家索可觀的費用？規條雖然嚴厲地禁止這種需索，不過仍令人懷疑其可行性。

　　這幾個善堂也重視嬰孩入堂及出堂的登錄過程，有名有姓有生辰日期的當然比較簡單，沒有完整資料的則登記棄嬰的特色及被撿拾的地點，嬰堂也會按某種原則慣例給無姓名的棄嬰取名；登記這些資料的本子稱爲「收嬰冊」，蘇州府的收嬰冊記錄了每年收嬰數目、夭殤人數、過繼人數，及現存嬰數。嬰孩要在被認領出堂之後才會在收嬰冊中除名。可惜這些資料現今已無存，不然應是研究清代社會的珍貴文獻。

　　這些早期、並有代表性的育嬰堂的組織原則都具有同樣的完美主義，目標明顯地是爲了盡量保護棄嬰的性命，而且盡量收容更多的棄嬰；比起同期法國的同類機構，江南地區的育嬰堂實在給予都市棄嬰非常良好的照顧[57]。如果當時的數字資料仍有參考價值的話，這些育嬰機構的確拯救了不少小性命：從1664年到1755年九十年間，通州的育嬰堂共收過六萬多棄嬰，即平均每年六百六十多個(方志所載，該地人口在

55　《武林坊巷志》1987，第一冊：476，引《康熙仁和志》。

56　Le Père d'Entrecolles 1979，220。

57　參看梁其姿 1984，112-113；巴黎的救濟院並無住堂乳婦，棄嬰得被送到幾十里外的農村交給與救濟院有合約的乳婦乳育，棄嬰在城中善堂時只能吃未經消毒的動物乳，在送到鄉間途中又常因路途遙遠及風寒而死，安全到鄉間後，農村極差的生活條件及城市善堂無法監督的事實往往使得他們的死亡率極高，1780年法國對救濟院的普查發現這個育嬰制度只是稍為拖延了棄嬰的死期而已。

1711年約為69,277，應為偏低數字）；如皋嬰堂則在1668至1755年間收過一萬三千六百多個棄嬰，即平均每年一百五十六個（而據方志所載，該地在1711年的總人口約50,208人，亦應為偏低數字），到1808年：「今據堂中號簿核計，每月通算凡在堂中養育嬰兒，大約以二百七八十名為率，前後來去不定，通年亦如此數。」而上述松江婁縣由許纘曾創的育堂，據他自己的記錄，「通計自康熙十四年（1675）正月起，至三十五年（1696）九月，共收救道上棄嬰五千四百八十名」，即每年平均二百六十名。比起西歐十七、八世紀最大都會巴黎，中國棄嬰情況更為嚴重：在1670年，巴黎救濟院（hopital general）共收容312名棄嬰，到了1772年，增為1,676名；而當時巴黎人口在五十萬至六十萬之譜，在比例上，巴黎救濟院所救援的棄嬰數量不及江北這些育嬰堂來得高[58]。

在管理方面，清初嬰堂並不特別關注集中收養方式所需的龐大財務及行政負擔，雖然方志上有關嬰堂的資料都通常附有田產房產的記錄，以確保這些不動產日後不會被他人侵占，但是卻很少談到收支平衡問題；方志上也通常提到管堂的董事或經理要注意的事項，不過也絕口不談如何確保負責人負責。換言之，早期的嬰堂的特色是相當的理想性，而忽視實際條件的配合。

由於現存的收嬰冊類資料已不復見，我們難以知道育嬰堂實際的運作情形，及它們的社會效應；現存資料中，只有清初住在蘇州城內的文人唐甄給我們留下一點記錄。唐甄有一僕，有一男一女，孩子的母親為了家計，出外作乳母，男孩被送到遠方養育，女孩則被送到府城的育嬰堂，引起了唐甄對嬰堂的注意。按他的觀察，嬰堂的乳婦只是為了貪圖乳食銀三百錢，並不盡心地照顧棄嬰，所以「其籍記中，病者十二三，死者十一二矣」，他感嘆地說「自有此堂以來，所活者多矣，然念不得全者，恆為戚戚焉」。唐甄的感嘆當然是出自其悲天憫人的性格，而且就算他有此一批評，他也認為這善堂是「一鄉之善事也」，仍肯定其功能；但是其實他有所不知，以十七世紀的物質條件而言，蘇州府嬰堂有此成績已相當不容易；如果我們看看法國十八世紀的救棄嬰成績，我們更應佩服清初嬰堂的效率。1760-1770在圖盧茲（Toulouse）的救濟院，百

---

58 梁其姿 1984，112，117；方豪 1970，76引許纘曾自述。

分之五十三的棄嬰在被送到乳母懷中以前就夭折，在蒙庇利埃（Montpellier）及佩皮尼揚（Perpignan）的善院，更有百分之六十的棄嬰在入院後不久夭折[59]。如果真如唐甄所言，蘇州嬰堂的死亡率在十七世紀下半期只有百分之十到二十（我們也不要忘記許多父母棄嬰的原因之一是因為出生的嬰兒健康狀況不佳），那麼這個尚令人滿意的成績的原因，應是來自清初嬰堂普遍的完美主義。

我們或可如此總結清初育嬰堂的理想：在當時的物質條件限制下，育嬰堂為棄嬰的生命提供了最佳的保障。不過，育嬰堂所反映的生命觀是抽象的，它們所拯救的嬰兒是脫離家庭與社會的，嬰堂所著重的是保存他們的生命，而不是他們日後的社會或家庭生活；甚至被善堂所僱的住堂乳母，也得脫離家庭生活至少兩三年來乳育棄嬰。換言之，在育嬰堂內的棄嬰與乳母都在家庭及社會以外生存著。在這點上，清初育嬰堂的理想離儒家價值觀較遠，而較接近佛教的宗教理念。要到清後期育嬰制度才有顯著的意識形態改變（見第六章）。

藥局與救生局

揚州府在順治時代除了有育嬰堂之創建外，還有第一所藥局，不過地點不在府城內，而是在附近的高郵州治內，這裡有兩所藥局，一所建在1656年，一所在1721年。這兩所藥局後來在1724年合併為普濟堂，但仍以醫藥救濟為主要活動；在1783年的方志中，我們得知原為施藥局的普濟堂在創建時有診脈處、貯藥房、製藥房、供神農像的藥王堂，同時還有一棟兩層樓高有三十二楹的地方，專門收容老而病的人。在藥局為人診病的是「城內外大小方脈」中所選出來的數位醫生，他們輪流在堂診病。在製藥方面，則用城內藥鋪的刀工；藥師與醫師均有酬勞；局內可存貯各種藥材，堂內也有負責到各地搜購藥材的人。貧民看病每人可在午前到堂受診，同時領藥；老病無依者還可住在堂內，每日有人管理藥餌飲食事，如病人死在堂中，堂還會為他們收殮，葬在義塚；重點是所有的服務皆免費，「如有需索一文錢者，定行重究」；1783年由於堂年久失修，知縣重整普濟堂，當時的規模應有「放藥廳三間……配藥房

---

59 唐甄 1955，148；Laget 1982，303-4。

三間，堆藥房三間，藥王殿三間」及其他行政管理所占用的空間[60]，不計收容貧病的病房，可見是相當大的建築物。

此外高郵州在順治初期還有救生船的設備，創辦者同時是舉辦藥局與育嬰堂的兩名地方生員，他們在江邊備船二隻，並聘有專人駕船，隨時拯救遇船難的旅人，這個創舉後來還數次得到官方的補助[61]。

清初的慈善組織的完美主義可在規章中看出，雖然在實際運作方面，這種完美主義在客觀條件的限制下，不可能百分之百地實現，但是這種精神的確讓當時的善堂有極不錯的初步成績。同時我們還可以看出這些早期善堂最關切的事項就是拯救生命：不論救棄嬰、施醫、施藥、救生，雖然這些善舉無不以濟貧為前題，但所著重之事項均與拯救性命有關，這點顯示清初的慈善機構顯然是明末有濃厚佛教思想的善會的延續，在某種意義上，這些善舉就是放生會理想的發揚光大。而清初與育嬰堂齊名的「普濟堂」之「普濟」二字實道盡了這個理想。

清初善堂的原則與清初政府所欲宣揚的意識形態吻合，所以官方當然樂觀其成。1704年康熙皇帝南巡江南時賜蘇州府育嬰堂匾額，上書「廣慈保赤」，以示鼓勵；1707年副都御史周清原疏請天下郡縣各立育嬰堂，也引起了江南地區積極的反應[62]；是時清政府已平定大小內亂，漸有足夠的信心與精力注意更多的民生問題。二十年後（1724）的雍正帝正式下詔令推動育嬰與普濟等慈善組織，一方面宣示朝廷愛民之意，一方面將這些由地方人士舉辦的機構的地位合法化了。清代的善堂正式步入一個新的發展階段。

四、「婦女慈仁」之政：中央政府對慈善組織的態度

從順治朝開始，一直到康熙朝，清政府並非不知道地方育嬰堂等善舉的發展，但並沒有積極的參與，甚至沒有正式承認。事實上從清開國，一直到平定三藩之亂的四十年間，清政府並不能將精力全放在內部

---

60 《高郵州志》1783，1：46上下，49下-50上。
61 《高郵州志》1783，6：11上。
62 《蘇州府志》1883，24：11上；《烏程縣志》1745，1：20上。

的社會經濟政策上面。有關溺女問題，清代官員一早即注意到，順治十六年(1659)左都御史魏裔介(1616-1687)條陳四事，其中一項爲福建、江南、江西等地，溺女之風甚熾，請皇帝下令禁止[63]，順治帝也因此立刻下了一道並沒有說明刑罰的禁溺令[64]。其實，當時揚州等地已有育嬰堂的設立，但明顯地並未吸引順治的注意。康熙統治六十年間也沒有特別注意民間善會的組織，雖然這些機構在當時已漸漸普遍設於大城市中。他登基的同年(1662)，京師已有仕宦如柴世盛、金之俊(1593-1670)等在廣渠門外的夕照寺設育嬰會，收養棄嬰，請乳婦育養，五年後更得大學士馮溥(1609-1692)大力支持鞏固這個組織。但康熙在1673年再下禁溺女令時，並沒有提及這些組織[65]；他對善堂只有偶然及個別的關懷，如他曾賜額立碑給京師的普濟堂[66]；又如他在1704年南巡江南時，才注意到蘇州的育嬰堂，並賜一寫有「廣慈保赤」四字的匾額給這個嬰堂。兩年後，即他當政的第四十五年(1706)，他曾下令直省建育嬰堂；但是這項命令似乎沒有得到重視，也沒有被貫徹，因此也不曾得到太大的回響[67]。可說順治與康熙帝並非完全不知道地方善舉的發展，但是他們並沒有加以重視，更談不上擬定相關的政策。

　　要等到雍正帝登基，才有正式的中央命令鼓勵善堂的成立。雍正帝對吏治及賦役政策特別敏感及用功，這是眾所周知的。他在當政的次年(1724)五月即諭：「京師廣寧門外，向有普濟堂，凡老疾無依之人，每棲息於此，司其事者，樂善不倦，殊爲可嘉，聖祖仁皇帝曾賜額立碑，以旌好義，爾等均有地方之責，宜時加獎勸以鼓舞之……又聞廣渠門內，有育嬰堂一區，凡孩稚之不能養者，收留於此，數十年來，成立者頗眾，夫養少存孤，載於月令，與扶衰恤老，同一善舉，爲世俗之所

---

63 《清實錄》1969，《世祖章皇帝實錄》第三冊，125：11上-下。

64 該令原刊於《東華錄》，重刊於《杭州府志》1922，73：29上-下。

65 《清實錄》1969，《聖祖仁皇帝實錄》第一冊，43．19上下，北京育嬰堂於康熙元(1662)年創建，見《畿輔通志》1910，109：15下；毛奇齡 1937，6：1319〈大學士馮溥年譜〉；Hummel 1970，243；夫馬進 1986，13。

66 在雍正二年的諭令中，我們得知康熙曾這樣做，見下文及梁其姿 1984，121。

67 《蘇州府志》1824，23：8下；1874，23：28下-29上；《清史稿》1928，8：269。

難，朕心嘉悅，特頒匾額，並賜白金爾等，其宣示朕懷，〔並倡率資助〕使之益加鼓勵，再行文各省督撫，轉飭有司，勸募好善之人，於通都大邑，人煙稠集之處，〔若可以〕照京師例〔權宜行之〕推而行之……。」68 就是這道諭令，推動了整個十八世紀都市善堂普遍的建立，其中以育嬰堂最為矚目，而且也肯定了這些善堂的基本性質：它們主要是都市組織、是由地方官鼓勵成立（有「地方之責」的人「宜時加獎勸以鼓舞之」，在位之人「倡率資助」），但資源主要來自地方（「各省督撫轉飭有司勸募好善之人」在都邑設善堂）。這道諭令並以京師育嬰普濟堂為清代善堂之濫觴，即將慈善之領導地位歸於北京。其實，揚州及其他江北的市鎮，遠早於京師成立各類善堂；京師育嬰堂晚至1662年才成立，比揚州的嬰堂足足晚了八年，但京師作為善政的領導象徵意義太重要，1724的諭令自然地將京師善堂的地位提升至最高。

從皇帝的角度看，1724年詔令的象徵意義大於其實際意義。雍正並沒有因而進一步制定具體的政策來推行地方善政。原因可能有二：第一，在雍正心目中，這些慈善組織並沒有太大的重要性，只是表達了一些無關痛癢的「婦人之仁」。1734年江南總督趙弘恩（？-1758）摺奏在江西、江蘇料理慈善事業，雍正竟這樣批寫：「育嬰、普濟固屬應行善舉，然亦不過婦女慈仁之類，非急務也。」稍後，他再稱育嬰、普濟堂是「道婆之政」69。這是雍正帝私下批的公文，比較能反映他真正的想法。可見就算積極如雍正，也不過是象徵性地推動地方善舉，以宣示朝廷德政，而心底從來沒有把此事看作重要的政策來推行。第二，這是實際歷史發展的後果。地方善政從明中後期開始，已實際上漸掌握在勢力漸大的地方賢達手中。換言之，到了清代，地方社會與中央政府已清楚地各自認定其權力與責任的範圍。有關此點，發生在雍正十三年（1735）的一件事可說明，是年山西陽曲汾陽兩縣紳士捐銀，希望官方利用這筆

---

68 《清實錄》1969，《世宗憲皇帝實錄》第一冊，19：9上-下；《雍正朝起居注冊》1993，第一冊，241-242，雍正二年五月十三日乙卯。兩種文獻所記載之諭文略有出入，有括弧內之字句只見於起居注冊。

69 馮爾康 1991，374引朱批諭旨。趙弘恩奏摺十二年二月初八日朱批。同年二月十八日趙弘恩奏摺請動支江西鹽規支助蘇州育嬰、普濟二堂以落實雍正二年的指示，雍正批道：「好，應為者，然此亦不過道婆之政，非急務也。」見《宮中檔雍正朝奏摺》1979，22：611。

錢建善堂，雍正持反對的意見，說地方善事「必須出自本人之誠心而又親身經理，誼同休戚，始可以惠鄉閭而收實效」，此外他更怕這些地方士紳趁機開捐納之條，所以他最後說：「向後若有無故捐銀交官者，與朕原旨不符，俱著停止。」[70] 換言之，實際上清廷面對的是與宋代很不同的地方社會。清政府的政策也必須配合這些變化；清代的地方社會人力及物力資源充足，被認爲應直接地再用於地方。同時，這樣做可以避免另開捐納之途，並減少官吏插手的機會。因此自雍正開始，清中央畫定社會福利是地方社會的責任，並非官方的責任。官方只是從旁鼓勵，不直接管理。終清一代，中央並沒有策畫長期性的社會福利政策，這是清政府與宋政府基本不同之處。宋代政府將福利政策列爲重要政策之一，而清政府則將福利視爲次等事務，將它歸爲地方社會之責任。

我們從另一育嬰堂建立的具體例子中可看到清初期善堂建立的官民關係：明末名科技家及天主教信徒徐光啓(1562-1641)之外曾孫、曾任河南按察使(1663-1664)的許纘曾(1627-1696後)，1673年告歸返鄉松江，他的母親徐甘第大(聖名)，虔信天主教。在母親的督促下，纘曾欲建善堂；據他的自述，翌年，即1674年，他與知府魯超(1660副貢)商量建育嬰堂於松江，魯超告訴他建嬰堂一直是他母親的願望，只是在松江找不到人創辦：「此我慈親夙願也，特未有人焉，以啓其端爾！」於是許纘曾會同地方同志，連名呈請魯超，魯超收到公文後，向地方各大小官員勸捐，「不一年而綱舉目張，條分縷析，規畫井井，歲以爲常」。堂建成後，纘曾負責堂務，並曾遷堂一次，一直「朝夕將事，以爲晨昏定課」。方志的記載也可印證許纘曾的自述[71]。換言之，雖然地方官有意辦善堂，但他們不會一意孤行地以官府之力創辦善堂，而要等待地方有力的人出面承辦；可見善堂的主要推動及策畫者是地方上的紳衿大戶；不過，另一方面，善堂的正式成立，也顯然不得不經過地方官的核准。

70　梁其姿 1988，99引《大清十朝聖訓‧世宗憲皇帝》7：103。
71　許之自述見〈育嬰堂勸善文序〉，見方豪 1970，75-76；筆者感謝黃一農先生提供此一有趣資料。
　　方志記載見《婁縣志》1786，2：9下，文謂婁縣嬰堂在康熙十三年由郡人按察使許纘曾始建。按方志所載，魯超在1676年(康熙十五年)開始才當松江知府，而許的自述則謂兩人之相謀在1674年，恐怕這是纘曾的筆誤，大概他先辦嬰堂，實行了一兩年後才向官方申報。

這種關係，在雍正二年的諭令之前已經確立，至少在江南地區如是。

　　清初的善堂，尤其開風氣之先的蘇浙兩地的育嬰堂，大部分都是以這種方式創堂，就本研究所用過的方志資料中看出，蘇浙兩省在雍正二年的詔令未頒之前至少已創立四十九所育嬰堂，其中方志稱爲民辦的有廿九所，稱爲官辦的有十六所，不詳的四所（見附錄），而方志這方面的記載也很可能有偏差，作爲官方的地方史籍，它們均傾向強調地方官的功勞，所以在十六所稱爲官辦的育嬰堂中，很可能部分其實是地方人辦，由官方核准的[72]。

　　因此就這類地方善政而言，清中央的如意算盤是這樣的：對地方精英已舉辦了數十年的善堂，中央政府並不需接管，只要作一象徵性的肯定與呼籲，地方勢力自會響應，進一步推動善政，而沾光的仍主要爲中央政府。中央作象徵性的領導，在政治的意識形態上還是很重要的。尤其在雍正的攤丁入地政策落實之際，政府再鼓勵民間濟貧組織成立，造福貧苦民眾的形象自然更爲鮮明，政權也就無疑地更爲牢固。對政策執行的各種方式及其利弊，機智的雍正帝應心中有數，他在1724年所下的諭令，清楚地反映了他對整個中央及地方分工的看法。

　　善堂在雍正心中可能真的只屬「婦人慈仁」、「道婆之政」等之小事，而且不單雍正如是想，創堂的地方紳衿商人，或協助推動的地方官，亦往往以實現母親的意願作爲創堂的藉口。上述松江許纘曾與魯超的例子最爲清楚，似乎身爲「大丈夫」不應自動地實行這種婦人之仁，許纘曾自稱在1675至1696這二十年間他辛勤地救濟棄嬰五千多名，「皆悉本於母訓」，他母親死後，「追思我母好生之志，兢兢罔懈弛」[73]。這種以孝順母親爲辦善堂的藉口與雍正稱善堂爲婦人慈仁之政的原因可能是一樣的：在清代的政治理念裡，慈善濟貧本不關涉國家生死存亡，是項「軟性」的「非急務」，因此此類救濟組織自然被自命有爲的領袖所輕視；但事實上在當時的社會經濟變化下，創辦善堂已成爲當時日益

72　例子之一是通州如象的嬰堂，1755年的《直隸通州志》謂嬰堂是在1668（康熙七年）由九名邑紳所立（4：27下）；然而1875年的《通州直隸州志》則謂同一嬰堂是知縣所創，而這九名邑紳只是「董其事」（3：70下）。可見方志在這方面的資料不一定絕對準確，有時會扭曲事實以誇大官方的角色。

73　方豪 1970，76。

重要的地方施政項目，各階層的政治及社會領袖，無論甘願與否，都必須加以正視，所以他們不得不以孝順母親、婦人慈仁等作爲說辭，將施善的政策及行動「合理化」及「正當化」。

於是無論是皇帝或地方賢達，其實無不樂於見到地方善堂普遍成立，使清政權披上一層仁慈的光輝，並更充實地方領袖的勢力。1724年的詔令雖然只是個象徵性的宣布，但是卻確切地進一步推擴善堂在全國各城鎮的成立，同時開始了近一個世紀善堂的「官僚化」過程。

第四章
慈善機構的「官僚化」（1724-1796）

　　雍正二年(1724)的諭令進一步推動了普濟育嬰堂在全國的建立，從方志的資料中可看出，在1724年創建的普濟育嬰堂數量突然增加，之後直到清末，善堂的種類及數目不斷增長，並且遍及全國城鎮，不少方志均稱善堂的建立是由於1724年的詔令。可見該年以後慈善機構的發展確實進入了新的階段，以育嬰堂為例，從開始到乾隆六十年的1796年為止，至少有三百二十四所新的嬰堂在各處成立，即平均每年新建4.4間，比起第一期(1655-1724，共九十八間)的平均1.2間增加了三至四倍；至於普濟堂的普遍化則更明顯是由於1724年的詔令，在1724年前只有五間，而1724到1796之間卻有三百一十間新普濟堂出現在各大城市。事實上，許多縣城內都在1724年以後設立育嬰普濟兩堂，在方志中有關這兩堂的資料也有時被編放在「公署」一卷中，與純粹的官方機構如衙門、養濟院等同列，可見此後這些機構的性質已被誤解，不少人以為每縣城之內必有育嬰普濟兩堂，就如必有城隍廟、養濟院等一樣，普育二堂幾乎成為清代都市的特徵之一。當然這種誤會並沒有真正改變這些善堂的性質。

　　此外，在乾隆中後期還有其他善堂如施棺、清節、惜字會，及綜合性的新組織出現。各種類的善堂在十八世紀遍及全國，不但在主要的城市中有，鄉鎮中也漸多起來，因此，不論在善堂種類方面，或數量及散布範圍方面，此時期是名副其實的擴張期。

　　本章主要涵蓋了雍乾兩代，幾乎是整個十八世紀。十八世紀的中國

無疑是一個在社會經濟方面較安定的時代，也是官僚制度強化、清皇權達到高峰的時代。慈善機構在這時代的發展，清楚地反映了這些時代特色，同時也不可避免地受官僚制度強化的影響。地方官僚力量介入善堂的管理之後，慈善組織在清初期所顯現的完美主義及理想主義漸發生變化，善堂越益將重點放在行政組織問題上面，顯示出更多的官僚主義。但這並不表示此後的善堂腐敗無能，其實許多善堂反而因官僚的介入而更上軌道，或發展得更具規模。然而，無論是那方面的變化，絕大部分的善堂始終仍不是真正的官方機構，而是官督民辦的組織。

從此時期開始，我們也漸看到善堂價值觀的改變，慈善組織的意識形態在初期有較明顯的通俗佛教思想，或說放生會所代表的「生生」思想、「普濟」理想，這種思想在乾隆中後期以後漸爲「儒生」思想取代，這點可在圍繞著文昌信仰的乾隆期同善會見其端倪。乾隆晚期之後大量出現的惜字會，及以救濟寡婦爲主的清節堂，可說是這個價值觀改變進一步發展的具體表現。這個現象，我們姑且稱之爲「儒生化」，下章再作詳細的討論。本章則集中分析雍乾時期善堂官僚化問題，這方面的發展與價值觀的改變恐怕有極爲密切的關係。

而本文所用「官僚化」一辭並沒有貶意，是一個中性的用辭，用以說明官方影響力增強、並介入慈善組織內部經營的這個過程；這個發展可能使得善堂的管理更上軌道，有時則使它們較僵化，視個別例子而定。

一、官方的積極介入

雍正二年的詔令除了鼓勵地方官在都市設立更多的善堂外，同時也承認了這些既存已久、由地方人管理的組織。詔令頒布後，一般的地方官的確更注意慈善組織，有的甚至發揮了領導建堂的作用，尤其在江南地區以外的市鎮，在1724年後建立的善堂，大部分由官員倡建（見附錄）。就算在江南地區，1724年以後，地方官也明顯地較前積極介入慈善機構的管理與財務；其中以整頓堂務與增加資金最常見。

下文就江寧府、揚州府、蘇州府三個地方的例子看不同程度的官僚介入。

堂務上的革新

　　由於雍正的詔令特別提到育嬰普濟兩堂，地方官特別注重這兩個善堂的整頓。如上文所說，這兩種善堂在雍正以後已漸被視為半官方的機構，加上管理善堂的地方善士並無正式的法律團體地位，因此當這些機構發生管理上的問題時，地方官往往直接參與其事。對控制吏治特別用心的乾隆 [1] 也公開地鼓勵地方官嚴密監督善堂，他在登基後第四年（1741）即下令：「將各處現設育嬰堂，嚴飭地方官實力奉行，擇富厚誠謹之人董理，並令州縣率同佐貳不時稽查……如有剋扣需索等弊，即行查參。」[2] 從這道詔令可看出，一些善堂曾有嚴重的貪污舞弊問題，同時地方官被認為有責任去整頓這類棘手的問題，雖然負責管理例行堂務的人仍然是地方上的紳紳大戶。

　　有關善堂內舞弊貪污的例子，在方志中有許多詳簡不一的記載，本文選商業活動特別發達的揚州及蘇州，以及傳統官僚力量較為強大的江寧（南京）；這個選擇是因為前兩個都市地方資源最豐富，揚州更是鹽商及鹽政官僚集中之地，民間與官方的資金極為充沛，清代第一個育嬰組織及藥局均創建於此；至於蘇州，也是明末到清中期工商業極為繁榮之地，優厚的人力物力資源也使得這個都市可以支援第一個大規模集中收容乳婦與棄嬰的育嬰善堂。相比之下，官僚力量在江寧（南京）則比前兩地更為重要。從比較這幾個條件不盡相同的大都市，我們或可看出官方介入的不同程度及方式 [3]。

　　首先討論的是揚州府的例子。這裡官僚介入善堂不僅是為了除弊，也是為了擴辦。清代最早的揚州育嬰堂與施藥局從清初期開始即占了資源上的優勢，如上章已提及的，由於鹽商與官僚的密切關係，從1711（康熙十一）年開始，嬰堂每年即可從鹽稅中得到一千二百兩的定額資助（見前章）。不過，雖然如是，揚州育嬰堂與施藥局一直到乾隆八年（1742）仍主要由地方的士人與商人共同管理；善堂的首次大幅度改革發

1　韋慶遠 1991，29-47；周遠廉 1990，第三章；Kuhn 1987。
2　《欽定大清會典事例》1899，216：12上。
3　本章內容部分改寫自梁其姿 1988。

生在1742年，是年都轉運使朱續焯(1733庶吉士)把嬰堂分八處，選商十六人，每處分派兩人，逐月承辦，而且，育嬰堂的財務從此直接受到鹽法衙門的稽核；同時善堂的組織也變得更複雜，增加了不少職位，除了原有的董事、司事外，還另增每月領薪的司門、聽役、司炊、雜役等；八處育嬰之所各設一婦頭管理乳婦，此外更增加設駐堂醫生，幼科及外科各一人。1742年的大整頓後，揚州嬰堂在乾隆期間還經歷了1755、1760、1761幾次鹽政官僚的修訂規條；明顯地，揚州育嬰堂經這一連串的改革後看起來已像半個衙門；但改革的高潮仍未到，最令人矚目的改革發生在1765(乾隆三十)年。這一年，鹽政官僚鑑於育嬰分八處管理太繁瑣，而且經營的商人抱怨每年都要賠墊，大都藉詞求退，於是決定將所有資源集中在一處，倣蘇州嬰堂的方式，建一大規模的建築物，集中所有乳婦及棄嬰在其中，以便於管理，這建築物可容四百個乳婦住在其中，甚至可讓乳婦之夫同住，是育嬰堂中極為少見的例子，這是當時鹽政普福(？-1768)的決策，這個規模大概維持了三十年左右，其間鹽政官僚一再從公田房產的收入撥給嬰堂作為經費，到了1795年，即乾隆在位最後一年，鹽政官僚才將原來嬰堂改建為二百四十間，此時擴建後的嬰堂每年的開支已動輒數萬兩，種下了日後舞弊的禍根 4，這個問題下章將再討論。

此外，在揚州江都縣南的瓜州普濟堂也因得到官方的積極資助而有所擴充；1730年(雍正八年)，知府陳宏謀(1696-1771)不但捐俸，並且在當地勸募千餘兩，作為擴充善堂的經費，陳宏謀又為善堂訂定三十二條規條。翌年，善堂的管理與揚州府育嬰堂一樣，改為淮商經管，每歲由鹽政公項中撥銀一千二百兩，次年再增三百兩，此後在乾隆期間的1748、1756、1767年一再增加補貼，最後每年得到公費二千五百八十兩之多 5。

從揚州育嬰堂及瓜州普濟堂的例子中可看出，官僚在財務及管理上的介入，使得善堂可大規模地擴充。這當然與揚州地區獨特的緊密官商

---

4 《兩淮鹽法志》1806，56：6上-下；55：39上-40上；《重修揚州府志》
  1810，18：5下；《續纂揚州府志》1874，3：7上。
5 《兩淮鹽法志》1806，56：1上-下。

結盟有關，被指派管理嬰堂的商人雖然以地方商人身分擔負這項任務，但實際上乃受命於控制他們的鹽政官僚。育嬰堂由閔象南、蔡連等地方商人創辦，性質本較單純，後來一再歷經官方的大力補助，近百年後變化爲性質複雜的機構。不容否認的是，乾隆年代官僚力量進入揚州嬰堂使得這個善堂更具規模、組織更完備、資源更穩定及豐厚；官僚的力量因而使善堂實現了部分的理想，這是揚州府嬰堂及瓜州普濟堂例子的特色。但這絕非官僚對善堂唯一的介入方式，乾隆時代許多地方官涉入善堂的管理，是由於這些善堂一直存在著管理不良的問題。善堂得靠官方的力量來清除弊端。

　　例如同在揚州府內的高郵州善堂，即有堂務上的問題。原爲施藥局的高郵普濟堂從創立的1655年開始，一直爲當地的監貢生管理，沒有官方的監督，但是到了乾隆四十三年（1778），極可能由於累積了百多年的行政弊端，當時的知州楊宜崙不得不加以大力整頓，而這次整頓至少進行了五年之久，即至1783年訂新章程爲止；楊宜崙先是清查育嬰普濟兩堂的田房產，繪圖註冊，交董事保存，再將田房數目刻碑爲記，作爲正式的財產紀錄，避免日後可能發生的爭端。同時知府也協助當時的善堂董事清理舊日爛賬，命舊董事釐清1783年以前的賬目，有虧空的責令他們清償，並要求董事：「嚴立誓詞，毫無染指」。爲了防止以後的貪污，楊宜崙一方面立例每年從公項中撥三十兩供堂之開銷；一方面規定董事自1783年以後，須按月摺報，由州令親自查察，同時董事每次交替之時，必須會同紳士及地方有廉德聲譽的人監督，不准私自舉報。此外，楊宜崙亦決定限制善堂在施藥方面的龐大開銷，規定以堂的經費爲準，有限度的施藥，一旦經費用罄，即張貼布告，宣告暫停施藥 6，以使有限的資源不被濫用。

　　雖然每年三十兩對善堂的補助非常有限，同時令地方紳士監督交撥，亦極可能流於形式，恐怕不能真正消除貪污舞弊，但是從知州的這次整頓可看出，官方力量已被視爲清理善堂各種陋習的主要法寶，而且由於官僚的介入，原有的一些過於理想化的救濟政策（如無限量施藥）自然地被修正。從這個角度看，乾隆時期，尤其前中葉的官方介入，對善

---

6 《高郵州志》1845，1：51下，57上-下。

堂的運作往往有正面的作用。這一類的官僚影響，在乾隆以後，其實例子確實不少，尤其是對於貪污情形嚴重的善堂而言，地方官僚的介入已是唯一解決的方式。在這許多例子之中，又以蘇州府內的育嬰堂例子最能說明以官僚抑制民間機構貪污的情形。

蘇州府內常熟與昭文縣共同管理的育嬰堂，原由地方人士創於乾隆八年（1743），原定紳士爲監堂，生員爲董事，也有嚴密規條，不過制度雖善，卻經不起當地一名衙門書吏從中舞弊，使得善堂不久被「市儈謀充盤踞」；這些「市儈」托地方年長有聲望之人呈請堂務歸海防廳同知經理，而由於海防廳衙門距離嬰堂所在甚遠，鞭長莫及，使得這些「市儈」在無人監督之下，與嬰堂的管理勾結，得以中飽私囊。他們「增置瘠產，勾結衙蠹」，即利用與衙吏的關係，爲堂置產時暗中用瘦田易沃田，自己從中取利。這形成了一種令政府最不願意見到的情況：「縉紳無從過問堂政……兩邑殷戶視充董事爲畏途，百計營逸，一經接手，賠墊不貲」；換言之，善堂一旦被「市儈」霸占以圖私利，地方上有心又有力的正當縉紳即不願意去沾惹有關的事務，以免惹禍上身。這個情況一直到了乾隆五十五年（1790）才由知縣出面解決，他「集紳公議」，將嬰堂改歸兩縣專管，即用有力量的公眾輿論作爲改革的後盾，之後並親自勸捐以解決經費問題。翌年，爲了避免善堂董事賠累之苦，決定由地方官兼善堂經理。換言之，他以官僚接管方式來挽救善堂在管理上及財務上所面臨的危機[7]。

從上面例子可看出，揚州府及蘇州府內的幾個善堂在乾隆期間經歷不同程度及形式的官僚化，揚州的善堂從鹽政官僚處得到最大的資助，讓早期的理想主義與現實條件作了更合理的配合：有的善堂因而擴大，有的運作趨於正常化，避免了資源的浪費。而常熟昭文育嬰堂的例子則明顯地依賴官僚力量來整頓堂務，當地被視爲正派的縉紳使官僚的力量將他們目中的惡勢力驅除。當然，這些主要從方志中得來的資料，必然過於強調官方正面的力量，但不可否認的是，在十八世紀的中國社會，縣衙門乃是具有一定公信力的機構，也是地方最大權力的來源。善堂雖

---

7 《常昭合志稿》1797，4：8上-11上；1904，17：2上-3上。

然一開始即被界定爲地方民間社會所資助及管理的機構，但是最後也必須依賴地方官來解決各種難題，單憑公眾議論也恐怕難以成事。這在地方人力和物力均極爲豐富的揚州與蘇州已如是，在官僚勢力傳統上本來就強的江寧府，就更爲明顯了。

南京的育嬰堂在1681年建立，一開始就得到官方極豐厚的資助。在此以前（約1670年），清初名臣、當過禮部尙書的龔鼎孳(1616-1673)、刑部尙書的姚文然(？-1678)即鼓勵當地的一個僧人及有力之士建堂，所以最早的嬰堂是由僧人主持，設在偏遠地方的庵內，但成效不佳。1678、1679兩年江寧大旱，棄嬰問題益發嚴重，當地有名望的紳士鄧旭(1647庶吉士)開始積極策畫善堂，發起募捐，向地方各機關（撫軍、織造、臬憲、糧儲、驛傳、鹽法）及江寧府內各級官員勸捐，結果連同當地士紳所捐共得銀一千九百多兩。官府另在府城內撥地，作爲興建育嬰堂的地點；管理方式則模倣蘇州善堂。建堂後各地方官仍一再捐銀、撥置田地，以穩定嬰堂之收入。1682年冬兩江總督于成龍(1638-1700)甫上任，即捐衣捐米以鼓勵乳婦，更撥九百多畝耕地給嬰堂，讓租收供給嬰堂日常開銷。翌年，嬰堂的規模、堂規、收支始定例，主事者之一的鄧旭刻石爲記。一直到1683年的草創期間，江寧府嬰堂主要得力於官僚的支持，但雖然如此，這個育嬰堂仍然是個由地方人士主持的機構；鄧旭等地方上三個士紳率諸父老在1681年向政府申請育嬰堂的正式成立，到于成龍捐田，嬰堂規模制定之後，堂務仍由名士三人主持；所以一直到康熙末年，這個嬰堂仍符合一般善堂的體制。不過，此時鄧旭已有所擔憂，因爲出面主事的三個地方名紳之中，除他自己已年齡老邁外，其他二人則「宦遊京師，行蹤無定」，所以他在碑文中期望地方紳衿另擇有德望之人來主事，令堂務得以長久[8]。

鄧旭的顧慮是非常實際的，事實上負責堂務是吃力不討好的工作，有名望及財富的人不一定願出來承擔，這個弱點很容易造成官僚接管的後果，尤其在官僚勢力極強的江寧府。這過程在雍正末已開始，在1734年（雍正十二年），育嬰及普濟二堂「奉旨」移建，並獲得當時總督捐銀九千六百兩及撥添田房；三年後，即乾隆二年，再由官添建殘廢及

---

8 《江寧縣志》1683，3：19上；《江南通志》1736，22：3下-5上。

老婦二堂，共成四堂，整個乾隆時代恐怕是江寧善堂不斷官僚化的時
期。到了1790年（乾隆五十五年，即蘇州嬰堂改革的同一年），總督乾脆
更易四堂章程，廢除舊有董事制，由他本人委派經歷（即官署的出納秘
書）承辦，從此之後江寧四堂變爲一純粹官方機構，各管事的人按月領
薪，一如衙吏，而這個制度一直維持到清末[9]。值得注意的是，只有這
個徹底官僚化的善堂留下了最詳細的財政、人事、房地產等專冊記錄；
雖然目前所見只有同治以後的文獻[10]，早期的同類文獻不知是湮沒了還
是根本沒有，但是，江寧府善堂的徹底官僚化至少在文獻方面留下了詳
細的行政紀錄，這是其他善堂所不及的。從此點亦可看出江寧府的善堂
因直接受管於官員，行政上比其他許多民辦的善堂上軌道及持久。

　　除府城的善堂外，江寧府其他縣分的善堂也似乎較江南其他地方受
更多直接官僚的影響；從創建到經費的捐贈，此地的官僚都特別積極參
與：如江浦縣在1731年的嬰堂爲知縣所捐建；高淳縣在1678年成立的嬰
堂也是知縣以捐俸置田及勸捐所得而建；到了1736年縣政府再爲善堂增
田六十八畝以穩定其收入；句容縣善堂在1708年的成立及1748年的移建
亦是由知縣主事；溧水縣的育嬰堂則在1781年改建，亦是由知縣出面捐
募成事[11]。

　　從江寧府的幾個善堂及其他縣的例子中看出，這裡的官僚影響與上
述揚州與蘇州不完全一樣，揚州善堂主要得到官僚在經費上的補助，並
因而可以作大規模的擴充；蘇州嬰堂則主要是由官僚擺平堂內的貪污舞
弊。而江寧府的各處慈善機構並沒有顯示出嚴重的貪污，同時這四堂所
受的官方補助也不及揚州府的大量；在這裡的官僚影響，主要在制度的
變革方面，使原爲民辦的機構完全變爲官辦機構，表現出傳統官僚勢力
在地方上的強大影響。在某個程度上，江寧府善堂在乾隆時代的演變是
恢復了宋代福利政府的理想。但也只有江寧府的善堂在規模上及深度上
做到了這一點，其他地方的善堂並沒有同樣程度的官僚化。

　9　《重刊江寧府志》1880，12：15下-16上。
　10　《江寧府重建普育堂志》1871；《江寧府重修普育四堂志》1886。此兩種藏
　　　於美國哈佛燕京圖書館。
　11　梁其姿 1988，90

圖四　在一六八一年成立的江寧府育嬰堂。來源：一八六《江寧府重修普育四堂志》。

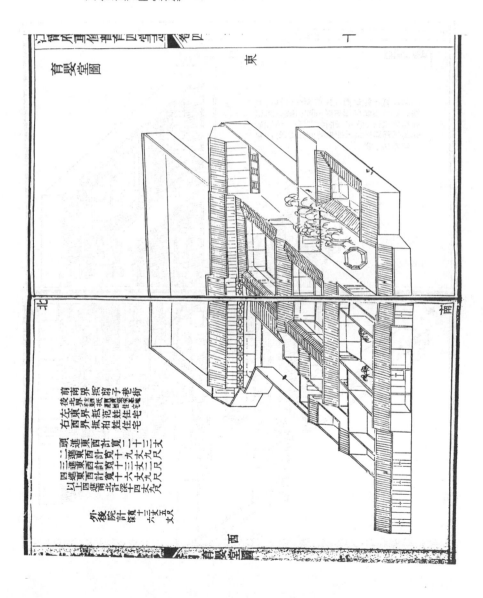

圖五　一七三四年，江寧府育嬰堂與普濟堂「奉旨」遷移，後合併為「普育堂」。來源：一八八六《江寧府重修普育四堂志》。

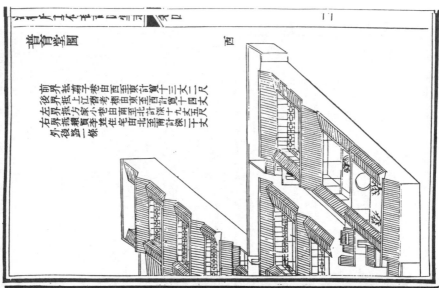

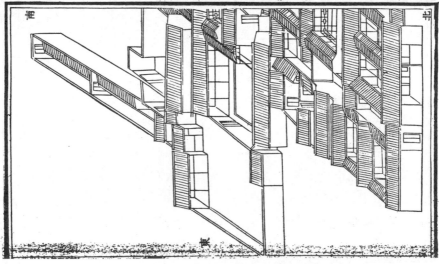

圖六　一七三七年成立的江寧府老婦堂。來源：一八八六《江寧府重修普育四堂志》。

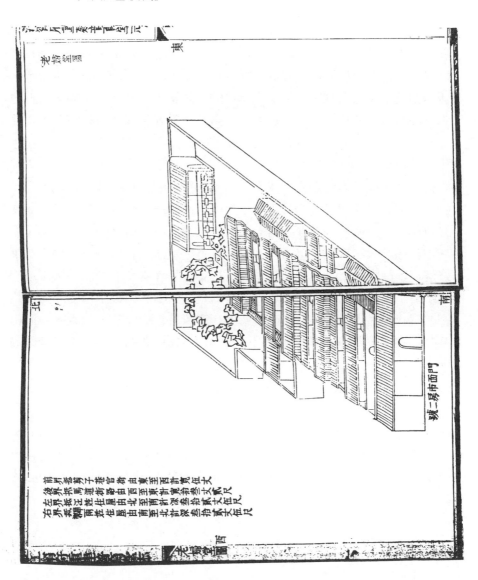

經費上的擴充

　　從上述數例中已經可以看出，1724年以後善堂所受的官僚影響，不只在管理方面，在經費方面也處處可見。尤其在乾隆朝以後，政府視津貼善堂爲正常的事，並說明民間善堂：「除紳士好義捐建者，經費聽其自行經理，其動用官發生息銀及存公銀者，均每歲報部覈銷。」[12] 而事實上官方補貼善堂已逐漸納入常例，這在中央的文獻中可看到。1818年的《大清會典事例》告訴我們，從雍正二年的詔令開始，不少育嬰堂、普濟堂受中央的津貼補助，最先受惠的自然是北京的兩堂，順天府普育二堂在1724年及1730年分別獲得一千兩及一千五百兩銀子的補助，以便善堂置恆產；至於外省普育堂的公費補助則到了乾隆時代開始實行，主要的補助形式是撥部分地方稅捐，如商捐、耗羨、鹽羨、充公銀、漕糧等給善堂，或者撥各類公田或充公田給經費有問題的善堂。從乾隆元年（1736年）到嘉慶四年（1799）年爲止，中央共核准了浙江省各州縣育嬰堂的每年定額補助，及其他各省七處育嬰堂及九處普濟堂的經費補助，而其中款額最大的是1741年給湖北漢陽縣育嬰堂作生息用的三萬兩，這筆錢是從商捐中撥給，其他的補助額從每年二百多兩到上千兩不等；這些補助有的來自放給商人的生息錢，有的是從公田的租錢中撥給。如杭州育嬰堂在乾隆十七年（1752）後，「所有經費每年約計銀二千兩，各佃租系布政司于該縣備公項內按季扣收，移送督糧道衙門發給」；受補助的善堂除了浙江省外，還包括江西、福建、貴州、廣東、雲南、四川、湖南等各省的一些善堂，而發動建立善堂風氣的江蘇省，則沒有任何一地受此類固定的中央補助[13]。

　　江蘇省沒有中央的公費補助，其實並不足爲怪，從上述幾個府的例子及方志中其他州縣的例子中可看出，江蘇省許多地方的資源本已甚爲豐厚，而最主要的無疑是鹽稅方面的補助。十八世紀是以揚州爲中心的

12　吳榮光《吾學錄初編》1870[1832]，2：14下。
13　《欽定大清會典事例》1818，216：11上-17上；《武林坊巷志》1987，第一冊，477，引《乾隆府志》。

兩淮鹽業的黃金時代[14]，江南各地的善堂在雍正乾隆時代因而受惠，是
很明顯的。前章已提及的揚州育嬰堂在康雍時期即每年從鹽項中得到鉅
額補貼，即爲一例。除了府城的善堂外，揚州其他州縣的善堂也多少得
到兩淮鹽稅之利，兩淮鹽稅雜項在1786年定額爲一百零六萬兩，江南各
州府，尤其揚州府的善堂費用占去了不少，育嬰堂即每年固定有一千二
百兩的補助；十九世紀初的鹽政報告透露：「育嬰普濟等堂辦事者不過
數人，漸增至於數百，此雖窒礙難裁，而經費豈無限制……。」[15] 可見
江南善堂在雍乾間的快速膨脹，主要是由於可依賴豐厚而穩定的鹽稅補
助，其實除了上述揚州城普育堂的例子外，府內的儀徵育嬰堂（自1754
年開始每年得一千六百兩的補助）、揚州旁瓜州普濟堂（從1767年開始每
年得二千五百兩的補助）、甘泉縣邵伯鎮普濟堂（自1733年後每年有四百
兩補助）也有豐厚的補助，蘇州府的普濟堂從1739（乾隆四年）開始也有
每年共一千兩的津貼[16]，這只不過是其中一些例子。可見江南善堂在乾
隆時期的發展與兩淮鹽業在十八世紀的發達有極爲密切的關係，而且官
方的鼓勵政策直接使得善堂在鹽稅雜項中獲得鉅額，而密切依賴政府的
鹽商欲藉此提高社會地位也是原因之一。

　　除了鉅額的鹽稅，江蘇的地方官以捐俸、勸捐、撥官田方式資助善
堂的做法也相當普遍，如常熟昭文育嬰堂獲知縣撥田三千八百畝，蘇州
育嬰堂、普濟堂所獲的官房所值高達一萬多兩。類似的例子實在不勝枚
舉[17]，不過綜合而言，可從這類實例中看出地方官出面勸捐，一方面是
爲了增加善堂的公信力，另一方面也是由於這項工作在乾隆時期已漸變
爲地方官的責任之一；同時也只有地方官有權力撥官田及收息公銀給善
堂。簡而言之，乾隆時代官僚介入對善堂通常有正面的影響，這個時期
全國善堂在數量上的大幅度成長，與官僚在管理上的監督、財務上的援
助有非常密切的關係。可以說，善堂在順治及康熙初期在江南的創辦，

14　Ho 1954，152-3。

15　李澄《淮鹺備要》1823，7：17上。

16　梁其姿 1988，91-92；《重修揚州府志》1810，18：5下，6上；《兩淮鹽法
　　志》1806，56：1下，4上，7上-下；《甘泉縣志》1743，7：47下-51下。

17　《蘇州府志》1824，23：32下，《常昭合志稿》1797，4：8上；梁其姿
　　1988，92。

是繼承了明末以來地方社會力量發展的傳統，雍乾時期的大量增加及擴張，則有賴於當時政府及官員的大力支援，從這個角度看來，清政府雖然沒有直接管理善堂，卻是繼宋政府以來，最積極推動社會救濟工作的政府。

除了捐款撥地以鞏固善堂的恆產外，乾隆時代善堂的創建及遷建，越來越多在官地上，這與以前多設在寺廟內，或在自購民地上的情形有所不同。如原建在天后宮地上的通州嬰堂在1774年重建，新堂建在「州城西北隅」「數百弓」的地上，是知州為堂找到的；如皋嬰堂在1746年被知縣移建：「以儒學泮池東南崇正書院改建」；蘇州嬰堂在1739年由巡撫張渠下令改建：「勘得王府廢基東北隅隙地若干畝建屋一百四十餘間」；杭州嬰堂的堂址原為杭捕同知官廨，「後移堂於南關芝松坊，仍與官廨左近，故令同知司其事焉」[18]。可見不少善堂在乾隆間因得到官方多方的協助，使得對地方官的依賴程度也進一步加深。這些善堂經乾隆一朝的各種變革後，也自然更令人有一種錯覺，以為這些是官方的機構，而其實善堂的性質仍然主要是官督民辦。

然而，經過雍乾時代的官僚化後，雖然大部分善堂發展得更有規模，但日後沒落的因子也在此時種下；其中之一就是冗員的增多，這在資金最豐富的揚州府尤其嚴重，清初時育嬰普濟堂辦事者不過數人，「漸增至數百」[19]，令出資者吃不消，更容易產生貪污舞弊；另一弊端，就是善堂漸失去原來濟世的目標，而成為「衙門化」的行政機構，乾嘉時嘉湖海防兵備驛政秦瀛(1743-1821)注意到杭州育嬰堂衛生環境不良，使得大量棄嬰死亡，經進一步調查後，發現主因是由於堂務過分依

---

18 《通州直隸志》1875，3：63上；《如皋縣志》1808，3：29下-30上；《蘇州府志》1824，23：31上；《武林坊巷志》1987，第四冊，199引秦緗業(1813-1883)《淡如文稿》。
當然，仍有善堂的新址是由辦堂的人用善款購得的，我們看到的例子仍主要在資源豐裕的揚州地區：揚州嬰堂在1760年改建，由商人「議購江都廣儲門外萊田為育嬰之地」；泰州育堂在1799年移建，新堂建在董事用捐款所買的民房內；興化育嬰堂在1790年的改建也是由董事「買張姓民房改建乳婦房」；見《兩淮鹽法志》1808，56：6上，《泰州志》1827，7：8下-10上；《重修興化縣志》1852，1：4上。
19 李澄《淮鹺備要》1823，7：17上。

賴官員,「既以其事責諸郡丞,而丞每歲數易,宜無暇悉心講求,而無以稱朝廷之德意也」,於是一再重申官員只應勸善,而不應主持堂務 [20]。從這個例子中可看出,雍乾時期地方官在有效地整頓、支援善堂後,往往產生善堂主辦人過分依賴官員的惰性,使他們漸失去主動解決問題的動力,而官員也漸將這事視作例行公事來處理,加上地方官動輒更換,反而造成了善堂管理不善及不穩定的後果。這個後果在中央力量轉弱以後,就更明顯了,在第六章中我們將再回到這一點。

二、新的同善會──與明末截然相異的意識形態

官方除了在管理及財務方面支援慈善組織之外,從乾隆時代開始,更進一步承認明末善會的傳統,這在推動重組同善會的過程中可看出。如上文所述,同善會原是明末江南東林黨人及他們的同路人在各自家鄉所舉辦的慈善組織,這些組織一直到清初還零星地存在於江浙兩省。順治九年(1652)後政府一再禁止文人結社 [21],這些禁令及氣氛的改變,使得同善會在1670年以後沈寂了下來,而清初各類善堂的創始人都是沒有政治色彩的地方商人及紳衿。這些善堂也從不提及明末善會所建立的傳統。

然而,從乾隆元年(1736)開始,一連串的同善會再度出現,它們或恢復明末體制、或全新創辦,但無論怎樣,這些善會都經過官方的鼓勵與資助。乾隆期的同善會以1736年在嘉善縣楓涇鎮所成立的最早,這個同善堂設辦的最大意義當然在於繼續明末陳龍正在嘉善所辦的同善會的傳統,陳龍正的同善會早在明末的1641年得到縣府批准,建成同善會館(見第三章),是當時最具規模的同善會之一。乾隆元年的楓涇同善會由鎮中士人發起,模仿前明同善會的形式,定期聚會收集會費以救濟地方上有需要的節孝及貧孤;七年後,即1743年,這個同善會進一步認同明末以來的傳統,將當時的規條及高攀龍、陳龍正等創辦的同善會有關資料修訂成書,稱為「同善會書」,呈江蘇、浙江兩省巡撫及浙江布政

---

20 《武林坊巷志》1987,四冊,198引《小峴山人集》。
21 見第二章註9。

使；結果浙江布政使於翌年，即1744年正式爲同善會立案，並頒布會規大旨，刊示曉諭鼓勵全省十一府一州仿辦這類的同善會：「無論紳衿士庶，務訪平日品行端方者，俱准創行」，但是需嚴防「經由役吏以及耆民鄉正之手」[22]。這項頒布馬上得到江南地區的響應，當時新設善堂多以「同善」爲名，即可爲證；如上海的同善堂在1745年即成立，據當時知縣王侹所記，「乙丑(1745)蒞海上，知同善堂有施棺之舉，諸紳士以建堂爲請，予嘉之曰，此善俗也，遂捐俸諏吉，踰年落成」，其後松江府內的金山、南匯、青浦、華婁、華亭等地建有同善堂，均在乾嘉年間[23]；而楓涇同善會並在1755年(乾隆廿年)建會館，由「合鎮士民公建」，成立時由地方名士蔡維熊寫碑記，重申明末同善會的原則：「是會也，首先節孝重大倫也，次及孤貧憐無告也，游惰不及，寓勸懲也」，並規定每年移交賬目時得有宗教儀式以示慎重：「歲終董事另謄本年收發總冊，俟新正上元日束邀合會，具疏焚化神座前，是日查一年管收除在總數，交卸本年司年」，而「神」即指文昌帝君[24]。這個神明崇拜，說明了同善會的會員以文士爲主(見第五章)。

其實在1744年之前，已至少有兩個乾隆時代成立的同善會，一個在安徽的舒城，一個在楓涇附近的平湖。其中平湖縣的同善會是在1742年(乾隆七年)由二十個當地人倡舉[25]。從地方志中，我們知道這些乾隆早期成立的同善會主要由地方士民相互模仿而發起，但在官方的文獻中，創辦的功勞往往歸於地方官，由他們「率先領袖，令紳士合邑舉行」[26]，官方文獻雖往往誇大地方官的領導，但也因此正式地將這些組織完全合法化，同時更進一步鼓勵了同類慈善組織的成立；於此不久，在江南地區，至少在常州、嘉興、松江等府，無錫、崑山、江都、休寧、海鹽、嘉善、寶應等縣，及青陽、盛澤、新城、沙溪、甫里等鎮已有同善會，這些乾隆期重設的同善會，其中有一直維持到太平天國之亂

---

22 見梁其姿 1988，87引《楓涇小志》1911，2：6上-下；余治《得一錄》1969[1869]，1：5下-7下。

23 《上海縣志》1872，2：22下；《松江府志》1815，16：13下-14上。

24 余治《得一錄》1969[1869]，1：5上，所謂神座指文昌神。《楓涇小志》1911，2：5下-9上。

25 余治《得一錄》1969[1869]，1：7下上；《平湖縣志》1886，4：23上。

26 余治《得一錄》1969[1869]，1：8上，〈奉懇各邑父母諭同善會文〉。

時才停止的，並在同治時代又再重組，擔任起「善後」的工作[27]。

這種以官令鼓勵同善會組織的例子，在乾隆時期最爲典型，當時名宦陳宏謀(1696-1771)當江蘇巡撫時(1757-1758)就曾大力推動同善會的設辦[28]。在高郵成立的同善會(成立於1782年)，就是利用楓涇、寶應等同善會的原有規條，加上陳宏謀曾頒行的方式而創辦的。出面舉事的十個當地士紳「赴州稟請出示，知州楊宜崙獎諭准行」[29]。換言之，乾隆中後期的同善會成立已有先例可傚、有成規可循，雖然這些善會的運作仍然由地方士民推動，但是在創建過程中，官方的「正式」批准已成爲主要的步驟，而印刷發布上述「同善會書」，以推廣同善會之成立也成爲縣令的責任之一[30]。

乾隆期同善會的重現有特殊的意義：此時同善會的出現是正式承認源自明末的傳統，這是具有重要政治意義的；我們記得順治時代禁止文人結社的法令一度中止了同善會的發展，及禁壓了這個與東林黨人關係深刻的組織所可能令人產生的政治性聯想。這個禁忌在乾隆間隨著同善會的重現而消失，清政府不再害怕重提明末同善會這段新近的歷史，不再單以「大同篇」或宋代的官方慈善機構這些「安全」的歷史，作爲諸善堂在意識形態上的依靠。這個發展反映了清政權在乾隆初期已有非常充分的自信心，並有能力將慈善組織有效地「非政治化」，即透過頒發「同善會書」強調明末善會領導人勸人行善積德的論說，完全淡化了他們原來對政府不滿的態度，及徹底將他們原來的反抗意識從集體記憶中清除。換言之，乾隆期清政府眼中的善堂，與順治時的善會已不一樣，後者仍意味著地方社會與中央的對立，前者則已成爲清政權正當性的象徵之一。可以說，此時政府對社會的猜忌相對的減低，對本身支配社會的自信相對地提高。

此時的同善會表面上肯定了明末的傳統，而實際上這兩個相隔了一

27 余治《得一錄》1969[1869]，1：16上；夫馬進 1982，54-55；《重修寶應縣志》1841，18：23下-24上；《楓涇小志》1911，2：7下-8上；《嘉善縣志》1894，5：11下-12上。
28 《高郵州志》1783，6：9上-下。
29 《高郵州志》1783，6：9下-10上。
30 余治《得一錄》1969[1869]，1：6上-7下，〈計粘抄看——並發同善書一封〉、〈同善會照驗牌籌式〉。

個世紀的同善會有基本上的差別，這些差別基於兩個時代的不同社會政治環境。首先，崇禎時代與乾隆時代的一大分別，在於後者是中央政權強大的時代，而前者則相反；因此盛清的同善會已少不了官方的鼓勵與推動，而明代同善會則是純粹由地方士人所辦，沒有任何官方的參與。清代地方官對同善會成立的鼓勵不限於發文推動各地設辦，而且有時甚至會撥房屋給這些同善會建會館，如高郵州的同善會就設在知縣所撥的舊書院內；有時知縣會訂定善會的規條，例如楓涇同善會在1754年、平湖同善會在1750及1774年的規條均由知縣所修定 31。姑勿論這些知縣是否只是掛名頒布規條，這個做法明顯地是爲了增加善會的權威性，也是明末善會所沒有的特色。由於這些乾隆同善會與官方關係密切，它們也得與官方分擔一些備荒及救荒的工作，官方期待這些同善會「協辦」濟荒的大小事宜，如設社倉、設粥廠、勸賑、平糶等 32。而楓涇鎮善會的建會館與嘉善縣善會的復辦，同在乾隆廿年(1755)，與當年發生的嚴重饑荒，需要官紳合力救荒有密切關係 33。無疑地，官方已視這些同善會爲半官方的組織，也就是聽命於政府，但又沒有衙役從中舞弊的民間組織。

除了地方官與主會的紳縉對同善會性質有了新的認同外，這些清中期的同善會在組織方面也遠比明末的同善會複雜，而且也更上軌道。乾隆期同善會的組成，程序一般是這樣的：先是府縣方面頒發「同善書」到地方上的儒學教官，內容大概以明末諸同善會法規及楓涇善會等法規集輯而成。然後地方官傳齊地方紳士，公同議舉「殷實端正」之人作同善會首，會首被選後即廣爲勸募，徵求會員。之後，再在會員中選出負責不同職務之「協理」、董事等各二三人，這些負責的人及會首「按士俗民情，分晰酌議會規」，然後向縣府申請立案。官方的批准下來後，同善會才正式舉辦，善會推舉十二人爲司月，每人負責一月之事務，週而復始。創始之期，善會得擇閒空寺院作爲會址；日後經費較充裕後，

---

31 《高郵州志》1783，6：9上；《楓涇小志》1911，2：6上-下；《平湖縣志》1886，4：23上。

32 余治《得一錄》1969[1869]，1：14下-15下：〈同善會備荒四則〉；《高郵州志》1783，6：10上-下。

33 《楓涇小志》1911，2：5下-9上；《嘉善縣志》1894，5：11上-下。

再建正式的的堂宇作爲會館，此後在善會即定期勸講、勸募、濟貧，並印製善書以教化大眾。勸捐的方式有的甚至以市中「一文會」式，即挨戶日收一文，富戶則「另勸」；至於其後的濟貧均有正式的「照驗牌」作爲收據，並且有一定的發給程序，以及保人等制度以將舞弊的可能性減至最低 34。這整個程序的構想無疑地吸收了清早期育嬰普濟堂等的組織經驗，而且更直接地受官方的推動，在運作上也有了官方的背書，在精神上已大異於明末的同善會了。

　　乾隆時代的同善會可說具備了一種規範，由政府監督及推動。換言之，同善會的成立與運作，只是按著既定的制度與政策，並非由於創堂的紳衿對社會狀況擔憂或不滿，也並非出自他們要改良社會的強烈動機。這也解釋了爲何清代同善會的領導人身分大異於明末，他們不再是有領袖魅力的著名人物，如楓涇同善會的活動分子，他們在地方的社會地位，並非建立在學問或政績之上，而主要在救濟地方貧人之上，因此地方志有關他們的記載，主要在人物卷內的「行誼」部分 35；明末同善會的特色已因情境的不同而消失。晚明的善會多少有高攀龍與陳龍正等人的個人色彩，而清中期的同善會則已帶有較濃厚的官僚性質了。

　　這種在組織形態、領導身分上的分別，也部分地解釋了在意識形態上，明末與清中期的同善會的極大差異。明末善會出現的社會意義及所代表的意識形態，在前文已提及，在此不贅。清代的同善會除了保持了明末以來決定誰能受濟之道德標準外，在其他方面的思想因素有所不同；明末善會的主辦人最關心的是當時的社會秩序安全，同善會講語中每每呈現危機感，從統治者的角度去教化民眾，希望藉此重拾往昔的倫理秩序，如安分守己等；清代的同善會則不再以挽救社會秩序爲訴求，而以更爲通俗的善書思想來說服人支持善會的組成。清代同善會的活動之一是印製善書，及印以因果報應爲主題的文圖等，張貼於通衢寺

---

34 〈浙江藩撫憲通飭合屬十一府一州仿行同善會牌語——計粘抄看並發同善會一封〉、〈奉懇各邑父母諭行同善會文〉、〈同善會緒言六則〉見余治《得一錄》1969[1869]，1：5下-10上，12下-13上。〈善舉——同善會〉在《高郵州志》1783，6：9上-11上。

35 《嘉善縣志》1800，14：44下-54上，此部分之人物多參與楓涇同善會，而且長達廿多年的不少。

院 36，此時善會所標榜的功能之一，就是幫助會員積陰德以得到利祿。乾隆期的同善會多以士子的職業神祇文昌神爲主要的神祇，說明了善會以儒生爲主要成員的特色。這層宗教意義在乾隆中後期開始普遍起來的惜字會中更爲清楚（見第五章）。

　　楓涇同善會本就以文昌信仰爲中心，上文已提及乾隆廿年（1755）始建的會館內供文昌帝君，每年的總賬交待儀式，都在神座前進行。而這個善會的規條中竟有一條，說該地「三家科甲，遠近震聞」，竟是由於善會「久行至十數年」所積之德，這一條一方面說明了主會的人以儒生爲主，另一方面也反映了儒生參加同善會的動機，是希望通過做善事積陰德，使得科途順利；這個信仰與稍後遍及各地的惜字會組織是一樣的（見第五章），而事實上一些較早期的惜字會規條也爲同善會模倣，如果將文昌信仰與明末嘉善同善會館內祠五賢作比較 37，我們不難看出兩者在意識形態上的分別：明末同善會以代表儒學正統的孟、荀、揚雄、王通、韓愈等「賢人」爲崇拜對象，而到了清中期，道教的文昌帝君代替了「五賢」而成爲同善會的神祇；這也代表了明末與清中期同善會主辦人身分的改變：從全國聞名的名儒，變爲地方一般的儒生。行善的目的也顯著地與前不同：不再是爲了累積和善之氣，以避免危在眉睫的災難，也不是爲了實踐普濟理想，而是爲了提高地方的科舉考試成功率。所以清代的「勸廣行同善會文」中，雖一再提及高攀龍，但目的已不在宣揚他的道德，而在「引述」他的話，「士人須半積陰功，半讀書……不期科第而科第在其中」38，以此來勸儒生加入同善會，行善積德。同善會這個在意識形態上重要的改變，也說明了中央不再顧忌同善會的原因：主事的儒生並沒有令朝廷不安的強烈政治及道德意識；相反地，這些儒生的目標是中舉，並準備與朝廷緊密地合作。

　　普濟、育嬰堂的普遍成立，發生在雍正二年的詔令以後。雖然雍正

36　楓涇同善會規條中說明：「會中刻書有二，一刻同善會書廣傳，一刻最淺近精切善書廣勸，此中有無限感動在」；〈倡會擬言〉助講條。《得一錄》1969[1869]，1：5下，11上。

37　余治《得一錄》1969[1869]，1：5上-下，13下，〈楓涇同善會規條〉、〈同善會緒言六則〉；《嘉善縣志》1734，11：4上〈同善會碑記〉（錢士升作）。

38　余治《得一錄》1969[1869]，1：16上-下〈勸廣行同善會文〉。

帝在鼓吹善堂的組織時，私下譏之爲「婦人慈仁」、「道婆之政」之類，但後果卻比他想像的重要，大概他當初也猜不到善堂的組織由於他一個詔令，而成爲以後地方的重要事務之一。乾隆以後，各類慈善組織更爲普遍，同善會的重現，進一步肯定官員與士民的合作關係。這項發展的原因在於淸政府比宋政府多了一個極爲有力、而且較以前主動得多的伙伴，那就是由紳衿及商人所構成的地方精英階層。

官僚與地方精英的關係，從組織善堂這個角度去看是相當和諧的，而且他們在地方上的權力看來是相輔相成的；究竟這兩者之間有著怎樣的關係？

三、官僚與地方慈善家的關係

上文已經提及，方志中的人物志在明末以後出現了新的類別，即除了原有傳統的名宦、宦業、孝友、文苑隱逸、藝術、列女等分類外，漸多的方志加上「善人」一類，而「行誼」一類中也包括越來越多的慈善家。這一變化說明如要在地方社會得到尊敬，除了功名、藝術成就、體現過人道德(忠、孝、貞)等方式外，從明末以來還多了一種選擇：在地方行善，而且不單是如前代一樣的僅救濟族人，或作個別的賑濟、修橋、鋪路等，而是組織、資助、管理長期性的慈善機構。這些人多半是地方的「殷戶」，他們不少是紳衿官商的後裔，如淸早期大部分在揚州創辦善堂的，是當地的鹽商，其中不少的先祖曾得功名，這在上文已提過。而這些「善人」的子孫後來亦有不少中舉成爲士紳，甚至官宦；揚州鹽商家族在二至三代後的成分已非常複雜，包括商人、士人及官僚[39]。換言之，在商業特別發達的江南地區，這些「善人」的社會背景與官僚的社會背景事實上沒有很淸楚的分別。

兩者的關係在淸代的官箴中亦可見一斑：著名的地方官王植(1721進士)在所著官箴「治原」中敘述他當知州時每次延請，必見士紳，被邀之士紳覺得驚訝，他則笑答：「吾輩本一體」，充分說明兩者相同的社會背景。王植同時觀察到，當時許多官員每到地方上任，若「非送規

---

39 Ho 1954，154-166。

禮之大商，即饋節儀之富室」，認爲這些勢利的官員只顧籠絡富商大室
而疏忽了士紳[40]，是錯誤的做法。他這個將士紳與大商富室簡單分爲兩
個類別的觀念，是一個傳統的分類法，而其實在十八世紀，這個二分法
已不一定有效。清貧的士人與富有的商人的這個刻板分類法已漸脫離當
時的社會現實，第二章中已提過這個問題。就我們已討論過的具體例子
來看，不但揚州的精英分子紳商身分混淆，從學者對徽州、桐城的幾個
大族的觀察，及山東地區十八世紀的社會研究中亦可看出同樣的社會變
化[41]；簡而言之，在十八世紀許多商業較爲發達的地區，地方上大家族
的社會策略，不再單一投注於商業或科舉，而多是兩者兼重，所以務商
而成功者必鼓勵其子弟走上仕途，而士紳家庭中也通常不乏務商之成
員。這在經濟發展突出的江南地區，更是如是，士紳、大商、富室之間
的界限並不明顯，他們都是都市社會中的精英分子，也是地方「善人」
的主要成員。而王植所認爲與官僚「本一體」的，其實應不只他所指狹
義的清貧士紳，而包括與士紳息息相關的大商與富室。

　　除了社會背景相同之外，地方官僚與這些地方精英的利益亦密切地
相連著，這一點也可以從清代的官箴中清楚地看見。另一清代名官汪輝
祖(1731-1807)明白地說爲甚麼地方官要禮待地方士人：「官與民疏，士
與民近，民之信官不若信士。……境之有良士以輔官宣化也……使役之
言不足爲據，博採周諮，惟士是賴，故禮士爲行政要務。」[42] 眾所周
知，清代地方官之一大困擾之一就是胥吏欺上壓下，惡名昭彰，他們必
須繞過吏役這一層，才能取得正確的地方資訊[43]，較有責任心的地方官
本能上只相信地方士紳，以他們作爲耳目；而清代官箴中提到的「士」
應非一般有功名之「寒士」，而是當地有相當財力的富紳。試看另一地
方官姚瑩(1808進士)的行政經驗，他認爲爲官者要服民，關鍵在於與地
方的強大縉紳合作，不能得罪巨室，因爲「巨室者，眾民之所取信
也」，困難在於這些巨室雖然在地方上召風喚雨，但「性畏見官」，所

---

40 《牧令書》1848，16：25上。
41 Beattie　1979；Zurndorfer　1981，154-215。劉淼　1985。Mann　1987，89-90。
42 戴肇辰《學仕錄》1867，10：24上-下。
43 Chu 1971，49-55，67-73。

以爲官者必要以誠信來感動這些地方巨室，使他們樂意親近官員及甘心
與官合作，姚瑩的結論是：「紳士信官，民信紳士，如此則上下通而政
令可行矣。」[44] 明顯地，在他的觀念裡面，能取信於民的並非一般寒士
或生員之類的讀書人，而是可稱爲「巨室」的「紳士」，這類人不但有
起碼的經濟能力，同時也是極有資格任官的人，在地方官與一般老百姓
之間，這些地方紳士扮演了橋樑的角色。

　　說到這裡，我們大概也比較了解清代的官箴爲何經常鼓吹地方官要
「安富濟貧」，千萬不能打擊大戶。另一地方官劉衡(1800貢生)這樣寫
道：「富民者，地方之元氣也，邑有富民，則貧民資以爲生，富民多
便，省卻官長恤貧一半心力，故保富所以恤貧也。」[45] 就是說如果地方
富民能保護當地的貧民，可省卻爲官者許多濟貧的麻煩，他的意見其實
也是清代地方官多所贊同的，如楊景仁(1789舉人)認爲：「惟培養富戶
於平時，而後臨事得藉其力，平時輕徭薄賦，加意護持，臨時如平糶、
施粥、助賑、貸種諸務皆取給焉。」[46] 這就是清代官僚心目中的所謂
「藏富於民」；汪輝祖也認爲：「富人者，貧人之所仰給，邑有富戶，
凡自食其力者皆可藉以資生……故保富是爲治要道。」所謂保富，就是
不要讓無賴之徒騷擾富戶：「保富之道惟在嚴治誣擾，使無賴不敢藉端
生事，富人可以安分無事，而四境不治未之有也」[47]。換言之，聰明的
地方官都與地方富戶、大紳合作，給予他們輕徭的便利，發揮官僚的權
威鎮壓地方「無賴」，使他們不能威脅、騷擾富人；而富戶大紳則一方
面做地方官忠實的耳目，另一方面穩定地方的社會，平時養活貧民，有
災難時，他們則出最大的力量來賑災，減少地方官許多責任。曾當江西
晉州知州的葉鎮(1748進士)同樣地了解富紳在維護地方安定上的重要
性：「……況邑有興建，非公正紳士不能籌辦，如修治城垣、學宮及各
祠廟、建育嬰堂、修治街道，俱賴紳士倡勸始終經理。」[48] 可見這種官
紳相依的緊密關係，的確是清代地方治理不可或缺的要素。

---

44 戴肇辰《學仕錄》1867，15：25上-下。
45 《牧令書》1848，15：13上。
46 戴肇辰《學仕錄》1867，13：23上。
47 《牧令書》1848，15：12上。
48 戴肇辰《學仕錄》1867，8：24下。

　　上引述的官箴很清楚地顯示出地方官與大戶士紳等地方精英相互依賴的關係，地方精英需靠地方官僚的政治勢力來維護他們的財產、進一步鞏固他們的社會地位，而地方官僚則要利用地方精英來了解地方情況，保持社會經濟安定，這樣他們的宦績才會卓越，仕途才會順利。這種相互依賴又因兩者的社會背景相同而加強；兩者之間的息息相關也解釋了為甚麼在十八世紀官僚介入地方的民間慈善機構是如此的和平。推廣同善會的勸善文中，即明白地點出：「況縉紳與官長相表裏，倡同善會較易，規模更有悶遠者」，尤有進者，「至於今日之士，未必非他日之大夫，尤宜力行善事，以作保赤之基」[49]；即士如欲為大夫，就必須行善積德，善會名正言順地成為士與大夫合作的場所。

　　然而，在盛清時代，紳衿與官僚的關係雖親密卻絕非平等，官僚明顯地處於優勢。在官僚勢力最強的江寧，官僚甚至直接取代地方人的力量而接管善堂；在鹽業繁榮的揚州，善堂可從官僚方得到可觀的補助；在官僚力量一般的蘇州府，地方縉紳所管理的善堂也得依賴官僚去整肅貪污舞弊問題。地方善堂是否能取信於民，除了負責堂務的縉紳或商人應有一定的社會聲望之外，地方官的監督也明顯地不可或缺；適當地監督善堂的運作，遂成為十八世紀地方官僚的責任之一。不過，在地方善舉這個項目中，紳衿與官僚之間的不平等關係並沒有引起明顯的衝突。

　　當然，地方縉紳大戶與地方官之間，並非完全沒有矛盾。雖然兩者的社會背景相同，但地方精英主要代表地方的利益，而官僚則代表中央利益；在中央與地方利益相同的問題上，如濟貧問題，兩者是合作無間的。但遇到地方與中央利益有衝突的問題時，兩者的關係就不免出現緊張，這在諸如賦稅及水利問題上尤其顯著。從明末開始一直延續到清代的一條鞭法執行上並沒有很順利，原因之一是這項改革對縉紳的既得利益有所損害，對有較大量土地的大戶更是不利。從明末開始，將縉紳的各種賦稅優免特權取消的聲音已日漲，此時代表江南富有士紳的大學士錢士升（1575-1652）即由於這種空氣而有危機感，進疏為地主富紳的利益辯護，認為保護富戶的財富是有益於國家的經濟及安全[50]，所用的邏輯

49　余治《得一錄》1969[1869]，1：16下〈勸廣行同善會文〉。
50　梁其姿 1988，97；《明史》1965，251：6488。

與上文所述的「藏富於民」是一樣的。後來當然縉紳的特權沒有真正被
取消，而錢士升也因疏言措詞太偏激而引退，衝突似乎平靜了下來。不
過中央與地方富戶之間的矛盾實際上卻一直維持到清代，江南縉紳與官
僚在賦稅方面的衝突在1661年的江南奏銷案中再度爆發：當年江寧巡撫
朱國治(卒於1673年)指控江南一萬三千五百多名縉紳積欠地賦，使其中
已入仕的部分士紳被停職，未入仕的喪失入仕資格，後來雖然大部分涉
案的縉紳都得到平反或復職，但從此例中可見代表中央利益的地方官與
縉紳之間的關係，可在國家財政極度困難時，緊張至此[51]。清初賦役改
革沿自明代，而以雍正的落實攤丁入畝政策達到最高潮，雍正的賦役政
策基本上削弱了紳縉的特權及富有地主的利益，這些政策的實行必須先
克服富有紳戶的長期反抗，並需要地方官的嚴格執行[52]。雖然從長期發
展的角度看來，明清兩代的紳縉大戶仍是特權階級，並因而注定他們與
地方官的關係主要是合作關係，但是在賦役這個重要及敏感的問題上，
兩者之間存在的緊張性在非常時刻一觸即發，也是顯而易見的。

　　除了賦役問題外，代表中央的地方官與富有縉紳在重大經濟問題如
水利上也往往有極不愉快的磨擦。學者在兩湖長江流域水利的研究中特
別強調了這一點。地方的「豪右、大戶」為了保護地方的經濟利益，常
不顧河道的整體生態平衡及安全而不斷濫建私圍，並通常不願與上下游
地區的住戶合作維修水道。這種普遍的各家自掃門前雪的行為不但嚴重
影響水位的安全，而且在稅收方面也形成不公，因為中央根本無法對私
圍的田地徵稅。在一般正常情形下，這些富戶及大紳與地方官勾結，瞞
騙中央以中飽私囊；但是到最後終會引起災難，此時代表中央的地方官
別無選擇，只能將違法的大戶繩之於法；例如1788年的長江中游大水
災，促成一洞庭湖區地方富紳的私占沙州地被充公，其特權被剝奪[53]。
這些例子說明了中央與地方利益之間種種可能的矛盾，也就是地方官僚
與縉紳大戶之間的存在矛盾。其實就算在一般地方事務中，地方官僚雖
十分依重縉紳的力量，但另一方面也很顧忌他們的過分參與，尤其在訴

---

51 梁其姿 1988，97；郭蘊靜 1984，21-22；孟昭信 1988，401-2；Dennerline
　　1975，110-113。
52 馮爾康 1992，164-180。
53 Perdue 1982，747-765；Will 1980。

訟案件方面，負責的官僚特別要避免縉紳的干涉，害怕他們以社會地位或地方影響力來左右司法的執行[54]。簡而言之，在賦稅、水利、訴訟幾個重要的問題上，地方精英有能力向代表中央的地方官僚的威權挑戰；而掌握地方資訊、深諳地方民情就是他們最有力的籌碼。

地方縉紳與官僚的關係在清政權牢固的時候比較密切平穩。其實社會發展到了清代，中央與地方社會精英對彼此的勢力均衡都心中有數。中央深知地方精英的勢力不可瓦解，同時對中央並沒有太大的政治威脅，所以順勢地利用他們的力量來安定社會，進而鞏固中央政權。而地方精英則了解他們在地方的影響力部分來自他們與中央的合作關係。明末的錢士升以地方富戶乃「貧民衣食之源」此一說法來為富紳大戶受的既得利益辯護，後來十八世紀有治理地方經驗的官僚則以同一理由來解釋為甚麼地方官不要騷擾富民，所謂「藏富於民」的政策就是不透過中央的統籌規畫而將地方的資源直接用於社會福利上面。這是清代中央政府與西方近代國家的政權意識形態很不同之處；但這並不意味著清中央政府的權力不及西方近代主權國家，而主要是清代在乾隆退位之前的中央政權有足夠的公權力及信心來允許地方勢力某些發展。因此，十八世紀及以前的清政權雖然遠遠強於明末的政權，但是仍接受、甚至鼓勵地方精英發展他們的社會勢力，在慈善組織方面，政府甚至處處輔助地方精英的工作；當然，這種方式一方面可以表示官方對民生的重視，另一方面亦明示地方縉紳大戶是在官方允許下才能負責發展善堂。

四、小結

清政府介入慈善組織的發展過程，大概有這樣的一個梗概：最初期的善會及善堂在救濟項目及組織方面，主要繼承明末的傳統，並沒有任何的政府參與；順治康熙兩朝皆沒有對善堂採取任何政策。但清廷一開始即嚴禁文人結社，間接地影響了善會善堂的領袖層，他們不再是如明末高攀龍等關心政治的重要文人，而是地方商人及一般紳衿，成員方面的改變，也反映在清初善會較明末善會著重於通俗佛教的意識形態。

---

54 《牧令書》1848，16：25上-27下。

　　雍正以後，中央開始對在大都市已相當普遍的善堂採取較積極的態度，不但下詔鼓勵地方興建育嬰普濟堂，並且在經費上大力補助某些善堂。不過，此時中央對慈善組織的影響並非在管理細節方面，而主要在訂定大原則方面：雍正強調善堂必須是官督民辦的機構，地方官吏不得直接管理。雍正詔令的重要性在於奠定了終清一代善堂的性格：它屬於地方賢達的責任範圍，透過善堂，地方資源得用於地方，官吏不得插手。雍正的政策可能有兩個主要考慮：一是他認定慈善是次要的事務，二是他不願意官僚的權責進一步擴大，增加舞弊發生的頻率。

　　要到乾隆一代，我們才看到清代善堂官僚化的頂點；此時官僚對善堂的鼓勵、補助、改革、擴建、整頓極為頻繁，雖然因此一些善堂無可避免地被視為半個衙門，但是官僚介入仍然有相當積極的一面，尤其在清理財務、解決管理人貪污舞弊問題方面，官方的公權力仍有不可替代的作用。在此時，我們最清楚地看到地方善士與官僚合作、互賴的緊密關係，以及他們在意識形態上的親近；乾隆同善會的重現是最佳例證。

　　乾隆時代地方慈善組織還有另一特色：領導人的性格遠不如前代的鮮明。他們不但沒有明末東林派人的魅力，亦沒有創辦清初善堂的商人富民等的過人魄力，此時如閔象南、蔡連等人物已少見，取而代之的，是一般富戶儒士。他們在地方上有一定的影響力，但相對前輩的善人，他們顯然已沒有同樣的個人魅力。盛清的慈善組織比以前減少了個人色彩，增加了集體性，官僚影響因此顯得更為突出。所以時人可能有一錯覺，以為雍正所定的大方針已稍被疏忽，善堂受太深的官僚影響，但是事實上，終十八世紀，清代善堂依然主要是官督民辦的機構。

　　自乾隆後期開始，善堂主辦人的身分漸多為中下層儒生。這項變化，在下兩章再作進一步討論。

　　當然，如本書一開始即說明的，上述這種社會與政府的微妙關係，主要見於經濟文化發展最為先進的長江下游地區；其他較偏遠地區的情形，可能與上述的有所出入。其中的差別當然在於地域社會結構的不同；如較偏遠地區的地方賢達在數量上較少，社會經濟上及政治上的勢力可能較為薄弱，使得官僚力量相對的更為重要，官僚化可能更為徹底。江浙以外各地善堂大部分由地方官創辦，是有力證明(見附錄)。

　　在經濟較發展的地區，這種以政府督導爲主的互惠關係在中央勢力衰退後有所改變，變化在嘉慶道光時期已見端倪，在太平天國之亂後就極爲明顯。變化的特點在於官方的監督、資助相對減少，而善會漸趨向較小型、成本較低、服務範圍較小、形態較靈活的組織。因此自嘉道之際，一直到同治以後，可見到大量的中小型善會善堂如雨後春筍般在全國縣市、鄉鎭裡成立。雖然一些大型善堂仍保持與政府密切的關係，但越來越多的中小型善堂就純粹是地方組織，它們的主辦人身分也有所變化；清末民初之際甚至有些善堂以地方自治的基地自居，這個發展，與乾隆以前的善堂情形是非常不一樣的。這個重要變化，關鍵在於太平天國亂後，因爲社會「善後」問題得處處依賴善堂，使得善堂的性質複雜起來。這個大問題已超出本書範圍。但嘉道時代的發展，乃這變化的開端，仍值得重視。這是本書下文要討論的。

第五章
乾隆中期以來慈善機構的「儒生化」——惜字會與清節堂的例子

　　慈善組織從明末的善會到清早期的育嬰堂，以至雍乾時期各類善堂的普遍增加，整個過程是制度化、官僚化的過程。宋明以來，制度化、官僚化之後的機構通常會多少失去初創期的理想，前文提及的宋代慈幼局及明代養濟院就是明顯的例子，清代普濟堂之所以出現本來就是由於官辦的養濟院已變為極為僵化的、甚至腐敗的機構。明末善會中可非常清楚地看到道德訴求，到了清中期，由於政府及官僚多方面的介入，善堂漸將重點放在行政管理問題上，原來教化的目標也似乎漸被忽略了。其實，情形並非完全這樣，清一代的慈善機構雖然經過了官僚化這個階段，但是並沒有放棄道德訴求。這些善堂與宋代救濟機構有基本上的差別：它們並非真正的官僚機構，維持善堂運作的是地方「善人」，這些「善人」主辦善堂有複雜的動機，其中之一就是為了得到社會的尊敬；由於此時的善堂在正常情況下並無任何直接的經濟效益，主事的人得到社會的推崇，主要是由於施善行為有較高的道德價值，善人因教化社會有功而得到尊敬。由於領導人有此動機，清代善堂的教化功能一直存在著。

　　雖然明清的善會與善堂一直沒有忽視道德教化的重要性，但在這方面卻並非一成不變；在第三章中，我們一再強調清初育嬰普濟堂等的理想主要在於「普濟」生命，與通俗釋教的「生生」之念有密切的關係。然而經過雍正乾隆兩朝政府的大力推動，及一個多世紀的社會變化之

後，善堂的理想發生了重大的變化。到底是怎樣的變化？這正是本章要討論的。前章已提及乾隆時期重振的同善會的特殊宗教信仰——文昌帝君，這其實就是本章的一個楔子；乾隆後期以來大量出現的惜字會，與文昌信仰有緊密的關連，這個在信仰方面的變化實耐人尋味。文昌雖最初是儒生的職業神，但在清中後期已普遍為民間所拜，反映著儒生及其他階層的共有心態與價值。另外，十八世紀後期出現的救濟寡婦的善會也透露了儒生階層所欲堅守的價值，以及這些價值的普及化。清中後期以來善堂發展在價值取向上的這種獨特趨勢我們無以名之，故且稱之為「儒生化」。這一章主要就這點作討論。

一、惜字會[1]

何謂惜字？惜字的意思是尊重寫有文字的紙屑，人看到被丟棄的字紙，應謹慎地撿拾起來，如果是在污穢的地方撿來的，則要用清水洗淨，用乾淨布袋收起來，累積到一定數量，就在爐中焚化，然後將紙灰用罐子裝好，帶到河或海處，謹慎地灌入水中。清代惜字會的主要功能就是以募捐方式籌款，善款用來僱人定時收拾棄紙，或向人買棄紙，並建燒紙的惜字爐，這些棄紙定期焚化，並由會中派員送灰到海，再坐船將灰倒入海中[2]。本來這樣的組織不應該被列為善會或善堂，因為這樣的活動與濟貧無關；不過清代中期以後的許多惜字會並不單純收拾字紙，還實行施棺、施藥、施粥、濟貧窮寡婦、拾骼掩埋等各種善舉。事實上，乾隆後期以來的許多綜合性善堂兼有惜字的活動，換言之，惜字本身雖然與濟貧沒有直接關係，但在實際上經常配合著其他濟貧活動，也自然被認為是清代善堂之一。

文昌信仰的發展

惜字的習俗，似乎在明代開始普遍，尤其流行在文人間，而且這個

---

1 有關惜字會部分，略修改自梁其姿 1994，此部分蒙陳國棟、劉錚雲、柳立言、游子安、蔣竹山等諸位先生賜予寶貴意見及提供一些資料。謹此致謝。
2 有關惜字的習俗，李喬曾寫一短文，見李喬 1991，183-186。

習俗主要圍繞著文昌帝君的信仰。有關文昌帝君信仰的歷史演變，學者已做過研究[3]。大致而言，文昌本為星名，司命；後來在宋代四川梓潼地方的一個神祇被附會為文昌神，成為後世所拜的文昌帝君。這個梓潼神是晉代一個原名張惡(蜀)子的蛇神，從晉到北宋，傳說中這個蛇神在四川地區屢次以顯靈方式幫助不同帝皇立國或平亂，到了唐後期梓潼地方人開始建立張相公廟，唐朝政府甚至封這個神為濟順王，北宋時再被封為英顯王。而這個神每次都以地方神身分協助中央政府鞏固政權，而中央亦屢次以冊封來正式肯定這個地方神的地位。到了南宋紹興時代，梓潼神已有一個八字封號，到了南宋後期的嘉定時代，朝廷甚至冊封梓潼神的父母妻子。

梓潼神在南宋受到重視，與科舉制度的發展有關。宋代科舉考試競爭激烈，考生對前途一般沒有太大把握，將命運交在神祇手中是件自然的事；到了南宋，梓潼神成了蜀人科舉神之一，宋代的好幾個文集裡都提及梓潼神掌握科舉試題或中舉名單的傳說[4]；不過，南宋較早期的梓潼廟仍只建在四川，要到了十三世紀中後期之後，梓潼帝君廟才漸在今江蘇、浙江、江西，及福建一帶出現。這應該是由於在嘉熙年間(1237-1240)，四川動亂，許多蜀人逃到靠海地區，也帶來了他們家鄉的神，梓潼神是其中之一。不過，直到此時，梓潼神仍只是一地方神祇。

雖然這個信仰在元朝初期因科舉之廢而稍息，但不久，梓潼神即被元政府正式冊封為科舉的神，並命名為文昌帝君。延祐元年(1314)，元政府恢復科舉，兩年後，梓潼被正式冊封為輔元文昌司祿宏仁帝君。這事件除了是重辦科舉的重要象徵之外，也是宋以來道教發展的結果；宋元之際，相傳梓潼神降筆，寫成《清河內傳》一書，書中梓潼自稱周以來歷代顯化，並自認掌握科舉試，這本書後來收在《道藏》內，成為道教經典之一，從此，在道教傳統中梓潼與文昌正式合而為一。再經過元代的冊封後，各地普遍地建造供奉梓潼神的文昌祀，甚至地方上的儒學，也有文昌崇拜，這在士風較盛的省分如浙江、江蘇、福建等尤其明

3　森田憲司　1984，389-418；Kleeman　1988。

4　最著名的文集包括：葉夢得(1077-1148)的《巖下放言》，洪邁(1123-1202)的《夷堅志》，蔡絛(約1130)的《鐵圍山叢談》，吳自牧的《夢梁錄》(1274)等。

顯。十四世紀以後，文昌星代表文運、掌握個人「祿」運的這個想法，已深入民間。梓潼——文昌神已從地方神祇提升爲一國家層次的神。

但梓潼神原爲地方蛇神的曖昧神格，令文昌信仰後來的發展受到限制，這主要是來自社會上層的壓力。明代初期沿元制，景泰時代（1450-1456），京師的文昌廟仍曾被重修，但成化以後，即十五世紀晚期之際，反對梓潼——文昌信仰的聲浪日漲；明政府及一些地位較高的儒士漸公開排斥這個信仰，直指文昌之爲星原與梓潼神無關，而梓潼本只是地方神祇，卻在全國儒學中受崇拜，於禮不合。中央政府終於在弘治元年（1488）下令拆毀儒學中的文昌祠，並取消文昌帝君原來的所有封號[5]。在文集中我們也可看到不少有名氣的文人大力反對這個信仰，如明初曹端（1376-1434）痛斥當時文人拜梓潼神，說：「梓潼主斯文，孔子更主何事？」[6] 這類大儒的強烈反對應較直接地催生了禁拜文昌神的命令；不過，維護純粹儒家正統的強烈意見，雖然在中央政策的制定上有相當的影響力，但不見得被一般儒士所接受；就算十五世紀後期的明政府支持正統派的立場，正式廢除文昌的信仰，但是社會效果顯然不彰。如當時以文昌爲名的扶乩與標榜「降筆」而成的善書，已甚爲流行於文士之間，其中不少甚至是有極高政治社會地位的士人，現代學者如酒井忠夫、柳存仁及任繼愈等已多有述及這個歷史現象[7]，在此不贅。這些例子說明了上層禮法改革對社會習俗的影響有限。

5 《明史》1965，志卷50志第26禮四：1308-1309。Kleeman 1988，91-96。
6 引自柳存仁 1991，847-848。
曹端的意見後來並沒有太多的知音，到清中期的梁章鉅（1775-1849）及十九世紀末變法時代的梁啓超才提出相同的意見，梁章鉅云：「竊以爲奉文昌不如奉孔子。」梁啓超則說：「吾粵則文昌魁星，專席奪食，而祀孔子者殆絕矣！」見梁章鉅 1969，10：22下-23上；梁啓超 1970[1932]，49。
另一明代士人曹安在《讕言長語》（1515）中也提出張惡子與文昌星毫無關係，在學校中拜這個神不合乎禮，而且文昌星七十三、七十九化之說怪誕。不過對當時「儒者亦信之」的情形，他則採取較曹端容忍的態度；見曹安 1977。
7 酒井忠夫 1960，404-436；任繼愈 1990，673-676。Kleeman 1988，89-91也提到胡濴（1375-1463）的例子。柳存仁在其論文〈明儒與道教〉中較深入地談陽明學一派學者在思想行爲上受道教影響的史實，見柳存仁 1991B，809-846。

善書與惜字行爲

　　大概在明政府禁毀學校內的文昌祠前後，以文昌帝君爲信仰中心的善書開始普及，在明中後期文人間頗爲流行。這類善書統稱爲陰騭文[8]，裡面有所謂文昌帝君垂訓，勸士子行善積德，以求本身及子孫科舉高中。據對明清善書有最全面研究的日本學者酒井忠夫指出，現存最早的陰騭文應是十五世紀中葉顏廷表（1454進士，松江地區人）所編的《丹桂籍》，丹桂比喻及第，此書顧名思義是爲了志在中舉的士子而作，士子如果想高中，就得實行書中所載之各類善事以積陰德，除了一般的濟貧救危、修橋築路外，其中較特別的是立社倉，與敬惜字紙[9]，這兩項活動特別配合了文人及仕宦職業的性質，是其他以《太上感應篇》爲藍本的善書所不提的。惜字與文昌帝信仰之特殊關連，在《丹桂籍》等善書之中可清楚看到。而此等善書所代表的報應思想並非如我們今天所想像的，只流行在知識較少，或低層儒生之間；一些著名的儒士也往往在著作中透露及宣揚惜字紙行爲，如十五世紀中期的葉盛（1420-1474，崑山人），在他著名的筆記集《水東日記》中就提到他愛惜字紙的習慣[10]。明末的大儒劉宗周（1578-1645）則更清楚地在他著名的《人譜類記》（1634序）中警告人不要棄毀字紙，爲的是要積陰德，他所舉的警世例子多是從《丹桂籍》中抄錄的，內容大概是述說歷史上的人物如何因惜字而高中科舉，甚至延福兒孫，而糟蹋字紙的則招殺身之禍[11]。可見惜字積德以求功名的想法，在明中後期開始普遍，主要的實行者是儒士。

　　從這類善書中，可看出勸人惜字的主要理由有二：其一是字有一種神聖性及神秘性，如顏延表所說：「自蒼頡作書，闡天地之靈秘而文章流遍宇宙……爲上天所珍惜，人君子不可不深加敬畏者也……故有志功

8　「陰騭」一詞原出自《書經・洪範》：「惟天陰騭下民。」本爲天不言而默定下民之意，在明清善書裡，陰騭即陰德之意。

9　酒井忠夫 1960，432。

10　葉盛 1980，36；但此例似乎只說明葉盛有儉節之德，不棄殘紙，宗教方面的信仰並不清楚。

11　劉宗周 1903，《類記》5：67下-68上。

名之士固當重點畫，即無心利祿之子，亦宜畏敬斯文。」[12] 劉宗周也認
爲「夫字紙者，天地之精華，聖賢之性命」[13]，換言之，創造字的是天
地間的一股神秘力量，不是人所能了解的，因此凡人對字都應敬而畏
之，尊敬字紙自然有宗教性的意義；惜字的理由之二是字乃社會運作的
主要工具，尤其是在官吏治民方面，有不可或缺的實用功能，如清初重
編《陰騭文廣義》的周夢顏(康熙時崑山諸生)謂：「世間若無文字，則
官吏無以爲治，政令無以爲憑。」他的話與劉宗周所言有同樣的意思，
即認爲字是維繫主要社會政治經濟關係的工具：「上非此無以立治，下
非此無以資生」[14]；就是說這些儒士站在官宦的立場，把字看作治理社
會的首要工具。從此點，我們可以想像文人的優越感來源之一，正是由
於他們比別人更擅長於舞弄具有這巨大支配力量的文字。可以說，字既
是儒士的謀生工具，也是官宦──大部分儒士的志業──的統治工具，
惜字無疑象徵了對文職的崇敬，惜字紙增加了儒士各種職業的神聖性，
文昌也就理所當然地成爲他們的職業神祇。

　　宣揚惜字行爲的《丹桂籍》與《陰騭文》等善書在清初已極爲流
行，尤其在長江三角州一帶，現存的《丹桂籍》版本都以康熙年間的版
本爲初刻本 [15]，明後期的版本已不復見。同時這本善書也流傳到日本，
1749年日本版的《陰騭文》序中說明書的初刻是在1689年；二刻爲吳江
王靜若於1691年的重刊本，這二個刻本共印製二、三百部；三刻則是
1714年的婁東重刊本。據此第三刻的序，這版本共印千份以上。此外，
以文昌帝陰騭文爲基本的善書終清一代有無數的版本，今叢書集成重刊
光緒版《丹桂籍》(1899)有1689年版的序，同時也可看出在乾隆時亦多
次重刻。終明清兩代，以文昌信仰爲名的各種善書名目不一，如《文昌
化書》、《仁化書》、《元宰必讀書》等等，這些善書在日本有較完整
的保存 [16]。目前在台灣看到的清代版本多收集在叢書中，往往與《太上
感應篇》並列，是明清最流行的善書之一，而且從出版地看來，此書最

12 顏廷表《丹桂籍註案》1901，3：8上-下。
13 劉宗周 1903，《類記》5：67下。
14 周夢顏《陰騭文廣義》1977，卷下：21上；劉宗周 1903，《類記》5：67下。
15 酒井忠夫 1960，405-406。
16 酒井忠夫 1960，410-416。

早尤其流行在蘇州、松江一帶，然後極可能從這出版業中心傳播至全國各地。

　　隨著善書的流行，惜字的習俗也在明清之際普遍起來，但就目前我們可看到的資料看來，惜字習慣在明代極可能只屬個人單獨修行的方式；直到明末，惜字就如當時已甚為流行的功過格一樣，有個別的文人嚴肅地實行，但並不以集體形式進行。

惜字組織的出現

　　到了清初我們才清楚地見到惜字組織。1689年序本的《丹桂籍》，在勿棄字紙一條下，除了進一步申述歷代——尤其是崇禎至康熙間——的惜字因果報應的例子外，最後說：「今人皆知敬惜字紙矣，但恐徒結敬字之社，以名不以實，猶不免於包裹物，甚至有旋汙旋焚之說，不知全無敬心，明知明犯。」可見當時惜字社已出現。康熙卅四年（1695）出版的《檀几叢書》中的〈廣惜字說〉的作者（仁和的張允祥）也說：「予見爾來惜字紙文，刊布甚廣，即焚字之會，亦各膳僧取拾，無非啓迪善心，羽翼聖教云爾。」[17] 換言之，以惜字為由而組成的社或會最晚在康熙時已出現。從方志中可看到的一個具體例子就是吳縣附近的周莊鎮，據光緒版的鎮志所載，鎮的惜字局在康熙間由一位僧人創設在一桃花庵內，親自收拾焚化，到了康熙五十二年（1713），惜字局改組，「會里中諸儒家舉惜字社」，並強調儒與佛的異途同歸。雍正時這個惜字社置田來支付開銷，據這方志所說：「因惜字而置僧田則自吾里桃花庵始。」從這個記載看來，這個康熙時代的惜字社大概是清代最早具規模的惜字組織之一。

　　除此之外，在常州武進地區，康熙時代亦應已有惜字組織出現，此地在清中後期的惜字會特多，據當地的記載，康熙時代的著名大臣趙申喬（1644-1720）少時貧苦，在未中舉之前個人就積極地進行惜字活動，隨身攜一袋，見遺字即拾，歸家洗淨後焚燒。他中了秀才後即進一步組織惜字會，為了籌會費，每月朔望向各家門首揖禮，人感其誠，踴躍從事，他後來在1670年中進士，更在宦場上發跡，被家鄉的人解釋為他惜

---

17 張允祥　1992[1695]，1：1上（總頁347）。

字積德的報應。他的兒子熊詔也是惜字會的活躍分子，後來在1709年高中狀元。趙氏父子組惜字會雖然可能只是武進當地的傳說，不過，方志中也屢次提到趙申喬創辦惜字會的事實，可見這些傳說並非全屬虛構，而常州地方人也因而認為當地的科甲鼎盛，應歸功於惜字組織的普及[18]。可見康熙時代惜字漸從個人行為發展為有組織的集體行為。

與趙申喬同時的蘇州大儒彭定求(1645-1719)則著有清代最早的惜字會文，並為《文昌化書》作序、為《文昌孝經》寫跋、重刻《文昌陰騭文》，並告訴讀者「帝君陰騭文刻本甚多」；他特別鼓吹惜字會的設辦：「惜字建會，貲費不多，貧富皆可行」[19]。可見從明末一直到清初，文昌信仰在儒士中有相當的「市場」，而且仍然還包括地位崇高的儒士，他們甚至是惜字會的主要推動力。而定求的兒子啟豐(1701-1784，1727狀元)、孫子紹升(1740-1796，1769進士)也相當受他的影響，前者亦曾為陰騭文新編作序，後者則組惜字會、放生會、施衣施棺等善會[20]。彭家在蘇州對惜字會組織的努力就如趙家在武進一樣，而當時的傳說也將彭家過人的科舉成就歸功於他們惜字積德。其中一個傳說是關於1727年的殿試。當時原考第十名的彭啟豐被雍正皇帝親自選為狀元，而原來第一名的莊柱(武進人，1670-1759)則因而無緣當狀元。事後輿論認為雖然莊的才情過人，但是「惜字一節，莊不及彭」，所以福分不及彭。後來彭、莊兩家締姻，傳說莊家受彭家的影響，也開始勤於惜字積福[21]。巧妙的是，後來莊家子孫高中果然大不乏人。而趙申喬、彭定求及後來的莊家等儒士的行為受佛、道的影響顯然很大，或者說他們的思想行為其實包含相當複雜的宗教因素。在這方面，他們在清代的儒士中有一定的代表性。

---

18 余治《得一錄》1969[1869]12：2下〈惜字會分別緩急說〉；《武進陽湖合志》1886，5：23上，27上上。

19 余治《得一錄》1968[1869]，12：1上-下〈彭南畇先生惜字說〉；彭定求1726，12：1上〈文昌孝經後〉，7上-下〈重刻文昌化書序〉，12上〈書文昌陰騭石刻後〉。

20 彭啟豐 1876[1785]，9：12上-下；彭紹升1882，7：9下-12上〈惜字會引〉，〈文星閣重整放生會引〉。

21 《國朝科場異聞錄》 1873，4：6上。感謝艾爾曼(B. Elman)教授提供這個資料。

　　那麼這些惜字會作為集體積德的組織有甚麼特色呢？為甚麼愛惜字紙這個行為需要組織來推動呢？這些問題我們大概可從惜字會的章程中得到答案。惜字會的主要功能之一就是將惜字更通俗化，彭定求的惜字說提倡更廣泛的做法：如禁止鋪家用字紙包貨物、禁止用有字的紙做鞋、窗扇、雨傘、燭心之類，並勸店家用花樣代替字號、禁止人用字紙作還魂紙，甚至禁止在磁器底部描字等等。換言之，惜字會將字的神聖性推到極致，不單要珍惜有字的紙，而且要確保字不能出現在「不妥當」的地方。要達到這個目標，得集合多人的力量；而常州惜字會的做法則說明了組織的重要性；惜字會的成員定時捐款，集合所得的會費有幾項用途：主要是用來請「拾遺人」每日在城內外分四路拾棄於路上的字紙，這些拾遺人除了每日固定的工錢外，還可以按所撿的字紙的重量領賞錢，此外會費還用來購買許多與惜字有關的器具，如：分送各家的字簏（盛滿的紙簏由拾遺人送會）、鐵鉗、鐵鏟、竹籮、用以盛水來揭乾紙貼的竹筒、洒水用的棕帚、布袋、給拾遺人禦寒的絮襖、防晒的草帽、雨帽、草鞋、焚紙用的爐、盛紙灰的甕，以及支付送灰到河海中所有費用[22]。這些早期的惜字會比較專注在純粹的惜字活動之上，集中一地的財力來作系統性的惜字，一般會員可用有限的捐錢達到最大的積陰德效果，不用親自辛苦地去拾遺，而且還可收宣揚惜字之效。而拾遺這個工作，也變相成為一些別無謀生之技的人的糊口方法。惜字組織的出現可說反映了惜字行為的通俗化過程，以及惜字行為背後所代表的價值之進一步深入民間。

　　明顯地，早期的惜字會與普濟育嬰等善堂，在性質上有基本的差別，普育二堂有實際的救生濟貧功能，而惜字會主要是為了滿足會員宗教信仰上所需，是純粹為會員一己之利而發起的：「惜字為積善中大功課，功名之得失，子孫之賢愚，祿壽之增減，多由於此」[23]，並不像普濟育嬰堂之類標榜大同世界的理想。這也是為甚麼清初的惜字會鮮為方志編輯者所注重。因此清代早期的惜字會詳細資料不多，但從僅有的記

22　余治《得一錄》1969[1869]，12：1上-下；12：3上-8上〈彭南畇先生惜字
　　說〉、〈常郡修舉惜字拾遺會啟〉。
23　余治《得一錄》1969，12：2下〈惜字會分別緩急說〉。

載中已看出康熙時代已在江南地區有一些組織，而且得到著名的官宦及學者的支持及推廣。從方志的資料上看來，惜字會雖然康熙時代已有，而且乾隆一代也有零星的記載，但它們真正的普及化，應晚至嘉慶道光之際，而且這個普及化與惜字會結合著其他善舉有關，或者說，惜字會真正被方志等編者注意，是在越來越多綜合性善會出現之時，這些善會多半除了舉行傳統的施棺濟貧等善舉之外，還同時進行惜字。其實明代陰騭文類善書中提及的善舉本與其他善書無大差別，只是它們特別點出惜字紙的重要性，而且以考科舉的士子爲主要對象。清初的惜字會特別標榜惜字在諸善之中的首要地位，是強調了陰騭文的這個特色。到了乾隆晚期以後，許多惜字會已不單純地進行惜字活動，而配合著其他一般的濟貧活動，尤其是施棺掩骼等善舉，可說更接近陰騭文勸善的本意。

在方志中我們可看到這類的例子：常州武進陽湖地區的一些惜字會，在乾隆間已同時兼辦賑荒，如在武進懷南廂的惜字局，始於雍正十年(1732)，後來在乾隆廿七年(1762)的饑荒中擔任施粥的救濟工作，同一處的另一有惜字活動的懷仁堂，設在1766年，一開始即有拾撿路上枯骨並加以掩埋的服務；另一個在鄉間的惜字會則在1785年的饑荒中設義塚，收埋路上餓死之人；這類發展也不限於惜字會特多的常州，另一個特別關切掩骼的惜字會是蘇州的惜字會，這個會在雍正二年(1724)由地方上一對父子創辦於清真觀中，八年後一僧人將這個會擴辦爲埋骼會；到了更後期，其他地方的惜字會的活動再有所增加；例如江陰縣的樂善堂，在道光間創辦，舉行惜字與施棺兩項活動；同里的登仁堂(創於道光廿二年，即1842年)辦恤嫠、惜字、施米等活動；另一同善堂則在1836年設，除惜字外，還辦施棺、義學、施寒衣、掩骼、蓄汲等五善事[24]。除這些本主辦惜字，後來增加善舉內容的惜字會外，嘉慶以來許多新的多樣活動的善會都將惜字包括在諸善舉之中，如黎里鎮在嘉慶十七年(1812)設的眾善堂，其活動以埋骼爲主，施棺施衣惜字爲副；又如在太平天國之亂時被廢的甘泉縣務本堂，一向以施棺掩骼爲主，義學惜

24　《武進陽湖合志》1842，5：30上-下，29上；《蘇州府志》1883，24：14下；《江陰縣志》1878，1：50上，51上-下；《江陰縣志》1840，1：36下-37上。

字爲次，同地的文德堂，則以施藥、施粥、施衣、義學、惜字等爲主要活動 25。這只是無數的綜合性善會中的幾個較具體的例子，事實上，清中後期的許多惜字活動是在綜合性善會中舉辦的。

　　從方志資料的初步整理中看出，與惜字關係尤爲密切的施棺善舉，在嘉道之時最爲流行；以施棺爲主的善堂在整個清代共至少有592所，其中只有90個設在乾隆時代及之前；而至少有356個設在道光及以前，換言之，有266個施棺善所設在嘉道之際，是這個時期創設最頻繁的善會，而且與惜字會一樣較集中在江南地區；惜字與施棺善會的同時期出現顯然有密切的相關性。另一個指標是綜合性善堂，全國的綜合性善會先後共設辦了至少337個，除了約20個設在乾隆時期及以前，其餘的都設在嘉慶之後，在同治之後的尤多 26。

　　我們舉出與惜字會有關的其他善會來說明惜字習俗的普遍化，是因爲純粹惜字組織的數字難以統計。只有少數的施棺及綜合性善會列出它們所有的活動，大部分都只有簡略的記載，因此我們無法系統地計算出惜字活動究竟有多普遍，方志的編者最清楚難以估計惜字會數的原因，如1883年的《松江府續志》中有如此記載：「各廳縣志所載惜字局，茲皆載入，其有統於善堂而各廳縣志並未另立惜字局名目者，茲散見各善堂下，不復另立。」27 就是說明惜字會往往附屬於綜合性善會之內，而不另載；松江府的記錄仍算比較仔細，如果是一般記錄較不詳盡的方志，恐怕很容易只載錄綜合善堂的名目，而漏掉惜字的活動。不過，單從有惜字記錄的文獻中，我們仍可粗略地估計惜字活動普及化的大趨勢，初步的計算示出絕大部分與惜字有關的善會都設在嘉道以來，初時較集中在江浙兩地，後來則漸遍布全國(見註26)。

　　下列惜字會表只是一個初步計算，由於一方面很難從方志中得到完整的惜字活動的資料，而另一方面，江南地區的方志顯然較其他地區的方志更注意此項活動，記載也較詳細，其他地區的方志的有關記載多極爲簡略，我們無法有一全面而平衡的調查。下表只能反映惜字活動在清

---

25 《黎里續志》1898-9，2：18上-22下；《增修甘泉縣志》1885，6：21上-23
　　上；1881，6：18上-下。

26 梁其姿 1991，見附錄。

27 《松江府續志》1883，9：48上-49下。

代的大致發展趨勢[28]：

創辦年份	地　　方	會　　名	功　　能	資　料　來　源
康熙間	周莊鎮	惜字局	惜字	周莊鎮志1880、2：16上下
1724	蘇州	惜字會 （後廣仁會）	惜字埋骼	蘇州府志1883、24：14下
乾隆初	桐鄉	惜字會	惜字	桐鄉縣志1887、4：12下
乾隆間	武進懷南廂	惜字會	惜字施粥	武進陽湖合志1842、5：30上下
乾隆間	武進西半圖	惜字會	惜字義塚	武進陽湖合志1842、5：29上
1741	蒸里	惜字會 （共三）	惜字	蒸里志略1910、建置：1下
1766	武進懷南廂	懷仁堂	惜字掩骼	武進陽湖合志1842、5：30上下
1776	崑山	永安局	掩埋施藥惜字施棺	崑新兩縣補合志1923、2：5下
1778	濮院	惜字會	惜字	濮院志1927、9：12上
1803	鳳陽	與善堂	施棺施藥惜字	續纂淮關統志1881、9：16下18上
1812	黎里鎮	眾善堂	埋骼施棺施藥恤嫠惜字	黎里續志1898-9、2：18上-2下
道光間	昭文	繼善堂	育嬰惜字施衣藥收埋	常昭合志稿1899、17：10上
道光間	江陰	樂善堂 （朂善堂）	惜字施棺	江陰縣志1878、1：51上
道光間	新塍鎮	惜字會	惜字	新塍鎮志1920、5：7上
道光間(?)	甘泉	務本堂	施棺掩骼義學惜字	增修甘泉縣志1885、6：21上
道光間(?)	張堰	惜字會	惜字	重輯張堰志1919、2：3上
道光間(?)	南匯	惜字局	惜字燒淫書	南匯縣志、1927、3：26上
1822	江陰	同善堂	惜字施棺義學施衣掩骼蓄汲	江陰縣志1840、1：36下-37上47下上
1828	甘泉	文德堂	惜字埋骸施藥	甘泉縣志1926、1：8下上
1830	丹陽	積善堂	惜字	丹陽縣志1885、25：11上

---

28 梁其姿 1991。
　　此外，方志中多處可看出確實數應遠超過此，如武進及陽湖城鄉各有十一所惜字局（見《武進陽湖合志》1906，3：12-13），華亭縣六所惜字局（見《華亭縣志》1879，2：24下），蒸里有三惜字會（見《蒸里志略》1910，建置：1下-2上）；天津也有至少四個惜字社（見張燾《津門雜記》1884，中：3下）。

1836	奉賢	惜字局	惜字	松江府續志1883，9：48上下
1839	武進欽風鄉	惜字院	惜字	武進陽湖合志1842，5：38上
1840	華亭	惜字局	惜字	松江府續志1883，9：48上
1842	江陰	登仁堂	恤嫠惜字施米	江陰縣志1878，1：50上
1845	高淳	惜字局	惜字	高淳縣志1881，2：12下
1850	泰興	體善堂	掩埋惜字施藥施棺	泰興縣志1885，8：9上
1862	甘泉	復初堂	施棺施藥惜字	甘泉縣志1926，1：5下
1866	南匯	惜字局	惜字	松江府續志1883，9：48上
1869	吳縣	惜字局	惜字	吳縣志1933，10：10
1870	華亭	惜字會	惜字	松江府續志1883，9：48上
1871	上海	益善堂	燒淫書施藥施衣米	上海縣志1918，2：36上
1874	上海	放生局	放生惜字施醫	上海縣續志1918，2：36下
1881	崑山	敦善堂	清節普育惜字	崑新兩縣補合志1923，2：5下
1885	昭文	裕善堂	施藥施棺惜穀惜字	常昭合志稿1904，17：9下
1894	蘇州	悟修堂	惜穀惜字恤嫠	蘇州府志1883，24：14下
1895	上海	同願留心社	惜字賒棺	上海縣志1918，2：38上
1896	南匯三墩	明善堂	理嫠老掩埋惜字助賑施衣種痘施棺修橋	南匯縣續志，3：23下
1904	上海	廣仁堂	施醫藥恤嫠保嬰惜字	上海縣續志1918，2：39上
不詳	陽湖從政鄉	惜字院	惜字	武進陽湖合志1842，5：42下
不詳	南匯鶴沙	惜字會	惜字	南匯縣續志，3：23上
不詳	昭文	集善堂	育嬰惜字施棺	常昭合志稿1904，17：9下
不詳	青浦	惜字局	惜字	松江府續志1883，9：48上下
不詳	丹陽	惜字會	惜字	丹陽縣志1885，25：11上

　　惜字會與上列各種善事結合，大致上可分三類：第一，撿拾廢紙的部分很容易令人聯想起類似的其他行為，例如惜穀，因此同時後來也有惜穀會的組織，專門以同樣謹慎的態度撿拾地上的穀物，或惜字會兼辦惜穀的所謂「雙惜會」[29]；惜字會以焚紙來淨化的特色也使它與另一教化工作自然地結合：那就是焚毀「淫書」及一切異端文獻；彭定求在康熙時代的惜字會說中已提到利用惜字會燒淫書的做法：「更須杜賣淫

───────────

29　余治《得一錄》1969[1869]，12/2：1上-9下〈惜穀會條程〉、〈惜穀會俗說〉、〈惜穀會議約〉、〈推廣惜穀各條款〉。

書，務要劈其板，盡焚其書，無使藏匿留遺。」常州的惜字會條規中也聲明要收揭「淫邪藥帖等」貼紙，蘇州府在道光時出公文鼓勵惜字會的設立，並責成這些民間組織協助官府禁淫書：「售賣種子壯陽墮胎各種淫邪丹藥招貼，及茶館說書唱戲像聲雜耍包搖大會各色招紙，並江湖方技之流託名報恩揚名等單，俱經飭禁，嗣後再粘貼，一經察出著落，地保交出，本人照例嚴辦」[30]；換言之，就是利用拾遺人到處收字紙之便來查禁在官方眼中有傷風化的廣告及各種文學形式。至於清代文字獄所引起的風聲鶴唳，是否無形中也鼓勵了以焚字為主的惜字會的設立，如揭發戴名世案的趙申喬是惜字會的著名推行者，這個記載是否也反映了清代惜字另一種帶有政治色彩、禁制異己文化的深層意義，則目前沒有直接的證據證明，但值得深究。惜字的第三種特色是把字紙從污穢及沒有尊嚴的地方中拯救出來，再加以「妥善的」處理，這一點很容易讓善人聯想起施棺及掩骼等善舉；另一收集在《得一錄》中的惜字會文獻這樣說：「字紙而藏字簍，猶人之安常處順也，一遇遺棄道途，混入垃圾，甚至雜入糞穢，猶人之溺於水焚於火也，種種踐踏，目不忍見。」[31] 既然被棄的字紙都要被拾起，更何況道途上的棄屍、貧無葬身之地的貧人？這些自然成為一些惜字會要處理的對象。至於與惜字會結合著的掩骼之舉在此時普遍起來，是否意味著嘉道之際倒斃路邊的流民增多、已成為嚴重的公共衛生問題，則在這裡亦無法充分證明，但這個可能性還是有的。

惜字會所反映的心態

對現代人而言，惜字與其他濟貧活動一樣同列為善事，實在不可理解，因為惜字根本沒有受濟的對象。但是惜字會這個特色，正突顯了明清慈善組織的基本性格：行善首要的功能是滿足施者精神上所需，受濟者的客觀物質需求只屬次要考慮。從惜字會的運作中，可看出在明清人的觀念中，行善的目的有二：一可以教化社會，二可以幫助積德以改善本身及子孫的命運；所有符合這兩項條件的，均可稱之為行善，至於有

---

30 余治《得一錄》1969[1869]，12：1下，3下，8下-9上。
31 余治《得一錄》1969[1869]，12：12上〈惜字拯急會廣勸法〉。

沒有受濟的對象、受濟者的生活是否因而改善，還屬次要。在這方面，我們可看出雖然經過乾隆時代的官僚化過程，清代慈善組織的道德取向，與明末的善會並無不同；事實上，清前期以育嬰普濟堂爲主的慈善活動，多少掩蓋了明末以來慈善組織的主要目的之一：即解決施者本身的精神需求，由於所有早期救嬰濟貧活動看起來是純粹的施與行爲，善人的捐錢捐力有清楚而明顯的受惠對象，看來屬於單純的關懷社會的行動；然而清代中期以後漸普遍的惜字組織反映出對施濟者而言，惜字雖然沒有任何受濟的對象，但是與其他濟貧善舉沒有基本上差別。這樣的「行善」態度，也使當時訪華的西洋人感到訝異，英國傳教士W. Milne在1850年訪問寧波的一間綜合善堂，提到其中的惜字活動時，說：「這是中國人所指稱並相信的所謂『善行』。」他並注意到人們不單結社惜字，個人也往往自掏腰包以進行惜字，他因此認爲中國人，尤其是有教養的人，對字紙的尊敬是超乎所有限制的[32]。這些行善的特點雖然已蘊含在明末的善書及善會中，但要到清中葉以後才明顯地在社會生活中體現。

　　惜字會特別反映了清中後期行善人的心態及需求，尤其在宗教因素方面的複雜性。惜字這項活動可說真正地結會著儒、道、釋的宗教因素，其中以儒及道最爲顯著；雖然當時的學者多以爲惜字是結合著儒與佛的教義，佛寺也常舉辦惜字活動，但是佛教在惜字所代表的價值上的貢獻最不明顯。至於儒的因素亦比較表面，嚴格而言，由於最早實行惜字的是儒生，而大部分儒生惜字的主要動機是爲了積德，以增加高中以儒學爲中心的科擧的機會，所以雖然在思想淵源上儒教與惜字並無密切的關係，但儒生階層是主要實行惜字的人；或說儒學著重以文字爲中心的文化傳統，所以儒學與惜字應有最密切的關係，但是中國的兩個主要的宗教，佛與道，均有極重要的文字經典傳統，因此儒學與惜字的關係在這方面不見得必然比佛道更爲密切。在三教之中，惜字與道教的關係應最直接。惜字習俗主要源自文昌帝君的信仰，惜字實踐的重要性主要是由《丹桂籍》等與文昌神有關的道教典籍中提出，清代的惜字組織也處處反映出惜字與這個道教信仰的密切關係，從有崇高地位的學者如彭

32　Milne 1859，60。

定求等，到一般地方上不見經傳的儒士，顯然相當認同這個被明代政府廢除的道教神祇；如上文所述，最早提倡組惜字會的彭定求與他的子孫就親自爲許多與文昌神有關的善書寫過序與跋。

如果這點不能充分證明惜字會與文昌神崇拜有直接關係的話，另一更有力的證據是清代惜字組織多與文昌祠連在一起，如濮院鎮在乾隆時期創設的惜字會原在一道觀的文昌閣內；武進城內創於1758年的惜字會，說明「祀倉頡先師及文昌帝君奎像」，在1796年，這個惜字會的重建甚至是由一道士出資；而趙申喬在陽湖城內創辦的惜字會就叫「文昌閣惜字會」；陽湖另一創在乾隆早期的惜字會爲里人重整，設在當地的「文昌閣」內；桐鄉惜字會則自乾隆初年開始就設在學宮門外，「文昌閣前」；吳縣的萬年惜字局也是「內供文昌帝君」；嘉慶時期以在蜀清邪教收邪書有功的紀大奎(？-1822，1779舉人)於南昌與友人建惜字爐，「臨之以文昌之神」，他在蜀時亦曾到七曲山文昌帝君廟參拜，並作詩爲證 33；這類的例子在方志與文集中實不勝枚舉，處處可看出惜字行爲與文昌信仰的緊密關係。這也是爲甚麼乾隆時著名的官員陸燿(1752舉人，1785卒)說：「近人又因文昌之社，而有惜字之會，推其所以惜字之故，仍不出媚神以求富貴。」34 他的觀察可說十分精確。

儒生與惜字信仰

文昌信仰與惜字組織這種直接的關係能告訴我們甚麼？最主要的，是惜字會的普及化說明了文昌信仰的普及化，即從儒士階層普及到整個社會。文昌信仰原來主要流行在宋以來的儒生階層之中；彭定求在〈重刻文昌化書序〉說：「是書流播海內既久，學士大夫類有能稱述之者，然或出於祈禱之虛名，或本於修持之實意。」35 可見在明末清初之際，至少在江南地區，文昌信仰的確吸引了不少儒士，儘管這些信徒的目的不一：有的是爲了個人修養，有的是爲了世俗的虛榮而積陰德。但是，

33 《濮院志》1927，1：12上；《武進陽湖合志》1886，5：23上，28上；《桐鄉縣志》1887，4：12下；《吳縣志》1933，30：10；紀大奎 1808，《雙桂堂稿》卷四〈記〉：16上-下；《雙桂堂稿續編》卷一〈詩〉：3上。
34 陸燿 1979，69：4下。
35 彭定求 1726，2：7下。

直至明末的文昌信仰，似乎仍主要是儒士個人的宗教行爲，惜字活動也未被組織起來。從清初至盛清，儒生漸以集體的方式來進行惜字活動，說明了文昌信仰已逐步成爲儒生階層名副其實的「職業神祇」；清中後期以後，惜字再發展爲一般百姓的宗教活動，文昌信仰也進一步普及化。

　　盛清時文昌成爲儒生階層的職業神祇，是明顯的現象。此時的大儒錢大昕（1728-1804）曾爲饒陽縣縣學的文昌閣寫記，並在文中告訴讀者，縣學原有的文昌閣已傾圮，地方人認爲這與當地科第從此不振有關，因此經風水師指點，在「正確方位」重修文昌閣，當地知縣自然捐俸建新閣，「諸紳士欣然繼之，卜地創立新閣」，並請錢大昕寫記 36；同時代的梁章鉅（1775-1849）也說：「吾鄉家塾，率多供奉文昌。」這類的例子在清中後期多不勝數，我們也可在方志中找到佐證，不少例子說明惜字組織與學校及書院，即當地儒生的主要聚集場所有非常密切的關係。濮院鎮的惜字會創於乾隆時代，在同治間改建爲書院，華亭城內六個惜字局之一設在試院內，另一則在義塾內，在1840年由當地一廩生設；桐鄉的惜字爐建在學宮門外；武進懷南鄉的惜字院也設在書院內；張堰鎮的惜字局在光緒年間被改爲學堂 37。此外，惜字會始創人純粹是儒生的這個情形也極爲普遍。就算撇開康熙時期由人儒所創的惜字會不談，方志中由一般儒生所設的惜字組織極爲常見：周莊鎮的惜字局在1713年的重修，是由「里中諸儒家」所推動；華亭的六個惜字會之一是由當地一貢生創設；武進城內惜字局之一是由當地眾紳士在1758年集資創建；桐鄉在城中的文峰惜字局是由諸生所立，附近的屠甸鎮惜字會亦由當地諸生集資創立 38。在以描寫南京著稱的《白下鎖言》一書中，道光時代江寧人甘熙提到在城中文昌庵內的惜字會時即說：「惜字乃士人分內事。」39 最清楚不過地說明了清中後期文人因職業理由而惜字、並信奉

---

36 錢大昕 1989，20：328-9。

37 《濮院志》1927，1：12上；《華亭縣志》1879，2：24下-25下；《桐鄉縣志》1887，4：12下；《武進陽湖合志》1886，5：43上〈補遺〉；《重輯張堰志》1919，2：3上。

38 《周莊鎮志》1880，2：16上；《華亭縣志》1879，2：24下；《武進陽湖合志》1886，5：23上；《桐鄉縣志》1887，4：12下。

39 甘熙 1970[1890]，3：7上。

文昌的普遍現象。此時，文人斥責拜文昌帝君爲無稽的聲音，已微弱無
力了。

　　換句話說，惜字雖然是道教文昌信仰所鼓勵的行爲，但這個信仰在
明淸時代已成爲圍繞著科舉制的儒生文化中的一部分；或者說，惜字是
以舉子業爲志業的士人的宗教行爲。在明代到淸最初期，個別儒士以惜
字作爲修身、積德的一種手段，到了淸中後期，惜字漸成爲整個階層的
集體宗教行爲。美國學者包筠雅也注意到功過格發展的類似過程：明末
時著作功過格主要是個別的名士，入淸以後便漸成爲團體的創作[40]。其
實，儒學的思想及價值觀與文昌信仰及功過格等善書所代表的價值是否
真的能和諧相容，仍待斟酌。不少明淸大儒反對文昌信仰，明政府甚至
以不合禮爲由廢止文昌之祠，在在說明了正統儒學與文昌信仰之間本存
在著思想上的矛盾；事實上在《道藏》裡的一篇經文也指出梓潼文昌非
主司祿，而是一個可以擊碎人腦的神[41]，梓潼神的這種曖昧神格，更充
分地說明了儒學與文昌信仰之間應有比較緊張的關係。在明代，這種不
相容性仍淸楚可見，到了淸代，原來的緊張性逐漸鬆弛下來，這個變化
可從下述淸代幾個較著名的儒士對文昌崇拜的態度中看出。

　　淸初仍有極力反對文人拜文昌的儒士，有名的如顏元(1635-1704)稱
梓潼文昌帝君：「曰司天下士子科名貴賤，以欺弄文人，可謂妖矣」[42]，
可說秉承了明初曹端的較極端態度；但此時已沒有應和的聲音。比顏元
稍早的陳確(1604-1677)雖然終生厭薄舉業，並認爲拜梓潼帝君爲非禮之
事，但當他家鄉海寧的一所「惜字菴」的僧人要求他爲梓潼君題句時
(時爲順治十年，即1653年)，他亦不能免俗，但他所題的句，及所寫的
記則很值得回味，他的題句爲：「眾造此孽，留一字遺臭無窮；帝赫其
靈，化億身除惡未盡。」意思與一般推動惜字的儒士相反：他認爲寫字
者是「造孽」，文昌帝雖經無數的「化身」仍無法除盡此孽，即焚字並
非爲了尊重文字，而是爲了除孽；並跟著借題發揮，發出感嘆之言：
「那能盡毀群士業，一洗世界無纖塵。」並譴稱秦皇焚書，實在是做了

40　Brokaw 1991，160，236。

41　引自柳存仁 1991B，841註38。

42　顏元 1987，610-611《顏習齋先鬨異錄》卷下。

件好事，「定是文昌變化身！」[43] 可以說陳確用反諷的方式來批判當時科舉所造成的不良學風，他不像曹端、顏元般積極而直接地指出文昌信仰的不合禮，而將原來文昌崇拜與儒學之間的緊張性轉化爲一種憤疾的諷刺，這是因爲他很清楚禁止必然是徒勞無功的。

　　清初陳確對文昌信仰尚持諷刺的態度，到了盛清時期，大儒們的態度又再進一步「軟化」；上述錢大昕爲饒陽縣學的文昌閣寫記，文中不忘勸學子「讀孔孟之書，修程朱之行，而學韓歐之文」，並強調「束書不觀，游談無根，徒以揣摩剿襲爲功，而僥倖以祈神之我佑」的人，實不可取，但既然如是，爲何他不直接地反對儒生信奉文昌呢？可見地位崇高如他的盛清大儒，在當時大眾意見及信仰的壓力下，也不得不隨俗，爲縣學的文昌閣作應酬性的記；他雖在文中勸生員們不要「囿於流俗」，但恐怕連他本人也不相信這些勸諭的效用了[44]。與錢大昕同時的文人翟灝(1754進士，1788卒)則用另一方式來將文昌信仰「妥當化」，在他著名的《通俗篇》中，翟灝解釋文昌帝君並不是梓潼神，而應是西漢景帝時任蜀郡守、於成都興官學的文翁[45]，他這個解釋，明顯地是爲了將學校內的文昌信仰妥當化；既然禁止這個信仰已必然無望，所以唯有將神祇的身分稍爲「漂白」，以使這個儒生的職業信仰不致與儒學本身有太大的差距。但是他的努力也證明是白費的。乾隆一代名士中，與錢、翟二人同時的陸燿(見上文)的態度最直接，他說文昌之祀，「士稍讀書明理，皆灼然知其非禮」，而惜字又不如慎筆墨；但面對世俗儒士對文昌信仰的普遍的沈迷，他也只能作消極的反應：就是公開拒絕爲文昌惜字等說寫序之邀[46]。他明顯地早已放棄了打擊這個習俗的念頭。

　　這些著名儒士及官員面對文昌信仰普及化所表示的無奈，一方面反映了這個通俗道教信仰，從清初到乾隆時代已滲透了幾乎整個儒生階層，使得如曹端、顏元等純粹的理學家已成爲力量薄弱的少數分子。而另一方面，也同時反映出儒士階層內觀念、價值、行爲多樣性的發展趨

43　陳確 1979，《詩集》卷四，頁692-3〈惜字菴題贈悟源老衲〉；有關陳確指
　　拜梓潼爲非禮，見同書，頁510〈俗誤辨〉。

44　錢大昕 1989，20：328-9。

45　翟灝 1751，19：8下。

46　陸燿 1979，69：4下。

勢，大大地淡化了純粹儒士的極端意見，減低了儒學與文昌信仰間原有的緊張性；這個趨勢，很可能從其他行業的價值信仰中吸取了養分。

清代惜字會極能反映儒生階層信仰上的多樣性；關涉著惜字的宗教信仰的複雜性，上文已稍有提及；除了主要的文昌神外，還包括佛教及其他的道教神祇，在方志中所記載的事例中我們可清楚地看到這個特色。惜字會的佛教性格，可見於上文已提過早期設在周莊鎮的惜字會，該會後來的徵信錄中稱惜字是：「佛亦以其慈因果之說，勸誘天下以助儒教之所不及……藉佛之人崇儒之教，用其餘閒，收惜遺棄，而六書遂無狼藉垢污之患，此其有功於儒也。」[47] 將惜字之功歸於佛教。其他地方由僧人創辦的惜字會，或在佛庵中設辦的惜字會也有不少例子[48]，以火淨化的方式的確使得不少佛寺以惜字作爲主要活動之一。此外，盛清以來，與惜字會有關的道教神祇也不再限於文昌帝君，惜字會有時設在城隍廟內[49]，其他與惜字會有關係的通俗神祇還包括：真武（玄帝）、關帝、王靈官、猛將軍、呂祖、倉頡等，有時惜字會設在忠義祠、護國寺、它義祠、言子祠，及道觀如元妙觀、清真觀內[50]。

另一有趣的現象是惜字會與扶乩活動的結合。其中一個例子是崑山的惜字局，此局在嘉慶時與敦善堂合併，這個善堂後來除了進行惜字活

---

47 《周莊鎮志》1880，2：16下-17上。
48 在佛寺或佛庵中的惜字會例子：見《武進陽湖合志》1906，3：12下-13上（共三例）；《武進陽湖合志》1886，5：29上，38上，42下，43上（共五例）；《松江府續志》1883，9：48上-49下（共二例）；《華亭縣志》1879，2：24下（共三例）；《蒸里志略》1910，〈建置〉1下-2上（共二例）；《重輯張堰志》1919，2：3上；《新塍鎮志》1920，5：7上；《常昭合志稿》1904，17：9下；《崑新兩縣補合志》1923，2：5下。
49 幾個例子：《高淳縣志》1881，2：12下；《武進陽湖合志》1886，5：23上；《武進陽湖合志》1906，3：12下。
50 《丹陽縣志》1885，25：11上（惜字爐在真武廟內）；《武進陽湖合志》1906，3：12下-13上（一在忠義祠內，一在關帝廟內，一在護國寺內，一在它義祠內，一在猛將廟內）；《武進陽湖合志》1886，5：27下-28上（關帝廟內）；《武進陽湖合志》1886，5：37上，43上（一在靈官廟內，一在忠義祠內，一在元妙觀）；《松江府續志》1883，9：48上（言子祠內）；《華亭縣志》1879，2：24下（呂祖廟內）；上《海縣續志》1918，2：36下（信奉倉頡）；《江陰縣志》1878，1：47下-48上（信奉呂祖）；《蘇州府志》1883，24：14下（清真觀中）；《崑新兩縣補合志》1923，2：5下（信奉文武二帝）。

動外，同時還是里人扶乩之所[51]。換言之，惜字會會址已成爲扶乩的公共場所了；這也很可能並非個別的例子，只是方志的記載一般沒有如此詳盡而已。事實上，文昌神信仰與扶乩活動關係至密。乾嘉間學者昭槤（1780-1833）就曾以上述姑蘇彭啓豐家族爲例，指出士人信奉文昌神者常設乩壇以扶乩。雖然他極反對這「假鬼神以惑衆之事」，但也不得不承認當時人深信拜文昌、設乩壇有助於士人中擧[52]。這些複雜的宗教現象突顯了惜字會在乾隆後期以來的特色：雖然惜字原是士人用以修身的一種宗教行爲，而且這種行爲來自文昌信仰，但是到了此時，惜字活動已滲入其他更複雜的通俗信仰因素。這個發展反映了儒士階層所持的價值多樣化，亦同時處處暗示了惜字活動及文昌信仰所吸引的不再單單是士人，也漸包括了社會其他階層及行業的人。

　　至少在江南地區，文昌在清中後期其實已成爲相當普及的宗教信仰，並不限於儒士。上文提到在城隍廟內的惜字會爲數並不少，意味著這些惜字會也得到地方政府的正式認可，其中有的甚至是地方官創辦的組織，並有一般民衆的參與。從道光時期的文集中可以看出在江南地區的一些都市內，慶祝文昌帝君生日的節慶由地方官主持，邑內的士人多熱烈參與，「……如道宮、法院、會館、善堂供奉帝君之像者，俱『修崇醮錄』……雖貧者亦備分燒香，紛集殿庭」，稱爲「文昌會」[53]，可見其普及的程度。惜字活動也有同樣的發展，蘇州府在道光十九年（1839）出文鼓勵惜字會的設立，文謂：「本府查士讀儒書，固宜敬惜〔字紙〕，下之農工商賈，亦有子孫，無不望其顯榮仕進者。」所以人人應該積極參與惜字會的活動[54]，可見清中後期以來，連政府也積極地推廣惜字活動至一般民衆。

　　然而，文昌信仰及惜字的普及也意味著這些宗教行爲的意義比以前遠爲複雜。文昌及惜字不再單單代表儒生的心態與利益。例子之一是深受儒士所卑視的衙門胥吏，他們亦以文字爲生，固此也積極地參與惜字

---

51 《崑新兩縣補合志》1923，2：5下。
52 昭槤 1967（1880）〈續錄〉2：4上-下。
53 顧祿 1986，2：48-50，此書記蘇州在道光時代之習俗。
54 余治《得一錄》1969[1869]12：8上-11上〈蘇州府正堂李示〉，道光廿年三月示。

組織，但是江南的胥吏並不拜文昌，而拜倉頡[55]；這種分別說明惜字行為對不同職業的人有不同的意義；對有希望入仕的儒士，惜字是帶來祿運的陰德；對以寫公文爲生、無緣中舉的胥吏，他們也理所當然地拜創字的倉頡，而非掌祿運的文昌；至於其他的「農工商賈」，無不希望子孫「顯榮仕進」，也自然參與惜字集體活動，但他們所拜的神則當然不限於文昌或倉頡，還包括「主宰」他們生活其他範圍的神祇；惜字會與諸多神明有關係也就不足爲奇了。因此這樁應是「士人分內事」的惜字行爲，到了清後期已成爲普遍的宗教行爲，並不局限於文昌帝君信仰了。同樣地，文昌帝君也不再是儒士所獨拜的職業神，清代許多與文字有關的行業也以文昌爲行業神，如書坊業、刻字刷印業、鐫碑業、紙業、文具店等商號多拜文昌神，說書人也以文昌爲他們的行業神[56]。文字與文昌原爲文人之「專利品」，到了清中後期，都市化、商業化及科舉文化的深入社會，已使得惜字會與文昌信仰非常地通俗化了。

　　清代各種民間通俗信仰之進一步普及化往往影響了上層的政策。文昌祠被明政府廢止後，文昌信仰與惜字活動等卻在民間日益流行，如上文所述，到了嘉慶期間可說已極爲普遍，這個發展可能影響了嘉慶初文昌祀再被正式承認。官方在1801（嘉慶六年）正式將文昌神入祭典，在咸豐六年（1856），文昌祠甚至被升格爲中祀，與長久以來被官方承認及崇拜的關帝並列爲一文一武之神祇[57]。官方的正式理由是嘉慶五年（1800）時梓潼帝君在四川再次顯靈，協助皇軍平定當地白蓮教之亂，換言之，梓潼再次「扮演」晉至唐宋間協助皇室平亂的一貫角色，以「顯示」他的正統性，及對朝廷的忠誠。亂平之後，嘉慶帝馬上爲此下令重修成化以來即荒廢的京師文昌祀，事成後更親自謁拜，謂文昌「主持文運，崇聖闢邪」[58]。到了光緒時，已有人觀察到「今文昌之祀遍天下矣，隆重

55　俞樾 1977[1883]，15：2下-3上。
56　李喬 1990，144-148；中村元等監修 1974，263-265；郭立誠 1957，64-65。
57　關帝入祭典遠比文昌爲早，但同樣地經過「儒化」階段，請參看 Duara 1988，139-148。
58　《清史稿》1928，〈志〉59，卷84，禮三；嘉慶帝還要大學士朱珪（1731-1807）寫〈敕建文昌帝君廟碑〉，朱珪得在經典中爲文昌之入祭祀找各種解釋；又見《清實錄》1969《嘉慶實錄》六年五月83：9下；朱珪 1936 2：23-24〈敕建文昌帝君廟碑〉。Kleeman 1988，101-104。

幾與文廟等」[59]。換言之，在社會日漸不安定、各種異端教派威脅著政權的時代，清中央將在禮法方面身分曖昧的、神格可疑的、但深受民間信仰而且對正統意識形態並無威脅的神祇納入禮制，並稱文昌「主持文運，崇聖闢邪」，強調神祇的「靈驗」性[60]，即是利用這個深入民間、遍及各階層的信仰來安定社會，並同時藉此宣揚其正統性及忠誠以教化百姓。

惜字會的普及化說明了兩點：第一點是清代通俗文化的複雜性及強化；文昌神自宋以來主要受儒生士人所信仰，惜字組織是這個道教信仰的通俗體現，清乾隆後期以來惜字會的普及化反映了儒生階層所代表的價值更深入地滲透民間，而另一方面，通俗的、普遍存在於社會各階層間的一些非正統儒家的價值也進一步地影響了儒生階層的思想行為。包筠雅也提出儒家思想包容性甚強的看法，即明清以來儒家系統容納了非正統的功過格報應思想[61]。明中後期以來的中國社會是上下階層文化雙向交流極為熱絡的時代。這發展趨勢使得文昌信仰原來牽涉的禮制顧忌日漸淡化，雖然嘉慶之前官方禮制並不承認文昌的地位，而且嚴格而言，拜文昌神並不符合儒家正統的「禮」，不少大儒也一直排斥這個信仰，但是這個神祇卻越來越為社會所接受，反而促成了在嘉慶六年文昌的重入祭典，再次正式成為國家級的神祇。

第二點是儒生階層心態「世俗化」的發展；由於惜字會與文昌崇拜原本是儒生階層的活動與宗教，惜字會亦反映了大部分儒生的世界觀。清代因參考科舉人數的不斷增加，而生員數目自明末以來，一直到十九世紀中葉都沒有增加，停在最初年取約二萬五千多名，總數約五十萬之數[62]；使初級的科舉競爭日益激烈，做成一種要求「速成」的惡性競爭；道光之時：「人期速效，十五而不應試，父兄以為不才，二十而不與

59 陳其元(1811-1881) 1989，149。
60 有關通俗神祇之「靈」與否，以及這個性質與神祇的受信程度的關係，參看 Sangren 1987，第八章。
61 Brokaw 1991，239-240。
62 Ho 1964，180-181；陸以湉(1801-1865) 1984[1856]，21：「今天下歲取生員二萬五千三百餘名，約計現在之數，以三十年為準，凡歲試科試各十，共得員五十餘萬名，可云盛矣。」

膠庠，鄉里得而賤之」[63]，儒生階層的社會身分也因而變得越益複雜，尚無舉人以上功名的儒生的社會地位恐怕亦日漸低落[64]，這在學風特盛、科舉競爭最爲激烈的江南地區更是如此。這些變化使得高居四民之首的「士」，無論在社會身分定義方面，或思想行爲方面，越來越沒有純粹性，或一致性；姑且不談社會經濟地位崇高，或有特別思想及學術貢獻的個別大儒，絕大部分的「士」，即無較高功名、亦無豐厚祖產、感到前途未卜的儒生，恐怕在價值取向方面、社會行爲方面難以分別於其他階層或職業的人。精神上得依賴職業神明，如其他行業一樣，也就不足爲奇，亦不會以「怪力亂神」來自責。張之洞(1837-1909)在同治時代(1870年左右)在四川觀察到當地士人沈迷扶乩，並收到一士人送來的一本著作，內容竟是「將《陰騭文》、《感應編》，世俗道流所謂《九皇經》、《覺世經》，與《大學》、《中庸》雜糅牽引，忽言性理，忽言易道，忽言神靈果報，忽言丹鼎符籙，鄙俚拉雜，有如病狂」[65]。張之洞對這種書的驚愕，正說明了此時少數精英與一般儒生之間，在心態上的巨大鴻溝[66]。

在明代，依賴功過格、惜字等非純粹儒家行爲尚爲不少大儒作爲修身積德之用；到了清中後期，這種宗教行爲已進一步形式化、集體化及世俗化，成爲儒生的職業性信仰，並逐漸吸收更多其他通俗信仰的因素。惜字會的這種發展，並沒有因而疏離了儒生階層，反而吸引了更多其他各行各業的人，結合著各類善舉，以行善積德作爲號召，成爲一項

63　引自桐城文人戴均衡(1814-1855) 1979，48上-下，原引自Woodside 1990，173。

64　有關十八世紀後期在庠儒生的經濟及社會地位低落的問題，可參看Woodside 1990，158-184。

65　張之洞　1963 [1937]，204：8下，本人對這條資料的注意亦源自 Woodside 1990，176。

66　這鴻溝猶如十六世紀意大利司法官與小鎮磨坊主之間的心態差距，見Ginzburg 1980。書中這個會讀寫的磨坊主熱愛閱讀，並擁有許多用通俗語言寫的經典著作，他的宇宙觀混合著他所理解的書本知識與他的實際經驗，其中不少來自傳統的口語文化，但是他的世界觀被司法官視爲「異端」，他最後被處死。本書已是西方通俗文化研究的一本經典之作，見梁其姿 1990。

近乎全民的活動[67]。

除惜字會之後，另一類前所未有的新善堂：以救濟清貧年輕寡婦的「清節堂」也同時在乾嘉之際開始盛行江南地區，後來更普及全國。雖然這兩種善堂的功能完全不同，但是它們所顯示的價值取向卻有很多相同之處，主要反映了「儒生化」的心態發展。下文即就清節堂的發展作分析。

二、清節堂 [68]

十八世紀最後的三十年間，江南地區出現了一種新的慈善組織，那就是救濟年輕寡婦的恤嫠會或清節堂；以往對這種善堂的研究多集中在太平天國之亂後[69]，有的學者甚至誤以為清節堂的出現是由於太平天國之亂使得青年寡婦激增。其實專門救濟節婦的慈善組織早在乾隆時期就出現，最早對此發表詳細論文的是日本學者夫馬進，他的論文清楚地指出，最早的清節堂構想見於清代揚州考證學者汪中在1773年給友人的一封信中，一年後這個構想大體上在蘇州實現[70]。

不過，雖然清代清節堂的發展史得到一定的澄清，但是關於救濟節婦的組織仍有許多值得深入討論的問題，因為這種組織牽涉較鮮明的意識形態色彩，同時也關係著更複雜的社會力量：貞節問題、家族對節婦援助的模式、中央政權的意識形態、日益嚴重的社會不安、地方社會維護正統思想的力量等對清節堂的舉辦有不同的影響。下文所主要分析的就是這些層面，以及清節堂所反映的社會心態問題，最後一點與惜字會所反映的互相呼應。

恤嫠會與清節堂等救濟青年寡婦的組織，在1773-1774年江南地區出

---

67 自清中後期以來，惜字組織已普及中國的邊陲地區，乾隆四十二年(1777)台灣地區已有惜字組織活動的記錄，現士林神農宮碑林中仍存有嘉慶廿五年(1820)及道光五年(1825)的〈敬字亭碑記〉；澳門的蓮峰廟內也有一光緒初期的〈倡善社惜字會碑〉；見劉枝萬　1962，7-8；林萬傳　1992，189-191；李德超　1991，181。這類的例子如仔細追索，必然很多，可見惜字活動深入民間的程度，直至今天，仍有老一輩的人虔誠地以傳統方式進行惜字：見郭漢辰　1993。

68 下文改寫自Leung　1993。

69 高邁　1990[1935]，199-206；Lum　1984；Pao-Tao(鮑家麟)　1991。

70 夫馬進　1991，31-131

現後，很快地普及各地。從第一所恤嫠會開始，到太平天國之亂爆發之前，約七十年間，全國已有至少五十六所救濟寡婦的慈善組織，遍布江蘇、浙江、湖南、廣東、福建、陝西、四川、貴州、河北各省；其中江浙地區最多，兩省共有四十一所，占百分之七十三強；1850年以後，清節堂的組織發展更令人矚目，到十九世紀末爲止，這五十年間（1850-1900）至少共有一百三十二個新的救濟寡婦組織成立，除原來已有的省分外，還進一步遍及湖北、甘肅、安徽、雲南、河南、山東等地；清代最後的十一年，仍有廿八所新的組織成立，最後一省有清節堂的是江西。簡而言之，1773年到1911年間，全國共有二百一十六個救濟寡婦的善會先後成立，這兩百多個組織主要專門救濟青年寡婦，還沒有包括兼濟寡婦的綜合性善會在內，可見這個新興的慈善事業在清末期間在社會所引起的鉅大共鳴[71]。

如果將恤嫠會清節堂等組織與其他清代主要善會，如育嬰堂、普濟堂、藥局等作比較，我們會發覺清節堂成立的時間晚了許多，因而數量比較少。清代第一所育嬰堂設於1655年，整個清代有至少九百多所育嬰組織先後設辦，而普濟堂與藥局等組織也早在十七世紀後期成立，相較之下，清節堂的出現比這些善堂晚了一個多世紀。也正由於這個不尋常的時間距離，讓我們意識到清節堂出現的獨特社會意義。這個新善會的出現反映了在乾隆晚期以後，日漸不穩定的社會狀況與以貞節爲中心的意識形態之間的鴻溝不斷增大，儒生階層的價值受到了越益強烈的社會挑戰，而引發這個階層的儒生積極地以行善的方式來保衛他們的價值觀。如明末清初的善會善堂一樣，清節堂的成立主要基於施善者的主觀意願，客觀的社會條件其實並不利於貞節觀的堅持與普及。下文主要申述及解釋這一點。

寡婦守節與清節堂

顧名思義，清節堂之類的組織，與貞節觀念的傳播有密切關係。有關明清時代婦女貞節觀念強化的現象，一向是反傳統學者關心的課題，

---

71 見梁其姿　1991，參考本書「附錄」。此計畫並未包括吉林、黑龍江、新疆、青海、西藏及蒙古等地，這是因為這些地區的相關資料太少。

尤其在本世紀初的反傳統思潮中，強迫寡婦守節被認為是最要不得的封建糟粕之一，而一般認為這是宋代理學發展的結果；換言之，是一種「反動」的保守思想所引起的迫害女性的結果[72]。較近期的西方學者則傾向於在其他方面找尋解釋，如澳洲學者Holmgren從財產權的角度分析，認為宋以來再婚婦女的財產權的削弱是寡婦甘願守節的主要動機；而美國學者Mann則認為守節其實是年輕寡婦用來抗拒外來性騷擾的有力藉口[73]。貞節觀在明清兩代強化的事實，必然會繼續不斷地引發起各種解釋[74]，也會帶來不同的爭論。但在明清貞節問題上，至少學者們會同意一點，那就是到了十九世紀，貞節牌坊的建立已非常普及。英國學者Elvin稱十九世紀貞節牌坊的建立已是「生產線」的形式；而Mann則認為普及化情形及救濟貧窮寡婦的清節堂等的出現，實際上反映了民眾對上層社會行為「慢一步的模倣」（lagging emulation）[75]。換言之，上述學者認為到了十九世紀，貫徹寡婦守貞已不再是上層社會專有的玩意，而普及一般民眾，也因此喪失了某種「高貴性質」[76]，意味著守節作為符號資本的價值已不如前。

　　不過，雖然清後期可能因被表揚的節婦太多而使得守節行為不再激

72　這個想法見於陳東原1937年出版的《中國婦女生活史》中，見陳東原1978[1937]，177-182；而這個立場至今也並未被推翻，持同樣看法的學者一直沒有脫離陳東原的分析架構，只是在資料上略為增修。

73　Holmgren 1985；Mann 1987。

74　最近較引起爭議的是田汝康的著作，他認為清代婦女守節殉節等行為與男性考科舉的焦慮有直接因果關係；見T'ien 1988。

75　Elvin 1984，135；Mann 1987，51。

76　其實有關節婦得到旌表這個禮典，並非單純的由上傳下地發展；明初的法則本來只允許普通百姓的寡婦申請貞節牌坊，有功名及有官位者的寡婦並沒有資格受到旌表；到了1523年，這個法例始放寬範圍，不准申請牌坊的人只包括舉人以上的有功名者的寡婦，及已因其夫之功職而被封命婦的寡婦，使得有下級功名的人及小官員的寡婦都具有資格；見《大明會典》1587，79：8上-下，10上-下。清代大致上循明例，雍正帝一再重申明代所定之法規，見《欽定大清會典事例》1899，403：20上-下；但後來旌表的資格再放鬆至滿清貴族的寡婦，明顯是滿族漢化的後果之一，見《欽定大清會典事例》1899，403：8下-10上；Elvin 1984也略有提及。
　　換言之，對旌表的嚮往並非單純地從上層社會遍及下層社會，明代中下層官僚及有功名的人，及滿清貴族都明顯地為爭取旌表的資格而作了努力；而明初旌表的原意只是為了鼓勵百姓接受貞節這個價值。

發新鮮感，但其實這並不表示貞節觀在此時只徒具形式，或已喪失其文化價值上的效用。相反地，清節堂等的出現正反映了貞節觀對社會的影響，於此時達到極致，也最全面。換言之，貞節觀的真正社會意義，在此時才最透徹地呈現出來。清節堂雖然以濟貧窮寡婦爲主，但是這些機構的救濟原則處處反映出對貞節的重視。在組織模式上，清節堂與育嬰堂、普濟堂等無異，主要由地方有名望之人當董事經理，經費則來自地方的捐募或個別地方官的捐俸，以及來自善堂不動產的租收，這些不動產或以捐款購置，或來自政府的撥地及個人的捐贈 77。不過清節堂與其他善堂最不同的地方，在於救濟的標準；其他善堂主要是濟貧，而接受清節堂接濟的寡婦則主要得符合貞節的標準，就是說，道德的考慮更爲重要。

其實如本書第二章所述，明末清初以來的善會與善堂本來的道德取向甚強，只是經過雍乾二代的官僚化發展，這方面的性質被管理及財務問題所掩蓋，這個發展，本書在第三章亦已論及，於此不多贅。簡單而言，到了乾隆末期，絕大部分的善堂專注於濟貧，已較少像明末的同善會一樣，以公開的教化式演講爲主要活動。這個發展令人發生錯覺，以爲清後期的慈善運動已成爲純粹的濟貧活動，道德訴求已不是目的。然而，清節堂在此時的出現，正說明了道德訴求仍然是清代慈善活動的首要動機。寡婦如果只是貧窮，未必能有足夠資格接受清節堂或恤嫠會的救濟；受濟寡婦最主要的條件是她可能成爲法律定義下的節婦，即有可能得到旌表的寡婦。大部分的清節堂、恤嫠會都依政府對「節婦」的定義，這個定義其實由元代政府在1304年所定：所謂「節婦」，必在三十歲以前喪夫，並守節至五十歲以上，合符這些規定的寡婦才有資格申請旌表。換言之，被稱爲節婦的寡婦起碼五十歲，並已守寡二十年以上。雖然法令在實際上施行時對守寡年齡、年數等會有彈性的考慮，但是尊守節婦定義的精神——即喪夫的年齡必需低，而守寡的年數必需長——則成爲清節堂決定受濟者優先性的最主要標準；換言之，寡婦申請受救濟時年齡越輕越有優先權，因爲年輕守寡的日後成爲「真正」節婦的機會才較大。寡婦貧窮與否反而是次要的考慮。

---

77 有關一般善堂的管理及財政組織，請參看本書第三章。

　　最早成立之一的丹徒恤嫠會（成立於1785年）的規條就清楚地將受濟者的優先分爲四等：最優先的是未婚夫已歿而誓死不嫁的所謂「貞女」，其次是三十歲以前喪夫的寡婦，再其次是三十以上四十以下喪夫的寡婦，最後是四十以後喪夫的寡婦。這四等有資格受濟的婦女依次分別每月可得一兩、350錢、280錢、200錢的救濟金；同時只有貞女的養子，及四十歲以前喪夫的寡婦的兒子才可以得到善會的資助入地方的義學讀書。丹徒善會的規條是做第一個恤嫠會——蘇州長洲縣恤嫠會——的規條，而蘇州善會的規條明顯地成爲後來其他善會的規範[78]。當然並非每一善會的規條都一成不變，但主要的精神與原則是一樣的。一些善會只救濟三十歲以前守寡的婦女[79]；有的只說明寡婦受濟時的年齡，而不說明她們喪夫時的年齡；有的則在規條上清楚注明收容經濟情況並不差、擁有田地的寡婦，這些寡婦入堂主要由於財產繼承等問題與夫家的關係緊張[80]。換言之，單純以貧窮作爲救濟寡婦標準的善會極爲少見[81]，而就算這些少數以濟貧窮寡婦爲主的善會，也多不接受五十歲以上的寡婦，這些年紀較大的婦女得進普濟堂或養濟院；清節堂、恤嫠會等組織主要是收容年輕的、具生育能力的，即有再婚可能的寡婦。

　　許多清節堂等組織的主要功能，除了救濟有所需的青年寡婦外，還有代表她們向政府申請貞節牌坊，因此對受濟寡婦的年齡要求特別嚴格[82]。爭取貞節牌坊成爲不少善堂的目標之一，其中一個理由是清代對節婦的定義不斷地放鬆，使得更多的寡婦有資格申請；原本只有五十歲

78　《丹徒縣志》1879，36：45下；余治《得一錄》1969[1869]，3：2上-下。

79　如高郵州在1844年成立的立貞堂（見《再續高郵州志》1883，7：6下），上海的全貞堂（1846）、清節堂（1871）、保節局（1840）（見《上海縣志》1872，2：24下；《松江府續志》1883，9：17下-22下；《上海縣續志》1918，2：43上-下）。

80　松江府的全貞堂（1829）有這樣的說明，見《松江府續志》1883，9：17下-18上。

81　筆者在各種資料中只找到三個救濟寡婦的組織以貧窮爲主要的收容標準，一個是高郵州的恤嫠新會（1841），這個組織將寡婦分爲四個不同程度的貧窮而救濟，見《再續高郵州志》1883，7：5上；寶山縣附近的楊行鎮的恤嫠會（1840年代）是第二個例子，這個組織將寡婦分兩個程度的貧窮，見《寶山縣志》1921，11：4下；四川南溪的善會是第三個例子，見《南溪縣志》1937，2：30下。

82　《丹徒縣志》1879，36：45下；余治《得一錄》1969[1869]，3：2上-下。

以上、已守寡起碼廿年的寡婦才有資格申請，但許多五十歲以前逝世的寡婦往往只守了十五年、十年、甚至六年的寡，就可以申請旌表[83]。這方面的法則的變化也解釋了爲甚麼不同善堂對寡婦入堂資格有不同的年齡限制，但無論如何，這些在守寡年齡、入堂年齡方面的種種規定，清楚地顯示乾隆後期出現的恤嫠會等組織，主要的目標其實是鼓勵婦女守節，濟貧只在其次。

　　到了這裡，我們不禁要問，如果從十四世紀開始政府已用旌表的方法鼓勵婦女守節，而明末的善書也以救濟節婦爲最大的陰德之一，而當時的同善會等組織也以救濟節婦爲優先[84]，爲何專門救濟寡婦的慈善組織會晚至十八世紀後期才出現？此時育嬰堂、藥局、救生局等慈善組織已面世百年以上，普濟堂等也出現了半個多世紀。筆者認爲清節堂、恤嫠會等以節婦爲救濟對象的善堂出現在貞節觀與社會現實條件有最大矛盾之時。這些救濟寡婦的組織是在社會物質條件最不利於貞節觀發展之時，地方紳紳用以拯救及鼓勵貞節觀的方式。這些組織也清楚地反映出明清慈善運動中儒生化發展的最高點。下文即就這些問題作分析。

搶醮現象：貞節理想與社會現實間之鴻溝

　　青年寡婦守節的困難之處，在於往往要克服許多現實生活中的難題，其中最迫切的莫過於孤兒寡婦日常生活所依的問題。基於這個切實的考慮，不少明清的有識之士都反對過分執著於貞節觀，而認爲寡婦的生計應是優先的考慮，如果現實生活無法解決，寡婦再嫁是無可厚非的事。乾隆時期的著名地方官汪輝祖（1730-1807）即勸人不要對寡婦守節作過分的要求[85]。除了孤兒寡婦的生活問題之外，守節的實現還會遇到另一項困難，就是牽涉著財產繼承的問題：有學者指出就算寡婦本身有心守節，但是她丈夫的家人很可能會逼她再嫁，使她喪失繼承丈夫財產的

83　在十九世紀下半葉某些地區可看見短至六年的守寡年數，有關這些年數的變化，見《欽定禮部則例》1844，48：11上；《江蘇省例三編》1883，2：9上-下〈常熟縣採訪填報單條款，1881〉；《江都縣續志》1883：12下：21下

84　梁其姿 1986，57；Brokaw 1987。

85　汪輝祖 1935[1889]，3：18上-下。

權力，藉此吞沒她原可得到的遺產，甚至有某些情形下，可併吞她初嫁時從娘家帶來的嫁粧[86]。換言之，明清時代寡婦再嫁的壓力，最初主要是來自兩方面：貧困及夫家貪財的企圖，因此當時的道德家多將保護青年寡婦的責任，責成於她夫家，認為她的家人有義務成全她守節的心願，應在物質上及道義上全力支援她。陳宏謀就任江南時就大力鼓吹家族應保護族內的青年寡婦[87]。汪與陳兩個著名官僚的意見反映出清代寡婦再婚的壓力其實很大，而成全貞節這個道德理想的責任，不單在寡婦本身，也在她夫家的家族身上。

　　不過，大概從十八世紀初開始，寡婦再嫁的壓力已明顯地不單是純粹來自本身的窮困或家庭的強迫。在江南商業較繁榮的地區，如松江地區，已見有組織的無賴用各種手段威逼或欺騙寡婦再嫁，並向娶寡婦的人家勒索巨額金錢作為酬傭；他們的方法包括散播不實的謠言，令寡婦蒙上姦淫的污名，使得她無顏再守節，只得再嫁；有時這些無賴乾脆用暴力的手段，強擄寡婦，逼她們出嫁：「甚至威逼劫孀，奚敢論聘金多寡」，結果是：「可憐娶婦之人，罄家揭債；再婚之婦，人去財空。慘至年齒相懸，富貧不等，悲風怨雨，自盡喪身者，又不知凡幾」，這些日漸普遍的情況使得康熙時代的地方官不得不立碑以禁止[88]。稍後的陳宏謀也在十八世紀中葉觀察到地方無賴強迫寡婦出嫁往往引起這些寡婦自殺的慘劇；另一個十八世紀的地方官朱椿（1709-1784）也指出地方惡棍強搶寡婦的事件是地方官必需正視的社會問題[89]。這些問題最初發生在經濟最為活躍的地區，地方官在十八世紀初即注意到，發生的時間可能更早[90]。工商業市鎮內的有組織暴力罪案問題，自明末以來已常有記載，成為地方官頭痛的社會問題，無賴、打行、蟻棍等名詞早在明代已

86　Holmgren　1985，12-14；Ebrey　1991，18-19；有關寡婦被迫再嫁的家庭因素，夫馬進最近作了較細細的研究，參看夫馬進　1993。

87　《蘇州府志》1883，3：35上-下，引陳宏謀〈風俗條約〉（1759年）。

88　《上海碑刻資料選編》1984，449-450〈青浦縣為禁地方弊害告示碑〉（1701年）。

89　陳宏謀　1869，文檄　46：2上-4上〈保全節義示〉（1760）；戴肇辰《學仕錄》1867，7：10上-19上，朱椿〈管見十二則〉。

90　夫馬進為明清時期寡婦被逼再嫁提供了較多例子，見夫馬進　1993，249-287。但是他沒有指出這個逼寡婦再嫁何時開始成為嚴重社會問題。

為人所熟悉 91。不過明中後期以來這些都市無賴的作為，似乎較少涉及搶寡婦的暴行，或者這類罪行仍沒有頻繁到引起地方官注意的程度；但在康熙時代這種案件已開始引起官方的注意，到了十八世紀中期，已成為頗為嚴重的社會問題。

在太平天國之亂發生前夕的十九世紀中葉，搶寡婦的案件在江南發達地區如蘇州、松江、太倉、嘉興、湖州等已非常普遍。就算在較偏遠的地區，如阜甯，也有這種案件。據十九世紀的記載，江南地區的人將搶寡婦分為三類：一是爭醮，一是逼醮，一是搶醮。顧名思義，三種強娶寡婦的方式都是充滿暴力的，也都是違反著寡婦本身的意願的；組織這些暴行的主要是地方「蟻棍」、「無業刁民」之類，目的不外乎向寡婦本家勒索，及向欲娶寡婦的家庭索取錢財。十九世紀後期這類情況更為嚴重，江南地方政府不斷地發公告禁止這類行為，但似乎並沒有產生太大的阻嚇作用 92。地方政府也不斷採取較嚴屬的措施來懲罰搶孀的人，搶醮的人可被判斬首或絞刑；沈葆楨（1820-1879）當江蘇總督時（1875-1879），在泰州和嘉定就至少處決了三個搶孀的罪犯 93。

除了嚴刑外，江蘇省政府還實行了更緊密的措施來防止搶孀，主要的方式是動用了保甲和鄉約制度來監視社區內的情形。地保等人得將他管核區內欲守節的青年寡婦名單交給縣的鄉約總局；而鄉約總局，或地方的「紳董社長」即按著名單發一種單式給這些寡婦，說明她們願意守節；她們可將單式貼在門外，以阻嚇欲逼她們再嫁的人；這些單式也可以用來作為控告搶醮罪犯的證據。家世清貧的寡婦除得到這種保護外，還可以得到鄉約局發給生活補貼；這一切的經費主要由地方有名望之士及地方官的捐募。地保等亦可因為執行保護寡婦的政策有功而得到獎勵；在一些地方，如果在一年之內沒有搶醮的事件發生，地保可以獲得另一年的任期，如果三年內都沒有搶孀事件，地保更可得到一面銀牌。

---

91 上田信 1981。

92 見《江蘇省例》1869，2：3上-下〈嚴禁逼嫁搶醮〉（1867）；《江蘇省例續編》1875，2：3上-下〈嚴禁搶孀逼醮〉（1875）；《江蘇省例三編》1883，2：4上-下，2：11上-下〈通飭嚴禁搶孀逼醮告示〉（1880），〈通飭嚴禁誘拐逼醮保全孀婦〉（1881）。地方志也有記載類似的地方法令，見《阜甯縣志》1886，1：5下-6上。

93 《江蘇省例續編》1875，2：3上-下；《江蘇省例三編》1883，2：4上。

這個制度，在十九世紀江南地區一般稱爲「保節局」，或「保節防奸局」；從資料上看來，這可能是上海鄉約局所創辦的制度，而且很快地便被其他地區的鄉約局模倣，如常熟、靖江、南匯、江都等地皆有類似的措施 94。保甲制不單與鄉約局配合，而且非官方的清節堂等也往往依賴地保等人的協助；如上海的清節堂不但靠地保來爲申請入堂的寡婦的身分作擔保，而且每次地保成功地引進一名合格的寡婦入堂，他就可以得到七百文的報酬 95，是一筆可觀的收入。捍衛貞節的努力，在十九世紀幾個商業最繁盛的都市內，真正地落實到社區之中。

　　搶醮的現象與因應的措施極可能反映了江南商業發達地區的嚴重兩性不均問題。雖然在官方文獻或仕宦文集裡，搶孀等社會現象一般被解釋爲社會道德日下、風俗敗壞等所帶來的結果，但是這些其實都不是真正的導因，因爲這些所謂原因其實無法針對任何具體社會現象而作圓滿的解釋，而所謂道德敗壞等口實，其實是極爲主觀的，實在不能解釋獨特的、客觀的歷史社會現象。搶醮現象的一個較可能的解釋是兩性不均，尤其在商業活動頻繁的地區，屆適婚齡的男性多於女性，使得有生育能力的女性在婚姻市場中價值大升。而經濟能力較差的家庭，不得不依賴暴力及不法的手段來取得妻子。當然，這個推測在沒有精確的人口數字的支持下，仍然只是一個推測。何炳棣的人口研究雖然指出在1776-1850年代間，江蘇省的男女比例是從128.1對100，至135.1對100；而這個比例在太平天國之亂後甚至有進一步的增加：在浙江省一些地區，比例增至194.7對100，男性幾乎比女性多了一倍 96；但是，這些從方志中得出的數字不能告訴我們兩性年齡層的關係，因此不能算出適婚年齡男女的準確比例。不過，無論如何，這些數字已指出這個可能性不容忽視；尤有進者，十九世紀的江南人已有注意到青年婦女缺乏的問題，並認爲這是引起搶醮的原因：

94　《江蘇省例三編》1883，2：1上-5上；《江都縣續志》1883，「保節局」12下：19上，21上；主持南匯恤嫠局的士紳認為善局不足以消弭搶孀，所以模倣靖江縣同時利用保甲制度來保護孀嫠，見《南匯縣續志》1929，3：17上-20下。

95　《上海縣續志》1883，9：26上。

96　Ho 1959，59，68。

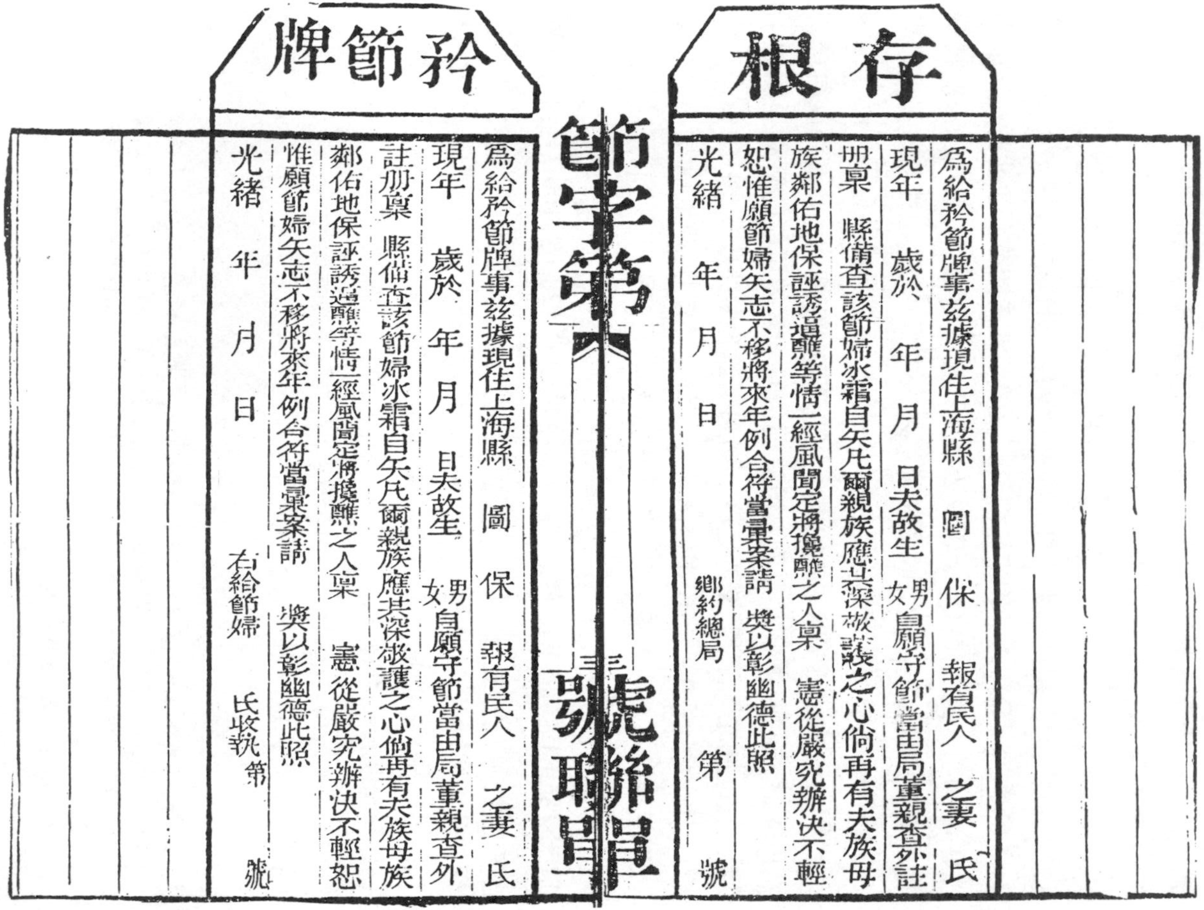
存根

為給矜節牌事茲據現住上海縣　圖　保　報有民人　之妻　氏
現年　歲於　年　月　日夫故生　男女自願守節當由局董親查外註
冊稟　縣備查該節婦冰霜自矢凡爾親族應共深敬護之心倘再有夫族母
族鄰佑地保誣誘逼醮等情一經風聞定將攙醮之人稟　憲從嚴究辦決不輕
恕惟願節婦矢志不移將來年例合符當彙案請　獎以彰幽德此照
光緒　年　月　日
鄉約總局　第　號

節字第　號

矜節牌

為給矜節牌事茲據現住上海縣　圖　保　報有民人　之妻　氏
現年　歲於　年　月　日夫故生　男女自願守節當由局董親查外
註冊稟　縣備查該節婦冰霜自矢凡爾親族應共深敬護之心倘再有夫族母族
鄰佑地保誣誘逼醮等情一經風聞定將攙醮之人稟　憲從嚴究辦決不輕恕
惟願節婦矢志不移將來年例合符當彙案請　獎以彰幽德此照
光緒　年　月　日
右給節婦　氏收執　第　號

圖七　上海縣鄉約局在光緒時期發給自願守寡的青年婦女的單式，目的在防止這些婦女被逼改嫁。但效果如何很難估計。來源：《江蘇省例》三編第二冊，一八八○。

有一等無業习徒，凡遇鄰里新寡之婦，輒即誘令改醮，藉此漁利……蓋因江南各邑，自遭兵燹以後，婦女稀少，農家稍積微資，欲娶一婦以主家務，實難。[97]

　　雖然寫這段文字的人認爲這是太平天國以後的現象，但從上述十八世紀初以來的資料可看出，男女不均是長期以來存在的人口結構性問題，如太平天國之亂等人禍或其他天災，極其量只是加深了這個失衡困境。這種特別的人口結構可能有不同的因素構成；父權社會的重男輕女，使得歷來一般家庭以溺殺女嬰作爲主要節育策略，當然是重要的原因之一；還有男性勞工趨向集中在工商業發達地區等，都可能做成了男多女少的普遍現象。

　　男女不均的情形可能自古如是，不過，明清時代與前代不同之處是貞節觀的普及化，而清節堂、恤嫠會等組織在十八世紀後期的出現指出了此時適婚女性數量不足與貞節觀普及化之間的鴻溝已無可彌補，而社會部分精英不得不利用這些善會組織來進一步維護貞節觀。在這之前，貞節觀的普及化有限，真正落實這個儒家價值的主要是上層社會，而這個階層的婦女及她們的家族多有足夠的物質及文化上的資源來支援她們守節，因此並沒有協助寡婦守節的社會組織。但當守節已被普遍地接受，中下層社會的家庭即無可避免地遇到難以解決的困難，無生活能力、無家族支援的寡婦如何維生？而另一方面，卻有越來越多的單身漢對青年寡婦虎視眈眈。十八世紀以來的中國社會，道德價值與物質條件之間的無法配合，達到了極爲緊張的程度，這種緊張性，促成了清節堂等組織的出現。

　　這也是爲甚麼許多清節堂與恤嫠會清楚地說明杜絕搶孀是組織的目標之一；1785年在丹徒成立的恤嫠會在會例中立條說明：「少年守寡婦女，往往有貪利狂徒，多方誘脅，甚至逼醮搶寡者，此等惡俗，會中人公同稟官諭禁，如有犯者，立即稟官究辦，庶以保全貞節，懲儆刁風。」[98] 在較偏遠的貴州，有組織的暴力罪行可能較少，但在1838年由

97　《江蘇省例三編》1883，2：11上-12下〈通飭嚴禁誘拐逼醮保全嫠婦〉光緒七年(1881)四月初二。

98　余治《得一錄》1969[1869]，3：3上〈京口傚行彭氏恤嫠會例〉。

總督賀長齡(1785-1848)創建的貴陽尚節堂，也以保護寡婦，使她們不受暴力污染爲目的 99。到了太平天國之後，更爲惡化的社會條件使得地方政府用保甲鄉約等制度來遏止這類的罪案，也配合著恤嫠會等組織，這在上文已提及。可見救濟青年寡婦的善會及善堂不是純粹的濟貧機構，而以在日益惡劣的環境下鼓勵貞節觀爲主要的目的。不論地方精英或政府，在社會暴力日熾之時，動員地方資源以強化寡婦守節的理想，在某個意義上，是進一步擴大了社會實際需求與意識形態之間的鴻溝。

而這種努力是注定失敗的。清末的文獻處處反映出搶孀、逼孀等行爲並沒有因而減少，反而可能越演越烈。晚至光緒時代以後建立的保節組織，仍然以打擊搶醮爲目標，可見這種情形並未因善會善堂的出現而有所改善；如在光緒初期組成的桐鄉儒嫠會，湖州南潯鎮、上海、南匯等地分別在1896、1894、1907等年建立的善會善堂依然以遏止搶孀爲口號。就算到了民國初期，搶孀的問題仍不罕見，在上海都會一帶，就有新的慈善機構出現，專門找尋失蹤或被拐的婦女與兒童，並收容被找回的婦孺 100；而十九世紀下半葉大量出現的基督教傳教士辦的善堂，也往往承接了這個中國本土「救孀」的傳統，如寶山縣江灣鎮的仁德所(1906)：「留養無依孀婦並所生稚年子女……間有小康嫠婦爲親族覬覦，自願寄居者，酌償膳費，並代爲保管其財產」101。可見寡婦被逼再嫁的各種壓力一直到廿世紀仍然存在著，她們的命運並沒有太大改善。

換言之，清節堂類善會好像是爲了解決一個迫切的社會問題，但事實上它所提供的並非一種解決方式，也不可能解決社會問題。這些善會善堂雖然表面上是爲立志守節的寡婦提供物質援助，但在本質上其實是教化工具。清節堂等的教化功能，在危機發生時更顯而易見：太平之亂發生時，「逆賊」所到之地，「抛棄子女，不知凡幾，少婦自盡最多」 102；少婦爲保節而自盡是外敵入侵危機中最高的道德表現。蘇州

99　賀長齡 1882，5：54上-下。

100　《桐鄉縣志》1887，4：8下-9上，16上-下；《南潯志》1920，35：1上；
　　　《上海縣續志》1918，2：43上-下；《南匯縣續志》1929，3：17上-下；
　　　《江灣里志》1921，10：2上。

101　《江灣里志》1920，10：2上-下；《寶山縣續志》1921，11：7下。

102　柯悟遲 1985，25，咸豐六年(1856)。此書主要描寫常熟地區的情形。

清節堂在太平之亂發生時，堂中大部分的寡婦在經理與其他司事等帶領下逃到較安全的江北避難，得以保身；而其他留在蘇州的寡婦，在太平軍入城時則多自盡以保節，而她們的「壯烈」行為當然成為這個善堂一再表揚的事件，也是史家為這個機構作記略時特別標榜的史實[103]。明顯地，鼓勵寡婦有誓死守節的精神是善堂的最高目標，這樣這些年青寡婦可成為社會的最佳道德楷模。

清節堂：家族制度的投射

清節堂作為教化工具，其實也並非完全是新事物。這種善堂的模式，主要源自家族的義莊制度。我們可以說，清節堂等組織，是理想中的家族制度投射到社會上而產生出來的。與其他善堂比較，清節堂是清代諸善堂中最能表現出家族主義的：育嬰堂只照顧棄嬰，藥局施醫藥予貧病，普濟堂收容無依老人，都只救濟特定某類待濟之人。而清節堂則比較複雜，除了救濟寡婦本身外，還協助她完成她的家庭任務，即教育她的子女、照顧她的婆婆及母親。有關清節堂這方面的特色，我們得進一步分析幾個主要善堂的運作方式以說明。

其實從清節堂的最初構想，我們已可窺見這善堂與家族救濟在觀念上的密切關係。日本學者夫馬進在他對清節堂與恤嫠會的研究中指出，清節堂的構想最早可追溯至揚州考證學者汪中(1745-1794)在1773年給友人(劍潭)的一封信中；汪中在信中提倡每縣應設立一稱為「貞苦堂」的機構收容無依寡婦，每堂附有義學，以教育寡婦五歲到十歲的兒子；其中資質較高的可繼續由善堂資助讀書並參加科舉考試，資質較低的就接受職業技術的訓練，直至他們廿歲為止。這些孤兒他日如有成就，得將他們收入的三分之一捐贈貞苦堂；此外，住堂的寡婦亦得以紡織及女紅等賺取工錢，如她們有尚在的公婆，貞苦堂也會額外給予布糧等補助他們的生活。理想中的貞苦堂全部由地方人捐助管理，尤其是以前受善堂救濟的孤兒；因此，如當時大部分的其他善堂一樣，貞苦堂應絕不受官僚胥吏的插手[104]。汪中有這個構想無疑與他本身的經歷有密切關係；

103　《吳縣志》1933，30：18-19〈俞樾虎阜清節堂碑記略〉。

104　汪中　1971，《述學・別錄》：12上-14上〈與劍潭書〉(1773)；夫馬進1991，51-52。

他年幼喪父，由他寡母養大成人，在他十一歲之年(1756)，江南發生大饑荒，他後來仍清楚記得當年他母親向富有親戚求援時所遭受的白眼[105]；事實上這次饑荒也就是促成陳宏謀寫〈保全節義示〉(1760)一文的主要原因(見上文及註89)，此文主要勸家族在災難時要特別保護寡婦，可見一般的家族不一定盡這種義務，而需要特別的勸諭。汪中的建議，一方面固然反映了他對寡母為他受苦而感到的內疚[106]，另一方面也是指控傳統家族不盡道義，沒有盡救濟貧困成員的責任，同時把家族的濟貧制度投射到社會上去，希望地方社會補充家族制度的缺憾。

就在汪中產生這構想的前一年，長洲學者彭紹升(1740-1796)即在他的家鄉成立了一「近取堂」，進行不同的濟貧活動，其中一項就是「恤孤寡」[107]；約兩年後，彭紹升在近取堂的基礎上成立第一所恤嫠會[108]。雖然並無直接的證據證明彭的建立恤嫠會是受汪中的影響，但是這所嫠恤會的精神基本上與汪中構想的貞苦堂相同：寡婦的兒子及公婆均受援助，同時孤兒的教育也是善堂的重點救濟活動之一，而且這個善會也完全由當地紳士所資助及管理，不受官僚支配[109]。在此時兩個著名的學者不約而同地以言論及行動來表達對救濟寡婦的理念，可見這個理念在當時已甚為人所接受，自然地引發起以後數百個同類善會善堂在全國的組成。

最初出現的恤嫠會並沒有建築物，只是以善會的方式施濟。就是說被濟的寡婦到會址領取錢糧。而這種施濟方式一直到清末仍是最普遍的方式，因為所需經費較少，而且管理也比較簡單，也有一定的成效。到了十九世紀初，一些善會漸發展為善堂，有自己的建築物，可以收容住

---

105 汪中 1971，《述學・補議》：18上-下〈先母鄒孺人靈表〉。

106 汪中的這種罪惡感在明清兩代並不少見，許多清節堂恤嫠會等的始創人都是年少喪父，由寡母含辛養大的；如甘泉縣附近甘棠鎮在1809年建立的善堂始創人之一，說明設堂是為了紀念他青年守寡的母親及姑母，見《甘棠小志》1855，3：15下。

107 《吳縣志》1933，30：18上。

108 夫馬進1991，頁48。

109 雖然長州恤嫠會的規條已失載，但1785年成立的丹徒善會是倣彭紹升善會的規條的，目前我們可參考丹徒善會的規條，見余治《得一錄》1969[1869]，3/2：2上-下。

堂的寡婦；此時，收容寡婦的清節堂擬出一套套詳細的住堂規條，這類具規模的善堂，多在大都會中組成，如蘇州、南京（江寧）、上海地區等。雖然這些清節堂也施濟給不住堂的寡婦，但它們主要標榜的卻是住堂制度的周全；而如果我們仔細看這些規條，不難發覺主要的原則與以儒家精神爲本的家規非常接近；而清節堂的特點之一，就是與這種儒家家族精神極其吻合。

我們用四所規模較大的清節堂的規條來說明這點。這四所善堂就是江寧清節堂（1806年建立）、蘇州清節堂（1812年建立）、上海清節堂（1871年成立）、松江全節堂（1829年成立）。這四所善堂不但規條相當完整地保留下來[110]，而且資源也最豐富，目標也最具野心。如江寧府的善堂是第一個大量收容住堂寡婦的機構，在始創時，這只是一個由佛僧主持的善會，後來得到地方富商及一大鹽商的資助而擴充爲大型善堂，經常可收容上百名的寡婦及她們的子女入住[111]。然而，資源雄厚的善堂並不表示受濟的寡婦生活是悠游的；從善堂的規條中看出，她們的生活相當刻苦，亦毫無樂趣可言。例如，她們通常不准外出，只有規律地在清明重陽二節外出掃先夫之墓；此外，也只有當父母或翁姑生病時，她們才可出堂探望，或如這些長輩逝世，她們也可出堂奔喪；或當她們的子女成婚時，她們也允許外出參與子女的婚禮。不過，就算有足夠的理由出堂，她們也通常由善堂的老年堂工陪伴外出，並當天事畢後相伴返堂，一般而言，住堂寡婦在任何情形下都不能外宿。不但如是，她們也不能隨便接待訪客；基本上只有她們最親的女性親人才能到住房探訪，即主要是她們的母親及婆婆，就算她們也只能每月來訪兩次；所有

---

110 下文的描述是基於以下的文獻：蘇州清節堂章程，1819，見余治《得一錄》1969[1869]，3/2：1上-12下；江寧清節堂章程，見《江寧府重修普育四堂志》1886，1：17上-20下，及《江寧府重建普育堂志》1871，5：7上-12上；郡堂全節堂、南匯恤釐局，見《松江府續志》1883，9：17上-22下，28下-32下。

111 《江寧府重建普育堂志》1871，6：10上-12上〈清節堂碑記〉1812。在太平之亂前，江寧府清節堂並無記載所收容的寡婦準確數目；但上引資料中記載了太平之亂後的人數：從1865年至1871年，住堂寡婦人數從222人減至138人（1：2下-5下）；如果1865年較高的數字反映了太平亂剛平定後待濟寡婦較多，1871年的數字（即138人）應比較接近一般情形下住堂寡婦的數字。

圖八 一八〇六年成立的江寧府清節堂是第一個大量收容住堂寡婦的機構。來源：一八六《江寧府重修普育四堂志》。

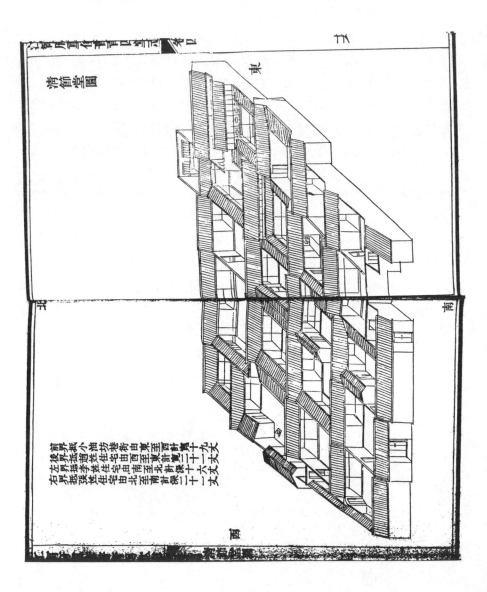

其他到訪的親人都不能入中堂，如來訪者是女性或寡婦十四歲以上的兒子，他們也只能在中庭內相見；其他所有訪客則不准入中庭，只能在二進門外與寡婦隔著中庭喊話，同時他們也不准久留，也不准常到訪。寡婦的其他生活所需如必得在外辦理，則由堂內的僱員負責辦理，事後僱員也必需向善堂經理作報告。

蘇州清節堂的規條與江寧府大同小異；不過蘇州善堂的章程多包括了一些關於住堂寡婦的活動：如善堂鼓勵她們做女紅以賺取工錢；她們的日常飲食、衣著、床鋪等都有明確的標準 112。至於松江及南匯善堂則晚至同治光緒之間才開始收容入住寡婦，這些善堂的規條與上述兩堂如同出一轍，只有一點與別不同，那就是不單孀婦及孤兒可入住，甚至她們的母親及婆婆也可以申請入住 113，更能反映這類善堂以家族制度為理想的特色。

此外，善堂的重要目的之一是教育寡婦的兒子；上述四所善堂都附有義學，孀婦十六歲之下的兒子皆可就讀；資質聰明的更受善堂資助參加科舉考試；不能讀書的則學習手藝，直至他們可離堂自立為生。

這四個善堂及幾乎所有其他的清節堂，都多少給寡婦零用錢、醫療照顧，及喪葬補助。但是如果她們行為不檢，如賭錢、好生事端、常與人口角等，都可能會受到處分，嚴重者還會被逐出堂；一些反佛色彩較濃的善堂也禁止孀婦唸佛經吃齋。如果孀婦在堂內安分地過活，她仍可抱著光榮出堂的希望：日後如她的兒子出人頭地，她即可很有面子地離開禁衛森嚴的、模擬家族的善堂，依賴兒子撫養，過著真正的家庭生活。

---

112 如她們每日一粥兩飯，每人開銷米七合，菜蔬十二文；幼子女折半；每月初二、十六食肉，逢五逢十食魚；端午節每人有肉半斤、粽子四個、鹽蛋兩個，不食者照價折錢；幼子女減半；中秋每名肉半斤、月餅二個，幼子女減半；年節每名肉一斤、魚一尾，幼子女減半，不食者俱照價折錢；在衣服床鋪方面，每人給被褥一副、單布裙一條、枕頭一個、蚊帳一頂，冬給棉襖一件、棉褲一條、單布裙一條，春秋時給單衫褲一身，夏給夏衫褲一身，幼子女亦同；每人用之棉被內之棉花三年一換，所穿的棉襖、四季衣服，及床鋪用品也定時更換，見余治《得一錄》1969[1869]，3/2：8下，9上-下。

113 《松江府續志》1883，9：20下。

　　幾個清節堂的嚴格堂規看似不合人情，但是仔細分析之下，不難發覺這些堂規其實來自家規，諸如女子不外出、男子不入中門、女子宜做女紅紡織等勞作，又如重視男孩的教育、強調孝道、禁止通俗信仰等；這些規條所代表的價值，對自願入住清節堂守節的寡婦而言，是很自然的；尤有進者，入住善堂的寡婦，如果不是窮途末路，就是因財產或其他問題與家族關係極度惡劣，使得她們不得不依賴家族以外的力量來保護自己，以便完成守節志願；一些規章嚴格的清節堂就聲明節婦入堂，即說明她們的親戚鄰里沒有盡保護她們的責任，因此以後家人與近鄰也不應再與寡婦維持正常的社會關係，這些嚴格的堂規，在某個角度上看，是對這些「不義」的親友鄰里的懲罰：「凡族戚鄰友既不能設法安置周濟，已甘具保送入恤節院，雖非恩義頓絕可比，究不能如常往來……不得藉口看望，致生嫌疑」，甚至寡婦之身後事，也只能由善堂處理，「凡族戚等亦不得妄參異議也」[114]；從孀婦入堂之時起，善堂即扮演她的「家長」的角色，不單擔負起保護她的義務，同時也因此獲得安排她的社會生活的權力。

　　同時，在清節堂所提供的環境裡，寡婦可實現所有在一個儒家傳統的家族內孀婦所可以追求的理想：守節、保衛夫家的血脈、對丈夫及本身的雙親盡孝，如果運氣好的話，她甚至可以栽培兒子成材以光宗耀祖，及為女兒安排婚姻[115]。更值得她們夢想的還有得到旌表的榮譽，善堂如成功地為她們爭取到貞節牌坊，那是她們所可能得到的最大個人成就，也是她們家族所能冀盼的最大的光榮。清末學者俞樾（1821-1907）在1903年為蘇州清節堂所寫的記略中，即大書這個善堂從1812年到1903年止，共成功地為一百五十名住堂寡婦爭取到貞節牌坊、並教育了無數的孤兒，其中不少甚至進入地方的書院進修[116]，無疑這些成績是清節堂最引以為傲的。從此可清楚地看出，清節堂的目標絕對不是純粹濟貧，而是在家族之外體現儒家家族理想。

114　見四川的梁山縣善堂規條，見《梁山縣志》1894，3：6上-下。
115　寡婦的女兒也是善堂所照顧的，江寧府清節堂規定可照顧這些女孩至十六
　　　歲；之後，孀婦應為其安排婚嫁；善堂給予每個出嫁的女子二千文以為
　　　婚資，見《江寧府重建普育堂志》1869，5：10下。
116　《吳縣志》1933，30：18-19〈俞樾虎阜清節堂碑記略〉。

　　清代善堂的這個發展也可見於稍晚的保嬰會，這個新的育嬰制度大約起於嘉道之際（見下章），與育嬰堂最大的分別在於它並不收容棄嬰，而把善款直接發給將要生育的窮苦之家，以防止他們棄嬰；這個制度經常與保節制度結合，把善款發給有幼兒的年輕寡婦，新制的目的之一不外是盡量保持原來家庭的組織，而不是救濟已脫離家庭的棄嬰。此外，十八世紀以來義學制度的加速發展，也反映了清代慈善運動的新趨勢[117]，即以家族義莊制爲模範，並更充分地表達儒家家族制度所蘊涵的價值觀。如與清初育嬰堂的制度比較，我們更清楚地看到其中的分別。初期的育嬰堂所追求的是集中乳婦與棄嬰住堂，以求給予嬰孩最完善的照顧，但這個理想迫使乳婦與自己家庭分離，所以育嬰堂內的棄嬰與乳婦均是脫離家庭的生命，而乾嘉以後的善堂卻把重點放在保護家庭制度上面。

　　我們亦可從明末以來善會的宗教性格來看這個趨勢的意義。通俗佛教及道教對明末善會的影響已是公認的事實，也有不少學者作過這方面的研究[118]。事實上，一直到清末，各種通俗宗教及信仰對善會善堂有著深刻的影響；無數的善堂或善會在草創期都設在寺廟或道觀內[119]；這些善堂正式成立後，也通常供奉不同的神祇，如碧霞元君、呂洞賓、關公、文昌、觀音等[120]。然而，明清慈善組織的發展，除了原有的通俗的宗教信仰特色外，到了雍正二年的詔令以後有明顯的儒化趨向，這趨向在清節堂與上述的惜字會的大量出現時到達高潮。不過所謂「儒化」，並非指高層次的、純粹的儒學思想特色，而也包涵了其他宗教神祇的信仰；事實上，清代善會所崇拜的神祇全部是官方所允許崇拜的「正派神明」，也就是神格符合正統道德價值的神明。這樣一個混雜著

117　有關這一點，請參看拙作，Leung 1994。
118　酒井忠夫 1960；Brokaw 1991；夫馬進 1983；Smith 1987。
119　這方面的資料無數，其中一個較集中的記載，在《松江府續志》1883，第九卷。
120　下列資料記載了一些例子：《松江府續志》1883，9：12上；《通州直隸州志》1875，3：6下；《嘉善縣志》1894，5：16上；《平湖縣志》1886，4：22上-下；《南潯志》1859，34：20下；《江陰縣志》1878，1：25下；《上海縣志》1872，2：25上；《崑新兩縣續條合志》1881，3：13下-14上；《常昭合志稿》1904，17：9下。

各種宗教思想的儒化趨向，及其所蘊含的價值觀，本書稱之爲「儒生」
價值，而這些價值的普及化，我稱之爲「儒生化」；下文就以「儒生
化」發展作一分析。

清節堂與「儒生化」

明末以來善會背後的思想資源是三教合一，這是不爭的事實，然而
在不同的時期，三教在善會運動的比重卻有所不同。明末的善會結合著
正統儒教與佛教；到了清初，通俗佛教的影響似乎增強。如本書第二、
三章所述，直接地承接明末傳統的清初善堂，主要以拯救生命爲主要目
標，諸如育嬰堂、施藥局、救生局等皆如是；當然這個目標也合乎道儒
二家的理想，但並不特別顯現這兩教的特色；到了清中及後期，一些典
型的明末在俗佛教善會活動似乎非常活躍，如放生會[121]。十八世紀的
兩個主要滿清皇帝，雍正與乾隆，都對佛教有極大的興趣，同時此時期
也是漢學大放光采的時期，這兩類思想之間的角力，如何影響在俗佛教
的發展，的確耐人尋味，但至目前尚少有詳細及系統的研究[122]。清中期
以後的三教與明末時代的三教關係是否大同小異？其延續性如何？如今
也難下結論。

但就慈善活動的發展可看到一種變化：十八世紀後期開始大量出現
的惜字會與清節堂，表現出與清初善會在宗教思想方面的分別，清中後
期慈善組織的通俗儒教性格比以前明顯，這種性格的特色是標榜典型儒
家的理想，如「萬般皆下品，唯有讀書高」的觀念、貞節的觀念等，而
實現理想的手段則可能是依賴通俗道教；惜字會、拜文昌及其他通俗神
祇是最明顯的例子，又或者是向儒家家族制度借鏡，恤嫠會即說明此
點；通俗佛教思想雖然仍有影響，但已退到次要的位置；這種在思想精

---

121 如彭紹升在 1773-1774 年創建諸善會時也同時辦放生會，當然彭本身是個
　　處士，對這種活動熱心不令人意外；不過，雖然筆者沒有系統地找清中
　　後期的放生會組織情形，但隨意在方志中找到的資料似乎均顯示乾嘉時
　　期與善會有關的放生會組織相當頻繁。例如《平湖縣志》1886，4：31上
　　下。

122 目前可看到的有關研究有陸寶千 1983，第五章；及黃依妹 1991。這兩
　　位學者皆認爲佛教與考證學之間有潛在的緊張關係。

神上的變化，稱之爲儒家化並不妥當，因爲思想的內容並非純粹爲儒家，也更非高層次的儒學思想，甚至可能會招來極端儒者的批判；但是這種思想爲一般中下層儒生所接受，甚至善會越來越多是專爲儒生的利益而設，而且也深遠地影響了以儒生職業爲理想的老百姓，本文姑且稱這個清中葉以來的變化爲「儒生化」。

周啓榮認爲透過家庭、家族、官僚制及維繫這些制度的禮教，清代士紳成功地影響及支配一般百姓，他們不再依靠明代的鄉約制來直接教化人民 123。清節堂及下章將討論的保嬰會、施棺助葬會都可說印證了這個看法，這些清中後期普遍起來的善會，一方面模擬家族制度，一方面宣揚正統的儒家禮制。但是周啓榮並沒有進一步細析他所謂士紳階層的社會成分；從清節堂等有關善堂的例子看出，中下層儒生在這種「教化」過程中扮演的角色日益重要，他們不但是善堂的創辦者、主持者，也是善堂的受惠者；透過善堂的運作，這些中下層儒生成功地宣揚他們要維護的正統儒家價值，使之更普及一般百姓。他們身體力行的主因，在於他們要藉這些組織來鞏固正統儒家價值，只有堅持貞節仍爲有效的符號資本，才能保住他們本身日益不穩的社會文化地位。

善會這個價值思想方面的變化，除了見於上述的惜字會外，同時也更清楚地反映在救濟寡婦的善堂上。後者所蘊含的「儒生化」意義，在第一所由彭紹升所辦的救孤寡善堂「近取堂」上已很明顯。這種善堂一方面照顧了中下層儒生的實際利益，而另一方面，所謂實際利益是基於維護「貞節」這個儒家價值觀上。

作爲處士的紹升，他創局的動機之一當然是出於佛家惻隱之心，同時彭家相當豐裕的資產也方便了他獨力創辦善會；不過他主要的考慮似乎在於鞏固儒生階層的貞節觀。他認爲「孤寡較鰥獨尤窮，士族之孤寡者，較之小戶尤甚焉」，可見他的救濟重點在儒士中之清貧者 124；紹升的父親啓豐(1701-1784)在爲恤嫠會寫的緣起序中進一步解釋紹升的意思，即指出爲何儒生之寡婦守節比一般人難：

　　　抑以寡婦言之，其最無可告者，尤莫先于士族。彼單門寒戶，不

123　Chow 1994，225。

124　彭紹升 1839；《吳縣志》1922，30：18上。

> 為眾所指目，即情見勢屈，傭力他家，猶可自給。至如士族孀妻
> 弱子，孤苦伶仃，力既不足于己，勢難轉乞于人，則有四顧無
> 依，饘粥莫繼……亦有辛勤操作，黽勉營生，日用所需，廑而自
> 給，顧此藐孤，冀其有造，而束脩之問誰將？詩禮之傳如髮，馴
> 至淪胥，以舖流為下賤，又重可傷矣。[125]

彭氏父子的意見反映出十八世紀後期一般清貧儒士的困境，他們生
活日益困苦，一旦當家的去世，他們的寡婦礙於較高的文化地位而不能
屈身作微賤的工作以維生，同時除守節外，還有孤兒求學的大問題，儒
士之後絕不能淪落為店舖小差；換言之，清貧的儒生家庭實缺乏物質條
件來遵守他們文化地位所要求的道德規範。恤嫠會的目的就是要解救這
些儒寡儒孤的生活問題；夫馬進認為乾隆期這些救濟寡婦的組織是儒士
「自救」的努力[126]，這是非常中肯而切要的觀察。而彭氏與汪中等在
言論上及行動上對寡婦的同情，基本上是出自對本身社會階層所面臨的
危機的警覺，即認為儒士階層所代表的價值觀受到日益嚴重的挑戰，而
清貧儒生階層尤其無助。這種危機感，其實也反映在上述的惜字會普及
化的情形上，一般清寒儒生高中科舉的機率日減，仕途暗淡，他們的物
質生活也因而更沒有保障；在這種情況下，要繼續參加科舉，或要維護
貞節等這些代價甚高的道德標準，是的確不容易的。因此除了用宗教的
方式紓解精神壓力外，就是推動善會來加強這些價值的實現。這些情形
在儒士較集中、儒業競爭較激烈的江南地區特別明顯，是很自然的。

除了彭氏的恤嫠會之外，其他不少同類組織均以救濟清貧儒寡為主
要目標；例如1785年在丹徒成立的善會，標明以救濟「清門士族」的寡
婦為優先，其他「寒微之家」的寡婦只能列入「副冊」，名額只限一
百[127]。這種以特定社會職業階層為救濟目標的特色，是恤嫠會等善會
與別的善會最大的不同；在眾多救濟寡婦的慈善組織中，以儒生之寡婦
為主要對象的一般稱為「儒寡會」或「儒嫠會」；按筆者就方志記載的
初步統計，在全國216所恤嫠組織中，至少有三十所稱「儒嫠會」，或

---

125 彭啟豐 1876[1785]，10：22上〈恤嫠會緣起敘〉。
126 夫馬進 1991，48-51。
127 余治《得一錄》1969[1869]，3：2下。

聲明儒寡爲優先的救濟對象，即占同類組織的13.8%；同時，至少有廿三所附設義學，即10.6%，這些並不包括津貼孤兒到堂外的義學就讀的組織；兼設義學的儒寡會至少六所，其中五所在江蘇省，一所在甘肅。以濟儒孀爲主的善堂，加上設有義學的共五十三所，除去其中六所兩種功能俱有的，可說至少有四十七所清楚地以維護儒生階層利益的組織，它們大部分在江浙兩省，此兩省合共有廿七所儒嫠會，即所有儒嫠會的90%；而單江蘇省就有十八所兼有義學的恤嫠組織，即占同類組織的78.26%。在1850年以前，江浙兩省的十所儒嫠會占所有儒嫠會(41所)的24.4%；在1850年至1911年間，兩省的儒嫠組織(17所)占所有的(91所)18.6% [128]。這些數字說明兩點：第一，儒嫠會比一般的恤嫠會更集中在科舉風氣最盛的地區，這在十九世紀中以前尤其明顯；其次，太平天國之後，儒嫠會類的組織，已較分散於其他地區，集中在兩省的情形雖仍存在，但程度已減低。這可能是由於儒生階層在兩省最稠密，儒生的危機感在這裡也最強烈；而這種危機感在太平之亂後，漸擴散到其他地區。可以說，這個發展說明了「儒生化」趨勢從江南發展至全國的情形。

　　恤嫠會等組織與縣學及書院的密切關係也反映了「儒生化」的發展。不少儒嫠會說明只救濟曾在當地縣學登記有生員身分的人的遺孀，如常熟的儒寡儒孤會(1821年創辦)就是這樣。同時這個儒寡會的支出，是由當地著名的正誼及紫陽書院中「捐扣膏火銀兩，撥支公用」，如再不敷接濟，便以書院名義向外募捐 [129]；海寧與崑山的儒寡會也同樣是此類的書院「附屬」組織，一些恤嫠會的會址其實就在書院裡面，例如嘉興府石門的善會就在崇文書院內 [130]。揚州府的甘泉恤嫠會則更將當地縣學的生員親屬分等級，以決定受濟的優先秩序，按次最先當然爲生員本身的遺孀，然後循序爲他們的女兒、媳婦、外甥、姊妹、弟媳

128　梁其姿 1991。
129　《常昭合志稿》1904，17：3下-4上；余治《得一錄》1969[1869] 3/4：1上
　　-下。
130　《海寧州志稿》1922，6：5上；《崑新兩縣續補合志》1923，2：4上-
　　下；《嘉興府志》1879，24：31上-下。

131;這個趨勢在太平之亂後依然繼續。青浦縣學將部分田租來資助「儒嫠會」,同治初地方官不但正式批准這個做法,同時呼籲江蘇各屬應「官爲倡率,一體勸捐舉辦」。光緒年間設立在常熟的儒寡儒孤局,主要照顧昭常兩邑的「儒寡、儒母、儒媳」,而所謂「儒」,即指當地在庠諸生 132。上述這些例子在在說明了下層儒生在清中後期所遇到的困難:他們的的社會身分要求他們的女眷遵從貞節觀,然而不少生員家庭並沒有實現這個理想的物質條件;有關十八世紀縣學及書院儒生的物質及學習生活程度的顯著降低,學者已有一些研究 133;儒嫠會等組織當然是針對這個龐大但日益貧困的階層的需求而出現的。

生員階層這方面的焦慮也反映在他們對恤嫠活動的積極參與上。一些書院也負擔恤嫠會的一些管理上的責任,如南潯鎮的書院就爲善會的申請人審查資格,也爲善會處理會計上的事務 134。越來越多的生員主動發起恤嫠組織,有的也積極參與善會善堂的行政;例如揚州的善會在1840年由一監生創辦,組成後由當地廿六名文生審查申請待濟的寡婦的資格;善會善款的分發、一般的管理行政等都由當地的生員來處理 135。生員階層在這方面所表露的積極性是否證實了田汝康有趣的論點,即節婦各種貞烈行爲其實源於儒生對科舉考試的焦慮 136?關於此點筆者尙存疑,事實上也無法證明兩個現象之間有因果關係;不過,儒生階層與恤嫠會類慈善組織之間的確有密切的關係,這卻是不爭的、客觀的事實。而儒生的影響也許可以解釋一些善會裡反通俗信仰的特殊現象;例子之一是上文已提及的江寧府清節堂,這個善堂本是由一僧人在1806年創辦的善會,但是善堂在1871年的規條中竟有一條禁止住堂孀婦吃齋及唸經;這種反通俗宗教的態度也見於同時期的育嬰保嬰組織,不

---

131 《江都縣續志》1883,12下:20上。
132 《江蘇省例》1869,3:48上〈捐設儒寡會〉;《常昭合志稿》1904,17:3下-4上。
133 Woodside 1990,158-184。
134 《南潯志》1920,35:7下。
135 《江都縣續志》1883,12下:17上-19上;《續纂揚州府志》1864,3:7下。。
136 T'ien 1988。

少這些組織禁止佛道的僧尼道士等領養會內的兒童[137]。雖然這類強烈的反僧道規條並不非常普遍，但卻反映出慈善運動中存在著較極端的儒教思想。

除了中下層儒生的積極參與外，恤嫠會還集結了另一種新的社會力量，那就是這些儒生的婦女眷屬。不少婦女參與這類慈善組織的創辦，甚至管理，而活躍分子中不少本身是寡婦。例如1877年成立在江陰的善會，是由當地的孀婦發起的，在1880年，當地二十四個「貞女」更捐款建善堂；此外，江南地區的高郵(1841)、昭文(同治初)、嘉定(1891)、南潯(1896)，四川的華陽善會與善堂，也是由當地寡婦籌辦，或曾接受她們慷慨的捐贈[138]。除了直接地參與創堂外，婦女也間接地透過她們的兒子影響善堂的建立，如崇明在1865年創的善堂、江寧府在1806年初辦的善會，都是創建人受寡母之托而建成的[139]。尤有進者，婦女有時更參與善堂的管理，如1871年創於上海的清節堂，內有女司事管理堂內的日常事務，同時，善堂還情請當地「名族」中一節婦來當董事，她每月例行循視善堂，以確保一切活動合乎規條[140]。婦女關心並積極參與慈善組織的活動，雖然是清後期的新現象，但是在家族組織中，婦女的積極態度由來已久；美國學者Dennerline研究無錫錢氏家族，發現在十八世紀，錢氏家族的婦女，尤其是在族中較有地位的寡婦，是家族義莊的主要推動人，而義莊的主要功能之一，當然是救濟族內清貧的年輕寡婦及她們的子女[141]。在這方面，清節堂依然表現了以儒家家族制度為藍本的特點。

模擬儒家家族制度及儒生化是清節堂等組織的主要特色，也是十八

---

137 《江寧府重建普育堂志》1871，5：9上；《松江府續志》1883，9：14
　　上；《江寧府重修普育四堂志》1886，1：14上。
138 《江陰縣志》1878，1：51下；《江陰縣續志》1926，3：14下-15上；
　　《冉續高郵州志》1883，7：6下；《常昭合志稿》1904，17：3上；《嘉
　　定縣續志，》1930，1：2上；《南潯志》1920，35：1下；《華陽縣志》
　　1934，3：47上。
139 《崇明縣志》1924，1：14上；《江寧府重修普育四堂志》1886，1：16
　　下。
140 《松江府續志》1883，9：24下。
141 Dennerline 1986。

世紀後期以來慈善活動發展的特色。此一發展使得正統價值觀進一步滲透社會，而推動這個發展趨勢的，並非任何官方機構，而是一股民間力量。乾隆以後，這股民間力量似有更為壯大之勢。雖然清節堂等善堂組織形式與早期育嬰堂等大同小異，但清節堂從來沒有如育嬰普濟堂等正式受中央的承認或褒揚；而且眾多恤嫠會及清節堂中，只有一所受戶部定期補助，那就是廣東省番禺縣的恤嫠會（1818年創辦）[142]。清節堂的發展在嘉道時期令人矚目，太平天國之後更為快速，這些善堂所宣揚的道德也更符合官方認同的意識形態，但這時期中央對地方社會救濟組織的直接參與卻逐漸減少，下一章將更深入地談這個現象。與此同時，慈善組織卻更積極地在民間推動正統價值觀的傳播，這運動背後的社會力量也就是透過組織恤嫠會之類的善會而凝聚茁壯起來的。

清節堂的社會影響力究竟有多大？這是難以估計的。從1773-1774年第一所恤嫠會成立以來，一直到清末，兩百多所善會善堂所曾接濟的青年孀婦及孤兒大概不下幾十萬名[143]。相對於清後期中國龐大的人口而言，這個數字是微不足道的。但是這些慈善組織的重要性不能單以直接受其恩惠的人的數目來計算，更重要的是集結在整個清節堂運動背後的社會力量；嘉道之際，社會秩序已明顯退步，從一般的都市治安，到區域性的社會安定，都受到越來越大的威脅。搶孀的習俗在此時成為注目的治安問題，說明了社會需求與正統價值觀之間的鴻溝加深，而觸發了社會維護正統道德的運動；清節堂的出現反映了這項結合多種社會群類

---

142 《欽定大清會典事例》1899，270：1上-下；《番禺縣志》1871，15：19下-20上。。

143 由於每個善會及善堂所救濟人數不一，數字難以更為準確；規模較大的組織，如番禺、松江、江都等地的善會，它們每年救濟名額分別為1,500、1,000及1,900人，包括住堂的及只領救濟錢糧的；其他中型的善會，如天津、甘泉（揚州）等，則名額約在700名左右；蘇州、丹徒的善堂在乾隆後期有約300到400名受惠者；許多成立在太平天國亂後的善會善堂約收容至100人左右，不住堂而只領錢糧的數目可能稍多，如南匯、貴陽、上海等地的組織；其他在較小市鎮的善會大概每年只能救濟約數十孀婦。請參考《番禺縣志》1871，15：20上；《松江府續志》1883，9：22下；《江都縣續志》1883，12下：19上；萬士濬 1979[1888]，27：6下（1882年李鴻章著有關天津清節堂文）；《甘泉縣志》1885，6：14上下；《松江府續志》1883，3：34上，9：24上；賀長齡 1882，5：54下。

的努力；參與這項努力的社會群類不單包括明末以來即活躍於慈善活動的地方商人、士紳，及其他富民，而且還加上社會地位不特別崇高的清貧生員，還有越來越多的婦女。在地理分布方面，清節堂等組織從十八世紀後期主要集中在江南地區，發展到全國各省。因此，可以說，清節堂發展有相當大的社會重要性，而這項重要性不在於善會能解決多少寡婦的生活問題，畢竟這並非善士創建善會的主要動機，而事實上從搶孀習俗並沒有因恤嫠組織而減少來看，善會這個目標也沒有達成。清節堂的重要性乃在於成功地凝結各種社會力量，鼓吹日益難以實現的貞節理想。

　　另一方面，集中寡婦入住堂內的救濟方式亦不見得一定有效地幫助了有需求的貧寡；高郵州在1841年成立的恤嫠新會，本意在收容無依寡婦，但剛成立之後卻發覺「嫠婦便於住家，不便於住堂」，因無人願意入住而取消這項服務，後來到了同治期間才有嫠婦帶同子女入住，亦不過約十餘人之眾。十九世紀中期到訪中國的英國傳教士William Milne即發覺寡婦不願受濟的原因主要是面子問題：他看到廣州地區的貧寡「如有親友住在城內的，便不願意接受救濟，因為她們的名字與狀況會因此被披露；所以〔廣州恤嫠局〕的主要受濟人，她們的親友多住在離城較遠的地區」[144]。可見這種救濟寡婦的方式，並沒有針對良家寡婦真正的需要。

　　行善的主要動力是為了滿足行善者本身的需求：包括紳商的地方精英當然可透過清節堂進一步鞏固他們在地方的名望與地位，並且同時得到官方的信任；這點清節堂與別的善堂別無不同，但清節堂作為清後期最具代表性的善堂，還進一步結合了兩種新的社會力量：中下層儒生及他們的婦女眷屬。恤嫠會類善堂給予都市婦女參與社區活動的新空間，在這方面，她們可說有了新的、超越家庭範圍的權力；但她們的權力有其局限，她們只能在與婦女問題有關、並配合正統意識形態的組織中有所發揮，而且慈善組織最終的權力仍在男性手上，所以對社會原有秩序而言，婦女所獲得的這個新權力並無任何威脅性。至於清貧儒生的參與清節堂組織，主要是滿足了他們精神上的需求，善堂一方面補償了他們

────────────

144 《再續高郵州志》1883，7：6下-7上；Milne 1859，49。

缺乏強大家族支持的遺憾，另一方面，稍紓解了他們的巨大精神壓力，使他們覺得在日漸惡劣的社會環境下，他們仍可依賴善會來維護他們必須維護的價值。在凝聚這些新舊社會力量方面，恤嫠會類慈善組織的確產生了不可忽視的社會影響力。而正因為這些都市社會階層在善會的組織中，能各取所需，所以就算社會物質條件並不利於貞節觀的實現，而清節堂也並不能真正解決貞節觀所產生的社會問題，這類善堂還是繼續普及全國，間接地進一步加深了社會現實與貞節理想之間的鴻溝。

三、本章小結

惜字會與恤嫠等組織均在乾嘉之際開始盛行，最先在江南地區，後遍及全國。這兩種善堂無疑代表了清中後期以來慈善活動的特色，與前期的育嬰堂、普濟堂與救生局等機構有所不同；清前期的慈善組織以救生為主，反映了通俗佛教「生生」的理念，同時標榜了大同世界、普濟眾生的理想，在這思想層面，此時期的善堂與宋代官方慈善組織並沒有太大的差別，只是由於社會背景的改變，清代的機構與宋代不同，在性質上主要是民間的組織。然而，乾嘉之後，清節堂與惜字會的重要性日漸明顯，這兩種前所未有的善會代表了清代在社會救濟方面的新發明，也說明了清代慈善運動方面的重要發展，那就是儒生化的發展；惜字會作為善會的普及化，即與濟貧無關的惜字活動成為主要善舉之一，更進一步顯示了對清中後期的善士而言，積陰德以利己是最重要的考慮；慈善組織明白地以施者的精神需求放在首要地位。

這兩種慈善組織雖然最初為大儒所創立，但是主要的目的是滿足儒生階層在精神上、信仰上的需要，更直接照顧清貧儒生的利益，試圖保衛他們岌岌可危的社會地位，同時還宣揚了儒生階層的價值觀念。這裡所謂儒生難有確切的定義，清代至十九世紀中為止的生員名額並無顯著增加，仍停留在明末已達之五十萬人數，而總人口卻大幅度上漲，使得受挫於科舉制度的讀書人越來越多，應遠超五十萬之數，他們的社會經濟地位也因為缺乏出路而下降。換言之，這裡所謂的儒生不單指有生員以上身分的人，也包括沒這種身分的讀書人。他們對科舉仍存幻想，生

命的意義仍以中舉為重心，自然要竭力維護儒士的道德規範，但他們的
生活往往充滿挫折，他們自然地在通俗宗教中找尋慰藉。這些儒生的價
值觀念融合著上下層文化的特徵。可以說，惜字會與恤嫠組織在清中後
期的發展，代表了儒生價值在社會上的普及化，雖然當時的社會物質條
件，不一定有利於這類價值的體現。

第六章
嘉慶以來慈善組織與小社區的發展

　　乾隆以後，慈善組織的發展進入另一發展時期；官僚化的高潮已成過去，嘉慶道光兩代，隨著人口的大量增加，而經濟發展無法同步增長，政府已不像清前期那樣較有效地控制國家的社會經濟；清朝的國勢也開始轉弱，社會秩序亦漸脫離中央所畫的軌道，官僚的貪污情形日益嚴重，而一般百姓的生活水準有降低的跡象，各行業，包括從商之人所得到的利潤越少，而遇到的困境越多，失業人口也有明顯的增加，使得國家財政收入也明顯地逐漸下降。這方面的轉變是漸進的，反映在全國多處大小規模的動亂，如白蓮教之亂，就是最好的說明。清國力減弱的原因複雜，在這裡無法作詳細的討論及解釋，應屬另一研究的課題 [1]。不過，從善堂在此時的發展中可窺見社會秩序漸鬆馳之一斑，以及社會精英因此所採取的對策——即結合著道德教化與比以前實際的策略。這

---

[1] 有關中國人口在清代的增長，至目前談得最全面的仍是何炳棣三十多年前的著作，Ho 1959；有關乾隆清中後期的貪污，參看牟潤孫 1987；有關道光時期吏治的腐敗，見馮爾康 1991；有關當時商人行商的獲利困難，參看陳國棟 1990；有關此時之動亂，參看Kuhn 1970。李龍潛就耕地面積的相對減少、流民的增加、手工業生產萎縮、貪污盛行、國家財政收入減少、人民生活貧困化幾項說明嘉道時期的衰退，見李潛龍 1988，第五章第一節（頁503-516）；有關十九世紀初中國的社會經濟危機的整體分析，林滿紅提出了她自己的看法，見林滿紅 1990。

陳國棟認為嘉道時期的衰退應始自乾隆晚期，即約1780年代左右，他是綜合了清代行商、長蘆鹽商、江浙銅商、廈門帆船業、台灣帆船業幾種商人從此時開始利潤轉薄、風險加大所得出的總觀察；筆者感謝陳國棟提供這個意見。

正是本章所要詳細說明的。

清代中央對地方的控制力衰退從嘉慶以後清楚可見，以後每況愈下，到了咸豐時代終於爆發了史無前例的太平天國之亂，雖然大亂在1864年平定，但社會元氣大傷；同治以後南方的許多善堂，就擔任了善後的任務，此後，這些機構的性質即越來越複雜，也不是本書所要處理的問題。不過本章也將引述一些同治以後的善堂例子，原因是較後期的例子有時可以充分地補充說明嘉道期間的善堂特色，畢竟這兩個時期有一定的連貫性。特別要說明的是，引述這些晚清的例子並不是爲了分析這時期善堂的特色，這個問題也不是本書所能處理的。

從嘉慶開始，善堂所面對的社會環境已不如乾隆以前的單純，它們要應付的社會問題也日益複雜及迫切。由於這樣，善堂漸發展出與前清不同的施濟模式，此時的善堂的活動範圍多在較小的社區，它們的組織形態比前期善會靈活，也較有彈性，善會的主辦人在比例上也更多是非官員身分的地方人；由於它們的規模較小，因此數量也較多，在地理分布上、管理方式上也較分散。這樣的發展，爲同治時期處理「善後」工作的善堂鋪了路。

在意識形態方面，嘉道期間的善堂繼承著乾隆後期漸明顯的「儒生化」；在組織形態上，此時的善會有進一步重要的變化，主要是配合著較小社區的特色。本章即以組織形態方面的發展作爲討論重點，並以保嬰會及以施棺爲主的綜合性善會作爲例子。這些善堂出現得比清節堂等還要晚，尤其保嬰會，純粹是道光以後的發展。

一、配合家庭制度的保嬰會

育嬰堂制度到了嘉道時期，累積下來的弊端已相當多。本書第四章已提到雍乾時代的官僚介入善堂，目的之一是革除貪污舞弊。在清國力強大時，政府猶有餘力介入善堂事務；但到了嘉道時期，中央已疲於應付更迫切的社會經濟問題，對善堂的監管日漸鬆懈；因此侵蝕公款等舞弊事件也更加普遍，並往往間接地引起住堂嬰孩死亡率提高。這類問題在較具規模的嬰堂中尤其常見；如最早建成的揚州育嬰堂，與甚著名的蘇州育嬰堂，到了乾隆後期的十八世紀末已頗爲聲名狼藉，屢次爲地方

官介入甚至改制。到了太平天國暴發的前夕，嬰堂管理不妥的情形變本加厲。揚州府育嬰堂在道光間，有乳婦首領八人把持堂務，率領百數十殘廢婦女強索口糧，聚而不散，令管理近乎癱瘓，直至1853年嬰堂毀於太平軍之手[2]；這種情形的最大受害者當然是堂內嬰孩，怪不得這個育嬰堂在道光時被地方人譏為「殺嬰堂」[3]！說明堂內嬰兒死亡率之高。乾隆時期盛況空前的揚州嬰堂在數十年間竟得到這樣不堪的名譽，可見初建堂時的理想已喪失殆盡。而且這樣的情況也絕非例外。如武進育嬰堂在道光時也因董事無力監管庫書，造成庫書連年舞弊的情形[4]。當時居住在中國的英國傳教士Milne在1842年訪問寧波的育嬰堂，據他的記載，堂內的棄嬰：「是一群我所見過的最骯髒、最襤褸的小東西；乳母每人要負責兩、三個棄嬰」[5]。Milne可能是帶著西方人的優越感看這個善堂，但是他的觀察也至少清楚地說明，此時就算在發達地區的育嬰堂，已不能堅持清初「一乳婦養一棄嬰」的理想，更不用說給予棄嬰合乎衛生的生活環境。死亡率提高是可以想像的。

目前我們並沒有這個時期嬰堂嬰孩死亡率的資料；不過同治以後嬰堂這方面的數字倒是有一些；據夫馬進的研究，同治時期松江地區嬰堂的死亡率高達48-50%；上海北部的一個嬰堂在1880年代的嬰孩死亡率是41-53%；海寧嬰堂在1890年代初期的嬰孩死亡率是31-39%[6]。這些數字應非特殊的個別例子，江蘇省「示禁溺女並勸設保嬰會」（1876）頒布令中即說在市鎮內的育嬰堂，一般的棄嬰存活率只有五至六成[7]。雖然這只是印象式的數字，但比較於康熙時代育嬰堂給人的印象，即唐甄認為蘇州嬰堂有約十分一的嬰孩因照顧不周而夭折（見第三章），是很明顯的惡化。在經濟文化發展不如江蘇地區的地方，育嬰堂所養嬰的死亡率恐怕更高，在湖南貴州邊界的洪江鎮，當地的育嬰堂在1880到1887年間收容了133個棄嬰，其中120個是女嬰，在這百多名棄嬰中，七年間死了89

2　《增修甘泉縣志》1885，6：23上-24上；《甘泉縣志》1881，6：19上-下。
3　汪喜孫 1925[1845]；Leung 1985，45。
4　《武進陽湖合志》1842，5：24下。
5　Milne 1859，40。
6　夫馬進 1986B，74-75；1990，171-172。
7　《江蘇省例三編》1883，1：2上-3下。

個，其中82個是女嬰[8]；換言之，七年內的死亡率高達67%。雖然這樣高的死亡率有多種原因：如嬰兒被遺棄時健康已不良，這原本是父母棄嬰的原因之一，與善堂的管理無關；但是一般人仍認為罪魁禍首是疏於照顧的嬰堂。雖然這些較確實的數字是同治以後的統計，但嘉道時期連著名的育嬰堂都被譏為「殺嬰堂」，可見嬰堂內棄嬰死亡率升高的問題，早在此時已見端倪；清初設立育嬰堂的理想，維持了約一個半世紀之後，已然破滅。

這個變化究竟是起自嬰堂本身的衰敗？抑或客觀經濟社會條件的惡化，如棄嬰隨著人口膨脹而增多等問題？相信兩者皆有，而且這兩個情況是相關連的。同時，此時對棄嬰問題關注的有識之士對救濟方式也有了不同的見解，嬰堂諸多潛在的及新的問題，漸漸地成為他們注目的焦點。其實，育嬰堂這個清初社會福利制度「樣板」的組織，本來一開始就有一個主要的缺點，那就是它們太集中在都會內，無法拯救鄉間或較偏遠鄉鎮的棄嬰。為了補救這方面的缺失，在比較富庶及都市化地區內的育嬰堂，早在康熙時代已開始發展較為複雜的運嬰網絡，以救濟更多縣城外的棄嬰。這些並不設在縣城內的育嬰組織，通常稱為「接嬰堂」或「留嬰堂」不等，顧名思義，這些組織主要是棄嬰的「轉送站」。理論上，棄嬰最後仍是被送到縣城中的育嬰堂。有關江南地區在清早期的運嬰網絡，夫馬進也做過較為詳細的研究[9]。不過運嬰網絡在十七、八世紀仍然有限，最主要的濟嬰機構仍是在都市中心的育嬰堂。

到了乾嘉之際，濟嬰網絡似乎有增加的趨勢，但是也主要限於江南較富裕的地區。下表顯示在方志中記載的太平天國動亂以前的接嬰及留嬰網絡概況，這些資料並非全面，也不可能全面。筆者只列出稱為留嬰堂或接嬰堂，以及功能方面明顯地與這兩種善堂相似的機構，有救嬰組織名稱但功能不詳的機構則不列出。從這片面的資料整理中大概可窺見整個發展趨勢。表所列的是有留嬰及接嬰機構的鄉鎮縣、它們所棣屬的縣府、機構成立的年分、及機構的主要功能[10]：

---

8 《洪江育嬰小識》1888，2〈識經費〉：9上。
9 夫馬進 1986，5-11。
10 夫馬進 1986，28-30；《南潯志》1920；《黎里志》1805；《濮院志》1927；《海寧州志稿》1922；《寶山縣志》1882；《羅店鎮志》1881；

有留／接嬰機構之鄉鎮縣	所屬縣府	成立年份	功　　能
南翔	嘉定	1702	送嬰至蘇州
平湖	嘉興	1706	同上
烏程	湖州	1707-08	同上
高行	上海	1722前	送嬰至上海
烏程	湖州	1733	送嬰至蘇州
德清	湖州	1734	同上
昌邑	萊州（魯）	1734	送、留嬰
雙林	歸安	1735	送、留嬰
南潯	烏程	1737	送嬰至烏程蘇州
震澤	蘇州	1737	送、留嬰
黎里	吳縣	1738	育養當地棄嬰
唐棲	杭州	1751	送嬰至杭州（?）
濮院	嘉興	乾嘉間	送嬰至嘉興及桐鄉
李家堡	如皋	1802	送嬰至如皋
硤石	海寧	嘉慶初	送嬰至嘉定及桐鄉
通江	武進	1812	送嬰至武進
羅店	寶山	1813	送嬰至嘉定
江灣	寶山	1813	送嬰至南陵鎮（屬太倉州）
楊行	寶山	1813	同上
城中	寶山	1813	送嬰至嘉定
盛湖	吳江	1816	送嬰至吳江
盛澤	蘇州	1816	送、留嬰
洲錢	石門	1820	育養當地棄嬰
玉溪	石門	1820	同上
青浦	松江	1827	送嬰至上海（?）
唐棲	杭州	1833	送嬰至杭州（?）
錢家圩	金山	1836	送嬰至金山（?）
青鎮	桐鄉	1839	送嬰至杭州
政成鄉	陽湖	1839	送嬰至陽湖（?）
奉賢	松江	1839	送嬰至上海（?）
海寧	杭州	道光間	送、留嬰
鄒平	濟南（魯）	道光間	送、留嬰（?）
歷城	濟南（魯）	道光間	送、留嬰（?）

《江灣里志》1921；《盛湖志》1925[1874]；《嘉興府志》1877；《烏程鎮志》1936；《重輯張堰志》1919；梁其姿 1991。

圖九　湖南洪江鎮的育嬰堂、惻隱堂與保赤堂是相連的,這是育嬰堂與保赤堂部分的平面圖及透視圖。來源:一八八八《洪江育嬰小識》。

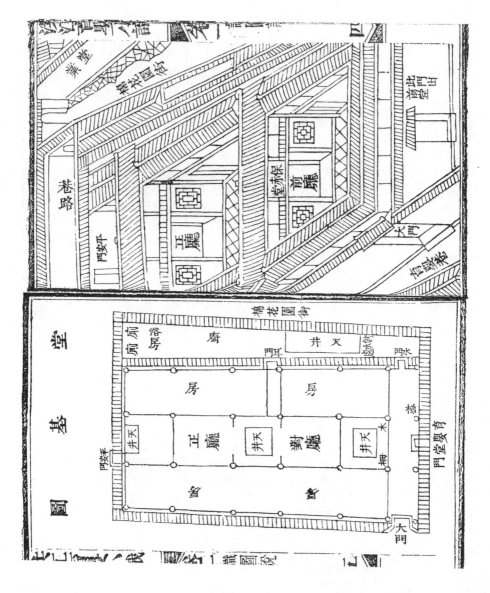

圖十　嘉慶道光時代許多善堂都設在鎮裡。黎里鎮在一七三八年成立的留嬰堂後易名為育嬰堂。來源：一八九八—一八九九《黎里續志》。

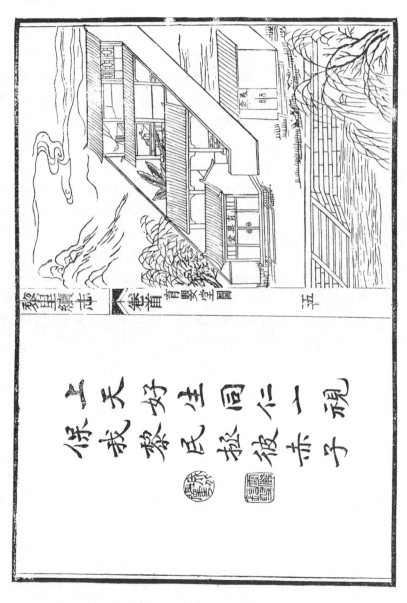

這些例子說明了在太平天國之亂以前只有富裕地區才有較緊密的濟嬰網絡。更詳細的資料則指出一些運嬰至育嬰堂的接嬰機構到道光後期就廢止，原因是嬰堂不再接受這些來自城外的棄嬰，江灣及羅店的接嬰堂都有類似的經驗[11]。換言之，這些補育嬰堂之不足的運嬰系統的作用也屬有限，無法滿足偏遠鄉鎮的需求。

同時從這些相當集中於江南的接／留嬰堂例子中也可看到另一點，那就是它們的功能其實有時與縣城的育嬰堂無異，主要養育當地的棄嬰，而只是因爲不是一縣之堂，所以不能稱爲「育嬰堂」，如浙江海寧共有九所育嬰組織，但只有縣城一所稱爲「育嬰堂」，其中一留嬰堂本自稱育嬰堂，但後來鑑於與縣城嬰堂同名：「不敢曰育而曰留，故易名稱爲留嬰堂」[12]。而原來運嬰到蘇州嬰堂的南翔鎮及震澤鎮留嬰堂，則到了1743年才因陳宏謀之令而改名爲「育嬰堂」，並擴大規模。這兩個例外，可能是由於管轄南翔及震澤的嘉定及吳江縣辦育嬰堂較晚，育嬰制度的發展反不如鎮；但無論如何，這些例子清楚地告訴我們，鎮的育嬰組織如要稱爲育嬰堂，必須先得到官方的首肯[13]。這些是十八世紀中後期的事，說明了在雍正二年的詔令後，縣城育嬰堂已幾乎成爲附屬縣政單位的名詞，已成爲一種行政的名詞。鄉鎮的育嬰組織，如無官方的特許，不敢自稱爲「育嬰堂」，也不能有太大的規模，以免有奪縣政之光之嫌。在這種僵化的行政心態中，可能潛伏了育嬰堂日後沒落的因子，當育嬰堂成爲清代縣城的城徵之時，它就可能因拘於官僚形式而漸失去原有的發展動力；這也就是育嬰堂的另一潛在缺點。

上文第三章已提及草創期間的育嬰堂充滿理想主義，這種帶有宗教性的完美主義之得到實現，主要是由於清初一群善人的過人意志與精力，他們在條件困難之下堅持救生的理想，仍能配合當時社會的實際狀況。從雍正時代開始，育嬰堂因詔令而獲得的特殊待遇使得這個機構漸脫離社會現實。十八世紀初以來，官方對育嬰堂屢次褒揚、贊助與承認，使得這個善堂漸以官方機構自居，而且由於經費上漸爲充裕，使得

---

11 《江灣里志》1921，10：1上；《羅店鎮志》1881，3：9下。

12 《海寧州志》1775，6：3上。

13 《南翔鎮志》1807，2：4下-6上；《震澤鎮志》1843，7：5下。

行政問題成爲善堂發展的主要焦點。育嬰堂集中棄嬰與乳婦一堂的救濟方式，花費本來就大，管理也較繁瑣；堂董們如專心處理日漸複雜的財務與人事問題，自然也漸忽略了善堂原來的重點所在；在清前中期，由於社會經濟的發展，及政局的穩定，育嬰堂的癥結仍未爲人所注意；但到了嘉道之際，經濟發展跟不上人口的大幅度增加，溺棄嬰問題再度成爲議論的焦點之一，使得育嬰堂的問題再度突顯，有心人即開始提出種種改革濟嬰制度的方案。集中棄嬰與乳婦於一室的育嬰堂典範不再被認是最理想的育嬰策略。1845年左右活躍於揚州地區的商人汪喜孫（1786-1847，他的父親就是前章提過建議設立濟寡婦的「貞苦堂」的汪中），在譏諷揚州嬰堂爲「殺嬰堂」之餘，也附和著一友人的意見，認爲更妥善的辦法是每月給予有幼嬰之窮苦之家金錢上的補助，令他們不致拋棄親生嬰兒。這意見主要的依據之一是僱傭乳婦通常疏於照顧非己所出的嬰孩，而親生母親一定較爲用心哺育，嬰兒死亡率應因而減至最低[14]。同時期的湖南人歐陽兆熊（1837年舉人）也觀察到原有育嬰堂的種種弊病而提出同樣的建議：「吾邑育嬰堂，向雇乳嫗百餘人，經費既已不貲，而乳嫗皆有子女，仍乳其所生者，而私以飯汁飼所養兒……不久即當就斃。因變其法，凡送嬰女來堂者，給予腰牌，按月領錢六百文，並給以衣裙綿絮，仍交本婦自乳，撫養既久，母子之情益篤，斷無有忍棄之水濱者，若一二年後，即將腰牌繳回。是以增額數百名，費省而事更無弊。吾見各處育嬰堂皆不甚得法，故筆之於此，或亦仁術之一端歟。」[15]

　　這個觀點在十九世紀中期其實不算新創，南宋黃震反對慈幼局的建設，認爲是浪費，並提出應恢復舉子倉制度，將重點放在以錢米發給有新生兒的窮苦家庭，以防範他們棄嬰，而不是在救濟已被棄置之嬰孩（見第一章）。育嬰策略在外濟與集中棄嬰乳婦一堂的內濟方式中間搖擺，在宋末已見，清代育嬰堂到了十九世紀初，也顯然碰到了同樣的兩難，這是社會資源在比例上減少的情況下出現的難題。與宋末所不同的是，十九世紀初的外濟方式真正被嚴肅地策畫出來，並且廣爲施行；不

14　汪喜孫　1925[1845]。
15　歐陽兆熊　1984，20-21。

像宋末時，回復舉子倉政策只是黃震因對慈幼局不滿而所抒發的意見，並沒有真正被普遍實施。這其中的分別可能來自兩方面：一是十九世紀初的清代仍有約一個世紀的歲月來試驗及落實新策略，時間上比十三世紀末的黃震充裕得多；二是清代提出育嬰新策略的是地方紳衿，推行的也主要是這個階層的人，由於這社會階層在十九世紀中葉已甚爲壯大，他們所推行的策略自然有相當的成效；而在宋代社會，這股社會力量還沒有這樣強大，而單靠官方的力量在當時已無濟於事。

十九世紀新的保嬰會策略是由無錫紳士余治(蓮村，1809-1874)在道光時代構想出來的[16]。道光二十三年(1843)余治在其家鄉提出「保嬰會」之法，並初設保嬰會局在縣城北門外青城鄉蓮蓉道院內，首要目標仍是阻止溺嬰。按他本人所述，他創會的動機，是由於育嬰堂雖善，但「四鄉窵遠，跋涉爲艱，故貧乏之家……往往生即淹斃……。不特生女淹，甚至生男亦淹，不特貧者淹，甚至不貧者亦淹，轉輾效尤，日甚一日」[17]。就是他主觀上覺得溺嬰的情況日趨嚴重，而遙遠的育嬰堂不能改善這種風氣，所以他的重點放在防止父母溺嬰之上。保嬰會的濟嬰原則是收集善款，並給予有新生嬰兒的窮苦之家每月一斗米及錢二百文的救濟補助，爲期五個月[18]，這應是足夠生活的津貼；五個月後，如果受濟之家實在太窮困而無法撫養嬰兒，保嬰會局始安排送嬰到縣城育嬰堂。如果新生嬰兒是遺腹子，則這個家庭會得到更優厚的救濟，除了酌增每月的補助外，受濟的期限會增至三至四年；如果母親產後身故，則保嬰會又會額外給予每月五百錢的乳哺銀補助，並以三年爲則。保嬰會的信念是：如果嬰兒能存活到五個月左右，父母即與他產生了濃厚的親情，被溺棄的機會大爲減少，所以可減少育嬰堂的負荷，及抑止了殺嬰的趨勢；而且主事者相信，「仁慈之乳母，究不及暴虐之親母」[19]。同

---

16 松江府青浦縣蒸里鎮在1778年設有一保嬰會，但這個組織與道光時代保嬰會運動無關，其功能大概較類似留嬰接嬰堂一類。《蒸里志略》1910，〈建置〉：2上。

17 余治《得一錄》1969[1869]，2/1：1上-下〈保嬰會規條〉。

18 同治後，一般江南地區的保嬰會的每月補助爲六百文，相等於浙江當時三斗米的價錢，或一個二等工十天的工價；見徐映樸(1892-1981) 1988，395-397。

19 《海寧州城重設留嬰堂徵信錄》1891，〈海寧州重設留嬰堂章程〉3上。

時如果幼嬰到五六個月才被送到嬰堂，他們已較初生時強壯，夭折的機會也較低，間接地減低了縣城育嬰堂內的死亡率[20]。保嬰會主要由當地善士捐助，並採取會員制方式，以三百六十文爲一會，每個會員自一會起至「十會百會各從其力」，即以買股分的方式收集會員善款；每年春秋兩次舉會，收會費存公，以便給付。爲了達到一定的效率，保嬰會救濟範圍有所界定：以十里爲限，十里外的家庭不受補助[21]。

　　與育嬰堂制度比較起來，這個制度明顯地以家庭爲救濟單位，而不再以脫離家庭的棄嬰爲救濟對象。換言之，保嬰制所維護的不單是嬰兒的性命，而是家庭的完整性。同時，猶如其中一會之規條所載：「遺嬰孤保期較長，實於恤孤之中寓敬節之意。」即利用保嬰會制度優待遺腹子的原則來鼓勵青年寡母守節；事實上，如嬰之寡母中途改嫁，保嬰會即停給補助[22]；因此保嬰與乾隆中後期以來的保節運動，自然地結合起來，成爲同治以後極爲普及的保嬰敬節制度（見第五章）。從這個角度看，保嬰制出現的原因，與恤嫠會制的普及化有相同之處，那就是推動善事的人皆致力於實現儒家家庭制度理想，及鼓吹儒家家庭制所包涵的價值觀。這個價值觀並不見於清代早期的慈善機構；清初育嬰堂、救生局、施藥局所隱含的通俗佛教「生生」之念，比儒家家族倫理遠爲明顯。

　　另一方面，保嬰會明言以十里爲限，十里是抽象數字，真正的意義在於保嬰的責任從此落在較小的、有界限的社區，很可能是有較嚴密鄰里監管網絡的社區。這與以整個縣治爲濟嬰單位的育嬰堂比較起來，是極端的分歧。這也就是這個時期善堂發展「分散」地設在較小社區的基本特點。

　　同時，余治這個構想並非只針對自己的家鄉，而是以建構一個保嬰網絡爲最終目標，每個保嬰會負責十里內的家庭，而數十個保嬰會圍繞著縣城育嬰堂。爲了達到這個目標，余治自1843年後即在江南多處宣傳這個新制度，而他的努力似乎也有一定的成績，在太平天國亂前「江邑

20　余治《得一錄》1969[1869]2/1：1上-下〈保嬰會規條〉。

21　余治《得一錄》1969[1869]2/1：13上〈保嬰會記事〉。

22　《羅店鎮志》1881，3：12上。

青暘等鎮及本邑(無錫)陡門秦巷均有善士倣照倡行……惟此風吾省各州縣比比皆是，所望信善君子，互相傳勸，俾各處聞風興起……」[23]。余治所創保嬰會局規條中所附的這番話不全然誇張，至少江浙兩省在1850年以前都正式發了公文鼓勵保嬰局的設立。浙江紳士在1847年即呈文至省，希望省政府推動保嬰法：「近年江蘇省無錫縣青城鄉紳士創為保嬰局……著有成效，今春紳士華嘉植等已將規條呈，蒙江蘇撫憲陸批示飭縣刷印數百本，通飭各屬，并移咨安徽省照辦，紳士余治特為遠道來杭，將規條三百本，交與紳等……。」呈文當然得省府正面的回應：「呈請照蘇省准行規條，通飭勸捐……並候移咨福建撫部院轉飭循照辦理。」[24] 換言之，由於余治及其他江浙士紳的不遺餘力，帶著自印的宣傳冊子，到處奔波宣揚保嬰會的好處，到了1847年，至少江蘇、浙江、安徽、福建四省已正式下文推動保嬰會局制度。而上文余治說蘇省的保嬰會在實行不到十年即「各州縣比比皆是」，當不是過分自誇的描述。

在道咸之際余治等對改革濟嬰制度的努力也不是唯一的；當時許多地方均感到育嬰堂制度的嚴重不足，引發起改革的需求；早在嘉慶十三年(1808)湖南即推行「救嬰新法」，制度類似保嬰會。又如張堰鎮(隸屬金山)的濟嬰局之創立(1847年)也是由於郡堂嬰堂已收容過千，而收入不足，「岌岌不支，賴是局以紓其力焉」[25]。同時期創立的許多育嬰機構都有各種名目，創立者的出發點可能類似保嬰會：如江西龍泉救嬰堂(1823)、蘇州震澤保赤局(1823)、四川武勝恤孤院(1825)、浙江諸暨拯嬰局(1826)、湖北漢陽恤孤局(1831)、雲南雲州回春院(1835)、浙江諸暨生生堂(1836)、廣東英德育嬰公所(1836)、四川巴縣保赤所(1840)、貴州遵義養幼堂(1841)、淮安清河慈幼堂(1843)、松江張澤濟嬰局(1843)、金山張堰濟嬰局(1847)、湖北江夏恤孤局(1850)、常州通江保赤堂(1850)、江西南昌保赤堂(1851)等等，這些機構大部分由地方人所創辦[26]。乾隆以前所設的濟嬰機構絕大部分稱為育嬰堂，或接嬰留嬰

---

23 余治《得一錄》1969[1869]2/1：3下，6下〈保嬰會規條〉。
24 余治《得一錄》1969[1869] 2/1：12下〈浙江紳士趙鉱請通飭保嬰會呈稿〉。
25《重輯張堰志》1919，2：2下-3上。
26《拯嬰報應錄》1855，41上-45上；梁其姿 1991。

堂，十九世紀以後的許多新組織採用新的名稱；從這個轉變看來，嘉道
之際的濟嬰組織，基本上不同於清初以來以縣城爲中心的育嬰堂制度，
及相關的接嬰網絡；嘉慶以後，原有的育嬰堂制度已顯然不足以應付當
時嚴重的溺棄嬰問題，改革的需求已普遍爲地方社會所感受。余治提出
保嬰會的方式，正符合了各處所需，人同此心，所以馬上得到廣泛的響
應。

保嬰會運動在道光間的發起，很快地傳播江浙兩省，這個發展，大
概在1850年代因太平天國之亂而停頓，但在動亂平定後，各地的保嬰會
即如其他綜合性善堂一樣，像雨後春筍地成立起來，成爲所謂善後機構
之一。在亂後仍活躍的余治，仍然積極地推動保嬰會的「傳播」，一直
到他去世之年。按方志所記，他在1874年仍在南京附近的丹陽縣設辦保
嬰局[27]，當年他即以六十五之齡逝世。

余治可說是江南地區相當典型的紳士，如他一般熱心公益的紳衿也
並非罕見[28]。同治之後，這類的地方紳衿更見顯目，其中一位浙江紳士
嚴辰即是較著名的例子。嚴辰在浙江省推行保嬰會甚力，據他本人的記
述，太平之亂後，原有的育嬰留嬰堂等組織皆廢止，然而「茲有保嬰會
規條一冊，其會起於江蘇之無錫，湖州之長興……盍先酌議行之，固事
輕易舉而功德無量者也……當此烽煙甫靖，民氣蕭條，各州縣戶口之
數，減於前者多或十之七八，少亦十之三四，而民生之窮蹙且更甚於
前，非徒溺女者如故，溺男者往往有之，育嬰之堂既已毀矣，保嬰之會
可不興乎？蓋育嬰於承平之時，不過爲孩提脫其死，而保嬰於大亂之
後，且欲爲國家蕃其生，其關係尤重」。換言之，同治之後保嬰會的制
度正符合了當時社會百廢待舉的逼切需求，甚至許多育嬰堂同時實行外
濟的保嬰法，以配合「大亂之後」的社會需求。余治在道光時期的保嬰
會運動本來主要是補充育嬰堂鞭長莫及、過分集中在縣城的缺點。到了
同治時，由於保嬰會在組織上頗具靈活性，每會所服務的社區範圍也較
小，並且順理成章地與寡婦救濟配合起來，無論在實際運作方面，或意
識形態的宣揚方面，均相當自然地配合了同治時期的善後建設。用嚴辰

27 《丹陽縣志》1885，25：12下。
28 有關嚴辰在同治間的活動，可參考Rankin 1986，頁66及以後。

自己的話說：「育嬰必須建堂，而〔保嬰〕會則無論寺院祠宇及人家閒屋，皆可藉以舉行；堂必建於城市，而鄉村之憚於遠送或不能周；會則雖一鄉一村，但得善士爲之倡導，皆可舉辦；又其法能大能小，可行可止」[29]，說盡了保嬰會的靈活性，以及配合小社區、鄰里網絡較強的特色。

事實上，同治以後保嬰會的發展才較全面地實現了余治當初的構想；亂後保嬰會的成立，一方面基於政府與士紳的鼓吹，但也受到客觀條件的推動，一些本來負責運送嬰兒的接嬰堂，因受到縣城嬰堂的窒礙，「屢停接送」，乾脆就地實行保嬰；濮院鎮與硤石鎮接嬰堂有相同的經驗，兩鎮嬰堂本送嬰到嘉定及桐鄉縣，後因嬰兒太多，被兩縣拒絕，才在同治後期改變策略，收容及育養當地之嬰[30]。縣城嬰堂的窒礙，原因可能是組織及運嬰網絡上的困難，或者縣城的嬰數已飽和。換言之，基於種種原因，同治後保嬰會大量增加；創於1867年的莊周鎮保嬰會的經驗也反映了保嬰制度的快速發展，這個保嬰會就算在同治期間也因「近地舉行保嬰會尙少，其嬰且遠自莘塔蘆墟而來，故統一歲計不下一、二十名」，感到了嬰多的壓力，有照顧不暇的困難；要到了光緒初年（1880）「各處皆設法留養，而吳鎮稍殺於初矣」，這個保嬰會的收嬰量才因而減少。同樣地，遂安縣一名叫洪子泉的士紳創濟嬰社，也是因爲「嬰堂開在城內，近者易於沾恩，而僻壤遐陬，或因往返之艱，或爲風雨所阻，近又因歲歉費鉅，力難偏周，故嬰孩仍有棄溺者」[31]；換言之，同治之後由於縣城嬰堂漸不敷應用，新的保嬰會局才普遍在成立，並逐漸地服務城外較小社區，也更能就地取材地利用當地資源來救濟數量較少之貧家嬰孩。

這個分散式的趨勢，在嘉道之際已見端倪，太平之亂後發展更快速及全面。隨著保嬰會分散式的發展，新的救濟策略出現了；可以說，新的策略是配合著這個新的分散組織模式，也利用了小社區的各種特色。

---

29 余治《得一錄》2/1：37上-38下嚴辰〈桐鄉嚴比部善後局舉行保嬰會序〉。

30 濮院接嬰堂成爲保嬰局主要是由於嘉定及桐鄉的嬰堂不再接受運去的棄嬰；《濮院志》1927，9：5上-下；《海寧州志稿》1922，6：4上。

31 余治《得一錄》1969[1869]，2/1：31上-下〈遂安生生會小引〉；《周莊鎮志》1880，2：22上-下。

小社區善會的意義

　　道光以來保嬰會策略的重點之一在於組織服務範圍漸縮小，這個現像實耐人尋味。余治所構想的十里為限不過是一個抽象的標準，從其他保嬰會落實策略的例子中可看出，善會範圍的縮小其實有更實際的標準，如社區鄰里關係網絡的大小。余治保嬰會的構想是以十里為限，以便「可時時往驗」；同時其他的江浙士紳也以一鄉一村為保嬰會的最大範圍。1808年開始在湖南推行的救嬰新法即勸人「一人可獨舉一里數里，可畫疆而守……或止於九族之內密或限以五家之鄰」。浙江遂安縣以保嬰為主的生生會在同治時鼓吹每鄉設一局至四局，「局不必有公所，即人家店戶亦可」，在1867年左右，遂安縣聲稱已有十鄉舉行保嬰局。南潯鎮的保嬰會限救濟潯鄉十二莊內的貧戶，硤石鎮的保嬰會的施濟範圍則在四至五里內[32]。

　　就算在較大都會中的機構也有範圍上的限制，蘇州育嬰堂在同治後實行保嬰法，以離城五里為限，再遠不查，而且以五十名為額；青浦縣的嬰會則接受八至九里周圍內的貧戶申請[33]。同治後，還有一些地方實行「六文會」的制度，配合著保嬰法，六文會制的原則是「各村救各村之溺」，每會設一百股，每股六文，即共六百文，以濟養女之家，每月給養女之家四百文，以養二十個月為限，如果村或族的人口較多，則分數會而設；明顯地，這個制度是特別為了適應小社區而設計；六文會似乎在江西省最為流行，除了《得一錄》中所載的南昌府豐城六文會外，至少廣信府的興安縣、南康府的都昌縣、臨江府的新喻縣都有六文會舉行的記載[34]。到了光緒初年，總督沈葆楨覺得江西六文會制度極佳，抄

32　《拯嬰報應錄》1855，42上；余治《得一錄》1969[1869]，2/1：3上，31上-下〈保嬰會規條〉〈遂安生生會小引〉。《南潯志》1920，34：22上；《海寧州志稿》1922，6：6下。

33　余治《得一錄》1969[1869]，2：43上〈蘇城遵辦保嬰會啓（同治間）〉；《江蘇省例四編》1890，2：8上〈錄刊青浦縣令稟辦接嬰兼辦保嬰局章程〉。

34　余治《得一錄》1969[1869]，2：22上-下〈金谿縣禁溺女示附豐城六文會法〉；有關興安、都昌六文會的資料，可參考星斌夫 1989，377-380；新喻縣六文會的規條，見《保嬰編》1890，1上-10上〈金谿縣禁溺女示附豐城六文會法〉。

了章程，向江蘇省內各屬勸辦[35]。

　　除此之外，其他的救濟方式也漸出現在較小社區中，早在嘉慶時代在湖南推行的救嬰新法的目標就是「家家有一育嬰堂」。又如「認育制」，即社區內的人每人認育一個至數個保嬰會救濟的初生嬰，負責他們每月的濟金；參加「認育制」的人家，會得到嬰會發給紅條貼在家門外，上面注明此人家每月救嬰行善，以示獎勵。這個制度在同治間至少在嘉定、泰興地區流行，在如皋鄉近地區一所育嬰堂實行認育制後，所濟嬰從1868的每年七十嬰增加至1873年的每年二百嬰[36]。換言之，每個保嬰會的服務範圍雖有大小之分，但是已肯定不似育嬰堂那樣不管遠近地照顧整個縣內的棄嬰，而以不同的方式，較靈活地動員地方上有限的資源來救濟當地的貧戶。

　　從文獻中我們較難看出這些善會在何種定義下的社區實際運作，不過一些蛛絲馬跡讓我們相信這些較後期的善會一方面強化了社區的認同，另一方面也加強了小社區對家庭及個人的監視；換言之，善會除了濟貧外主要功能之一無疑是推動了社區的自我界定。泰興保嬰會說明不救濟流乞的子女，也不濟居住當地的「客民」家庭，洪江的善會也特別聲明過境之難婦如生女，只能酌量得到一千錢，「逗留多索，及產逾十日者，不給」；明文規定不救濟非長居於社區內的「外人」。一些以大族構成的社區，更設善會為「族中育嬰」，如上述豐城六文會法即將社區分為「小村」與「大族」，小村一年約濟嬰二三名，而大族則十餘名；安徽寧國的涇縣則在十九世紀初期就有濟族中嬰的「好生堂」及「濟嬰堂」[37]。當然「村」與「族」如何分辨，是一個複雜的問題，這些以濟族中之嬰為主的善會與家族義莊的運作有何不同，在目前資料不足的情況下也難以澄清，不過可以肯定的是，善會運作的範圍漸配合著認同感較強的聚落。

35　《江蘇省例三編》1883，1：5上-7下〈育嬰六文會章程〉（1878）。

36　《拯嬰報應錄》1855，43下；《江蘇省例三編》1883，1：11上〈嘉定保嬰總會頒發各縣、鄉、村簡便章程〉（1876）；《泰興縣志》1885，8：6下-7上；《如皋縣續志》1873，1：13下-14上。

37　《泰興縣志》1885，8：6下-7上；《洪江育嬰小識》1888，2〈識規條〉：7上；余治《得一錄》1969[1869]，2：22下〈金谿縣禁溺女示附豐城六文會法〉；《涇縣志》1807，19上：37上；《涇縣續志》1825，5：10上。

　　在小社區設善會的需求，其實在乾隆時期已被提出。第四章所描述的同善會就宣揚分散式的建立方式。當時最重要的楓涇同善會說明「善會只濟一二十里煢民，縣內地方寥廓，須設幾會」，後來江浙兩省頒公文倡設同善會，也鼓吹「城中既倡，面諭村鎮傚行」[38]。但當時在村鎮成立的善會尚少，要到嘉道以後，這個趨勢才明顯。道光以來善會所發的多種「單式」（申請救濟補助的表格），目的是為了證明受濟者的身分是屬於善會所在的社區。就是說保嬰會施濟的限制實際上不只於五里十里的距離，而更重要的是社區居民的身分認定，被認為不屬於這個社區的人，就不能受濟；因此透過施濟，善會可以為所屬社區作一更清楚的內外界定，並加強社區的凝聚力。同時，社區的界定也無形地增加了區內善士的影響力，如青鎮留嬰堂自1839年以來至同治之後的數十年，一直由當地一徐氏「兩房」資助，「並有已嫁之女，聞風興起，慫其婿捐資以助之」[39]。家族與社區之間的關係通常非常密切，這個徐氏家族對善會的一貫支持，無疑是出於對青鎮這個社區的強烈認同感。

　　在鄰里網絡較密集、認同感特強的社區中，保嬰會當然可以較順利地落實各種新的策略，無怪連當時的人也覺察到這個新制度的「優越性」：「設司以防其偽，定地界以分其限，誌羅箕（即指紋）以驗其真；慮其寒也，加給綿衣，憂其病也，量予醫藥，恤其恥也，令其背人抱送；產後母故者，代託親族，關係嗣續者，加增養費，路遠難偏者，勸設分局，實在難留者，不得已乃送育嬰堂，以資長養」[40]。道光時代關心溺嬰問題的人的觀察，道盡了保嬰會的優點：即能補縣城內育嬰堂之短，及更有效與踏實地救濟貧家的初生嬰孩。這些優點只能在小社區中產生作用。

　　很可能由於這個特點，保嬰會制度在十九世紀後期似乎的確成功地提高了濟嬰的效率。當然我們無法獲得這方面的精確數字，而只能靠時人（尤其同治以後的觀察者）的主觀意見，不過，在拯救女嬰方面，當時

38　余治《得一錄》1969[1869]，1：5下，9上〈楓涇同善會規條〉，〈倡會擬言〉。

39　《烏青鎮志》1936，23：5下。

40　余治《得一錄》1969[1869]，2/1：15上-下；鄒鳴鶴〈保嬰會約序〉，道光丙午。

的資料均強調保嬰會的驕人成績：桐鄉1866年重辦育嬰堂，但到約六年後，即1872年左右，已殤嬰3,128口，當年嬰堂創設保嬰，此後「五月殤僅四嬰」，整個桐鄉地區共設了二十一保嬰會，據方志所載，1872年至1887年間，這些保嬰會每年共濟嬰三百至四百名，十五年共濟嬰超過四千名，而殤嬰不到十分之一；同樣地，同治時代上海地區保嬰會的20%死亡率，遠比縣城育嬰堂的48%低[41]。除了死亡率較低外，保嬰會所救助的嬰孩數量還遠比育嬰堂多，除了桐鄉的例子外，如皋地區一保嬰會濟嬰從1868年的七十名增至1873年之兩百名，相比於1668-1775年間縣城嬰堂的每年平均只爲全縣濟嬰156名，保嬰會的成績無疑更佳。夫馬進所研究的上海地區保嬰會在1874-1875年間共濟了三百七十個家庭，較同治以前上海育嬰堂的一百廿名棄嬰，增加了三倍[42]。雖然這些數字極可能存在著謬誤或偏見，但是保嬰會救助的嬰兒在自然家庭中育養，存活機率較大，同時保嬰會在小社區中運作，有較強的監視力，其效果更好，是可以想像的；只是對於那些繼續被遺棄在外或被溺死的嬰兒，數量仍無從估計，保嬰會也於事無補。

事實上，保嬰制的出現及普及化並不代表溺棄嬰的社會問題得到了解決；而是這個無法根絕的社會問題有了新的對策；而新策略的特色是道德說教比較淡化，而較多採用實際誘導方式。保嬰會的領導人可說較深入了解民間疾苦，與一般民眾有較多的接觸。這也許亦是小社區善會的特色之一。

新的救濟策略

配合著小社區生態的保嬰會，在策略上比育嬰堂爲靈活；雖然它們仍有濃厚的教化取向，但是與當時甚爲普遍的惜字會、清節堂相比之下，保嬰會顯得更爲實際，或者說更能體會當時的各種嚴重而逼切的社會問題的成因，對人棄溺嬰等行爲有較深刻的認識，而以比較面對現實的方式去紓解這些問題。保嬰會與稍後談及的助葬善會的「分散式」發展，即較多的善會在較小社區內進行濟貧，也正符合了此時社會的實

---

41 《桐鄉縣志》1887，4：2下-4下，8下；夫馬進 1990，184-185。

42 《如皋縣續志》1873，1：13下-14上；夫馬進 1990，185。

況。這裡先談保嬰會的策略。

　　保嬰會除鼓勵貧苦家庭自育其嬰，即將可能被棄之嬰放回家庭環境中，以提高其存生率之外，同時還採取更積極的救濟方式。育嬰堂只是消極地等待人送嬰到堂，而保嬰會則由於運作範圍比育嬰堂小得多，所以可以利用地方較緊密的社會關係來積極推動會務；首先，受保嬰會補助者得先找鄰里作為保人，以證明他們的家境的確清貧[43]，為了推動這原則，羅店的嬰會給予每個保人一百至一百六十文的賞錢，亦同樣地獎勵向嬰會報告待產貧戶的地保，如這些保人與地保的住所離會所較遠，他們得到的酬勞更多[44]；南潯鎮育嬰堂的保嬰計畫也送保人錢二百四十文以示鼓勵，同時更「厚給」抱送嬰兒來會之人，因為「以利餌之，利心生，則善心亦生」，類似的做法在十九世紀中後期的濟嬰善堂中是常見的[45]。除了利誘一般的地方人外，保嬰策略還包括責成穩婆(收生婆)禁止溺嬰，及向善會提供貧戶產子的資訊，以便善會及時救濟，江蘇省政府在同治之後甚至定例：收生婆如成功地勸止貧戶溺嬰，可得二百至一千文的賞金，但如她被揭發協助溺嬰，則會受重罰[46]。可見此時的濟嬰善會在實際執行救嬰時，已明白地用「利誘」的原則，以求更好的效果，而不再單靠道德式的勸諭。

　　除了對鄰里、穩婆等人的行為有較實際的了解外，保嬰會的另一特點是對人溺殺嬰的行為有較深入的了解，因而能理性地針對這些行為來制定保嬰政策；例如貧戶的第一胎及男胎較難得到補助[47]，因為一般人較不會溺殺第一胎及男嬰；此外，除了特殊例子外，保嬰以五個月為

43　余治《得一錄》1969[1869]，2/1：2下〈保嬰會規條〉。

44　《羅店鎮志》1881，3：11下；《武進陽湖合志》1906，3：7下。

45　《南潯志》1920，34：15上，20上；周莊鎮的保嬰會亦類似，見《周莊鎮志》1880，2：22上。

46　《江蘇省例二編》1883，1：6丁〈保嬰簡捷章程〉(1876)；在余治《得一錄》1969[1869]，2/1：20上有〈廣信康太守基淵設立嬰長責成穩婆以拯救女嬰序〉(1780)，可見在乾隆後期已有人提議利用穩婆來抑止溺嬰，雖然這項方法似乎並未得到廣泛的宣傳，亦似乎沒有被普遍地實施，但是利用穩婆的想法顯然在十八世紀末已出現，道光以後才普遍地被採用。

47　如洪江鎮的保嬰制度規定男嬰得在出生時失去父親或母親，否則不能獲得補助(《洪江育嬰小識》1888，2〈識規條〉：7下-12上)；同樣地，上海保嬰會所濟之嬰大部分(62%)為女嬰，見夫馬進 1990，178-185。

圖十一　嘉慶以後許多城鎮除了有收養棄嬰的育嬰堂或留嬰堂外，還兼設有保嬰制度。這是海寧州的留嬰堂與保嬰局圖。來源：一八九一《海寧州城重設留嬰堂徵信錄》。

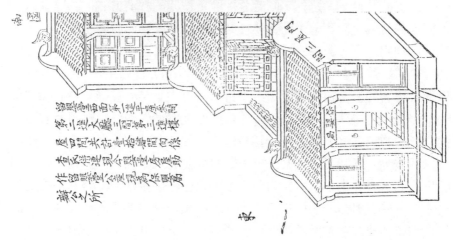

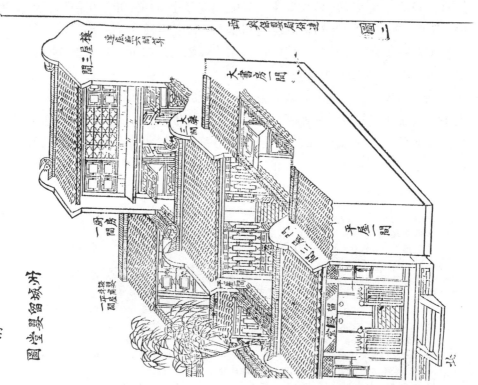

圖十二　洪江鎮相連的惻隱堂、育嬰堂、保赤堂。來源：一八八《洪江育嬰小識》。

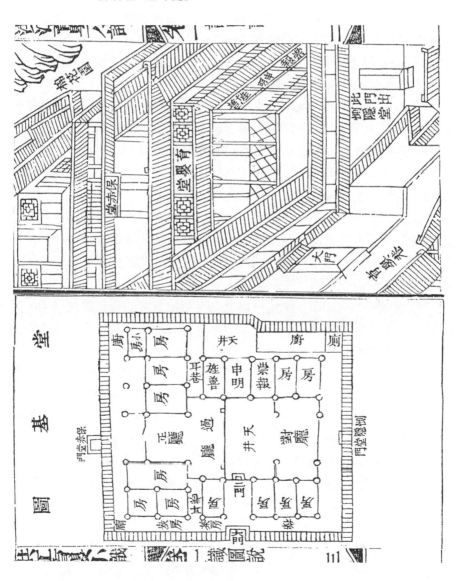

限，因爲此時父母已對嬰兒產生深厚感情，溺殺的機率大爲減少，用余治自己的話說：「五月後，小兒已能喜笑，嬌憨之態，最動人憐，父母必有不忍拚棄而勉力留養者。」[48] 這些策略無疑都能減低保嬰會的支出，使有限的地方資源能更有效地被利用。此外，嬰兒出世後如父已亡或母已亡，各有不同的救濟方式，前者的補助期較長，因爲要鼓勵寡母守節；而後者的補助更多，因爲要考慮乳母的乳銀錢。這些策略細節上的安排反映出道光以來的濟嬰策略比以前更針對現實，雖然背後的動機仍然是道德的宣揚：禁溺女、鼓勵守節，而其實這些道德價值在當時的物質及技術條件之下，是極難普及化的。

此外，一些保嬰會還事先查明申請受濟家庭的經濟狀況才決定是否施助。如通州保嬰會不補助擁有耕地超過十五畝，或自耕二十畝以上，及有其他相等家計的家庭；泰興的保嬰會也有類似的限制[49]。換言之，在施濟策略上，保嬰制度比育嬰堂制度更具「理性」，並不是無限制地施與所有的人，而按個別家庭的需求而作出決定。

這些新的救濟策略亦不限於保嬰會，其實我們不應把保嬰會制度抽離同時其他與兒童救濟有關的慈善機構。嘉道時代社會經濟秩序開始鬆散，地方領導階層感到一種迫切的氣氛，促使他們擬出新的對策，保嬰會不過是其中最令人矚目的策略而已。

救濟兒童的迫切感，產生自嘉道之際開始普遍的兒童流民現象。流民問題一直是明清時代嚴重的社會問題，北方地區尤其如是；這些流民大多是農業零散僱工。農忙時，他們受僱在農村，到了秋收之後，他們即成爲無業游民，爲了溫飽，他們多流落到都會成爲季節性的乞丐。從順治時代開始，河北等北方省分即在都市內成立棲留所（或曰棲流所）的機構，分擔了以前養濟院的任務，在冬天收容這些游民，春暖時將他們遣返原籍，這類機構在北方諸省及四川比較多，江南地區則少見，在清代三百多所棲留所機構中，江浙兩省只占約百分之十，而且由於游民問題被清政府認爲是較嚴重的社會問題，這些機構主要是官方所創立（在

---

48 余治《得一錄》1969[1869]，2/1：4下〈保嬰會規條〉。
49 《通州直隸州志》1875，3：65-66；《泰興縣志》1885，8：6下-7上。

1850年以前官方所創的機構約占79%)[50]。然而,清前期的流民,以成人男子爲主,棲留所也主要收容這些男子。到了道光期間,這些季節性游民不但開始成爲江南的社會問題,而且其中還漸見幼年兒童,1836年在武進成立的恤孤局就是爲了專門收容五至十歲的小游民[51]。這個恤孤局成立後,引起了蘇州省府的注意,認爲「錫金兩邑紳所刊冬月收養遺孩錄……布置得宜,規畫盡善」,所以發文各處宣諭「各宜傚照而行」,所頒發之規條名爲「收養幼孩廠規」,這些機構每年十一月中旬開局收養,到次年的二月中旬散放。在這段時間內,收容所不但使兒童得到溫飽,而且還提供基本的教育及技術訓練;在初創時,這些機構多借用養濟院的空間收容乞童[52]。

有關這個收容幼孩的新機構的資料並不多,在商業較繁榮的都會中似乎較注意這個問題。上文曾提及的英國傳教士William　Milne在1850年曾訪問在上海的同類善堂,按他的記載:「這個收容所只是暫時性的,只開放幾個月,以應付特別的情況……當我訪問時,收容所有約二千名兒童,其中三分之一是女童。每個兒童穿得不錯,看來也飽足。每人身上有一標籤,所內也有一登記冊記錄了每人的來歷,以便在散放時將他們遣返……他們平均年齡是從三至十歲。」[53]　名宦賀長齡(1785-1848)在當貴州巡撫時(1836-1845)也在1838年以前設立了一及幼堂,收容過百名五至十七歲的兒童,如無錫地區的恤孤局一樣,及幼堂也提供蒙學教育與基本職業訓練;賀長齡與其他地方官一樣,最擔心這些居無定所、毫無紀律的流浪兒變成流賊[54]。換言之,道光時代新的救濟兒童善堂的成立,有較實際的動機,那就是防止小流民變爲破壞社會秩序的分子。這些流浪兒童的出現,當然與育嬰堂制度及新的保嬰會局沒有直接關係,但是顯然地,及幼堂類收容所的出現,反映了當時日益不穩定的社會秩序,以及育嬰堂無法處理的、新的兒童問題。

50　梁其姿　1991。
51　《武進陽湖合志》1886,5:28上。
52　余治《得一錄》1969[1869],4/1:1上-5上〈冬月收養遺孩條程——錫金成案〉。
53　Milne 1859,47-48。
54　賀長齡 1882,4:32上-33上。

圖十三　洪江鎮惻隱堂與育嬰堂部分。來源：一八八《洪江育嬰小識》。

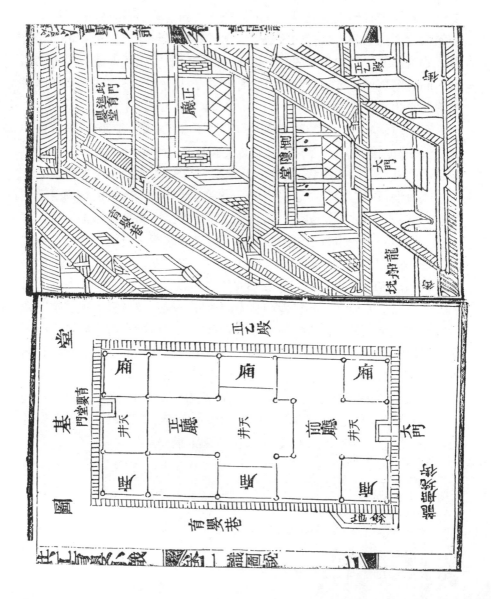

　　這類問題在太平之亂後更爲惡化，尤其在大都會地區。例如常熟在清軍克城後不久，即在1863年秋天成立由巡查紳士管理的「無告所」，專門收養難童，經費由城內店面捐錢，五日一收，曰難童捐[55]。此外，上海地區在同治時代就成立了普育堂以「收養丐童」，除外，還有一「撫教局」更積極地以職業訓練方式處理丐童問題，這些丐童「數以百計，大都異鄉客籍，流落難歸，詢其父母，或被戕、被擄、或病死、或凍死……輾轉漂泊，衣履不完，蓬首垢面，殆無人狀……無人肯收、亦無人肯薦……」，自1866年開始，「撫教局收養十六歲以下無依難童，給以衣食，安其眠宿，療其疾病，閑其出入」，成立後一年內至少收養了兩百五十名難童[56]。民國時代上海都會地區流浪童三毛的形像恐怕淵源甚早，甚至在嘉道時期已具雛形。

　　這些新的社會現象，也帶來了新的應付方式，其中與清前期育嬰堂最大的差別在於對兒童的教育及技能的訓練；上述賀長齡創及幼堂時，已同時提供基礎的蒙學教育，及職業訓練；在上海的撫教局對所收容難童更進一步：「量其材質，另雇工匠督令習業……限以歲時習成一藝，俾能自食其力，即可各遂其生」[57]；這種救濟方式，就爲更後來的孤兒院的組織提供了模式[58]；筆者認爲這些救濟組織的出現，雖然肯定地受了當時西方同類組織的影響，但是嘉慶道光期間開始累積的經驗也非常重要。除了職業訓練外，傳統蒙學的訓練也在清中後期受到普遍的注意。雖然在康熙時代中央已屢次鼓勵地方人舉辦義學以教育貧苦子弟，但這項義舉的普及化主要乃在乾隆時期才實現[59]，而且隨著清節堂在1770年代的出現，教育寡婦子弟的義塾也更爲普遍，上文已略爲述及這項發展，其中道光二年(1822)創辦的江陰「恤孤義塾」就說明其宗旨主要是訓練這些無父孤兒有謀生之技：「凡學一技，必當識字，苦節望其

55　陸鈞　1985[1867]，140。

56　《松江府續志》1883，9：42上；余治《得一錄》1969[1869]，13/4：1上-4
　　下〈撫教局童程〉〈滬城撫教局規條〉〈勸推廣撫教局公啓〉。

57　《松江府續志》1883，9：42上；余治《得一錄》1969[1869]，13/4：1上-4
　　下〈撫教局童程〉、〈滬城撫教局規條〉、〈勸推廣撫教局公啓〉。

58　這類孤兒院在光緒晚期甚爲普遍，見《上海縣續志》1918，2：39下-44上；
　　《北京慈善彙編》1923，5-41。

59　見Leung 1994。

子顯揚，次之謀生爲急」[60]；此外，義學當然被賦予重要的改良風氣功能，辦學者多認爲社會的種種暴力或風氣不良情形，主要是由於民衆在童年時讀書太少所致，這在較邊陲的地區尤其如是；如粵東地區的「紳耆」在道光建立義塾，目的是爲了讓民衆自幼受「禮教」之薰陶感化，籍此減少當地盛行的械鬥[61]。此時義學與難童的職業訓練發展可說反映了當時社會精英對兒童問題的新了解。清前期的育嬰堂機構只注重拯救嬰兒生命，而中後期的兒童救濟機構卻開始重視這些兒童的社會角色，及他們日後在社會的出路問題。這方面的體驗，可說直接與社會條件的客觀變化有關。

此時期的保嬰組織不單注意男嬰的前途，也較前注意女嬰的出路，雖然前期的育嬰堂也強調女嬰長大後得被良家作養女或養媳，而不得作奴婢或娼妓等賤業，但一般而言，早期的育嬰堂都不說明如何確定出堂女嬰有正當的出路，顯然在這方面，辦堂的人並沒有仔細的策畫。然而清中後的保嬰局等新育嬰組織，對女嬰的出路問題比較注意：如領取女嬰的家庭得有保人保證女嬰不會被送去佛道庵（除非女嬰是殘廢之人），或被逼當奴婢娼妓，洪江嬰堂甚至在光緒期間收容從妓院搶救回來的女孩[62]。當時已有嬰堂要求地方官府登記所有領養女嬰的家庭的資料，以便日後追蹤，或要求過繼之家留下住址姓名，左右鄰居及保人姓名，一一詳註親筆畫押存根備查，嬰堂的一個顧慮是被領走的女嬰與同姓爲婚，繁瑣的登記讓主辦人多少確定女嬰不嫁同姓之人；有的甚至要求領養之家每年帶所領走的男或女孩到保嬰或育嬰機構檢視[63]。清後期嬰堂對出堂嬰孩的嚴格手續多少是避免孩童落入外國教會之手，然而雖然如

60 余治《得一錄》1969[1869]，10/3：7上〈江陰恤孤義塾憲示〉道光二年（1822）。

61 余治《得一錄》1969[1869]，10/4：3下-7下〈粵東啓蒙義塾規條〉道光己酉（1849）。

62 《洪江育嬰小識》1888，1〈識緣起〉：14下-15下。

63 《洪江育嬰小識》1888，2〈識規條〉：5上-6上；《江寧府重建普育堂志》1871，5：20下-21上；余治《得一錄》1969[1869]，3/1：6下〈育嬰堂章程〉；《江蘇省例四編》1890，2：〈錄刊青浦縣錢令稟辦接嬰兼辦保嬰局章程〉：7上；阮本焱 1968[1887]8：9上；《海寧州城重設留嬰堂徵信錄》1891，〈海寧州城重設留嬰堂章程〉8下。

圖十四　嘉慶以後的保嬰會、留嬰堂等組織比較注重棄嬰日後的出路。海寧州留嬰堂備有領養嬰孩的收執。從收執內容看出領養棄嬰的家需要保人，並要保證日後不得虐待或販賣嬰孩。來源：八九一《海寧州城重設留嬰堂勸信錄》。

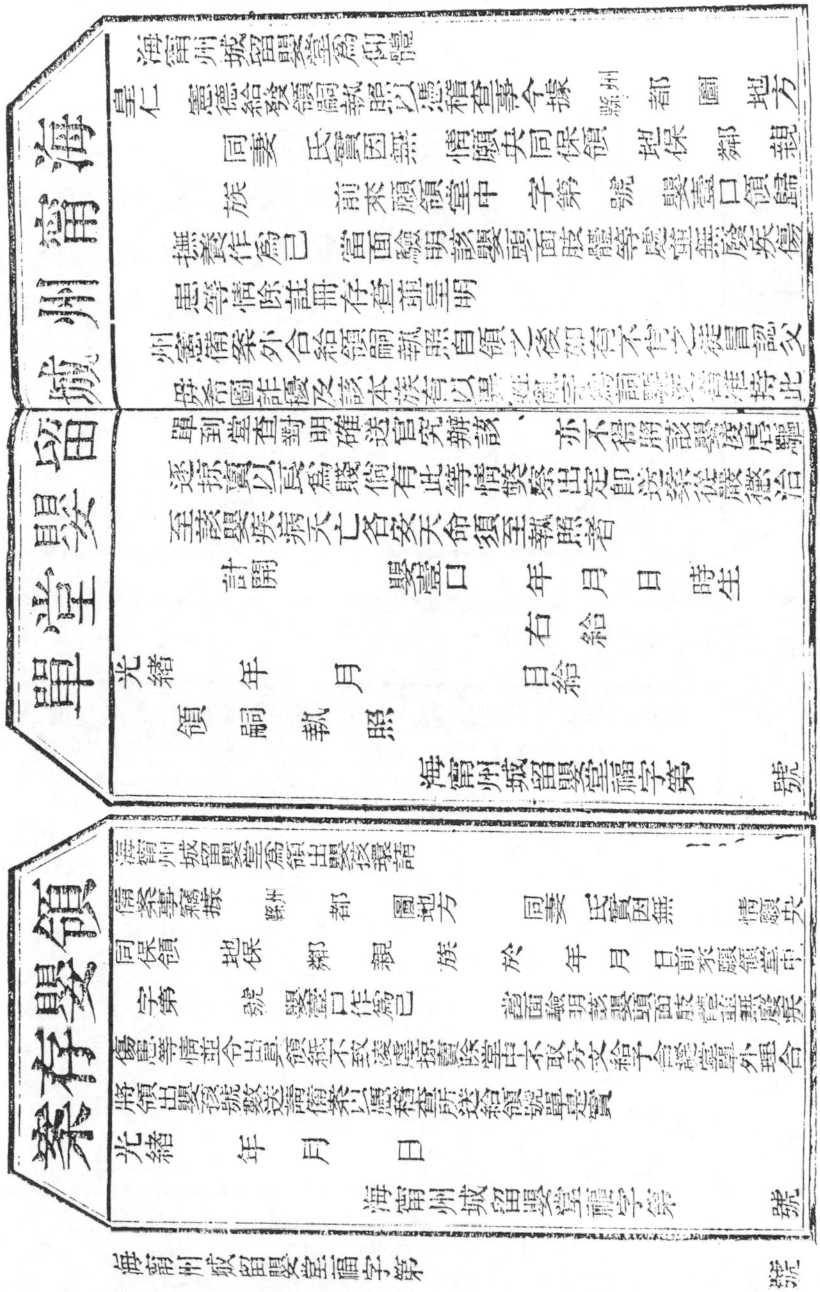

圖十五　清後期的留嬰機構也往往請當地家庭代育領棄嬰，寄養的家庭需簽寄養甘結單。來源：一八九一《海寧州城重設留嬰堂徵信錄》。

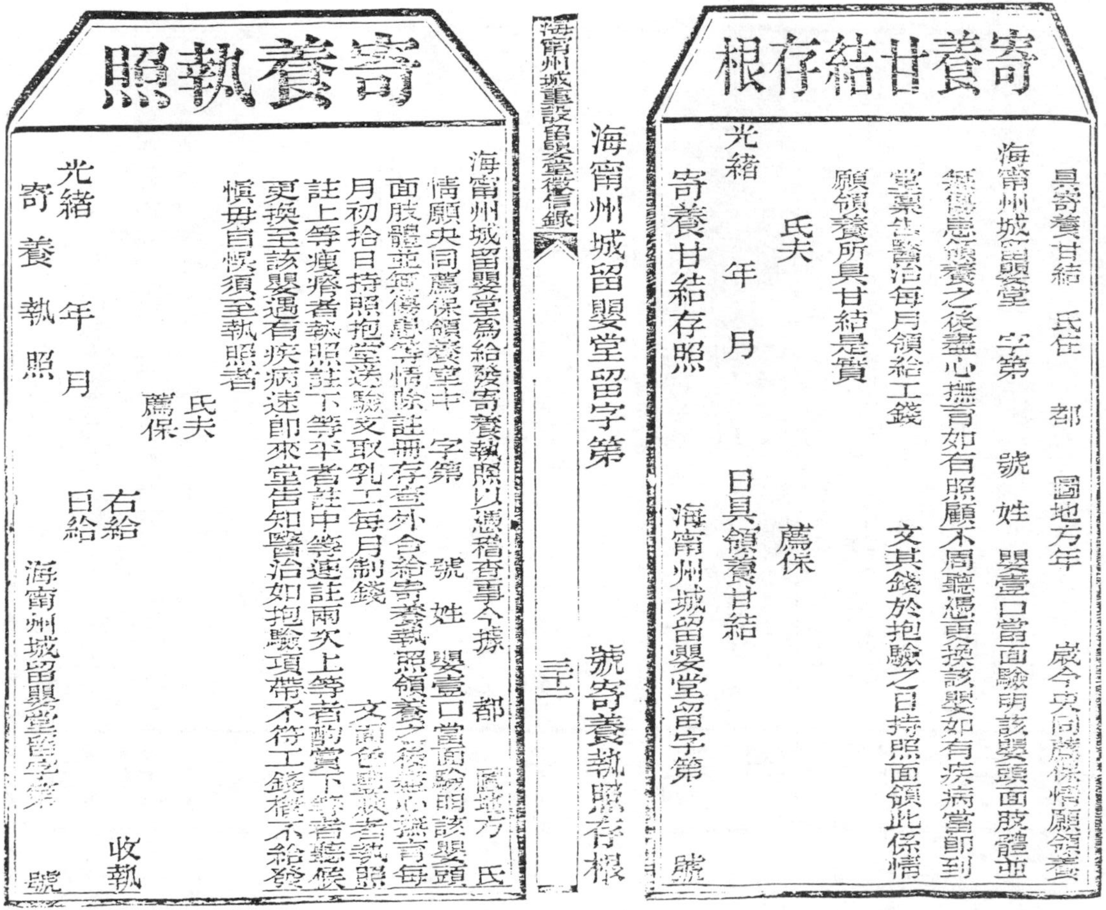

此，從善堂更注意男童的教育及職訓的情形看來，我們仍有理由相信除了與外國教會善堂的競爭因素之外，這些保嬰機構的確比前期更注意兒童日後的出路。

此時的善會除了重視兒童的社會角色外，還比前期更注意幼兒的生理。在對兒童的生理照顧方面，此時的新兒童救濟策略比前期育嬰堂更爲周全，方式上也更多變化；可看出此時的善堂負責人對救濟兒童的概念變得更爲實際具體。

在各種策略中，又以預防當時幼兒的頭號殺手天花最受重視。余治所構想的保嬰會即將種痘納爲主要工作項目之一，他的想法是善會每年於正、二月或八、九月爲當地幼兒種痘。而且除了種痘外，還在局中備各種常見的兒科藥，以資緩急[64]。余治這個想法在當時並不算獨特，據我們的研究，免費爲地方兒童種人痘的善堂，應最晚在十九世紀初的揚州地區出現，到了道光時期，至少北京、南京、南匯、句容、無錫、西安等城市內也已有施種痘的善會善堂；這類善堂到了同治期間更多如雨後春筍，並且往往兼種人痘及牛痘[65]。此時雖然牛痘技術已傳入中國，但是由於牛痘疫苗在國內較難取得及保存，因此爲小兒免費種痘的善會善堂往往牛痘人痘兼備。

一些晚期的保嬰機構更以近乎現代機構的方式來記錄嬰兒的死亡主因：如光緒期間湖南的洪江鎮育嬰堂記錄嬰兒的主要死因是天花；幾乎二分之一的死因是天花，然後二成至三成的死因是其他常見的疾病如驚風、臍風，及瘡疥等。因此這個育嬰機構不惜高薪聘請一位種痘醫師常駐嬰堂，不但爲受濟的幼嬰種痘，而且爲整個地區的幼兒接種[66]。此外，較晚期的嬰堂都比以前更注意其他一般的醫藥衛生問題，如經常準備如三黃湯、除胎毒的劑藥等，強調入堂之嬰洗熱水澡的必要，及極寒

64　余治《得一錄》1969[1869]，2/1：3下〈保嬰會則條〉，此時雖西洋牛痘法已傳入中國，但基於牛痘痘苗難求，同治以前大部分善堂爲兒童免費種的主要是自明末以來即流行的人痘，有關種人痘及牛痘在中國的發展，參看梁其姿 1987，239-253；《洪江育嬰小識》1888，則謂當時「各直省郡縣多設有福幼慈幼等堂」以爲幼兒施種牛痘，見2〈識牛痘方藥〉：4上。

65　見梁其姿 1987，250。

66　《洪江育嬰小識》1888，2〈識牛痘方藥〉：4上-8上。

圖十六　南京的牛痘局在一八三四一一八三五年間由兩江總督陶澍
（一七七九一一八三九）設立。當時南京發生嚴重痘疫。來
源：一八六《江寧府重修普育四堂志》。

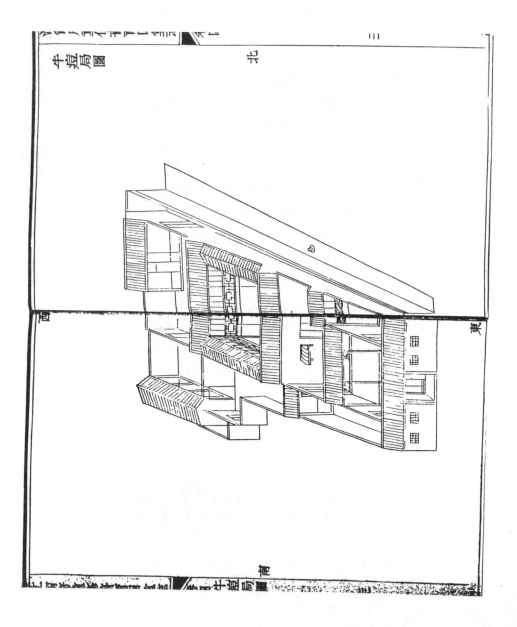

天新收之嬰必用火盆薰熨等保健措施[67]。光緒時代六文會等善會的一些出版品、小冊子除了刊登禁溺女嬰的勸戒民謠外，還兼刊育嬰方面的傳統醫藥常識，生動地反映了當時善會對幼兒生命的一種實際態度[68]。這類細節是前期育嬰堂章程中所罕見的，可見十九世紀初以來，救濟嬰孤的善堂對維護幼兒生命有比較具體的技術性策略，不再單靠道德性的訴求。

　　社會對幼兒生命觀的改變也反映在幼嬰墓場的出現。這些專門收葬幼童的墓地，出現時間不會晚於道光間。蘇州道光時人顧兆熊曾奉母命創立洞涇內嬰孩義塚，並獲吳縣教諭贈匾及聯句。上文已述及的洪江嬰堂在道光廿六年（即1846年）已有專門葬幼童的義山，這處義山本葬一般貧民，但在1846年新置葬地，專門葬幼童；梅里鎮在1848年已設葬嬰孩的廣慈義阡，由里人捐建；海寧州在太平之亂以前已有嬰堂塚地，在州城的小東門外，亂後再重新建設。由於有關的資料並不多，我們不清楚全國嬰孩墓園發展的一般情形，但可以確定的是，這類嬰孩墓地在道光前後已有，到了光緒期間，江南已多處設立。常熟在1895年建設了嬰孩墓園，專門埋葬城內外因各種疾病而夭折的幼兒，據資料所云，七年內這所墓園共埋葬了千餘個幼孩[69]。

　　常熟墓園的成立，應是江蘇省一些士紳在1892年向省政府申請成立嬰孩墓園的結果；按這個呈文，當時「蘇地義塚一事，雖有各善堂經辦，而殤孩素無掩埋之地，且吳中習俗，富貴之家，惑於風水，小孩不附祖塋，中下之戶，則或用布裹，或月蒲包，每就空地浮厝，數日之間，即已暴露殘骼餘齒，見之可慘」。換言之，傳統中吳地並無埋葬嬰

67　阮本焱　1968[1887]，8：7上；《江蘇省例四編》1890，2：〈錄刊青浦縣錢令稟辦接嬰兼辦保嬰局章程〉：6上；同治時代的一些嬰堂甚至附有類似「育嬰良法」等文，教嬰堂負責人如何保護幼兒的健康衛生，見余治《得錄》1969[1869]，3/1：9上-13上。；《海寧州城重設留嬰堂徵信錄》1891，〈海寧州城重設留嬰堂章程補〉：1上。

68　《保嬰編》1890，此小冊子內除勸戒文外，還包括〈飼嬰三方〉〈稀痘方神方〉〈治幼孩眼障近瞎神方〉等十一種醫藥方。

69　顧震濤　1986，18：277；《洪江育嬰小識》2〈識規條〉：7下；3〈識惻隱〉：1下；《海寧州重設留嬰堂徵信錄》1891，〈州正堂曾照會〉：62上；《梅里志》1877，7：16下。《常昭合志稿》1904，17：7下。

孩的墓地，而且社會對夭折的幼孩也明顯地有差別待遇，在觀念上，這些幼孩或因未真正「成人」；按梅里鎮的習俗，嬰兒夭折後，「以綿裹骸骨懸棄於楊樹之間」。換言之，在葬俗上，夭折幼孩構成風水及其他習俗上的顧忌，而較貧之家更不會以完備的葬禮處理這些生命意義「曖昧」的殤死嬰孩。據常熟士紳所言，嬰孩墓園設立的請求，是啓發自南京同善堂，金陵同善堂在光緒二年（1876）創辦代葬嬰孩，至1892年已葬一萬五千八百餘口之多。金陵墓園埋葬所有送到病故的幼孩，不取殤家分文。蘇州士紳心目中的墓園亦大同小異，他們所定之規條說明：「專辦代葬嬰孩，原專指病殤幼小嬰孩，無論貴賤之家，及本籍客居人等，送到者一律代葬。」但已「成丁大口」的男女，則不受理，應葬在成人的義塚內，而且裝嬰屍的只小口木匣，凡裝棺者不能代葬；這些士紳也甚至考慮了富貴之家的面子問題，他們往往由於風水問題而需要代葬族中幼童，但卻嫌「義塚」之名有失身分，可能不願求助，所以這個墓園不以「義塚」爲名，以名曰「代葬嬰孩殯園」以「美其名」，同時，爲了較全面地應付吳地家庭葬嬰的需求，殯園由當地兩個善堂分別負責不同地區的申請[70]。

換言之，自道光以來，善堂對救濟幼兒的態度有極重要的改變；首先嬰孩不再象徵抽象的生命，而是被視爲活生生的社會人，他們的健康、教育、職訓、日後出路等問題成爲此時善堂所最關心的要點；在死後他們也有專門所屬的墓地。說明了此時社區領袖以較踏實的方式去處理兒童問題。

因此，可以說，在嘉道之際，救濟兒童策略的改變，清楚地顯示了善堂主持人對幼兒問題概念的改變；清前期育嬰堂內的幼兒是脫離家庭、社會的，善堂所表達的兒童觀是抽象的生命觀念。而嘉慶以後，被救濟的幼兒已不單純是抽象的生命觀念，而是有具體需求的社會人，及不可割脫於家庭的一分子，他們也可能是製造社會混亂及不安的「人」。這個不同的觀念，不但反映在流浪兒的生動形象上，也反映在諸如「痘局」及「嬰孩墓園」等新的制度上。而這些新的濟嬰策略，均

---

70 《江蘇省例四編》1892，3：1上-6上〈札發代葬嬰孩章程〉；《梅里志》1877，7：16下。

在較小的社區中始能落實。除濟嬰新策略之外，其他嘉道以還的善堂也有類似的發展。

二、施棺及綜合性善堂的發展

除了保嬰會之外，嘉道時期善堂發展的另一典型是施棺及綜合性的善堂。有關這些善堂的描述，上章在談及惜字會時已略爲提到。惜字會雖最遲在康熙時已出現，但要等到與施棺局及其他綜合性善堂結合以後才成爲受重視的善會，換言之，是乾隆晚期以後，尤其是嘉道之際時期所發生的事。

在施棺及其他善堂兩者中，又以施棺善會的數目較多，而且初出現的時代也較早。由於施棺予貧人是最基本的一種積德善舉，歷史上施棺濟貧的善者很早就出現，明末善會亦以施棺爲主要善舉之一；江浙地區的方志更記載了幾個創在明代後期的施棺善會：如松江朱涇鎮同善堂，聲稱創在明正隆之間(即十六世紀)；設在康熙間的章練鎮(蘇州府內)同仁堂則源自嘉靖間的義塚；嘉定的存仁堂也自稱改建自崇禎三年(1630)僧人主持的掩骼庵[71]；前者記載在民初版方志裡，明時的真相因時間久遠已無可稽查；後二者的可信度則較高，義塚及僧人掩骼的傳統由來已久，最晚在宋代已甚爲普及；施棺善會源自這些傳統組織，合情合理。但是這些早期的施棺善會，由於規模較小及數量不多，在乾隆以前並非主要的慈善組織。但從早期的幾個例子看來這些組織主要設在鎮中，並不爲全縣服務，說明了這類善堂在性質上本適合較小的社區，與清中後期的保嬰制度有共同的特色。

以施棺爲主的善會通常向會員收集會錢，置棺以備貧窮喪家申請；這些善會草創時多在寺觀裡，利用寺觀的空間放置棺木。由於喪家申請到棺木後，還得運棺，所以這些善會的救濟範圍多限於小社區內。清代以來，這些施棺善會又多兼掩埋，即埋葬當地無主枯骨；有的更兼辦惜字、施醫、義學、恤嫠育嬰等其他善舉，成爲後期的綜合性善堂。因此

71　《朱涇志》1916，2：3下-4上；《章練小志》1914，3：14上-下；《嘉定縣志》1881，2：9下。

事實上，要清楚地分別施棺與綜合性善堂是不容易的。無論如何，以施棺爲主要活動的善會，從方志的資料看來，自清初康熙以來已有，經雍乾兩代之後，全國約九十所，而1850之前共有至少356所，即有266所在嘉道之際四十餘年間創立，可以說，施棺善會雖然很早即出現，但要到清中後期才普遍起來；1850年以後再新成立236所，其中絕大部分爲民辦（1850年前之施棺所超過90%爲民辦；1850年後，也有超過88%爲民辦），而且相對於其他類型的善堂，施棺善會更集中在江浙兩省，整個清代的施棺善會中有超過58%設在這兩省內，這個比例僅次於清節堂的情形（超過62%）[72]。如何解釋施棺會的這些發展特色？

施棺助葬會的普及化：「儒生化」的又一例

　　從時序上來看，施棺助葬會的發展明顯地呼應著清節堂惜字會等的發展，這些善堂，都是嘉道以來最典型的慈善組織。在意識形態上，我們也可看到這些善堂的相同之處：它們都反映了儒生階層的價值觀。從方志的資料中可看到，此時的施棺與助葬會並非單純地濟貧，更重要的是要推廣「正確」的葬親禮制及方式。這種關懷並非始於清中後期，早在晚明至清初之際，許多重要的儒學思想家，都強調了正當喪禮的重要性，並排斥滲有「異端」因素的通俗葬禮。他們不但用文字鼓吹正確的葬法，並身體力行，組織「葬會」來推行這個觀念。葬會是自助式的組織，與本書所討論的慈善組織宗旨不同。但清中後期的助葬善會無疑啓發自這些自助式的葬會，尤其在意識形態方面。

　　推動葬會的清初江南大儒包括張履祥（楊園，1611-1674）、陳確（1604-1677）等人，而首先提出葬社計畫的是康熙時的德清隱士唐灝儒，張陳二人均爲唐的好友，在他們三人的大力推動下，陳確在康熙中期（1653）甚至說：「〔葬〕社事之盛，無過今日。」浙西地區的縣志也有記載此時期的葬社活動[73]；此外大儒如顧炎武（1613-1682）、顏元（1635-

---

72　梁其姿 1991，參看附錄。
73　陳確 1979，504〈葬書〉下；陳確稱唐灝儒爲「吾友」，在《德清縣志》
　　1673中，唐灝儒（達）有略傳（7：26下），傳中謂他因家貧不能葬親，遂創葬
　　社。嘉慶版的《德清縣志》則記載了當地在康熙時代有人「結社以葬」，
　　《德清縣續志》1808，7：26下。

1704)等人均用文字去批評時人喪葬的不合禮[74]。但在十七世紀的葬社，似乎主要的推動人乃江浙地區的幾位大儒，他們身後這種活動即沈寂下來，要到嘉道以後，葬社類的善會才再度大量出現，而且推動者不再是大儒，而是一般地方人士，如道光時的桐鄉人陸以湉(1801-1865)說：「國初德清唐灝儒先生舉親葬社，約吾邑張楊園先生履祥推廣之……自後續行者少，淹葬之風仍然。道光辛丑年(1841)，吾里邱雨樵茂才青選復舉葬會……倡始於西柵，而東、南、北皆效行之；吾里善事孔多，此舉爲稱首……。」[75] 可見就算在葬社創始之浙西，葬會活動在康熙後停頓了一陣子，要到道光時代前後才復興。在意識形態上，先後兩個時期的助葬會是關係密切的。

葬會主要是一個自助式的組織，以四十人爲一會，每會出錢若干，集四十人之會費以應付一年內之葬費，每年舉會四次，以社廟爲會所，憑抽籤方式決定得會之人；如有急欲辦葬又抽籤不中的，可向中籤而不急辦的人商借，如此一會可運行十年，幫助四十家人辦喪事。這種葬會模式創自上述清初的唐灝儒，但要到清中後期這類會社才大量成立；除了上述陸以湉的記載以外；我們也可在方志中找到其他的例子。太平天國之亂後，這種風氣更盛；石門縣的濮院在同治十年(1871)「倣張楊園先生」設葬會；而按烏青鎮志所載，這兩個鎮在太平之亂前已設有多個葬會，在亂後由鎮紳再提倡，刻有規條十二則，以進一步推廣葬會的影響。同治時嘉秀桐三縣並立案辦理葬會的會所，說明這一帶葬會成立之風已甚盛；到了光緒時，烏青兩鎮已共有三百二十會，而梅涇鎮的葬會也辦了十一集[76]。這些葬會是自助會，不以施善爲主，但是它們流行的時間，與施棺善會相同，後者並且往往自稱啓發自前者，一些善會甚至是從葬會發展出來的。

如海寧州的硤石鎮在1797年(嘉慶二年)成立的廣孝會，就是啓發自唐灝儒的葬會，而且由鎮中廿多名善士募捐，澤及所有「有墳無力之

---

74 有關此時期其他儒士對喪禮的看法，參看張壽安　1993，69-80。

75 陸以湉　1984，6：316。

76 《烏青鎮志》1936，23：11上-下；《桐鄉縣志》1887，4：10上-下；《濮院志》1927，9：9下；余治《得一錄》1969[1869]，8/1：1上-5下，〈葬親社約〉附烏青葬會規條。

家」，而這個助葬會的運作是模倣嘉縣梅里鎮永安會、楓涇同善會、蘇州同仁堂、錫類堂、廣仁堂等善堂，可見當時葬會的風氣的流行。助葬會擬定施葬細則，幫助無力參會的貧戶葬親[77]；這些清中後期的助葬會比前期的葬會更為複雜，除了互助之外，施善活動較為明顯，但是無論是純粹互助的葬會，或兼辦助葬的善會，兩者的目的則一：宣揚儒家正統的葬法。

互助式的葬會及助葬善會均以維護正統、宣揚儒家的「孝道」、禁止「不合禮」的葬俗為主要任務；所謂「不合禮」的習俗之一就是停葬；按儒家「正規」的做法，就算位高如天子，死後七個月內一定要下葬，一般人的待葬時間更短，否則就是不合禮或不孝；但明清以來，至少在江南地區，民間停葬之風甚盛，一些棺柩甚至停了數代都不下葬；而不下葬的原因很多，主要的是貧窮、風水、待送返家鄉下葬等等；而地方上的腳夫、差件、書保等人則往往以風水等藉口來「阻葬」，即阻止喪家按正統速葬親人，藉此向他們作各種勒索；停葬及阻葬習俗在明清江南地區極為常見，是不少地方官與儒士所大力禁止的。雖然有心的地方官不斷下禁令，並聲明對違反禁令者加以重罰；如經年不葬者杖八十，為了加強阻嚇作用，更將禁令刻碑以存永久，但禁令的效果一般似乎並不理想，各地歷代經常重申同樣的禁令及一再立碑[78]，顯示阻葬現象一直存在。康熙時代及嘉道以來的助葬善會主要的目的之一也同樣是抑制停阻葬的風俗，以宣揚正統儒家較樸素的葬禮。如吳縣屬下的光福鎮成立埋葬局，主要是因為當地風俗「凡作墳出柩，而舁材夫役及墳工索詐無厭，致有貧而停棺，久不葬者」；當地一徐姓善人即設局，「凡

---

77 《海寧州志稿》1922，6：8下。

78 明清代學者對這方面的討論非常多，如謝肇淛(1567-1624) 1977，14：371、顧炎武 1976，15：14上、陳確 1979，477、甘熙 1970[1890]，5：2上下；在碑記方面，清代自康熙到光緒都不乏禁阻葬碑，如在嘉定的康熙三十年(1691)〈禁攔喪阻葬碑〉、〈禁書保差件藉屍索詐碑〉(嘉慶十七年，1812)，見《嘉定縣志》1881，29：24下；杖八十的刑罰錄在《烏青鎮志》1936，23：14下；另烏青鎮在道光十年(1830)頒布〈知府嚴禁阻葬圖詐失火告示〉，《烏青鎮志》1936，23：12上；早在康熙時代，江南著名巡撫湯斌即說過「凡遇民間造墳，借稱妨礙風水，煽惑阻撓……此等惡習已經嚴禁……有司奉行不力故耳」，見湯斌 1879，4〈江南公牘〉：14上-15上。可見這問題自明至清一直不能得到解決。

有詐擾者，到局報明，每棺以四人舁之」，並另給腳力錢、作墳者工錢等，使貧者不受阻葬之苦 79。這種施棺組織倣照自助葬會的原則，幫助喪家因貧窮而可能遭遇到的停葬問題。

除停葬以外，助葬善會也致力對抗火葬的習俗。對於火葬，正統的儒者自宋以來就一向不遺餘力地口誅筆伐，認爲焚燒親人之遺體是極殘忍的做法，並不合禮法 80。如停葬一樣，雖然明清時代官方的禁令不絕，尤以乾隆同治兩代推行最力 81，但似乎並無法絕禁火葬這項盛行於民間的葬俗，使得禁火葬成爲助葬善會的任務之一。如海寧州的積善堂，原爲一僧人主持，收斂路斃者，「屋滿則焚葬骨於塔」，到了道光時，一當地監生「聞火化之慘」，即買地作爲義塚，並出錢助葬；葬會特多的烏青鎮有一掩埋公局，由兩鎮紳士創辦，幫助無力營葬之家代葬，善會成立時，並請同知「出示禁止停葬並禁火葬」，告示中說明火葬「士庶之稍知禮義者，斷不忍爲，類係赤貧無力窮民，既無葬地，又無葬費，不得已而出此，其情亦可憫，欲革其弊，先清其源」；說明善會提供貧戶棺木及葬地，以減低因貧窮而導致的火葬情形。又如南潯鎮的師善堂，訂定了詳細的助葬規條，並列明「土工向有惡習煽人火化以圖射利，現請憲示，勒石永禁，並宜廣爲勸諭，其無力營葬者，令其來堂報明，附埋杼山，以免火化之慘」；在同治時官方反火葬之聲浪日高，地方官不斷頒布禁止火化、洗骨的飭令，足見此等習俗並沒有被眞正除去，而一直是官方的教化政策重點之一。同治時任蘇州巡撫的丁日昌(1823-1882)在1868年八月下禁令：「有無知愚民於父母屍棺無力安葬，每歲淸明前後相率焚燒，名爲火葬……蘇松太三府爲最盛……將其父母棺木揭開洗骸諦視，易木棺以土罐，亦屬忍心害理……。」丁日昌除了對火化洗骨等習俗定下極嚴厲的處罰外(處決及凌遲)，並令當地官

79　《光福志》1929，5：2下。

80　如明代的謝肇淛說：「吳越之民多火葬」(謝肇淛　1977，6〈人部〉二：149)；而顧炎武則認爲這種盛行於江南的葬俗，自宋已有(顧炎武　1976，15：20上)。

81　明代洪武時已有禁火葬令，見《明會要》1960，18：〈禮〉十三；乾隆時陳宏謀撫蘇時也曾下檄禁火葬，同治時代的禁令內容則更爲嚴厲，見常建華　1990，57，60，65-69。雍正時期江南的禁火葬令，見《吳縣志》1933。

員及善堂士紳設法籌款施棺置義墓來解決問題。

明清兩代不斷的禁令，以及施棺助葬善會在乾嘉以來的普遍成立說明了兩點：一是善會的目的明顯地是為了協助政府推動教化政策；光緒時代由紳衿撰寫、善會刊行的「禁火葬」善書，表明以禁火葬為「勵孝思」，以輔助朝廷「教孝為先」的政策。教化顯然比濟貧更為重要[82]。另一點就是禁令及教化工作顯然效果不如理想；不利的客觀因素（如江南地區地狹人稠、道光以來死亡率的大量增加、火葬所需較少的花費、佛教在民間的流行）使得禁止火葬無法實現，換言之，就是在物質條件不利於這儒家價值的體現時，提倡合禮土葬的善會反而大量出現，在這方面助葬善會的有效性，可能與清節堂相似。

教化的動機，亦可從葬社所宣揚的「標準」葬法中看出，葬社所推廣的主要是所謂朱熹「白雲葬法」，即用灰混以沙泥鋪於棺之四周，以確保安葬穩妥；如梅李鎮永安會就是推廣白雲法以葬親，海寧硤石鎮創於1797年的施棺助葬的廣善堂也用白雲法助葬；而且硤石鎮廣善堂的做法也不是單獨的例子，據方志所載，該善堂的助葬「一切條例多做梅里（李）永安會規，兼采禾郡仁親會，楓涇同善會，姑蘇同仁堂、錫類堂、廣仁堂諸成例」；與硤石同縣的袁花鎮敦仁葬會（1803）也是做「朱子白雲葬法」，平湖乍浦鎮在道光元年（1821）設的廣仁堂也「做宋儒灰隔遺法」；可見至少在江南地區推廣這種葬法的善會已為數不少[83]。不過，這種葬法可能由於工繁並有一定花費，不見得每個施棺助葬會都能負擔；雖然如是，這幾個例子已足夠說明乾嘉時開始普及的施棺助葬會，在意識形態上的複雜性，推廣所謂的朱熹葬法反映了回歸宋代理學傳統，及復宋儒「禮法」的努力。有關清代士紳重振儒「禮」的思想史問

---

82 《海寧州志稿》1922，6：12上；《烏青鎮志》1936，23：14上-下；《南潯志》1920，34：32上；《吳江縣續志》1876，2：9下-10上；常建華 1990，68。

83 清代善會所實行的白雲法原則為按棺之大小，開較寬深之宅，棺之四圍鋪灰，灰混以山沙及黃泥，俱先晒乾，臨用時，將石灰洒水少許，和泥沙拌勻，這方法之優點，在於「俟得雨露滋潤，漸融漸緊，自然成水乳膠漆之妙，雖斧鑿不能攻」。見余治《得一錄》1969[1869]，8/1：2下〈永安會條程〉；《海寧州志稿》1922，6：9上，10下；《平湖縣志》4：27上。

題，周啓榮已有研究[84]，助葬善會在清中後期的努力，可說是這個趨勢在民間體現的例子之一。

　　除白雲葬法之外，一些施棺助葬會也致力於重新掩埋露出地面的枯骨，在這方面，我們也可以清楚地看到善會對於一些儒家價值的執著：例如南潯鎮在1802年復設、在1844年增規的師善堂用篩法仔細地篩過枯骨周圍之沙土，以求不漏掉任何一節小骨，以保死者全屍；又「選用精明配骨者，分別男女」，善堂之義塚也分男女別葬，換言之，混合男女之骨，或人獸之骨「大是罪過」，得謹慎地避免；又用以石灰塗口的新式骨罎，以「成全體」，爲了不辱屍骨，放骨入罎的方式也有準確的規定。除南潯師善堂之外，如海寧州的敦仁堂葬會（嘉慶八年，即1803年設）也一方面推廣朱子白雲葬法，一方面執行男女分別掩埋等的「正規」葬法，並刊有有關的規條刊本；不但善會推動這些葬法，當時許多人也似乎對這個問題特別關注，道光時代的汪喜孫（見上文）引經據典地說明掩埋完整屍骨的重要性[85]，就是其中一例，簡而言之，這些施葬會的首要任務是防止人以貧窮爲由，實行草率的、不合禮法的掩埋。而所謂合乎禮法的標準，自乾嘉以來，主要是以時人心目中的宋儒禮法爲依歸。

　　施棺掩埋會宣揚正確的埋葬禮法，以體現孝道，就正如惜字會傳播字紙的神聖性，及清節堂宣揚青年寡婦守節的重要性一樣，三者在意識形態上的關係是非常密切的（詳見本書第五章）；這一點可在這三種善堂在時空分布上的吻合中看出：惜字會、清節堂特多的江南地區，施棺助葬會也特別多；惜字會數量最多的常州府內，至少有六十二所施棺助葬善會，是全國施棺助葬會最密集的州府[86]，在時序上也相當吻合：這些善堂雖然最早出現的時間各異，但都在嘉道之際開始普及，同治之後進一步大量出現。這是很耐人尋味的現象，說明施棺善局的性質應與惜字會、清節堂等有相同的地方；上章已說明後二者最主要的任務，其實是宣揚正統文化、價值觀，而不是單純地改善貧人的生活問題。或者說，

---

84 Chow 1994。

85 《南潯志》1920，34：24上-33下。師善堂有關助葬的規條是極爲詳細的。《海寧州志稿》1922，2：10上-下；汪喜孫 1925，2：〈掩骼埋胔說〉。

86 梁其姿 1991，參看〈附錄〉。。

善人利用濟貧來進行教化社會，而只有在較富裕及具一定文化程度的地區，才能透過濟貧方式傳播文化價值，施棺助葬會其實也具有同樣的作用。

尤有進者，一些跡象指出施棺助葬會與清節堂一樣，也意圖挽救清貧儒生的社會地位，如上海果育堂，這個綜合性善堂的重要活動之一是施賒棺木與清貧之家，在施棺條約中，有這樣一條：「賒棺爲保全寒門舊族顏面起見，故重以選料，定以稽查……必須家世清白，行止無虧，以及貞節婦女，方准賒付……。」這類賒棺給「清寒舊族」的善會也不在少數，武進在道光時代（1836）設有扶厝會，專門爲「舊族寒門以及貧乏小戶」舉厝；信義鎮的代賒會也處處維護「惜體面」的貧戶，這些貧戶不願領免費的、較單薄的棺木，而要向善會賒棺，其實這些善會爲了顧全這些喪家的體面，並不計較他們是否真的能償還棺價，黃埭鎮的同志代賒會、平湖的行便集都是類似的善會[87]；可見施棺此一善舉亦密切地與儒士因清貧而日益不穩的社會地位有關；正如要求婦女保節一樣，遵守合禮的葬法，應是所有儒士的「本分」，但當一般儒生的經濟地位漸低落，使得他們沒有足夠的物質資源來履行這些代價不輕的道德行爲時，他們不得不依賴善會的資源來稍爲保住他們的顏面，及惜字之類的宗教性行爲來穩定他們的精神生活。這些善會一方面宣揚儒士們所依傍的價值，另一方面又可在物質上支援他們實行這些符合正統的道德行爲，在這點上，施棺助葬會毫無疑問地是「儒生化」現象的另一例證。

施棺助葬會的其他功能

不過，施棺助葬社除了宣揚正統價值外，還有極爲實際的功能及「行善」策略，在這點上，它們與保嬰會的性質是一致的。十九世紀初期大量出現的助葬善會，多半經常處理路邊及河道上發現的棄屍。設有助葬善會的地方也多在水陸交通匯點，也就是大小客商及其他旅人特別多的地方。這些外地來的旅客，許多因窮或疾而倒斃道途上；當天災

87　余治《得一錄》1969[1869]，8/6：2上〈施棺代賒條約上海果育堂〉；《信義志稿》1911，18：4上；《武進陽湖合志》1886，5：25上；《黃埭鄉志》1922，3：5上-下；《平湖縣志》1886，4：28上-下。

——如水旱災——發生時，這樣的情形也就加倍嚴重了。基於同樣的理由，這些善會有時也兼設收留無依外客的「棲留所」。事實上，類似北宋時代開封「福田院」的棲留所機構最先成立在北方，順治時代的北京已見，後來康熙也一再下令重修，乾隆時總督方觀承(1698-1768)加設留養局，並相當系統地在冀省各州縣設立，進一步控制在北方的流動人口：「率同官紳捐建，設局在城市集鎮，立木牌大書留養局三字，使往來之人皆見，諭令鄉地居民遇有外來羸病者，即安置局內……」[88]；這類專門收容季節性流民的機構在清初主要建於北方、西南邊緣地區，及貧瘠的蘇北地帶，而且主要是官方設立的機構，極少見於江南的富裕城鎮[89]。棲流所舉辦人的官方身分、成立的時間、地域上的分布等均說明這個機構對中央政府而言有較實際及迫切的功能，主要在維護帝國社會安全這方面。到了清中後期，棲流所在整個中國、尤其在中心地區的普及化，說明原本只影響邊陲地區的流民問題，已漸及中心地區，社會秩序鬆化已蔓延至中心地區。

　　附設有棲流所的施棺助葬善會，在乾嘉之際漸普及於江南地區。蘇州府城內的兩所棲流公局分別設於嘉慶期間的1805及1813年，崑山縣的棲流所則在1817年，是江蘇按察使毓岱任內(1814-1815)令各州縣設的；又如嘉定縣在嘉慶年(1806)擴建的存仁堂並設棲流所收養路過的生病旅人，屬該縣的南翔鎮，在次年也建設了同樣的一所振德堂，一方面施棺，一方面收容過路病人；吳江縣在道光初成立的慶善堂也先辦理掩埋路屍一事，「後又添設棲流所，收養道路顛跛垂斃之人」。這些例子在江南地區絕非例外[90]；可見江南地區流民問題在嘉慶時代開始嚴重。換

88　《畿輔通志》1910，109：1上-下；110：1上-下；《清實錄》1969，《世祖章皇帝實錄》79：14上-下，順治十年(1653)「籍沒官屋，每城撥八間，增置棲流所，以處饑民」；《聖祖仁皇帝實錄》125：3下，康熙廿五年(1686)「命巡城御史修理五城棲流所，安插就賑流民」；《牧令書》1848，15：16下-17下，黃可潤「留養局」。

89　梁其姿　1991；蘇北的淮安府在乾隆初年即設有棲流所，見《淮安府志》1852，11：8上，《山陽縣志》1873，2：22下。

90　《蘇州府志》1824，23：3上；《崑新兩縣續修合志》1881，3：6上-下；《嘉定縣志》1881，2：10下-11上；《吳江縣續志》1876，2：7下；梁其姿1991。

言之，這些善會除了教化作用之外，其實際的調適社會秩序功能也不可忽視。

　　助葬會這實際的一面反映了善會在此時的功能已略異於清前期，清前期的慈善機構可不惜工本地宣揚普濟理想，但此時的善會除了教化之外，也要顧及現實的問題，或者說，它們必須在物質條件較差的環境下，進行教化及其他繁瑣的地方事務。嘉道以來，全國的河渠維護顯然有鬆弛的趨向，常平倉制度也漸崩潰，使得各處水旱災比清期頻繁而嚴重得多，同時饑荒對社會安定的破壞程度也有所增加，長江下流1814（嘉慶十九）年的旱災、1823（道光三）年、1849（道光廿九）的水災，長江中流在1831-1832（道光十一）、1838、1844、1848、1849（分別為道光十八、廿四、廿八、廿九年）均是太平天國爆發之前嚴重的災難，多是由於河道生態遭到長期人為破壞所引起，而且這些只是影響範圍較大的水旱災，還不包括規模較小的災難。道光年間，長江流域多處可說幾乎年年天災；有關這些問題，學者已做過不少的實證研究[91]。物質條件的低落自然也影響了這後期善會的活動取向；我們也可以從資料中看到嘉道以來嚴重的水災及饑荒直接影響施棺助葬會組成的例子。

　　嘉慶以來流民所至之處，通常是交通要衝，尤其水陸交匯之處。長江三角洲地區乃這樣的工商業繁忙地帶，從農村或其他地區到此處市鎮謀生的人本來就多，清中後以來，流入的人口似乎比較容易構成社會問題，使得棲流及施棺助葬善會在嘉道之際大量地出現在這裡的市鎮，成為此時成立最頻繁的慈善機構。幾個江南助葬會的發展都說明了這些特色。其中最清楚的是寶山羅店鎮在1821年成立的「怡善堂」的例子，此鎮「為寶邑之首鎮，縣治東南瀕海，羅店西北居衝，水陸綺交，商民堵聚，抑且南連上海、北接劉河，實諸路往來之孔道，為闔邑出入之通衢，凡商販藝事，力役人等，由鎮經歷者，不時雲集，間或中途病斃，

---

91 有關朝代替換、天災、制度腐敗等之間的微妙關係，有學者作過分析，一般認為天災的嚴重性，尤其水旱災的破壞性絕對與中央的權力高低有關，大型、破壞性特高的水災多發生在政權衰落的時代，這與政權無能協調各方勢力治水有關。有關長江河渠生態問題的階段性歷史發展，參看 Will 1984，51sq.；1985，340-348；Perdue 1987，230。
有關常平倉制度道光以來的沒落情形，參看 Wong 1991，75-92。

失足溺河，家遠無親族收葬。並有遠年停厝朽腐棺木，皆因有地無力，無地無力，以致暴露未葬者，最爲慘怛」；另一同類例子爲長洲黃埭鎮在乾隆年間（1776）就由地方善士成立的「仁壽堂」，該堂主要施棺助葬，理由是該地「爲水陸通衢，鄉關孔道離郡縣，而生齒繁，或有死喪無居，未免以死無所歸爲慮」；這個仁壽堂在嘉慶九年（1805）年爲里人重整，並捐地擴大收骸代葬的活動，並且在十年後（1815）的嚴重旱災中即擔任了主要的收埋路斃浮屍的任務；同樣地位於太湖東南的南潯鎮也早在康熙時代就成立一施棺助葬的「師善堂」，南潯因「街市稠密，港汊紛歧，每有浮屍，無人收殮」，所以早就設有助葬善會，但這個善堂的真正功能卻在嘉道年代以後才有所發揮：師善堂在1802年復行建設，又在1843年擴大其助葬的功能 [92]，顯然與該年的大水災有密切的關係；助葬會要處理的路邊棄屍問題，很大程度上是來自無親無故的旅客，這些爲生計而離鄉別井的「商販藝事，力役人等」在嘉慶以來不但數量增多，而且似乎生計日益艱難，使得病倒旅途、甚至客死他鄉的人越來越多。這就解釋了爲甚麼助葬善會多附設棲留所。這種情形又應在道光末年尤爲嚴重，這與上述河渠失修及常平倉社倉制崩潰有關；如蘇州吳縣光福鎮在道光末年籌建一仁堂，據馮桂芬所記，此地靠近太湖，田皆在低窪地，「湖小溢即淹，道光之末，十年九饑」，一仁堂的建立，主要原因之一就是爲了救濟當時無助的饑民 [93]，可見這個地區在此時期所建立的善堂多與天災連年、物質條件惡化有關。

　　十九世紀上半葉不但江南市鎮有這樣的發展，內陸經濟較活躍的市鎮也可見類似的情形：湖南黔陽東的洪江鎮也是屬水陸通衢的商業市鎮，該鎮在道光十八年（1838）創設的惻隱堂主要是由於當年貴州大水，淹斃人無數，浮屍順江水流而下，達於洪江，當地善士即設立此善堂以處理浮屍，並順帶協助貧戶無力殯葬者，除給棺外，並給予埋葬費，編葬義山，此後這惻隱堂在道光廿九年（1849）的大水災再發揮救濟流民的功能，當年夏天「流民四集，餓殍相望」，善堂傾囊以賑，最後幾乎無

92　《羅店鎮志》1881，3：11上；《平湖縣志》1886，4：26下-27上；《黃埭鄉志》1922，3：2下；《南潯志》1920，34：24上。

93　馮桂芬 1876，3：32上-33上〈光福一仁堂記〉。

餘力救濟過多的災民 94。簡而言之，嘉道以來在多處設立的施棺組織在很大程度上是因應頻繁的災難而設，當然天災並非清後期的特色，中國歷史上天災頻密的情形也常發生，但在人文背景方面嘉道之際確有與前代不同的地方：當時民間善堂及善會的傳統已建立了近兩百年，這個制度自然成爲紓解災難的最合適工具。頻頻建立的施棺善會及棲留所，對當時政府效率的低落應能作了有限度的彌補。

善會紓解災難的方式，主要在收容流民及掩埋浮屍兩方面；換言之，對保持公共衛生起了一定的作用。善會當然無法減少客商流民的數量，也無法改善這些人的謀生條件，使他們不致病倒甚至客死異鄉，它們的首要目標並非照顧外來旅客，而是保護地方居民；它們在最壞的天災情形下，保護社區居民的安全及衛生環境；雖然大部分善會的資料並不直接地指出埋葬棄屍與收容有病的旅人在衛生方面的重要性，但實際上這方面的作用是相當大的。不少城市本來有掩埋屍骨的悠久傳統，目的也很可能是保持公共衛生，較注意這個問題的方志編者偶爾也會提及這一點。

清早期一些大城市仍有按季節的規律性施藥掩埋活動，如清末寶山縣志的編者稱：「舊有冬令鳴鑼催葬，來春舉辦掩埋之例，今此風漸替。」並指出在傳統鳴鑼催葬之俗式微後，才有新的施棺助葬局的出現；常熟在康熙時代（1704）成立，原名收埋局的廣仁局，每年六、七月施製藥丸以療病者，春秋兩季的清明及十月則「司事督率土工人等分往城鄉收埋露棺」，平時則備棺槨以施貧不能斂之家。明顯地這類善局的主要目的之一是維護社區的公共衛生；到了乾隆時代，我們仍可看見類似的措施；上文提過的同善會甚重視疫病發生時埋葬路邊死屍的工作，以保持都市衛生 95。乾隆廿三年至廿七年（1758-1762）任江蘇巡撫的陳宏謀清楚地指出這一點，他在1726年下檄令徹底掩埋蘇州城內外的暴露屍骨，他說當地有關善堂，即上述的廣仁堂與其他三個同類的善堂，「舉行不力，掩埋不盡」，使得「偏處堆積死者，不堪抛露，穢氣薰蒸，往

---

94 《洪江育嬰小識》1888，3〈識惻隱〉：1上-下。

95 余治《得一錄》1969[1869]，1：17上-下〈附奉勸深埋蕞骼預絕疫端公啓〉乾隆八年。

來行人，且爲心慘」；同時，他又說在蘇州府各屬及常、鎮、松、太各
屬境內，「城關鄉鎮，拋露棺骸，處處有之，若不及時掩埋，轉臨炎夏
臭穢難堪」，因此責令官員及地總等人及時掩埋屍骨，當地有善堂的，
則使官員責令善堂盡速掩埋，從他的檄文可看出掩埋路邊屍骨對負責的
官員而言是一個維護衛生的責任。

這種注重公共衛生的觀念在嘉道以來更爲普遍，道光時代的汪喜孫
更明白地說明這個衛生問題關涉著居民的健康及生命，他看到就算在首
善的北京城，也到處可見棄屍：「暑濕薰蒸，釀成疫氣，故鬼未瘞，新
鬼又來」[96]。可見到了道光時期，都城內外無人領葬的棄屍，不僅是個
道德上的問題，對居民而言還構成有礙觀瞻，或造成穢臭，直接對他們
構成嚴重的健康威脅的實際生存問題。當時的施棺助葬會也往往刻意地
強調衛生的重要性。上述的寶山縣施棺局的設立除了因爲傳統的催葬例
已漸消失之外，同時也由於「拋骸棄骨，易滋疫癘，此種善舉不特惻隱
心之表著，抑亦公德心之見端焉」。附近的上海在清後期成立濟善堂，
也是爲了解決暑夏之時「倒斃人多」，容易引起暑疫[97]。這種對衛生問
題的顧慮，在大亂後的同治期間當然到處可見，但其實早在道光之時，
已有越來越多的都市人注意穢氣對疫病的影響，這與當時日益頻繁的天
災，應有密切的關係。何炳棣的人口硏究指出人口增長自1796年以後
（即乾隆退位後）明顯緩慢下來，劉翠溶在她的族譜人口研究中也發現死
亡率在十九世紀開始有升高的跡象[98]。雖然這些觀察仍待進一步的論
定，但此時天災連年，施棺助葬局在此時的大量出現在鄉鎮中，市民也
較前注重公共衛生問題，這些「巧合」的確是耐人尋味的歷史現象。

除了收殮路邊屍骨之外，助葬善會還有另一個重要的實際工作，那
就是防止地方衙吏及無賴以路邊棄屍爲藉口，勒索鄰近居民。這些情形

---

96 《寶山縣續志》1920，11：9下-10上；《蘇州府志》1883，24：20下；陳宏
　　謀 1869，〈文檄〉卷47：10上-13上，〈委員掩埋蘇城朽棺檄〉〈通飭埋朽
　　棺檄〉乾隆廿六年；汪喜孫 1925，卷二〈掩埋枯骨啓〉。
97 《寶山縣續志》1920，11：9下；《上海縣志》1872，2：26上-下。
98 Ho 1959，64；劉翠溶 1992，145，圖表5.3，182-189。
　　有關都市現代公共衛生觀念的出現，請參考MacPherson 1987。

至少在江南市鎮極爲普遍，以至許多地方官都不斷下令禁止 99，並責令助葬善會輔助執行禁令。南翔鎮的施棺善堂振德堂就針對這些不法情形立一「嚴禁地保差仵人等藉屍詐擾碑文」（1816），五年後振德堂又刊一太倉州的公文，內容與上述碑文大同小異，述說當時不良衙吏地保等藉路上有意外致死的屍首，指控鄰近居民，以勒索金錢，居民爲避免官司纏身，通常都給錢了事，或就算發現住處附近有浮屍，卻不敢報官，以避免事端，使得這類不良分子日益囂張，及道途屍首至腐敗仍無人出面處理；振德堂等施棺善堂的責任之一，是爲了減低這些弊端，使得「凡遇倒斃浮屍，憑保報堂，隨時塡載縣發聯單，驗殮掩埋，其臨場書仵差役，飯食船價，由堂捐貼」；由於這些善堂多由地方士紳創辦，士紳的優越社會地位理論上應能協助地方官阻嚇「不良分子」的勒索行爲 100。上文已有述及的吳江縣各善堂（嘉慶道光間）、黃埭仁壽堂（1776）、南潯師善堂（1806）、羅店怡善堂（1821）等在方志中的記載均以相當大的篇幅來說明善堂對付這些「不法之徒」的細節。有的在河邊搭廠，專門撈驗水上浮屍；善堂並有時扮演仲裁的角色，遇到有人藉棄屍指控地鄰等人時，出面察訪，以保護地鄰地主等人，同時這些小社區的善堂對地方事物瞭如指掌，如死者爲乞丐，他們將屍首交當地乞頭處理。換言之，善堂在社區內也有某種執行司法的功能；這些鎮善堂甚至有時存有縣頒發蓋印空白聯單，以方便辦事 101。在在說明了施棺助葬會除了教化之外，的確還有相當實際的功能與作用。

---

99 地方官的禁令多見於方志所錄的善堂條下，如《青浦縣志》1879，3：29 上同仁堂條下附〈江蘇巡撫部院丁通飭示禁碑摹〉（同治八年示），內容爲縣衙門辦命案時所應遵守的規矩，以防書役生事；又如在《松江府續志》1883，9：40下同仁輔元堂條下所錄的〈知縣劉郇膏示禁碑〉（咸豐年間示）；《吳江縣續志》1876，2：7下-8上；9上-下，周莊鎮慶善堂條下〈按察司使巴嚴禁屍場滋擾告示碑摹〉（嘉慶十七年示）、〈按察司使裕禁阻葬示〉（道光十五年示）。

100 余治《得一錄》1969[1869]，8/4：5上-下〈南翔振德堂成案〉。

101 此類例子在嘉慶以來非常多見，這些只是幾個比較詳細的記載。《黃埭鄉志》1922，3：3上-4下；《羅店鎮志》1881，3：2下-7上；《南潯志》1920，34：26上。

施棺助葬會及綜合性善堂與小社區

　　如保嬰會一樣，施棺助葬善會如要真正執行上述的實際工作，只能在較小的社區內。上文提及的善堂例子均設在鎮中，而且只為當地社區服務，而且不單如是，不少鄉鎮甚至有超過一個的助葬善會，例如武進縣的存仁堂（設於1770年），及陽湖縣的同仁堂（設於1805年）的性質不只施棺給縣城內的居民，而且還承辦各鄉所有負責施棺掩埋的善會，宛如一施棺「總會」，負責數十個分散在縣城外鄉鎮中小型施棺會。這個情況在松江的青浦縣也可見到，縣城內的同仁堂在各鄉均設有分局。在很早即有錫類堂的蘇州府，並沒有類似的總堂分局的網絡，但明顯地自乾隆晚期以後，一直至道光期間，各鎮市均各自有「民捐民辦，官吏不經手」的善堂，而其中又以施棺助葬者為最多；這又與宜興荊溪兩縣的情形類似，這裡「縣內各鄉鎮自有善堂」專門辦理施棺掩埋事宜，清楚地說明乾隆後期之後，這類的善局如星羅棋布在鄉鎮間[102]。

　　我們也可以在鎮級的方志裡了解這些小善會的規模：如屬嘉興縣梅里鎮的施材會就有兩個，分別服務東西里，而且「每施一棺，由認捐各戶集資購給之」，可見這些鎮施棺會的規模一定是限於鄰里性較強的小社區；又如在崑山南鄉井亭港鎮的從善堂「收埋附近村莊無主暴露棺骨」，同鄉陸家橋鎮的廣善堂則「收埋近鎮無主暴露棺骨」，兩堂都兼施棺木，服務範圍是有限的；上海果育堂的主辦人將這個特色解釋得最清楚：「施棺……意至良也，法至善也，惟恐經費不支，查察難周，以地界為限。」換言之，這些施棺會的主要考慮在於有限的經費及有效的監督，因此只可在小社區中執行工作；而蘇州附近新陽縣邊界的信義鎮積善局早在乾隆中成立，收葬附近枯骨，到了道光中不知為何併入城中善局，之後，此處的路斃途人即無人收殮，「里人患之，公議稟縣收回，永歸鎮辦」，可見鄉鎮級善局的管理權一旦落入縣城手中，城外小社區的居民就難以得到較正常的服務，有效率的施棺局必然只在當地社

102　《光緒武進陽湖縣志》1879（1906），3：9下-1；《青浦縣志》1879，3：27上-30下；《蘇州府志》1824，23：32下-36下；《續纂宜興荊溪縣志》1882，13：5上-8下。

區內運作；同一鎮內不同小社區的施棺善局也往往互相照應，以求得順利的運作，如羅店鎮內的同仁堂（乾隆時設）與後來的怡善堂（道光時設），兩個善堂只「隔圖相距」，因此經理諸董互相照管[103]。

小社區善會特色之一就是不諱言純粹以當地居民利益爲中心，並不如清前期縣城的育嬰普濟堂那樣宣揚大同理想。因此，我們經常在有關小社區善會的資料中看到善會將待濟對象作「內」「外」之分，即屬於社區良民的才救濟，此外的並不救濟，這個內外之別除了本地人外來人外，還有良賤之別：賤者如乞丐，亦不被認爲眞正屬於境內之居民。換言之，善會的活動分兩大類：一是保障社區全體居民的衛生環境，如埋葬路邊河道上的無人認領棄屍；二是救濟社區內貧苦良民，如黃埭以施棺爲主的代賒會說明不施棺給「乞丐自盡及客籍人民，在舟寓中病故者概不給發」[104]；羅店早在乾隆時代成立的同仁堂也有特別的處理方式，傳統上「流丐病斃，該圖地保丐頭以蓆草包裹掩埋」，善堂並不受理；而道光以後，善堂雖也開始施棺給乞丐，但乞丐有另外較差的待遇：「堂中添備薄板丐棺……許該圖地保丐頭到堂報明本堂，給發後咨會怡善堂掩埋」；同樣地，蘇州吳縣錫類堂也說明「乞丐道死，及纍囚瘐斃、無人收視者，別爲兆域，不與齊民列」[105]。而上文所述汪喜孫鼓吹地方有識之士掩埋路骨，但他心目中的助葬會並非對受濟對象都一視同仁的，他認爲這些善行應避免人死後「男女雜處、忠奸不分」這種「不堪」的現象[106]。即善會的目標之一應是透過二元的道德教化——「良賤」、「忠奸」、「內外」等——來增強社區的凝聚力；同治後在廣東的外國人也觀察到廣州愛育堂將所施的棺木分三等：年老清白貧人得最好的棺，一般清白貧人得中等之棺，無親之乞丐得最差的棺木[107]。

---

103 《梅里備志》1922，2：23下。；《崑新兩縣續修合志》1881，3：6下-7上；余治《得一錄》1969[1869]，8/6：1上〈施棺代賒條約〉（1858年），上海果育堂；《信義志稿》1911，18：3下-4上；《羅店鎮志》1881，3：8上。

104 《黃埭鄉志》1922，3：5下。

105 《羅店鎮志》1881，3：7上-8下；《蘇州府志》1883，24：2上-3下。

106 汪喜孫 1925，2〈掩骼埋瘞說〉。

107 "A Chinese Benevolent Association", 1887, 158.

圖十七　湖南洪江鎮恫隱堂部分的平面圖與透視圖。來源：一八八八《洪江育嬰小識》

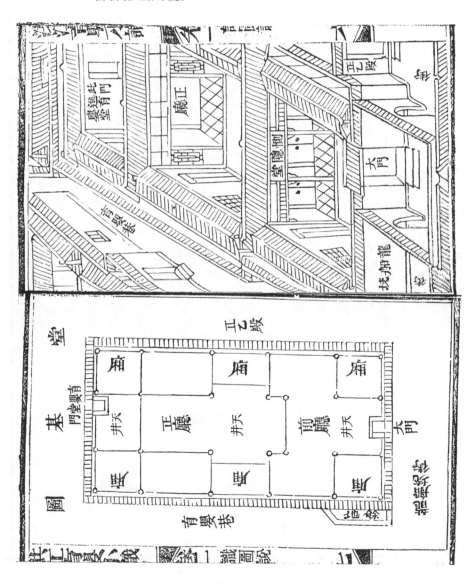

圖十八　嘉慶道光時代綜合性善堂大量在城鎮裡成立。這是吳江縣黎里鎮於一八一二年成立的眾善堂，它的功能包括掩埋、育嬰、濟寡婦等。來源：一八九八─一八九九《黎里續志》。

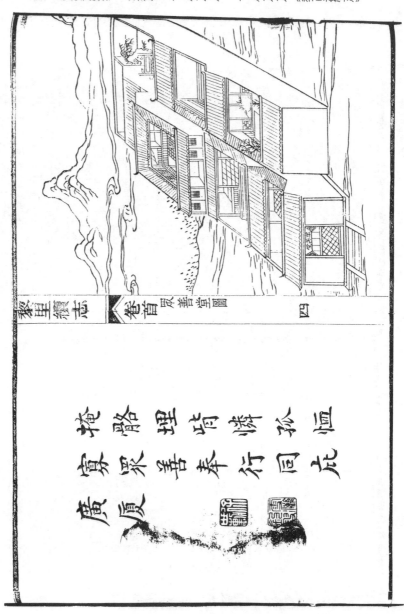

　　換言之，部分善會或善人在組織施棺助葬會時，其中一個考慮就是加強社區的「良賤」「內外」之分，這中間當然有濃厚的教化意味，也回應了本書對明末慈善組織的基本分析：即這些善會是重新界定社會身分等級的策略之一，這個特色在社會、政治穩定的清初稍被隱沒，在兩個朝代衰落的後期即顯現出來；尤有進者，這些策略也必然有一重要的副作用，就是加強社區的認同：賤者、客者均不能受到社區內良民同樣的待遇，被排斥在社區生活以外，這些「外人」的存在，必然使得社區的「自我」界定更爲清晰。善會加強社區認同的這項功能，可見於上海附近嘉定縣望仙橋鎮的廣仁堂。這善堂成立於1809年（嘉慶十四年），1849（道光廿九年）立規條，限善堂施棺鎮內十一圖，「恐廣弗給也」。後來鎮的行政界限需要變更，官方竟以廣仁堂施棺範圍作爲根據 108。可見小社區施給的範圍雖以抽象的數字來代表，但事實上往往符合當地實際的人際網絡的範圍。

　　上述的例子，由於資料不夠詳儘，我們無法歸納出清楚的小社區界限或定義；但是可以看出縣城、鄉鎮以下的社區在一些行政問題上，漸具有較強的主動性及社會動力。清末重談的「封建論」內容之一，就是企圖將這股社會動力收編入中央政治體系之中，以便促進一現代化國家的建立 109。歷史證明此一過程艱辛而不甚成功。嘉慶以後善會的變化可讓我們較了解這個困難：此後的小善堂多由中下層儒生管理，他們比城居紳商更難被中央直接控制，同時小社區透過善會等組織而發展起來的強烈認同感，均可能使得國家收編的努力事倍功半。

　　施棺助葬善會例子都清楚地顯示，如保嬰會一樣，善會得在較小社區內運作，始能發揮它真正的作用。亦可能由於這個小規模經營的關係，行政管理方面有較佳的掌握，主辦人對社區的人際關係也比較熟悉，善會的功效也可能因而比較大並且具體，不少方志即記載了施棺助葬會的具體成績：從較大設在縣城內的、到小鄉鎮的善堂都不乏有記載者，如平湖樂善堂從1852年至1859年間共葬暴骨施棺木11,760次；海寧

108　《望仙橋鄉志稿》1992，791〈都圖圩〉，800〈朱右曾望仙橋廣仁堂記〉。

109　有關這方面的討論，參看Kuhn 1975，257-298。

州敦仁堂自創始的1803年到1846年計葬男女棺及植骨5,720具，已幾乎「無隙地矣」！該堂還助葬有地無力之人，在兩年共濟十一家，施棺48具；吳縣錫類堂在1735年創堂，該年三月至九月就葬棺骨四千餘；設在鎮內及其他較小社區的不少善堂也有自稱令人矚目的成績：屬海寧州的袁花鎮崇善堂葬會（始設於1805年）在1839年冬共埋棺150具，有地無力的喪家並得到善堂的助灰助葬；虎埠的永仁堂自1752至1762年十年間，施棺「不下萬具」；與羅店鎮主要施棺善堂怡善堂只隔一圖的同仁堂自道光元年(1821)成立後即經常存貯棺二十具以便隨時給發；到了光緒時代施棺助葬善會的紀錄就更驚人了，南潯鎮的師善堂聲稱從光緒丁丑至甲申年(1877-1884)共埋暴骨三萬六千有餘 [110]。這些或許並非全然準確，但是多少顯示了在小社區內葬會的確有一定的具體成效。這也是嘉道以來分散在各鄉鎮中善會的特色。

　　到這裡，我們不免要問：為何在嘉道以後，善會善堂有分散在各鄉鎮中的發展？我想有兩個可能的解釋，第一，是中央權力的鬆弛。這個趨勢，當然是相對於康雍乾三代的強大政權而言；直接由中央鼓勵及監督的善會通常設在府州縣級的都市中，鄉鎮的善堂通常由地方人自動組織起來；當然，也有一些較早在鄉鎮出現的善會：在長江三角州，尤其太湖地區主要鎮內各類善堂及接嬰堂等成立較早，但一般而言，鄉鎮以下社區內的善堂要到清中後期才普遍起來。清早期的一些資料顯示，當縣城成立善堂以後，附近鄉鎮社區有時不敢再設較大的同類善堂，以免被認為搶了縣政之光。大部分的鄉鎮善堂均以縣城的育嬰、普濟堂為中心，充分反映出鄉鎮慈善組織在清早期的發展限制。而清中後期大量成立的保嬰局、施棺助葬會、綜合性善會，甚至保節局等有很大部分成立在鄉鎮中，這些小善會，不少自稱由於縣城善堂無法惠及鄉鎮才成立；其實這個弱點一早存在，並不是在嘉道之後才有，只是此時代表中央的縣政可能權威不如前，使得鄉鎮不再對設立小社區善會有所顧忌；同時，縣政府也漸無法把握足夠的資源來顧及全縣的社會救濟問題，而此

---

110 《平湖縣志》1886，4：30下-31上；《海寧州志稿》1922，6：9下-12
　　上；《蘇州府志》1883，24：1下-3上；《虎阜志》1792，4：39上-40
　　上；《羅店鎮志》1881，3：7下-8上；《南潯志》1920，34：26上。

時較前頻於發生的水旱饑等災害也的確增加了地方救濟的需要，縣級善堂鞭長莫及，地方社區按已有的善堂模式發展小善堂照顧本地居民，甚至有時協助政府處理一些地方案件，成為順理成章的事。

　　第二，在價值取向方面，我們也觀察到小社區的慈善組織形態較容易配合「儒生化」的發展。由於在小社區內的善會較易把握地方的資訊，在推動保節保嬰施棺等具有教化意義的善舉上，有較好的效率，主辦善會之人充分知道那個貧家快生產、那家有青年寡婦、那家是需要援助的「舊族寒門」、那家窮得無錢葬親……在集善款方面也因社區人際網絡的緊密而更易推動新的捐募方式。當善會施善之後，社區也能共同監視受惠者是否沒有違反規例：領保嬰錢的人是否不再棄殺嬰、領養棄嬰的人是否善待養女養子、受救濟的寡婦是否守婦道、領棺的人是否沒有火葬親人等等，這些小社區的特色都使得新的救濟策略有較好的效果。同時透過這些善會對受濟者身分的較嚴格要求：客籍人、乞丐等非我族類不能受惠，社區居民應對社區有更強的認同感，社區的凝聚力增加，更利於宣揚「儒生化」的價值：在物質條件不佳情況下仍堅持婦女守貞、生女不殺、儒式土葬，並愛惜字紙、發展義學、禁毀「淫書」等等。同時，負責這些小社區善堂的領導人本身，也可能較多屬中下層儒士，甚至是無生員身分的讀書人；嘉慶時有碑記優免育嬰堂董事的雜徭；換言之，這些善堂董事本來並無免雜徭的特權，即並非真正的士紳，所以才需要地方官特別開恩免稅[111]。因此看出參與善堂工作在多方面對中下層儒生有利；如上章所言，這個階層的人，特別需要善堂保障他們的身分地位，及照顧他們精神所需。

　　康雍乾三代的大規模育嬰普濟堂有較濃的佛教意味，最強調禁殺生、施藥救生等善舉，這些主要設在縣城內的善堂，對「良賤」、「內外」等身分之別，比較不重視，以重新界定社會身分方式來進行教化的意味比較淡，弘揚帝國「恩典」普及萬民的意圖比較強；這些特色相當獨特，與明末及清中後期的較小型善會有所不同；這兩個時期基於地方社區的善會及善堂教化意味比較濃，明末的善會最先將教化歸入慈善組

111　《嘉定縣志》1880，29：35上，嘉慶十五年碑記。

織的目標之一：善會優先救濟道德優良的貧民(孝子、節婦)、排斥賤民及敗德者(乞丐、衙吏、游手好閒等人)，以道德標準將人分類，企圖以此重新界定良賤，並為貧富作出道德性的解釋，善會且被視為協助鄉約的制度，其教化上的重要性可想而知。

　　但明末善會以縣城為基地，領導人也以城居大士紳為主，其影響範圍較廣，遍及城內外。清中後期的小型善會影響範圍較小，領導人的身分地位遠不及前代；但這些小善會的教化活動不比明末善會稍弱；除與明末善會同樣將受惠者作「良賤」之分外，並加重社區居民的「內外」之別，強化了居民對社區的認同感；同時還進一步強化儒家價值，處處維護中下層儒生的利益。善舉的實際救濟效果在比例上也似乎比盛清時期略佳。這兩個時期均為社會秩序較鬆懈的時期，小社區透過慈善組織企圖重整社會秩序。而清代的鄉鎮善堂遠比明末善會複雜，數量也多得多，主要是因為它們累積了三百多年的經驗，已成為極為有效的社會組織與教化工具。對於中央而言，這樣的一個發展有利亦有害，一方面有利於其意識形態的控制，但另一方面，卻阻礙了它對地方的直接影響。

結　論

　　慈善濟貧組織的發展，從明末至淸末，雖然有數量上的大幅度增加，及組織方面的變化，但一直沒有將救濟問題變爲「經濟問題」。慈善組織的重點仍在「行善」，即以施善人的意願爲主，受惠人的需求爲次。換言之，慈善組織的功能一直停留在教化社會之上，而沒有轉化到經濟層面。

　　因此，慈善組織也沒有真正解決貧人的問題，如幫助貧婦守節、勸止貧人火葬、溺嬰等，有關的禁令一直到淸末還不斷重複，在在證明了勸止並不太生效。關鍵在於客觀的社會條件並不利於善堂所鼓吹的價值：如貞節的堅持、不溺嬰孩、全面土葬等。善堂所扮演的一直是保守性的角色：即維護傳統的社會秩序及價值，尤其在社會變化激烈，及物質條件特別不利於這些價值的發展之時，效果自然不彰。

　　明淸民間慈善組織的目標一直停留在意識形態的灌輸之上，這在濟貧項目上可看到：純粹收容窮人的只有普濟堂、棲流所之類，這類機構事實上彌補了官方養濟院工作之不足；其他的如育嬰堂、救生局、藥局等，其「救生」的意識形態甚強。而且明淸的慈善組織的教化意圖與時俱增，越後期的善堂，教化的意圖越淸楚，如淸節、施棺助葬、惜字會等皆爲明顯例子。這些後期善堂的另一特色是在實際救濟方式上，施與受者並沒有明顯的階級之分。施善者，也極可能有一天成爲受濟者，反之亦然；這是「儒生化」趨向的特色，下層儒生是施者，也是受者。善會的社會功能在於透過這種特殊的施與受的關係，進一步凝聚以儒生價值爲生活重心的、並且日益龐大的社會階層。慈善組織的功能在於整合社會，而不在於分化社會階層，在城鎮的小社區中，善會更有效地達到

這個目的。

　　然而，明清慈善組織標榜救濟貧人的生、老、病、死問題；到後來救濟的項目甚至還增加到保節、義學等。慈善的項目這樣的齊全，顧及了不同的社會類別，並維持了這樣長久，是否說明了傳統的中國社會中早就潛伏了今人所謂「福利國家」的因子？

一、慈善組織是「福利國家」的前身嗎？

　　「福利國家」是一西方概念，主要是在十九世紀發展起來的社會制度。不少現代學者探索傳統西方慈善機構與福利國家的歷史關係，但並不很成功[1]；無論在組織技術方面、意識形態方面，兩者有截然的分別。

　　然而西方傳統的慈善組織也經歷了不少變化。西歐的濟貧組織在十六世紀以前沿封建社會的傳統，施濟的原則多按基督敎的道德規範，如濟貧是爲了得到宗敎救贖，而耶穌的形象使得貧窮得到某種正當性；因此慈善機構主要由各修會爲主辦。十六世紀以後，尤其自十七世紀開始，西歐主權國家的崛起、重商主義的抬頭，使得慈善組織漸漸有較大的變化：在日益集中的國家權力積極地介入後，慈善組織趨向畫一化、制度化，在財政方面也漸「近代化」，不再以宗敎的奉獻爲主，而漸傾向依賴各種地方稅收；同時在重商主義的影響下，善會的救濟理念有深遠的改變，由於社會對失業貧人越來越看不起，人的價值漸被等同於他的工作能力，濟貧機構對救濟貧人的方式也從純粹的施捨轉變到帶有懲罰性的強迫性勞動，但國家在濟貧方面的責任亦相對地增加。無論在天主敎國家，或新敎國家，情形都類似，只有程度上的差異[2]。英國的福

---

[1] 西方學者也曾嘗試找出從中古時代的慈善組織到廿世紀的社會保險制度之間的直線發展，但並不很成功，參看Gueslin & Guillaume eds. 1992，〈前言〉。

[2] 十七世紀以後西歐各國慈善機構雖然有不同的結構及管理方式，但統一制度化及增加稅收在財務中的分量，是共同的特色。如意大利的機構仍主要由敎會控制，英國的則主要由地方政權管理，而法國則同樣依重敎會及在俗賢達；而在三者中，又以英國的最依賴地方稅收，法國及意大利則在不同程度上依賴稅收及私人捐贈；同時，無論新敎或天主敎國家，慈善機構均對失業貧民採取較嚴屬的措施，而其中以英國的workhouse制度最為嚴屬；見Gutton 1974，124-126，133。有關英國制度的變革，參看Slack 1988，

利制度發展得較早，到了十七世紀後期，全國性貧民法的發展把對於窮人的資助變成了法定的責任，而不再是道德義務。時人科貝特（W. Cobbett）就說：「當窮人讓教區官吏得知他的悲慘處境後，他們給予他的就不是施捨，而是他的法定權益。」換言之，十七世紀以後，官方的濟貧政策的精神已有所革新，與仍繼續存在的私人施捨在性質上基本不同[3]。

　　不過，此時慈善機構所面對的社會關係變化仍不大，基督教義仍是基本的主導思想[4]。但十七、八世紀的慈善機構性質的變化為十九世紀作好了兩方面的準備：一是國家的加強控制，一是重商主義將貧窮問題裡的宗教因素逐漸袪除，而加重經濟因素[5]。

　　傳統西方慈善組織的社會功能，與明清的同類組織比較接近，兩者都相當成功地維護社會原有秩序。在西方，慈善組織維持了封建制度下的鮮明社會階級關係與秩序；在中國，社會身分等級關係相對之下比較不清楚，明清時代尤其模糊；所以如上文所述，善會事實上就是把身分等級再作界定的策略，藉此穩定社會秩序。而中西兩方的傳統慈善組織都依賴宗教信仰來鼓勵施善者行善。然而工業革命進入西方前夕，西方的慈善機構面對著較重要的社會變化。當時資產階級漸冒頭，傳統的勞工關係起了變化；不少資產階級認為傳統的教會濟貧機構，甚至工作坊等制度縱容窮人不勞而獲、好吃懶做。社會新貴最大的願望就是透過制度控制勞動階層。當時傳統的濟貧機構不但不能解決新的階級矛盾，而且還突顯了、加深了這個階級矛盾。

　　而明清慈善組織的歷史完全不同。作為維護社會秩序的策略，清中後期以來慈善組織其實越來越成功；此時善會相當有效地凝結著一個日益龐大的中下階層。慈善組織特別關注下層儒生，及以崇尚儒生價值的

121-131，205-207；有關法國制度在十七、八世紀的漸被國家控制，參看Fairchilds 1976，37；及第三章有關慈善組織財務的描寫。
3 托馬斯 1992，458-459。
4 如英國十八世紀的慈善醫院，主要是有錢勢者對貧病的施捨，將傳統的家長制進一步制度化，參看Porter 1989，149-178；及Beier 1966，90、94。有關此時慈善觀念中仍濃的宗教思想，參看Deyon 1967，151。
5 參看van Leewen 1994，586-613。此文雖說明不同地區有不同的救貧制度及所帶來的效果，但是文中往往強調這些不同制度的理性社會經濟效果。

社會階層的生活問題。這個日益龐大的階層的價值觀結合著社會精英及
下層社會的意識形態。雖然社會客觀條件並不能配合他們所追求的價
值，善會事實上也無法真正解決他們的問題，但透過教化的方式、微妙
的施受關係，善會以較小社區為單位，巧妙地安撫、凝聚了這個階層的
力量，因而也穩定了社會，拖緩了可能因利益衝突而引致的社會動盪。
既存的社會秩序也因而受到一定的維護。在某個程度上，在沒有重大經
濟社會變革之下，善會善堂「儒生化」的發展淡化了上下階層之間的利
益衝突，其效果與同期西方的慈善組織相反。

　　但就算在西方，也要到十九世紀我們才看見徹底的變革，當時產業
資本主義在西方造成社會巨大變化，其中之一是進一步的社會階級分
化。以前被救濟的貧人主要是乞丐，現在新貧階級是工人。英國的工作
坊（workhouse）及法國的救濟院（hopital general）所收容的已差不多清一色
為失業貧民，傳統的乞丐已只占少數。同時，基督教也在形式上日漸退
出公共範圍。新的救濟組織必須處理新的階級關係，必須發展新的意識
形態。

　　十九世紀以後，西歐國家被賦予無上的權力，但也從此承擔了為社
會謀求最高幸福的重大責任。社會福利也因此成為十九世紀以來西方國
家意識形態的重要構成因素。而社會福利問題，也日益遠離前資本主義
時代的濟貧原則，而成為國家整體經濟中的一環。事實上，十八世紀初
期資本主義產生社會影響以來，具前瞻性的思想家如亞當斯密（1723-
1790）即認為當時將貧人集中救濟的機構其實是加深了貧窮問題，正確
的解決之道應該是為這些人製造工作機會，使他們獨力解決生活問題。
自從工業成為國家經濟的支柱，工人成為數量龐大的新貧階級以後，傳
統的濟貧制度更明顯地不配合時勢，經濟學家如馬爾薩斯（1766-1834）等
更抨擊這些機構將貧人隔絕於社會，斷了他們的生機，使他們永遠處於
貧窮之境；資本家則認為國家收容貧人，剝削他們的廉價勞力，等於與
資本家惡性競爭；有的卻認為這些機構縱容貧人游手好閒，好逸惡勞，
大力反對這些源自十七、八世紀的濟貧機構[6]。十九世紀西方國家在新
的經濟環境、新的社會階級關係相迫之下，漸摸索出另一途徑，發展出

6　Himmelfarb 1984，175。

我們今天所稱的福利政策。

　　新政策基於一個新信念：不同階級的人遇上人生各類風險的機率、及因應的能力不一樣，社會應解決這種不平等，以求得到最高的集體利益。政策的精神在於將個人一生中遇到的生老病死問題及各種意外風險，歸入社會（集體）責任內；換句話說，由社會承擔大部分的個人生命中的風險。福利思想雖然在十九世紀下半葉才發展得較為完整，但其淵源甚早，歐洲在十七世紀以來，從行商的經驗中已發展出相當進步的保險觀念與制度，概率論、精算等在數學裡長足的發展也對十九世紀保險觀念有重要的貢獻。同時，在社會思想方面，工業化使得爭取的重點從公民權利轉移到社會權利。這些發展，扭轉了十七、八世紀的經濟社會放任政策，新的原則是用法律、經濟手段去降低人成為赤貧、成為社會負擔的可能性及成本，進而增加社會生產力，促進經濟的發展[7]。經濟發展依然是最終目的。

　　可以說，十九世紀西方福利國家並非沿著傳統慈善組織所走過的途徑發展。或者說，由於傳統慈善機構無法解決新的社會經濟問題，甚至在某方面加以突顯——上述工作坊等濟貧組織與新的勞資關係之間的衝突，就是例子——因而促進了西方找尋他途的決心。工業革命後西方國家所逐步實行的福利國家制度，是幾方面的重大歷史發展共同運作的結果：新的經濟結構、新的社會階級關係、相關的社會思潮，以及漸趨成熟的專門知識，並以強大、集中的政權來全面執行。這幾項發展對西方福利國家的形成，缺一不可[8]。

　　而明清中國則沒有任何上述的歷史發展，沒有新的社會經濟問題，而且善會組織還相當成功地維護了既有社會秩序。可以說，如無西方的影響，包括資本主義的到來、帝國主義的入侵等，中國並沒有任何動

7　Ewald 1986；Ashford 1986。

8　當然歷史發展必有惰性，雖然社會福利的觀念在十九世紀有長足發展，但傳統的濟貧制度仍然同時在各歐洲國繼續存在。如在西班牙，十九世紀仍有不少宣揚傳統道德的濟貧機構，與新的福利政策同時運作，見Shubert 1991，16-55。甚至在福利政策方面最為先進的英國，救濟失業貧人的機構在十九世紀也不能完全免去傳統的慈善道德觀念，參看Kidd 1984，46-48，61-63。

機、也沒有足夠的工具另覓途徑，走上現代福利國家的道路。中國若有現代福利國家的任何跡象，與其從本身歷史研究尋找根源，不如從十九世紀的世界史來發掘其成因。

明清慈善組織的歷史意義與福利國家的傳統毫無關連，而在於調整政權與社會的關係。在這方面，慈善組織的領導層扮演了舉足輕重的角色。領導層的變化也反映了政權與社會關係的變化。

二、慈善組織的領導層與意識形態的變化：「儒生化」的發展

明清善會善堂的功能主要是紓解社會焦慮，從十六世紀末到十九世紀中期，慈善組織經歷了三個主要階段：第一個階段在十七世紀上半葉，明末的都市精英為了重整政權衰落但經濟繁榮所帶來的混亂秩序、為了重新界定良賤貧富的定義而建立善會；這個需要在清代以後隨著社會漸安定而稍減；清政權的建立及鞏固引進了第二個階段，當時善堂的規模漸大，得到政府的認可，往往以體現大同、普濟理想為口號，協助朝廷進一步穩固政權；到了乾嘉以後的第三階段，隨著中央權力的逐漸鬆懈，新的社會不安出現，而這種不安與異端思想的興起有密切關係（白蓮教、太平天國所代表的異端思想），而此時的善會主要是為了強化正統來重整社會秩序。

善會在意識形態上的微妙變化，也反映了這三個時期所涵蓋的價值觀變化。明末善會將受濟人分門別類，所用的標準包涵了佛家思想，及儒家的社會秩序觀；清初的善堂則站在統治者的立場，以宣揚大同理想為主，其中佛教普濟思想也較明顯；乾嘉以來，混合著通俗信仰的儒家價值漸成為善會的主要傳播內容。

善會這幾個階段的意識形態改變意義重大，尤其從第二至第三階段，即從清早期佛教色彩較濃的特色，變為儒家色彩較濃，這個變化可以放在清代乾嘉以來思想變化脈絡來看；周啟榮對清代重「禮」教的解釋是個有趣的啟示：他認為明末的士紳深受陽明學影響，他們用較直接的方式與民眾接觸，如透過鄉約制度的公開講語，來教化人民。而確實

地，明末士紳組織同善會的動機之一就是要協助鄉約制度，教化百姓。
周啓榮又認爲，入清以來，士紳漸排斥陽明學，並回歸所謂漢學，尤其
積極地重返儒家禮教方面的研究；士紳放棄直接的鄉約教化方式，而透
過扮演「禮」在家庭、家族、官僚體制、學術研究中的詮釋者角色來肯
定他們的社會、政治、文化的領導地位，並更緊密地與清政權合作，鞏
固彼此的權力。本書所談清中後期的清節堂、施棺會、保嬰會等善會的
確主要是爲了鼓吹儒家禮教，似乎印證了周啓榮的看法。但周啓榮主要
從思想史的角度去看問題，注意力集中在有思想學術貢獻的儒者，及他
心目中的「士紳」身上，並沒有顧及較下層的具體社會現象。因此高估
了重返禮教趨勢的一致性，及忽略了這個趨勢落實到社會時的真實效
果。

　　例如他並沒有討論以宣揚儒家禮教爲己任的善堂，它們既不屬官僚
制度，也不是家族制度，同時善堂透過施與受的關係，與一般民眾維繫
著相當密切、甚至日益直接的接觸，教化方式與性質與明末善會及鄉約
無異。換言之，善堂在意識形態上的變化雖然與重返禮教的解釋部分吻
合，但是在教化的方式上，卻依然脫離不了明中葉以來的傳統，並且由
於長期地直接與社會接觸，還加強了上下社會階層交流的關係：善會除
了鼓吹正統的儒家禮教外，其實還吸收了、宣揚了不少介乎異端邊緣的
通俗信仰。這也是本書一再強調的「儒生化」現象。換言之，當落實在
社會上時，清代重返禮教的趨勢並不單純；慈善組織就是最好的說明，
在這個問題上，我們不能單從思想史的角度去探討，而要從社會史的角
度去摸索。

　　首先，我認爲善堂意識形態的改變反映了善會領導者身分的改變，
就是說擔任直接教化社會任務的人的身分有所改變：明末善會的領導人
多爲全國聞名的大儒，他們對國家層次政治的影響力，增加了他們在地
方社會的名望及勢力。這些大士紳藉本身的聲勢，以當時主流的、糅合
著三教的價值思想，教化民眾，企圖重整社會秩序，他們這方面的努力
是自動自發的，完全與政府政策無關。入清以後，初期政府對地方結社
的壓禁政策中斷了大儒在地方社會這方面的影響，當時從事善堂組織工
作的地方商人及地方士紳，多半沒有明末同善會領導人的全國性聲望；

但他們的善堂得到政府的認可及支援，並站在國家的立場宣揚大同理想，仍具有相當的地方聲望。清中後期以來，善堂「儒生化」的發展越來越明顯。中下層儒生(及其眷屬)參與善堂活動者越來越多，而善堂受惠者也漸多爲清貧儒生。他們的影響範圍及聲望不如明末及清前期城居紳商，辦堂動機也漸轉化爲維護他們本身岌岌可危的社會文化地位。這些儒生的社會性格顯然異於明末大儒，及清前期的城居紳商；就定義來說，他們並不具士紳的地位，不享有這個階層的特權，反而有社會地位往下降的危險。他們積極參與善會，也正是爲了從中得到一些實質的利益，如免雜徭，及藉著善會的力量維護儒家價值，以掌握更多的符號資本、保住本身的社會文化地位。就思想方面，他們不單上受正統儒學的薰陶，而且也下受通俗信仰的感染。善會如惜字會等在意識形態上糅合了兩者，也正給他們提供了精神上的依靠。

其次，善會的所在地與組織形態的變化也密切關係著意識形態變化。明末善會主要設在縣城中，當時城居士紳爲主要推動力量，這些士紳政治文化地位及名望較高，行善的影響力也遍及縣城內外；同善會的影響力也透過領導人的魅力及交誼網絡遍及各地，尤以江南地區爲甚。清初期善會持續城市組織的基本趨向，並從政府方面得到更多物質上的協助，但由於清政府禁壓文社的政策已消弭了大儒領導善會的傳統，入清以來善堂的領導人已漸轉變爲地方商人，及聲名與影響力限於當地的士紳，此時善堂的「勢力範圍」多限於縣城內，不同縣城內的善堂也沒有形成任何的關係網絡；到了清中後期，縣城中心的善堂重要性降低，越來越多小型善會善堂設在鄉鎮及縣城內的小社區，這些善堂的運作一方面得依賴小社區較強的認同感，同時也反過來加強了社區的認同感。此時新設善堂的創辦及管理人多爲當地的中下層儒生。

政權與社會相互配合或牽制的關係變化，左右了善堂的組織形態：在明清善會善堂發展的三個階段中，以清初期到中期間的中央權威最盛，而社會經濟亦穩定成長，此時的縣城善堂，結合著官方及民間的資源，規模與重要性也最大；明末的中央權威薄弱，而城居大儒及士紳所領導的社會勢力相對地較大，同善會等民間善會純粹由地方資源支援，規模雖較小，但數量相當可觀，思想上的影響力也深遠。到了清中後

期，雖然中央權威不如清前期，但仍然勝於晚明，而且地方社會力量也比晚明壯大；這個形勢使得縣城主要善堂仍得以維持，但是主要的發展及創新動力已轉移到城鎮內較小的社區。而在這些小社區裡，中下層儒生的社會影響力日益重要。此時地方社會力量的壯大不再單獨依靠城居大士紳，數量越來越多的城鎮中下層儒生的角色不容忽視。

換言之，我所謂「儒生化」的發展——即善堂自乾嘉以來趨向宣揚結合著通俗信仰的儒家價值，其管理人、甚至受惠人漸以中下層儒生階層為主——，關連著儒生的下向社會流動、乾嘉以來的思潮趨向、城鎮小社區的發展等相關的歷史變化。而清政權在後期對社會直接控制的弱化，也催促了「儒生化」的發展，促使中下層儒生日益活躍地參與地方社會事務，他們的價值觀——混合著正統儒家思想與通俗信仰的價值——也進一步在社會中強化與普及。

如果這個解釋成立，所謂「地方精英」的定義恐怕得重新檢討：清中後期以來，這些積極參與地方事務的中下層儒生是否可被歸入「精英」行列？他們與漸脫離群眾的大儒及城居大士紳的關係究竟如何？在思想上及行為上，他們與上層儒士的差別何在？這些問題必然有相當的地區差異，但是有一點是相同的：那就是地方社會領導層成分日益複雜，當時文獻中「士紳」一詞所指涉的其實很可能是社會性格不同的階層，極容易引起誤解。因此，當我們提到清中後期的「士紳」或「地方精英」時，必須先弄清楚他們的確實社會身分及思想背景，避免由簡化所引起的謬誤。

與社會精英問題密切相關的，就是「公共範圍」的討論。從上述善堂的三階段發展過程，我們至少可進一步解釋這個引起不少爭議的問題。

三、公共範圍與公民社會的爭論

近年來清史研究中引起較多注意的課題，莫過於公共範圍或公共領域（public sphere）與公民社會（civil society）。這個課題在美國學者Mary Rankin所著有關同治以後的浙江（1986）、與William Rowe有關清代漢口

的專書出版後(1984，1989)引起熱烈討論 [9]。後來兩位學者還在1990年發表專文談清代都市公共範圍的發展，更引人注意 [10]。兩人在不同程度上強調清代都市社會內有一由商人、士紳等主導的公共領域，這個領域有較大的發展空間，不受中央政府控制，到了清末這個公共範圍甚至發揮了批評政府的功能。從某個角度看，兩人所認定的不斷擴大的公共範圍，主要是爲了說明清政權並非一個強勢的、無所不管的集權政府，清社會有不少自由發展、自主的空間。他們認爲以前的研究誤解了清政府的性質。兩位學者在描述這個公共範圍時，均以都市內的各類善堂作爲其中的一種實例，換言之，他們均認爲善堂是屬於公共範圍的一部分，Rankin也曾提及夫馬進及筆者有關善會、善堂的論文，並認爲善堂的歷史說明了公共範圍的出現早在明清之際。

公共範圍及公民社會這個課題在1989年六四天安門事件後，進一步受學者注意。這是由於人們自然地將東歐前極權國家的政權瓦解、「自由化」過程，與中共相比。德國社會理論家哈伯瑪斯(Habermas)認爲東歐國家在極權制度下，仍存在著公民社會，醞釀著反極權的輿論，持久地與政府對抗，是促進東歐共產政權瓦解主因；六四天安門事件後，中國是否有公民社會遂成爲熱門話題，並使史學研究者回頭看中國歷史上所謂公共領域，或公民社會是甚麼意思。1992年五月美國加州大學洛杉磯校區特別爲此舉辦了研討會，《近代中國》(*Modern China*)期刊並在翌年春季號發表了討論會上的主要論文 [11]；雖然不能說這幾篇論文完全解決了有關公共範圍及其相關的問題，但是與會者至少似乎已有一共識：即在分析清代中國問題時，不宜套用公民社會此一概念，尤其是哈伯瑪斯定義下的公民社會，因爲這個純粹從西方歷史經驗得出的概念無法應用於清代中國的情景。

換言之，清代社會與現代東歐社會不一樣，公共範圍與公民社會不能混爲一談；大家所指的公共範圍並不一定牽涉著民主化、自由化等問題，不一定與國家相抗衡。而黃宗智(Philip Huang)更提出另一名詞來代

---

9 Rankin 1986；Rowe 1984，1989。

10 Rowe 1990；Rankin 1990。

11 "Symposium: 'Public Sphere' / 'Civil Society' in China? " Paradigmatic issues in Chinese Studies, 1993.

替公共範圍：「第三領域」（third realm），以避免與哈柏瑪斯的概念混淆。先放下名詞之爭，與會的學者大致上同意自明末以來，在中國社會裡有一特別領域，其中官方與民間力量均有參與，並互有影響，在不同時代，兩者有不同的比重、不同的互動關係，在十八、十九世紀都市裡，社會精英的力量較大；而從清代最後幾年的新政開始，國家力量在其中的比重日益增加，爲廿世紀極權政府鋪了路。

在這個廣義的意義下，本書所討論的問題，自然地被包括在「公共範圍」的談論內。筆者在開始研究明清慈善組織時，並未以「公共範圍」爲思索的路線，但卻深感到明清的慈善組織是一新的社會現象。這裡要具體說明何謂「新」的社會現象，其實構成這個現象的個別因素由來已久：以濟貧爲主的長期慈善組織自南北朝以來的佛寺即舉辦；而政府依靠地方力量來支援善事也很早，如唐代悲田院被充公、改爲養病坊後，政府令地方有名望的耆老管理，宋代的官方救濟機構也經常依賴地方的捐助，這些細節，第一章已詳述；換言之，明清善會善堂雖然是新現象，但不令人驚奇，因爲它們有深厚的歷史淵源。它們有別於前代之處，在於各種因素的*重新組合*：以無官銜的紳衿商人爲主要力量組成的長期、不屬宗教團體、非家族性的慈善組織。而就是這個新社會現象的特性，使得慈善組織成爲談論中「公共範圍」的一部分。

從慈善組織的歷史變化（第一章）可看出，所謂國家與民間均參與的「公共範圍」或「第三領域」，在中國其實很早即有。自秦漢以來的中國歷朝，雖然擁有比西方封建社會較集中的政權，但是技術上、實際上不可能控制社會每一環節，因此傳統中國社會本來就有一定的自主性；事實上，在廿世紀的西方科技、媒體、極權意識形態出現以前，一個絕對（或近乎絕對）由中央政府支配的社會不可能出現。不論中西，歷史皆可證明這個事實。所以在廣義定義下的所謂「公共範圍」，即官方及民間皆參與的社會空間，實在不需要大費周章地證明它的存在，反而欲要證明一個廿世紀前的政府可以摧毀、或全完禁壓這個領域，是幾乎不可能的事情。只要稍用常識，就可找到無數歷代中央政權管不著的社會活動，諸如各類的宗教、行業組織。這些組織，就算在政權最強及集中的時代，都能發揮作用。

　　中國歷來的慈善機構也處處說明這一點，民間的力量，包括宗教團體的力量，自中古以來一直是有力的支持者，而中央政府也在不同程度上有所參與。到了宋代，雖然社會救濟的主力在於政府，但民間的資源亦往往直接投入其中。到了清代，我們看見新的善堂組織形態，這些組織方式源自北方農村自治組織及其他民間宗教傳統（見第三章）；可見中國社會長久以來就有自治的組織工具。善堂只是充分地利用了這些工具。從此一角度看問題，明清善堂的出現，並不說明「公共範圍」的特點，不能幫助我們了解清代的「公共範圍」與前代有何不同。

　　明清善堂最獨特之處，在於民間非宗教力量成爲主要的、持久的、有組織的推動力，地方上的紳衿、商人、一般富戶、儒生、甚至一般老百姓，成爲善堂主要的資助者及管理者，而清代政府亦正式承認這個事實，並鼓勵這個發展。換言之，清代善堂說明了中央與地方社會力量有了新的關係；本書就用實例來說明這點，而所謂新關係有以下特色：（1）主動的、持久的力量來自地方紳商，而且主要是一般的紳衿及商人，並非名士或鉅富；（2）但官方的背書及監督不可或缺，這在十八世紀尤其明顯；（3）兩者的關係基本上和諧而互賴。這種官民關係說明了兩點：其一，這個領域的存在並不說明中央政府與社會的勢力孰強孰弱，兩者的關係亦非零和的關係；其二，在意識形態方面，這個範圍或領域是保守的。保守的意思在於維護及保存既有政制、社會秩序，及支持這個體制的一切價值。換言之，任何對既有體制有對抗性的思想或言論，不可能在這個合作關係中產生，也不可能在這個領域中傳播 [12]。筆者認爲說明「公共範圍」在意識形態上的特點，尤其重要，因爲單從結構或領導人來分析這個領域，可能令人誤以爲它對政權有威脅性。事實上，就是因爲它沒有威脅性，所以善堂在清一代有長足的發展。

　　沒有任何一個階段的善堂對既存社會秩序及政權提出挑戰，它們主

---

12 就算明末東林黨分子所辦的同善會，也清楚地維護著當時的體制，主辦人本意在加強鄉約制，來勸人安分守己，不要破壞社會秩序。東林分子所反對的是朝廷中一些政派，並非當時的體制，這是很清楚的。Rankin認爲公共領域在十九世紀末期有一性質上的變革，使得它成爲產生反政府言論的場所，這個變質過程如何，應是一極有意思的問題。可惜她並未對針對這個問題提出較實質的討論。

要的功能是鞏固既存秩序。就算對中央最有反抗意識的明末同善會領導人，他們基本上絕對支持傳統政權的意識形態，他們所反對的只是他們心目中不道德的政治人物。換言之，中央如要較直接地控制善堂，無論在那個時期的善堂，在意識形態上是沒有太大的困難的。事實上，乾隆時代不少地方官便輕而易舉地直接控制縣城內的善堂，這些善堂沒有變成純粹官方機構，是因爲當時主要管理善堂的紳商本與政府相互依賴，政府透過這個階層的地方領導人可更有效地、節省地治理地方。基本上善會善堂成爲支撐政權的一個環節，而強大的清政權是善堂在十八世紀得以壯大的原因之一。

　　不過，這個領域亦不能因而被視爲政權的延伸。因爲從一開始，善堂(或其他在公共範圍內的其他活動及組織)就是民間所創的組織，無論在組織形態方面，或資源方面，純粹出發自社會。善會善堂主要是一種社會策略，組織者利用它以因應新的經濟社會變化，及隨之而來的階級分化。政府的介入，是善堂成立以後才發生的事，亦從不徹底，也沒有改變善堂的功能與特色。與宋代相比，政府在其中的創造力與參與的分量明顯地大幅度減少。

　　雖然明清慈善組織在各方面都是一新社會現象，但從本章第二節中所提的三個歷史發展階段看出所謂公共範圍或第三範圍不是一個完全具一致性的範圍：從明末到清後期，我們看出雖然善堂的發展有一定的軌跡可循，但是我們看見：(1)領導人身分的下降——從舉國知名的儒士，到地方紳商，再到中下層儒生；(2)資源來源的改變——從純粹地方資源，到政府不同程度的支援；(3)組織形態的改變——從都市善會，到大型善堂，再到小社區的小善會與善堂。這些改變均說明了這三個階段的善堂與政府的關係不盡相同，亦沒有直線的歷史發展。

　　三個階段中，大概以第三階段——即「儒生化」——的變化最大，清中後期中下層儒生漸控制小型善會與善堂，使得政府對地方控制的變數增加：這些儒生雖然在價值觀上絕對維護傳統，但是在實際行爲方面，如何確定他們聽命於政府，而不是只貪圖一己之利？在這方面，中央無疑對控制城居大士紳有較大的信心，控制的途徑也較直接。許多下層儒生很可能連起碼的生員資格都沒有，在實際上較不容易受政府控

制，但他們受過傳統教育，使他們對一般小百姓有一定的影響力。自嘉道以來的中下層儒生，透過行善努力維護及累積儒生階層的「符號資本」，正是他們要增強本身並不牢固的社會地位的表現。

這個變化也發生在清末廣東的祠產管理制度裡。道光時代，澄海縣同善堂祠產的管理是每年歲科考試得中的「批首」（即成績屬第一等、有參加鄉試資格的生員）負責這一年的財產管理。及後改由抽簽、輪值的辦法，有權參加的人資格已有所下降：一般秀才（生員）就可以。進入民國以後，小學畢業生就有資格參加抽簽 [13]。這類變爲地方領袖的儒生是否是後來成爲眾矢之的的「土豪劣紳」的前身，還待進一步探討 [14]，如果找到中下層儒生與這些劣紳間的歷史關係，對我們了解清末民初間國家發展的困境有重要的幫助。

在這個問題還沒有完全得到澄清之前，我們至少可以說，如果有一處於政府與家庭之間的「公共範圍」，它並非是具一致性、完全自主性的社會範圍，Mary Rankin亦曾提及這方面的限制 [15]；同時，公共範圍也不是有一直線歷史發展的社會範圍（如從較小規模發展到較大規模）。善會善堂的例子顯示，在不同時期，主導這個公共範圍的人本身有複雜的歷史發展過程，如果地方組織的領導屬於地方精英，所謂社會「精英」的成分明顯地有所改變，清中後期活躍於慈善組織中的中下層儒生與明末主持同善會的大儒的社會地位不能相比，他們與中央相互牽制的關係也完全不同。明末至清中期的善會善堂領導人的利益比較能配合中央，而清中後期以後小社區的善堂主事人的向心力則較值得懷疑。這些中下層儒生並非蓄意與中央抗衡，也絕非是嚮往掙脫中央控制的所謂「民間社會」的喉舌；他們最關心的是如何保住本身的社會地位，使之不下降，在種種不利的社會經濟條件下，致力維持一定的地方影響力；由於往社會上層再攀升的希望渺茫，他們的目光變得較狹窄，主要集中在地方。

---

13 陳春聲 1996：4。
14 美國學者孔復禮對民初的土豪劣紳在國家「現代化」過程中所扮演的負面角色有精湛看法，參看P. Kuhn 1975，287-298。
15 Rankin 1990，16-17；Symposium 1993，162-163。

　　善堂組織「儒生化」的過程是否有利於「公共範圍」的壯大？如果
我們從嘉道以來小社區善堂加強了地方的認同及自我管理這個角度來
看，答案似乎是肯定的。但是值得懷疑的是，中下層儒生到底能否真正
有效地動員地方社會，進一步發揮其自主性？在這方面他們有兩大限
制：其一是，儒生階層所大力維護的「符號資本」等同於清政府所欲宣
揚的儒家基本價值，並糅合著通俗信仰，這些價值配合著科大衛（David
Faure）等學者所強調的地方家族主義（尤其在南方農村社會）[16]，加強了
國家意識形態在地方社會的滲透。換言之，小社區善會實進一步將地方
社會納入國家思想控制範圍內，以便利其統治。如前文一直強調的，清
中後期善堂所宣揚的傳統價值觀往往不配合當時改變中的社會經濟條件，
善會的理念不能因應時代的變化，因此這些組織並不一定符合小百姓的
實際利益，它們對地方社會實際的、持久的影響力自然有較大的限制。

　　儒生的另一限制是他們的社會地位不高，號召力有限；在這種情況
下，雖然他們透過小善堂及其他地方組織得到了一定的影響力，但是他
們的勢力範圍及發展空間非常有限，不太可能擴大直向或橫向的地方自
主性。善堂在嘉道以來在較小社區的分散式發展，雖然使得小地方自我
管理的能力增加，但是由於儒生階層本身社會條件的限制，使得清後期
善堂在較高層次的社會意義上喪失了明末清初時的動力。從這個角度看，
十九世紀前期的「公共範圍」並沒有因「儒生化」的發展而有明顯的擴
大，其理念亦不曾有所創新。在這個範圍中，我們的確看見地方管理的
能力及認同增強了，但同時，國家意識形態亦遠比以前牢固及普遍了。

　　所以說，從明清慈善組織的歷史發展看來，所謂「公共範圍」雖然
有發展地方社會自主的潛質，但是由於善堂領導階層在意識形態上或社
會身分上的限制，這個潛能並沒有太大的發揮。反而，政權與社會力量
在這個範圍內找到了平衡，直到十九世紀中，善會善堂成為穩定社會、
鞏固政權的地方組織。

---

16 Faure 1989，科大衛認為如族譜的撰寫、義莊的普及化、祖先崇拜的強化等
　　均是符合國家政治所需的家族文化模式；Bernhardt 1992，124-125也從研究
　　清代的義莊制度得到同樣的結論：國家影響力在地方加深了。

附　錄

行政院國科會人文處專題研究計畫「明清慈善活動（公元1600-1850）」報告[*]

計畫主持人：梁其姿（中研院社科所研究員）
計畫編號：NSC80-0301-H001-16
執行時間：1990年8月1日至1991年9月30日

1. 一般執行情形：

　　本計畫主要利用方志收集有關明清時代在地方成立的各類慈善組織，在這一年兩個月的時間內，本計畫參考了2615種藏於國內外的地方志，所包括的省分有：江蘇、浙江、安徽、江西、湖北、湖南、四川、福建、廣東、廣西、雲南、貴州、河北、山東、河南、山西、陝西、甘肅，而沒有包括資料太少的吉林、黑龍江、新疆、內蒙、青海、西藏等省分。所用之方志目錄已附於本研究報中。

　　有關家族的慈善組織方面，發現國內所能利用的資料並不能提供很系統的分析，同時亦因時間所限，此方面將以少數的一手資料及其他學

---

　*　此附錄乃1991年所提交的國科會專題研究計畫報告之摘要，後面附上幾種善堂在全國成立的年表，並沒有包括原來報告中有的普濟堂與棲流所。原報告中亦有善堂按省分排列之表，現今省略。數字上有一些小幅度的修正。

者的研究成果作爲補充。

2. 資料分析方式：

本計畫將上述十八個省分的方志所載的慈善機構（非官方管理及資助的，亦非只屬個別家族的）分下列幾項加以整理：育嬰堂、普濟堂、棲流所、清節堂、施棺局、綜合性善堂及其他不屬上述所列的善堂組織。除了個別善堂的特別資料有影印分類外，本計畫將這些善堂的十種資料系統地記錄：創建年分、創建人身分（官或民）、改建年分、改建人身分、再改建年分、再改建人身分、經理人身分、廢止年分、經費來源、章程（有或無）。每類善堂均以兩種方式由電腦排列：一是按年分先後，一是按省分，目的在於可方便看出各類善堂歷史發展的時序差異，以及在區域分布上的不同。

3. 初步的結果：

A. 善堂數目

育嬰堂類共973個，1850年以前建立者有579個，1850年後建立者有394個，最早建立者在1646年於江西贛縣**。

普濟堂共399個，1850年以前建立者有362個，1850年後建立者有37個，最早建立者在江西袁州於1666年。

棲流所共331個，1850年以前建立者有239個，1850年後建立者有92個，最早建立者在1702年於河北廣平磁州。

清節堂共216個，1850年以前共56個，1850年後建立者有160個，最早成立者在1774年於江蘇吳縣。

施棺局類共589個，1850年以前共355個，1850年後共234個，最早成立者在1564年於江蘇章練。

綜合善堂類共338個，1850年以前共116個，1850年後共222個，最早成立者在1661年杭州。

其他善堂類共743個，1850年以前共298個，1850年後共445個，最

** 贛縣在1646年創建育嬰堂這條資料極可能有誤，參看本書第三章注11。

早成立者爲1398年在福建晉江的存卹院。

　　上述初步數字顯出育嬰堂、普濟堂、棲流所、施棺局在1850年前成立者較多，清節堂、綜合善堂、其他善堂在1850年後成立者較多。

　　B. 各類善堂創立人身分方面資料如下：

　　一、育嬰堂1850年前建立者官立有283所，占48.9%，民立者、無資料者共296(114＋182)所，占51.1%。

　　1850年後建立者官立有109所，占27.7%，民立者、無資料者共285(161＋124)，占72.3%。

　　二、普濟堂1850年前建立者官立有178所，占49.2%，民立者及資料不足者共184(21＋163)所，占50.8%。

　　1850年後建立者官立有4所，占10.8%，民立者及資料不足者共33(5＋28)所，占89.2%。

　　三、棲留所1850年前建立者官立有190所，占79.5%，民立者及資料不足者共49(19＋30)所，占20.5%。

　　1850年後建立者官立有45所，占48.9%，民立者及資料不足者共47(23＋24)所，占51.1%。

　　四、清節堂1850年前官立有13所，占23.2%，民立者及資料不足者共43所(33＋10)，占76.8%。

　　1850年後官立者有53所，占33.1%，民立者及資料不足者共107所(69＋38)，占66.9%。

　　五、施棺局1850年前建立者官立有31所，占8.7%，民立者及資料不足者共324(251＋73)所，占91.3%。

　　1850年後建立者官立有28所，占12%，民立者及資料不足者共206(133＋73)所，占88%。

　　六、綜合善堂1850年前建立者官立者有19所，占16.4%，民立者及資料不足者共97(81＋16)所，占83.6%。

　　1850年後建立者官立者有21所，占9.5%，民立者及資料不足者共201(130＋71)所，占90.5%。

　　七、其他類善堂1850年前建立者官立者有57所，占19.1%，民立者及資料不足者共241(140＋101)，占80.9%。

　　1850年後建立者官立有118所，占26.5%，民立者及資料不足者共327(185＋142)所，占73.5%。

　　上述資料顯示官方的創建一般而言主要在普濟、育嬰、棲流等善堂，其他善堂，尤其施棺、綜合、其他等各堂，官方創堂之例相對更少，這個趨勢在1850年後更普遍，除了其他類善堂、恤嫠類官方參與有相對的增加，這些發展值得進一步探討。

　　C. 地區性分別方面：

　　本計畫資料示出以下幾種善堂集中於江浙兩省，尤其江蘇省：

	蘇(%)	浙(%)	蘇＋浙	全 國	兩省所占%
育嬰堂(所)	182(18.7)	131(13.5)	313	973	32.2
普濟堂	27(6.8)	9(2.3)	36	399	9.0
施棺局	255(43.3)	87(14.7)	342	589	58.1
清節堂	105(48.6)	27(12.5)	132	216	61.1
棲流所	16(4)	18(5.4)	34	331	10.3
綜合	131(38.8)	14(4.1)	145	338	42.9
其他	253(34.1)	81(10.9)	334	743	45.0

　　上列數字示出除了普濟與棲流兩種善堂外，江浙兩省均在數量上占極重要之地位，其中尤以施棺及清節兩種善堂最特出，超過全國的半數，清節堂方面還達61%強。而在棲流所方面，本計畫顯示主要集中在河北、四川兩省：分別是157所(47.4%)，及68所(20.5%)；而普濟堂方面，則以山東的112所(28.1%)及福建的63所(15.8%)最多。不同地區的善堂種類組織各有不同，可分別從中看出不同的社會經濟問題，以及地域文化的差異。

　　而數量最多的育嬰堂較平均地分布各地，顯示這個善堂在清代已成為一最具典型的善堂，而非常集中於江蘇的清節堂則顯示此地區及此善堂所獨具的文化意義。此外施棺局的集中在江浙地區亦值得注意：這與此地區文化對死亡的態度可能有所顯示。

　　總而言之，本計畫所分析出來的資料可作多方面的使用。

附表一　育嬰堂

編 號	府　名	縣　名	善堂名稱	創建年分	創建人身分
1	贛 贛州	贛縣	老育嬰堂	1646	官
2	蘇 揚州	揚州	育嬰堂	1655	民
3	蘇 揚州	高郵	育嬰堂	1656	民
4	湘 寶慶	武岡州	育嬰堂	1662	官
5	蘇 揚州	甘泉	育嬰堂	1662	民
6	蘇 揚州	代徵	育嬰堂	1662	民
7	蘇 通州	通州	育嬰堂	1664	民
8	浙 杭州	杭州	育嬰堂	1666	官
9	蘇 通州	如皋	育嬰堂	1668	民
10	蘇 揚州	興化	育嬰堂	1669	官
11	蘇 江寧	江寧	育嬰堂	1670	民
12	贛 南昌	豐城	育嬰堂	1672	民
13	蘇 松江	婁縣	育嬰堂	1674	民
14	蘇 蘇州	長洲	育嬰堂	1674	民
15	蘇 松江	松江	育嬰堂	1674？	
16	皖 太平	當塗	育嬰堂	1676	？
17	蘇 常州	武進陽湖	育嬰堂	1676	民
18	蘇 蘇州	蘇州	育嬰堂	1676	民
19	皖 安慶	望江	育嬰堂	1678	官
20	蘇 江寧	高淳	育嬰堂	1678	官
21	贛 饒州	萬年	育嬰堂	1679	官
22	蘇 徐州	豐縣	育嬰堂	1680	
23	贛 饒州	樂平	育嬰堂	1680	官
24	贛 南昌	南昌	育嬰堂	1681	官
25	蘇 鎮江	金壇	育嬰堂	1682	官
26	蘇 蘇州	崑山新陽	育嬰堂	1684	民
27	滇 臨安	通海	育春館	1686	民
28	蘇 通州	泰興	育嬰堂	1693	官
29	浙 金華	金華	育嬰堂	1694	官
30	豫 南陽	南陽	育嬰堂	1694	官
31	蘇 通州	如皋	掘港場育嬰堂	1694	民
32	湘 郴州	汝城	育嬰堂	1696	官
33	滇 雲南	雲南	育嬰堂	1696	官
34	粵 廣州	番禺	育嬰堂	1697	官
35	皖 廬州	合肥	育嬰堂	1697	官

編 號	府 名	縣 名	善堂名稱	創建年分	創建人身分
36	贛 瑞州	新昌	育嬰堂	1698	官
37	蘇 通州	如皋	興仁鎮育嬰堂	1699	民
38	蘇 通州	如皋	石港場育嬰堂	1699	民
39	蘇 太倉州	嘉定	南翔育嬰堂	1702	
40	蘇 太倉州	嘉定	南翔育嬰堂	1702	民
41	閩 漳州	長泰	育嬰堂	1703	官
42	湘 寶慶	新化	育嬰堂	1705	官
43	粵 瓊州	瓊山	育嬰堂	1705	官
44	桂 太平	崇善	育嬰堂之一	1706	？
45	浙 嘉興	平湖	育嬰堂	1706	官
46	皖 池州	銅陵	育嬰堂	1706	？
47	粵 潮州	潮陽	育嬰堂	1706	官
48	皖 寧國	南陵	育嬰堂	1706	官
49	閩 汀州	清流	育嬰堂	1706	官
50	冀 廣平	磁州	育嬰堂	1706	官
51	冀 永平	盧龍	育嬰堂	1706	官
52	蘇 海州	海州	育嬰堂	1706	
53	贛 廣信	貴溪	育嬰堂	1706	官
54	贛 廣信	玉山	育嬰堂	1706	官
55	贛 廣信	鉛山	育嬰堂	1706	官
56	浙 金華	義烏	育嬰堂	1707	官
57	浙 湖州	烏程	留嬰堂	1707	民
58	滇 楚雄	楚雄	育嬰堂	1707	民
59	粵 瓊州	臨高	育嬰堂	1707	官
60	豫 彰德	涉縣	育嬰堂	1707	官
61	蘇 太倉州	嘉定	育嬰堂	1707	官
62	贛 南安	南康	育嬰堂	1707	官
63	蘇 鎮江	丹陽	育嬰堂	1707	民
64	浙 湖州	烏程	留嬰堂	1708	民
65	閩 福州	長樂	育嬰堂	1708	官
66	蘇 江寧	勾容	育嬰堂	1708	官
67	豫 彰德	武安	育嬰堂	1708	官
68	粵 廣州	東莞	育嬰堂	1709	官
69	滇 澂江	河陽	育嬰堂	1709	官
70	贛 九江	德化	育嬰堂	1709	官
71	蘇 揚州	東臺	富安場育嬰堂	1712	民
72	蘇 松江	青浦	育嬰堂	1713	官
73	桂 桂林	臨桂	育嬰堂	1714	官

編　號	府　　名	縣　　名	善堂名稱	創建年分	創建人身分
74	蘇　太倉州	崇明	育嬰堂	1714	
75	湘　沅州	芷江	育嬰堂	1716	官
76	桂　南寧	永淳	育嬰堂	1717	？
77	桂　太平	崇善	育嬰堂之二	1717？	官
78	蘇　松江	上海	育嬰堂	1720	民
79	浙　衢州	西安	育嬰堂	1721	官
80	蘇　揚州	泰州	育嬰堂	1722	官
81	浙　紹興	會稽	育嬰堂	1722？	民
82	浙　金華	永康	育嬰堂	1722？	？
83	浙　嘉興	嘉興	育嬰堂	1722？	民
84	浙　嘉興	嘉善	育嬰堂	1722？	民
85	粵　潮州	惠來	育嬰堂	1722？	官
86	粵　嘉應州	嘉應州	育嬰堂	1722？	？
87	冀　冀州	南宮	育嬰堂	1722？	民
88	贛　廣信	上饒	育嬰堂	1722？	官
89	贛　贛州	定南廳	育嬰堂	1722？	官
90	浙　湖州	吳興南潯	育嬰堂	1722？	
91	蘇　徐州	銅山	育嬰堂	1722？	官
92	蘇　常州	江陰	育嬰堂	1722？	官
93	蘇　常州	無錫	育嬰堂	1722？	官
94	蘇　松江	上海	高行鎮留嬰堂	1722？	民
95	蘇　揚州	東臺	東臺場育嬰堂	1722？	民
96	蘇　通州	如皋	白蒲育嬰堂	1722？	民
97	浙　金華	浦江	育嬰堂	1723	官
98	閩　邵武	邵武	育嬰堂	1723	官
99	川　成都	郫縣	育嬰堂	1724	民
100	浙　嘉興	嘉善	育嬰堂	1724	民
101	鄂　漢陽	孝感	育嬰堂	1724	官
102	粵　潮州	澄海	育嬰堂	1724	？
103	鄂　襄陽	宜城	育嬰堂	1724	官
104	閩　泉州	德化	育嬰堂	1724	
105	閩　泉州	龍岩	育嬰堂	1724	官
106	閩　泉州	漳平	育嬰堂	1724	？
107	閩　興化	遷遊	育嬰堂	1724	？
108	閩　福州	閩縣	育嬰堂	1724	官
109	閩　福州	古田	育嬰堂	1724	官
110	閩　興化	莆田	育嬰堂	1724	？
111	閩　延平	沙縣	育嬰堂	1724	？

編號	府　名	縣　名	善堂名稱	創建年分	創建人身分
112	閩 福州	連江	育嬰堂	1724	官
113	閩 漳州	龍溪	育嬰堂	1724	官
114	閩 泉州	普江	育嬰堂	1724	官
115	閩 泉州	大田	育嬰堂	1724	官
116	閩 泉州	永春	育嬰堂	1724	？
117	蘇 淮安	清河	育嬰堂	1724	官
118	魯 濟南	臨邑	育嬰堂	1724？	？
119	桂 平樂	恭城	育嬰堂	1725	？
120	閩 漳州	漳平	育嬰堂	1725	官
121	黔 遵義	綏陽	育嬰堂	1725	官
122	蘇 淮安	清江浦	育嬰堂	1725	官
123	蘇 淮安	清江浦	育嬰堂	1725	官
124	皖 太平	蕪湖	育嬰堂	1727	官
125	湘 長沙	長沙	育嬰堂	1727	官
126	浙 嚴州	淳安	育嬰堂	1728	官
127	皖 廬州	廬江	育嬰堂	1728	官
128	贛 袁州	萍鄉	育嬰堂	1728	官
129	蘇 揚州	東臺	安豐場育嬰堂	1728？	
130	滇 臨安	建水	惠育堂	1729	官
131	蘇 松江	南匯	育嬰堂	1729	民
132	贛 贛州	會昌	育嬰堂之一	1729	官
133	贛 贛州	興國	育嬰堂	1729	官
134	滇 臨安	蒙自	育嬰堂	1729-35	官
135	粵 潮州	海陽	育嬰堂	1729？	？
136	湘 衡州	耒陽	育嬰堂	1730	民
137	滇 琅鹽井	琅鹽井	生生館	1730？	？
138	蘇 淮安	阜寧	育嬰堂	1730？	
139	蘇 淮安	鹽城	育嬰堂	1730？	
140	鄂 武昌	江夏	育嬰堂	1731	官
141	魯 濟南	德州	育嬰堂	1731	？
142	蘇 徐州	睢寧	育嬰堂	1731	官
143	蘇 江寧	江浦	育嬰堂	1731	官
144	蘇 鎮江	丹徒	育嬰堂	1731	官
145	蘇 通州	鹽城	育嬰堂	1731？	
146	浙 湖州	孝豐	育嬰堂	1732	官
147	贛 九江	德安	育嬰堂	1732	官
148	蘇 通州	如皋	呂四場育嬰堂	1732	民
149	贛 南昌	義寧州	育嬰堂之一	1732	？

編號	府 名	縣 名	善堂名稱	創建年分	創建人身分
150	蘇 揚州	江都	呂四場育嬰堂	1732	民
151	贛 臨江	新喻	育嬰堂	1732	官
152	蘇 江寧	溧水	育嬰堂	1732？	官
153	浙 淮安	淮安	育嬰堂	1733	民
154	浙 湖州	烏程	留嬰堂	1733	官
155	湘 辰州	瀘溪	育嬰堂	1733	官
156	湘 永州	祁陽	育嬰堂	1733	官
157	鄂 漢陽	黃陂	育嬰堂	1733	？
158	蘇 淮安	山陽	育嬰堂	1733	官
159	浙 湖州	德清	留嬰堂	1734	官
160	湘 長沙	益陽	育嬰堂之二	1734	官
161	浙 嚴州	分水	育嬰堂	1734	官
162	鄂 襄陽	襄陽	育嬰堂	1734	官
163	魯 曹州	定陶	育嬰堂	1734	官
164	魯 泰安	泰安	育嬰堂	1734	官
165	魯 曹州	城武	育嬰堂	1734	官
166	魯 泰安	萊蕪	育嬰堂	1734	？
167	魯 曹州	范縣	育嬰堂	1734	官
168	魯 泰安	平陰	育嬰堂	1734	？
169	魯 萊州	高密	育嬰堂	1734	官
170	魯 曹州	濮州	育嬰堂	1734	官
171	魯 曹州	鄲城	育嬰堂	1734	官
172	魯 萊州	昌邑	留嬰所	1734	官
173	魯 萊州	掖縣	育嬰堂	1734	官
174	魯 萊州	昌邑	育嬰堂	1734	官
175	魯 曹州	曹縣	育嬰堂	1734	官
176	魯 泰安	肥城	育嬰堂	1734	？
177	魯 曹州	荷澤	育嬰堂	1734	官
178	魯 泰安	新泰	育嬰堂	1734	？
179	魯 兗州	曲阜	育嬰堂	1734	官
180	魯 萊州	平度州	育嬰堂	1734	官
181	魯 泰安	東平州	育嬰堂	1734	官
182	魯 兗州	金鄉	育嬰堂	1734	民
183	魯 曹州	單縣	育嬰堂	1734	官
184	魯 曹州	朝城	育嬰堂	1734	官
185	魯 曹州	鉅野	育嬰堂	1734	官
186	魯 萊州	膠州	育嬰堂	1734	官
187	魯 濟南	平原	育嬰堂	1734	官

編 號	府 名	縣 名	善堂名稱	創建年分	創建人身分
188	魯 曹州	觀城	育嬰堂	1734	官
189	魯 萊州	即墨	育嬰堂	1734	官
190	魯 泰安	東阿	育嬰堂	1734	？
191	魯 臨清州	夏津	育嬰堂	1734	？
192	魯 萊州	濰縣	育嬰堂	1734	官
193	豫 陳州	太康	育嬰堂	1734	官
194	豫 陳州	淮寧	育嬰堂	1734	官
195	豫 彰德	安陽	育嬰堂	1734	官
196	豫 許州	許州	育嬰堂	1734	？
197	豫 光州	光山	育嬰堂	1734	？
198	豫 彰德	內黃	育嬰堂	1734	官
199	豫 彰德	臨漳	育嬰堂	1734	官
200	豫 衛輝	汲縣	育嬰堂	1734	官
201	豫 鄭州	滎澤	資生堂	1734	官
202	豫 衛輝	輝縣	育嬰堂	1734	官
203	贛 建昌	瀘溪	育嬰堂	1734	民
204	贛 建昌	新城	育嬰堂	1734	官
205	贛 南康	安義	育嬰堂	1734	官
206	浙 處州	景甯	育嬰堂	1734？	？
207	湘 長沙	醴陵	育嬰堂	1735	民
208	湘 長沙	湘陰	育嬰堂	1735	官
209	湘 長沙	攸縣	育嬰堂	1735	官
210	皖 太平	當塗	育嬰堂	1735	官
211	湘 郴州	興寧	育嬰堂	1735	官
212	湘 長沙	湘潭	育嬰堂	1735	？
213	湘 沅州	黔陽	育嬰堂	1735	官
214	湘 長沙	湘鄉	育嬰堂	1735	官
215	湘 岳州	平江	舊育嬰堂	1735	官
216	浙 嘉興	海鹽	育嬰堂	1735	民
217	湘 永順	永順	育嬰堂	1735	官
218	鄂 荊州	江陵	育嬰堂	1735	官
219	鄂 荊州	監利	育嬰堂	1735	？
220	鄂 德安	雲夢	育嬰堂	1735	官
221	鄂 黃州	黃梅	育嬰堂	1735	民
222	鄂 荊門州	當陽	育嬰堂	1735	官
223	粵 惠州	博羅	育嬰堂	1735	官
224	鄂 漢陽	漢陽	育嬰堂之一	1735	官
225	鄂 荊州	石首	育嬰堂	1735	官

編號	府 名	縣 名	善堂名稱	創建年分	創建人身分
226	鄂 武昌	崇陽	育嬰堂	1735	官
227	鄂 安陸	鍾祥	育嬰堂	1735	官
228	鄂 荊州	枝江	育嬰堂	1735	官
229	魯 兗州	滋陽	育嬰堂	1735	官
230	魯 武定	霑化	育嬰堂	1735	官
231	魯 臨清州	臨清州	育嬰堂	1735	官
232	豫 衛輝	滑縣	育嬰堂	1735	？
233	豫 許州	臨穎	育嬰堂	1735	官
234	豫 懷慶	濟源	育嬰堂	1735	官
235	豫 河南	宜陽	育嬰堂	1735	官
236	豫 懷慶	原武	育嬰堂	1735	官
237	豫 歸德	鹿邑	育嬰堂	1735	民
238	豫 彰德	湯陰	育嬰堂	1735	官
239	豫 河南	永寧	育嬰堂	1735	官
240	豫 河南	鞏縣	育嬰堂	1735	官
241	豫 歸德	虞城	育嬰堂	1735	官
242	豫 開封	杞縣	育嬰堂	1735	官
243	豫 懷慶	溫縣	育嬰堂	1735	官
244	豫 彰德	林縣	育嬰堂	1735	？
245	豫 河南	陝州	育嬰堂	1735	官
246	浙 湖州	歸安	留嬰堂	1735？	民
247	湘 長沙	寧鄉	育嬰堂	1735？	官
248	湘 永州	新田	育嬰堂	1735？	官
249	鄂 黃州	羅田	育嬰堂	1735？	官
250	鄂 武昌	蒲圻	育嬰堂	1735？	？
251	贛 南安	瑞金	育嬰堂	1735？	
252	贛 南安	上猶	育嬰堂	1735？	官
253	贛 吉安	廬陵	育嬰堂	1735？	民
254	贛 九江	湖口	育嬰堂	1735？	官
255	贛 贛州	信豐	育嬰堂	1735？	？
256	贛 撫州	臨川	育嬰堂	1735？	官
257	湘 永州	東安	育嬰堂	1736	官
258	浙 寧波	鄞縣	育嬰堂	1736	官
259	湘 沅州	麻陽	育嬰堂	1736	官
260	湘 靖州	會同	育嬰堂	1736	官
261	浙 溫州	平陽	育嬰堂	1736	官
262	粵 廉州	合浦	育嬰堂	1736	官
263	粵 瓊州	瓊山	產嬰堂	1736	官

編號	府　名	縣　名	善堂名稱	創建年分	創建人身分
264	贛 吉安	泰和	育嬰堂	1736	官
265	皖 廣德州	廣德州	育嬰堂	1737	官
266	皖 潁州	阜陽	育嬰堂	1737	官
267	蘇 蘇州	吳江	震澤育嬰堂	1737	民
268	蘇 蘇州	震澤	留嬰堂	1737	民
269	閩 建寧	政和	育嬰堂	1737？	？
270	閩 建寧	崇安	育嬰堂	1737？	民
271	閩 建寧	甌寧	育嬰堂	1737？	？
272	閩 建寧	建陽	育嬰堂	1737？	？
273	閩 建寧	建安	育嬰堂	1737？	？
274	閩 建寧	松溪	育嬰堂	1737？	？
275	閩 泉州	安溪	育嬰堂	1737？	？
276	閩 泉州	同安	育嬰堂	1737？	？
277	閩 泉州	惠安	育嬰堂	1737？	？
278	閩 漳州	平和	育嬰堂	1737？	？
279	閩 漳州	詔安	育嬰堂	1737？	？
280	閩 福州	屏南	育嬰堂	1737？	？
281	閩 福州	羅源	育嬰堂	1737？	？
282	閩 漳州	南靖	育嬰堂	1737？	？
283	閩 福州	永福	育嬰堂	1737？	？
284	閩 福州	福清	育嬰堂	1737？	？
285	閩 漳州	漳浦	育嬰堂	1737？	？
286	閩 福州	閩清	育嬰堂	1737？	官
287	閩 漳州	海澄	育嬰堂	1737？	？
288	浙 紹興	嵊縣	育嬰堂	1738	官
289	鄂 漢陽	沔陽州	育嬰堂之一	1738	官
290	閩 建寧	浦城	育嬰堂	1738	官
291	蘇 蘇州	黎里	留嬰堂	1738	民
292	贛 廣信	廣豐	育嬰堂	1738	官
293	浙 湖州	烏程	育嬰堂	1739	官
294	鄂 荊州	公安	育嬰堂	1739	官
295	蘇 蘇州	吳江	震澤留嬰堂	1739	
296	冀 天津	天津	育嬰堂之一	1739？	？
297	浙 寧波	鎮海	舊育嬰堂	1740	官
298	浙 紹興	諸暨	育嬰堂	1741	民
299	浙 嘉興	桐鄉	育嬰堂	1741	官
300	湘 長沙	瀏陽	育嬰堂	1741	官
301	浙 杭州	海寧	育嬰堂	1742	官

編號	府　名	縣　名	善堂名稱	創建年分	創建人身分
302	浙 金華	蘭谿	育嬰堂	1742	官
303	浙 湖州	菱湖	育嬰堂	1742	民
304	浙 嚴州	壽昌	育嬰堂	1742	民
305	蘇 鎮江	溧陽	育嬰堂	1742	官
306	浙 湖州	歸安	留嬰堂	1742？	？
307	魯 登州	黃縣	育嬰堂	1742？	？
308	魯 登州	棲霞	育嬰堂	1742？	？
309	魯 登州	蓬萊	育嬰堂	1742？	？
310	魯 登州	寧海州	育嬰堂	1742？	？
311	蘇 徐州	碭山	育嬰堂	1742？	
312	浙 金華	湯溪	育嬰堂	1743	官
313	川 瀘州	遂寧	育嬰堂	1743	官
314	湘 永州	道州	育嬰堂	1743	官
315	蘇 揚州	江都	瓜州育嬰堂	1743	民
316	蘇 蘇州	常熟昭文	育嬰堂	1743	民
317	粵 惠州	陸豐	育嬰堂	1744	官
318	粵 廣州	香山	育嬰堂	1744	官
319	閩 汀州	長汀	育嬰堂	1744	官
320	粵 羅定州	羅定	育嬰堂	1744	官
321	蘇 蘇州	常熟昭文	育嬰堂	1744	
322	浙 台州	黃巖	育嬰堂	1745	官
323	湘 辰州	漵浦	育嬰堂	1745	官
324	滇 雲南	易門	育嬰堂	1745	官
325	閩 延平	南平	育嬰堂	1745	官
326	粵 惠州	河原	育嬰堂	1745？	？
327	豫 許州	襄城	育嬰堂	1745？	？
328	豫 許州	郾城	育嬰堂	1745？	？
329	豫 許州	長葛	育嬰堂	1745？	？
330	豫 懷慶	陽武	育嬰堂	1745？	？
331	皖 安慶	懷寧	育嬰堂	1746	官
332	粵 肇慶	高要	育嬰堂	1746	？
333	豫 汝寧	羅山	育嬰堂	1746？	？
334	浙 湖州	安吉	育嬰堂	1747	官
335	川 重慶	巴縣	育嬰堂	1747	官
336	浙 溫州	永嘉	育嬰堂	1747	官
337	皖 寧國	宣城	育嬰堂	1747	官
338	皖 廬州	巢縣	育嬰堂	1747	官
339	贛 吉安	龍泉	育嬰堂	1747	官

編號	府　名	縣　名	善堂名稱	創建年分	創建人身分
340	川 順慶	儀隴	育嬰堂	1747？	？
341	湘 長沙	安化	育嬰堂	1747？	？
342	湘 長沙	益陽	育嬰堂之一	1747？	民
343	鄂 漢陽	漢川	育嬰堂	1747？	？
344	豫 衛輝	新鄉	育嬰堂	1747？	？
345	豫 河南	靈寶	育嬰堂	1747？	？
346	閩 汀州	永定	育嬰堂	1748	官
347	蘇 通州	如皋	馬塘場育嬰堂	1748	民
348	浙 衢州	江山	育嬰堂	1749	官
349	贛 南昌	靖安	藍田會	1749	官
350	甘 涼州	武威	育嬰堂	1749？	？
351	皖 廣德州	建平	育嬰堂	1750	官
352	蘇 揚州	東臺	栟茶場育嬰堂	1750	民
353	皖 池州	東流	育嬰堂	1750-54	官
354	鄂 荊門州	荊門州	育嬰堂	1750？	？
355	浙 杭州	唐棲	留嬰所	1751	民
356	湘 常德	沅江	育嬰堂	1752	官
357	湘 常德	武陵	育嬰堂	1752？	？
358	閩 汀州	武平	育嬰堂	1752？	？
359	閩 汀州	連城	育嬰堂	1752？	？
360	閩 汀州	寧化	育嬰堂	1752？	？
361	閩 汀州	歸化	育嬰堂	1752？	？
362	閩 汀州	上杭	育嬰堂	1752？	？
363	豫 南陽	桐柏	育嬰堂	1753？	？
364	湘 衡州	酃縣	育嬰堂	1754	？
365	浙 處州	麗水	育嬰堂	1755	官
366	湘 永順	桑植	育嬰堂	1756	官
367	贛 饒州	鄱陽	育嬰堂	1757	民
368	浙 寧波	象山	育嬰堂	1758？	官
369	贛 南昌	奉新	育嬰堂	1758？	？
370	湘 長沙	茶陵州	育嬰堂	1760	民
371	鄂 襄陽	棗陽	育嬰堂	1760？	？
372	魯 沂州	蒙陰	育嬰堂	1760？	
373	贛 臨江	清江	育嬰堂	1760？	？
374	鄂 宜昌	東湖	育嬰堂	1762	官
375	粵 潮州	大埔	育嬰堂	1762？	？
376	贛 南昌	武寧	育嬰堂	1764	官
377	贛 南康	都昌	育嬰堂	1764	官

編號	府　名	縣　名	善堂名稱	創建年分	創建人身分
378	魯 青州	諸城	育嬰堂	1764？	？
379	川 瀘州	合江	育嬰堂	1766	官
380	閩 泉州	廈門	育嬰堂	1766	官
381	浙 處州	松陽	育嬰堂	1766？	？
382	閩 福寧	福鼎	育嬰堂	1767	官
383	豫 光州	固始	育嬰堂	1768？	？
384	陜 同安	郃陽	育嬰堂	1769？	？
385	魯 兗州	魚臺	育嬰堂	1770？	？
386	魯 兗州	陽穀	育嬰堂	1770？	？
387	魯 兗州	寧陽	育嬰堂	1770？	？
388	粵 潮州	揭陽	育嬰堂	1771	官
389	閩 延平	尤溪	育嬰堂	1771？	？
390	閩 延平	順昌	育嬰堂	1771？	？
391	閩 延平	將樂	育嬰堂	1771？	？
392	粵 肇慶	恩平	育嬰堂	1772	官
393	粵 羅定州	西寧	育嬰堂	1772	官
394	桂 南寧	邕寧	育嬰堂	1773	官
395	粵 肇慶	高明	育嬰堂	1773	官
396	蘇 通州	通州	新育嬰堂	1774	官
397	湘 澧州	安福	育嬰堂	1775	？
398	贛 贛州	贛縣	新育嬰堂	1775	官
399	魯 兗州	濟寧州	育嬰堂	1776	官
400	粵 肇慶	德慶	育嬰堂	1778	官
401	蘇 松江	青浦	蒸里保嬰會	1778	民
402	川 瀘州	納谿	育嬰堂	1779	官
403	閩 延平	崇安	育嬰堂	1781	官
404	閩 建寧	崇安	育嬰堂	1781	官
405	鄂 武昌	江夏	育嬰堂	1782	官
406	皖 寧國	旌德	育嬰堂	1786	民
407	皖 和州	和州	育嬰堂	1787	民
408	豫 南陽	唐縣	育嬰堂	1787？	？
409	贛 南安	大瘐	育嬰堂	1789	官
410	豫 懷慶	武陟	育嬰堂	1789？	？
411	豫 懷慶	修武	育嬰堂	1789？	？
412	豫 懷慶	孟縣	育嬰堂	1789？	？
413	冀 天津	天津	育嬰堂之二	1794	民
414	閩 邵武	建寧	育嬰堂	1794？	民
415	川 嘉定	威遠	育嬰堂	1795？	？

編號	府 名	縣 名	善堂名稱	創建年分	創建人身分
416	皖 寧國	涇縣	好生堂	1795？	民
417	滇 楚雄	姚州	育嬰堂	1795？	民
418	閩 建寧	建甌	育嬰堂	1795？	？
419	贛 袁州	宜春	育嬰堂	1795？	官
420	贛 贛州	雩都	育嬰堂	1795？	
421	贛 贛州	會昌	育嬰堂之二	1795？	官
422	浙 嘉興	濮院	接嬰公所	1795？	民
423	魯 東昌	淸平	育嬰堂	1798？	？
424	魯 青州	壽光	育嬰堂	1799？	？
425	豫 光州	息縣	育嬰堂	1799？	？
426	桂 平樂	昭平	育嬰堂	1800？	？
427	湘 澧州	澧州	育嬰堂	1800？	？
428	浙 嘉興	石門	育嬰堂	1801	民
429	川 成都	什邡	育嬰堂	1801？	？
430	魯 濟南	長山	育嬰堂	1801？	？
431	豫 衛輝	濬縣	育嬰堂	1801？	？
432	鄂 黃州	黃安	保赤堂	1802	官
433	蘇 通州	如皋	李家堡接嬰堂	1802	民
434	豫 光州	商城	育嬰堂	1803？	？
435	浙 杭州	海寧	育嬰堂	1804	民
436	鄂 武昌	江夏	育嬰堂	1804？	？
437	川 綿州	安縣	育嬰堂	1805	官
438	川 順慶	廣安州	育嬰堂	1806？	？
439	蘇 揚州	東臺	梁垛場育嬰堂	1806？	民
440	湘 郴州	宜章	育嬰堂	1808？	？
441	湘 鳳凰廳	鳳凰廳	育嬰堂	1809	官
442	蘇 松江	婁縣	育嬰堂	1809？	
443	浙 台州	太平	育嬰堂	1810？	？
444	皖 徽州	績溪	育嬰堂	1810？	？
445	甘 蘭州	皋蘭	育嬰堂	1811	官
446	滇 臨安	建水	育嬰堂	1812	官
447	蘇 常州	武進	通江接嬰堂	1812	民
448	蘇 太倉州	寶山	城中留嬰堂	1812-13	民
449	蘇 太倉州	寶山	江灣留嬰堂	1812-13	民
450	蘇 太倉州	寶山	楊行留嬰堂	1812-13	民
451	蘇 太倉州	寶山	羅店留嬰堂	1812-13	民
452	陝 漢中	漢中	育嬰堂	1813	官
453	粵 高州	電白	保生堂	1813	官

編號	府　名	縣　名	善堂名稱	創建年分	創建人身分
454	蘇 太倉州	寶山	江灣里留嬰堂	1813	
455	蘇 太倉州	寶山	羅店保嬰局	1813	官
456	湘 長沙	湘鄉	永豐育嬰堂	1815	官
457	粵 潮州	普寧	育嬰堂	1815？	？
458	浙 寧波	奉化	育嬰堂	1816	官
459	湘 澧州	永定	育嬰堂	1816	？
460	皖 徽州	婺源	育嬰堂	1816	？
461	蘇 蘇州	吳江	种善堂	1816	民
462	蘇 蘇州	盛澤	留嬰堂	1816	民
463	蘇 蘇州	盛湖	留嬰處	1816	民
462	川 順慶	鄰水	育嬰堂	1816？	
465	川 順慶	岳池	育嬰堂	1816？	？
466	川 成都	華陽	育嬰堂	1816？	官
467	湘 辰州	沅陵	育嬰堂	1817	官
468	贛 吉安	永豐	育嬰堂	1817	官
469	川 重慶	武勝	育嬰堂	1819	官
470	粵 惠州	和平	育嬰堂	1819？	？
471	浙 嘉興	石門	接嬰堂	1820	民
472	浙 嘉興	石門	接嬰堂	1820	民
473	粵 廣州	佛山	育嬰堂	1820#	官
474	浙 杭州	海寧	留嬰堂	1820？	民
475	浙 處州	雲和	育嬰堂	1820？	？
476	川 敘州	宜賓	育嬰堂	1820？	官
477	湘 桂陽州	桂陽州	育嬰堂	1820？	？
478	湘 桂陽州	臨武	育嬰堂	1820？	？
479	湘 靖州	綏甯	育嬰堂	1820？	？
480	湘 澧州	慈利	育嬰堂	1820？	？
481	湘 永順	龍山	育嬰堂	1820？	？
482	湘 永州	永明	育嬰堂	1820？	？
483	湘 靖州	靖州	育嬰堂	1820？	？
484	湘 永州	江華	育嬰堂	1820？	？
485	湘 永州	永州	育嬰堂	1820？	？
486	湘 郴州	永興	育嬰堂	1820？	？
487	湘 常德	桃源	育嬰堂	1820？	？
488	湘 寶慶	邵陽	育嬰堂	1820？	民
489	湘 辰州	辰谿	育嬰堂	1820？	？
490	湘 桂陽州	藍山	育嬰堂之一	1820？	？
491	湘 寶慶	城步	育嬰堂	1820？	？

編號	府　名	縣　名	善堂名稱	創建年分	創建人身分
492	湘 桂陽州	嘉禾	育嬰堂	1820？	？
493	湘 永順	保靖	育嬰堂	1820？	？
494	皖 寧國	涇縣	濟嬰堂	1820？	民
495	贛 撫州	崇仁	育嬰堂	1821	官
496	浙 處州	慶元	育嬰堂	1822	官
497	贛 南昌	進賢	育嬰堂之二	1822	民
498	贛 南昌	進賢	育嬰堂之一	1822	民
499	蘇 太倉州	寶山	楊行保嬰局	1822？	
500	粵 高州	茂名	育嬰堂	1823	官
501	粵 惠州	歸善	育嬰堂	1823	官
502	蘇 蘇州	震澤	保赤局	1823	民
503	贛 吉安	龍泉	救嬰堂	1823	官
504	閩 邵武	光澤	育嬰堂	1823？	官
505	贛 撫州	樂安	育嬰堂	1823？	？
506	粵 南雄州	南雄州	育嬰堂	1824？	？
507	川 重慶	武勝	恤孤院	1825	官
508	湘 衡州	衡陽	育嬰堂	1825	官
509	滇 曲靖	宣威州	育嬰堂	1825	官
510	湘 衡州	衡山	育嬰堂	1825-27	民
511	贛 撫州	宜黃	育嬰堂有二	1825？	？
512	桂 慶遠	天河	育嬰堂	1826	官
513	浙 紹興	諸暨	拯嬰局	1826	民
514	浙 寧波	定海	育嬰堂	1826	官
515	浙 嘉興	嘉興	育嬰堂	1826	民
516	蘇 松江	青浦	接嬰堂	1827	
517	閩 泉州	南安	育嬰堂	1828？	？
518	閩 延平	永安	育嬰堂	1830？	？
519	湘 岳州	平江	新育嬰堂	1831	官
520	鄂 漢陽	漢陽	恤孤局	1831	官
521	川 順慶	大竹	育嬰堂	1832	官
522	浙 杭州	唐棲	留嬰所	1833	民
523	川 重慶	合川	育嬰堂	1834	官
524	滇 順寧	雲州	回春院	1835？	？
525	滇 曲靖	鎮南州	育嬰堂	1835？	官
526	浙 紹興	諸暨	生生堂	1836	民
527	川 瀘州	瀘縣	育嬰堂	1836	官
528	蘇 松江	金山	錢家圩接嬰局	1836	民
529	贛 袁州	萍鄉	育嬰堂	1836	民

編　號	府　　名	縣　　名	善堂名稱	創建年分	創建人身分
530	粵 韶州	英德	育嬰公所	1836？	？
531	蘇 常州	荊溪荊南	育嬰堂	1838	民
532	浙 湖州		青鎮留嬰堂	1839	民
533	湘 常德	桃源	育嬰堂	1839	？
534	浙 嘉興	桐鄉	育嬰堂	1839	民
535	鄂 武昌	興國州	育嬰堂	1839	官
536	蘇 松江	奉賢	接嬰堂	1839	官
537	蘇 常州	陽湖	政成鄉接嬰堂	1839	民
538	贛 贛州	長寧	育嬰堂	1839？	？
539	川 夔州	開縣	育嬰堂	1840	官
540	川 重慶	巴縣	保赤所	1840	官
541	滇 楚雄	楚雄	育嬰堂	1840	民
542	魯 濟南	歷城	留嬰堂	1840？	？
543	魯 青州	博興	育嬰堂	1840？	？
544	魯 濟南	鄒平	育嬰堂	1840？	？
545	魯 濟南	長清	育嬰堂	1840？	？
546	魯 濟南	歷城	育嬰堂	1840？	？
547	魯 濟南	鄒平	留嬰堂	1840？	？
548	豫 汝州	汝州	育嬰堂	1840？	？
549	廣 潮州	潮陽	育嬰堂	1841	民
550	黔 遵義	遵義	養幼堂	1841	官
551	贛 南昌	義寧州	育嬰堂之二	1841	民
552	黔 遵義	桐梓	育嬰堂	1841？	？
553	蘇 常州	無錫	青城鄉保嬰局	1843	民
554	粵 廣州	順德	育嬰堂	1843	官
555	蘇 淮安	清河	慈幼堂	1843	官
556	蘇 松江	張澤	濟嬰局	1843	民
557	蘇 松江	華亭	張澤同仁堂	1843	民
558	蘇 揚州	高郵	育嬰堂	1843？	
559	浙 處州	龍泉	育嬰堂	1846	官
560	蘇 松江	奉賢	育嬰堂	1846	官
561	魯 濟南	陵縣	育嬰堂	1846？	？
562	鄂 黃州	黃岡	育嬰堂之二	1847	民
563	蘇 松江	金山	張堰街濟嬰局	1847	民
564	蘇 松江	婁縣	張堰濟嬰局	1847	民
565	鄂 黃州	黃岡	育嬰堂之一	1847？	？
566	陝 西安	長安	育嬰堂	1848	官
567	閩 泉州	金門	育嬰堂	1848	官

編號	府名	縣名	善堂名稱	創建年分	創建人身分
568	閩 福寧	福安	育嬰堂	1848？	？
569	蘇 通州	泰興	黃橋鎮育嬰堂	1848？	民
570	浙 湖州	歸安	體仁堂	1849	民
571	湘 常德	龍陽	育嬰堂	1849	民
572	黔 遵義	正安州	及幼堂	1849	官
573	浙 處州	麗水	保嬰社	1850？	民
574	浙 杭州	富陽	育嬰堂	1850？	？
575	鄂 安陸	潛江	育嬰堂	1850？	民
576	粵 廣州	番禺	育嬰堂	1850？	官
577	鄂 武昌	江夏	恤孤局	1850？	官
578	蘇 常州	武進通江	保赤堂	1850？	
579	蘇 松江	松江	府治育嬰堂	1850？	
580	贛 廣信	鉛山	育嬰公所	1851	民
581	贛 南昌	南昌	保赤堂	1851？	民
582	蘇 松江	上海	同善堂	1851？	民
583	閩 建寧	崇安	育嬰堂	1852	民
584	贛 廣信	鉛山	港東育嬰局	1853	民
585	鄂 襄陽	南漳	育嬰堂	1853？	民
586	湘 永州	甯遠	種善堂	1857	民
587	蘇 淮安	山陽	養幼堂	1857	官
588	贛 廣信	廣豐	6都保嬰堂	1858	民
589	魯 兗州	嘉祥	育嬰堂	1858？	？
590	鄂 黃州	蘄州	濟嬰堂	1859	官
591	魯 武定	惠民	育嬰堂	1859	官
592	蘇 常州	無錫金匱	保嬰局	1859	民
593	魯 青州	樂安	育嬰堂	1859？	？
594	魯 青州	益都	育嬰堂	1859？	？
595	魯 青州	臨朐	育嬰堂	1859？	
596	粵 廣州	順德	接嬰堂	1860	官
597	閩 建寧	浦城	育嬰會	1860	民
598	浙 紹興	諸暨	拯嬰局	1860？	民
599	浙 紹興	諸暨	拯嬰局	1860？	民
600	浙 嚴州	建德	育嬰堂	1860？	民
601	粵 韶州	曲江	育嬰堂	1861	官
602	粵 廣州	新會	育嬰堂	1861	官
603	川 忠州	梁山	育嬰堂	1861？	官
604	川 敘州	隆昌	育嬰女堂	1861？	民
605	桂 南寧	邕寧	保嬰會	1861？	民

編　號	府　名	縣　名	善堂名稱	創建年分	創建人身分
606	粵 嘉應州	松口堡	育嬰堂	1861？	官
607	豫 光州	浙川廳	育嬰堂	1861？	？
608	贛 廣信	廣豐	5都育嬰堂	1861？	民
609	粵 廣州	東莞	育嬰堂	1862	民
610	贛 廣信	貴溪	六文會	1862	官
611	蘇 揚州	江都	槐子橋保嬰堂	1862	民
612	川 潼川	樂至	育嬰局	1862？	官
613	川 重慶	巴縣	育嬰所	1862？	民
614	湘 長沙	長沙	接嬰局	1862？	民
615	浙 湖州		剡源鄉保嬰會	1862？	
616	湘 長沙	湘潭	朱亭育嬰堂	1863	民
617	鄂 武昌	大冶	育嬰局有七	1863	官
618	鄂 荊州	松滋	育嬰堂	1863	民
619	贛 九江	德安	育嬰會	1863	民
620	蘇 通州	如皋	豐利場保嬰局	1863	民
621	贛 南昌	南昌	育嬰局	1863	官
622	川 綏定	達縣	養育堂	1864	官
623	川 重慶	南川	育嬰堂	1864	官
624	湘 長沙	湘鄉	14都拯嬰堂	1864	民
625	閩 福寧	霞浦	育嬰堂	1864	？
626	贛 廣信	玉山	保嬰局	1864	官
627	川 重慶	銅梁	育嬰堂	1865	官
628	川 潼川	三台	育嬰恤嫠	1865	官
629	浙 衢州	西安	保嬰局	1865	官
630	湘 永州	祁陽	好生堂	1865	民
631	贛 九江	瑞昌	育嬰堂之二	1865	民
632	閩 邵武	光澤	好生社	1866	民
633	蘇 常州	武進陽湖	育嬰堂	1866	
634	贛 袁州	萍鄉	育嬰堂	1866	民
635	贛 瑞州	新昌	六文會	1866	官
636	贛 廣信	鉛山	上港育嬰局	1866	民
637	贛 饒州	萬年	六文會	1866	官
638	川 夔州	萬縣	恤孤堂	1866？	民
639	贛 九江	彭澤	育嬰堂	1866？	
640	皖 安慶	桐城	育嬰堂	1866？	民
641	湘 衡州	酃縣	育嬰局	1867	民
642	鄂 漢陽	黃陂	資生堂	1867	民
643	蘇 通州	如皋	豐新場保嬰局	1867	民

編號	府 名	縣 名	善堂名稱	創建年分	創建人身分
644	蘇 蘇州	吳江	育嬰堂	1867	官
645	蘇 蘇州	蘇州	周莊鎮保嬰會	1867	民
646	贛 南昌	奉新	育嬰會	1867	民
647	蘇 蘇州	吳縣	保嬰會	1867	民
648	贛 袁州	萍鄉	育嬰堂	1867	民
649	贛 南昌	奉新	育嬰會	1867	民
650	贛 廣信	鉛山	湖坊育嬰局	1867	民
651	贛 建昌	廣昌	育嬰堂	1867？	
652	浙 台州	臨海	育嬰堂	1868	官
653	川 順慶	蓬州	育嬰堂	1868	官
654	湘 永州	祁陽	新育嬰堂	1868	官
655	湘 長沙	湘鄉	11都育嬰堂	1868	民
656	鄂 施南	恩施	育嬰堂	1868	官
657	閩 延平	南平	新育嬰堂	1868	官
658	蘇 江寧	上江	育嬰堂	1868	官
659	蘇 蘇州	吳縣	毓元局	1868	民
660	蘇 蘇州	黎里	接嬰局	1868	民
661	贛 南昌	奉新	育嬰會	1868	民
662	浙 台州	甯海	育嬰堂	1868？	？
663	湘 澧州	石門	育嬰局	1868？	？
664	湘 寶慶	新寧	育嬰堂	1868？	？
665	湘 澧州	石門	育嬰堂	1868？	？
666	鄂 漢陽	漢陽	育嬰堂之二	1868？	民
667	閩 福寧	壽寧	育嬰堂	1868？	？
668	閩 福寧	寧德	育嬰堂	1868？	？
669	閩 台灣	嘉義	育嬰堂	1868？	？
670	閩 台灣	台灣	育嬰堂	1868？	？
671	閩 泉州	寧洋	育嬰堂	1868？	？
672	閩 台灣	鳳山	育嬰堂	1868？	？
673	閩 台灣	彰化	育嬰堂	1868？	？
674	蘇 揚州	江都	育嬰堂	1868？	
675	川 重慶	江津	及幼所	1869	民
676	浙 嘉興	嘉秀	育嬰堂	1869	官
677	浙 寧波	鄞縣	拯嬰公所	1869	民
678	湘 長沙	湘鄉	28都育嬰堂	1869	民
679	閩 汀州	連城	育嬰局	1869	民
680	閩 福州	平潭	保嬰局	1869	官
681	冀 保定	清苑	育嬰堂	1869	官

編號	府　名	縣　名	善堂名稱	創建年分	創建人身分
682	蘇 松江	婁縣	保嬰堂	1869	民
683	蘇 揚州	江都	瓜州接嬰堂	1869	民
684	湘 桂陽州	桂陽州	育嬰會	1869？	？
685	鄂 德安	隨州	育嬰堂有五	1869？	
686	浙 湖州		青鎮保嬰公所	1870	官
687	浙 台州	仙居	育嬰局	1870	官
688	川 順慶	營山	育嬰堂	1870	官
689	浙 處州	青田	保嬰會	1870	官
690	浙 湖州	長興	育嬰堂	1870	？
691	湘 岳州	平江	育嬰堂之三	1870	民
692	浙 嘉興	嘉善	育嬰堂	1870	民
693	浙 嘉興	桐鄉	保嬰公所	1870	官
694	湘 長沙	湘鄉	32都育嬰堂	1870	民
695	鄂 荊州	宜都	育嬰堂	1870	官
696	鄂 漢陽	沔陽州	育嬰堂之二	1870	民
697	蘇 松江	青浦	金澤接嬰局	1870	民
698	蘇 松江	青浦	珠街閣接嬰局	1870	民
699	蘇 松江	鳳溪	接嬰局	1870	
700	蘇 松江	泗涇	保嬰堂	1870	民
701	浙 處州	遂昌	育嬰堂	1870？	？
702	川 重慶	涪州	育嬰堂	1870？	民
703	贛 廣信	弋陽	育嬰堂	1870？	？
704	浙 湖州		烏鎮保嬰公所	1871	民
705	浙 處州	青田	育嬰堂	1871	官
706	蘇 松江	五團	接嬰堂	1871	民
707	蘇 淮安	山陽	濟稚局	1871	民
708	蘇 松江	青浦	黃渡接嬰局	1871	
709	蘇 淮安	阜寧	育嬰所	1871	官
710	贛 南康	都昌	六文會	1871	官
711	贛 袁州	萍鄉	育嬰堂	1871	民
712	贛 建昌	南豐	育嬰堂	1871？	
713	贛 廣信	興安	育嬰同善堂	1871？	
714	贛 廣信	興安	育嬰堂	1871？	
715	川 成都	簡州	育嬰堂	1872	官
716	川 敘州	隆昌	德生公所	1872	官
717	浙 湖州	歸安	留嬰堂	1872	民
718	湘 寶慶	邵陽	育嬰局	1872	民
719	湘 岳州	臨湘	育嬰堂	1872？	？

編號	府　名	縣　名	善堂名稱	創建年分	創建人身分
720	贛 南康	景鎮	育嬰堂	1872？	
721	贛 袁州	萍鄉	育嬰堂	1872？	官
722	贛 袁州	萍鄉	育嬰堂	1872？	民
723	贛 袁州	萍鄉	育嬰堂	1872？	民
724	贛 袁州	萍鄉	育嬰堂	1872？	官
725	贛 袁州	萍鄉	育嬰堂	1872？	官
726	贛 袁州	萍鄉	育嬰堂	1872？	民
727	贛 袁州	萍鄉	育嬰堂	1872？	民
728	贛 饒州	餘干	育嬰堂	1872？	
729	贛 廣信	廣豐	4都保嬰局	1872？	
730	贛 廣信	廣豐	濟嬰同仁堂	1872？	
731	贛 廣信	廣豐	29都濟嬰局	1872？	
732	贛 饒州	德興	育嬰堂	1872？	
733	贛 饒州	浮梁	育嬰堂	1872？	
734	川 綿州	德陽	育嬰局	1873	官
735	浙 湖州	安吉	接嬰公所	1873	民
736	浙 杭州	杭州	接嬰所	1873	官
737	浙 嘉興	秀水	留嬰堂	1873	民
738	浙 嘉興	平湖	保嬰會	1873	官
739	浙 嘉興	平湖	接嬰堂	1873	民
740	浙 嘉興	石門	保嬰會七所	1873	？
741	浙 嘉興	平湖	接嬰堂	1873	民
742	粵 廣州	東莞	育嬰堂	1873	官
743	粵 嘉應州	金盤堡	育嬰堂	1873	民
744	粵 廣州	東莞	育嬰堂	1873	民
745	閩 泉州	馬巷廳	育嬰堂	1873	官
746	粵 潮州	潮陽	育嬰堂	1873	民
747	蘇 松江	上海	正心局	1873	民
748	蘇 常州	江陰	保嬰局	1873	官
749	蘇 常州	江陰	保嬰局	1873	官
750	蘇 常州	江陰	三官保嬰局	1873	官
751	蘇 常州	三官	保嬰局	1873	官
752	川 成都	成都	慈幼堂	1873？	官
753	川 成都	成都	育嬰堂	1873？	官
754	湘 長沙	瀏陽	活嬰堂	1873？	？
755	湘 長沙	瀏陽	上東育嬰局	1873？	民
756	湘 長沙	瀏陽	幼幼堂	1873？	民
757	粵 廣州	清遠	保嬰堂	1873？	？

編號	府　名	縣　名	善堂名稱	創建年分	創建人身分
758	贛 南昌	新建	育嬰堂	1873？	官
759	浙 湖州	秀水	新塍鎮留嬰堂	1873？	民
760	蘇 淮安	山陽	慈幼堂	1873？	
761	浙	玉環廳	育嬰堂	1874	官
762	浙	玉環廳	育嬰堂	1874	民
763	蘇 松江	川沙	接嬰局	1874	官
764	蘇 松江	上海	保嬰局	1874	民
765	蘇 通州	通州	保嬰局	1874	官
766	蘇 通州	泰興	季家市育嬰堂	1874	官
767	浙 紹興	嵊縣	保嬰會	1874？	民
768	浙 紹興	諸暨	拯嬰局	1874？	民
769	浙 寧波	奉化	保嬰會	1874？	民
770	浙 寧波	奉化	救嬰會	1874？	民
771	浙 嘉興	桐鄉	保嬰會25所	1874？	
772	湘 澧州	安鄉	育嬰堂有二	1874？	？
773	湘 長沙	湘鄉	41都育嬰堂	1874？	民
774	粵 韶州	翁源	育嬰堂	1874？	？
775	贛 袁州	分宜	育嬰堂	1874？	
776	贛 吉安	永寧	育嬰堂	1874？	
777	贛 九江	瑞昌	育嬰堂之一	1874？	
778	贛 袁州	萬載	育嬰堂	1874？	民
779	贛 贛州	贛縣	復設育嬰堂	1874？	官
780	浙 嘉興	桐鄉	保嬰會	1874？	
781	浙 湖州	桐鄉	蔣家橋嬰堂	1875	民
782	浙 湖州	德清	育嬰堂	1875	民
783	浙 湖州	歸安	保嬰堂	1875	民
784	浙 湖州	歸安	撫嬰堂	1875	民
785	浙 寧波	鎮海	新育嬰堂	1875	民
786	浙 湖州	歸安	留嬰堂	1875	民
787	湘 衡州	衡山	江字救嬰局	1875	民
788	浙 湖州	歸安	留嬰堂	1875	民
789	浙 湖州	歸安	留嬰堂	1875	民
790	浙 嘉興	桐鄉	接嬰堂	1875	民
791	粵 肇慶	陽江	育嬰堂	1875	官
792	皖 鳳陽	壽州	育嬰堂	1875	官
793	蘇 常州	武進	保嬰保節局	1875	
794	蘇 通州	泰興	攀桂鋪保嬰局	1875	民
795	川 綏定	宣漢	育嬰堂	1875？	官

編號	府名	縣名	善堂名稱	創建年分	創建人身分
796	閩 邵武	泰寧	育嬰堂	1875？	民
797	贛 吉安	安福	育嬰堂	1875？	
798	贛 南安	崇義	育嬰堂	1875？	
799	浙 湖州	郯源	俞村保嬰會	1875？	
800	蘇 松江	新港	接嬰局	1875？	民
801	湘 長沙	善化	10都育嬰局	1876	官
802	湘 長沙	善化	8都育嬰局	1876	民
803	閩 建寧	建陽	育嬰堂	1876	民
804	蘇 徐州	睢寧	安懷堂	1876	官
805	蘇 太倉州	寶山	高橋保嬰局	1876	
806	冀 宣化	懷安	育嬰堂	1876？	？
807	川 資州	資中	育嬰堂	1877	官
808	鄂 武昌	武昌	育嬰堂	1877	官
809	蘇 蘇州	吳縣	接嬰局	1877	民
810	湘 長沙	善化	10都育嬰局	1877？	民
811	皖 潁州	太和	育嬰堂	1877？	？
812	皖 徽州	歙縣	育嬰堂	1877？	民
813	皖 太平	繁昌	育嬰堂	1877？	？
814	皖 鳳陽	懷遠	育嬰堂	1877？	官
815	川 成都	新都	育嬰堂	1878	？
816	川 敘州	敘永	育嬰堂	1878	官
817	皖 池州	貴池	育嬰堂	1878	民
818	蘇 太倉州	寶山	羅店保嬰局	1878	民
819	浙 杭州	海寧	保嬰局	1879	民
820	粵 潮州	海陽	接嬰堂	1879	民
821	閩 建寧	政和	育嬰堂	1879	民
822	粵 潮州	潮陽	育嬰堂	1879	民
823	蘇 蘇州	常昭	育元堂	1879-80	民
824	浙 杭州	海寧	接嬰堂	1880	民
825	廣 潮州	潮陽	育嬰堂	1880	？
826	廣 潮州	潮陽	育嬰堂	1880	？
827	蘇 松江	章練塘	接嬰局	1880	
828	蘇 鎮江	金壇	新育嬰堂	1880	官
829	川 敘州	屏山	育嬰堂	1880？	官
830	鄂 黃州	蘄水	育嬰堂	1880？	
831	贛 建昌	南城	育嬰堂	1880？	
832	贛 臨江	峽江	育嬰堂	1880？	
833	贛 撫州	東鄉	育嬰堂	1880？	？

編　號	府　名	縣　名	善堂名稱	創建年分	創建人身分
834	贛 撫州	金谿	育嬰堂有三	1880？	？
835	蘇 蘇州	章練	保嬰局	1880？	
836	川 敘州	富順	育嬰恤嫠局	1881	官
837	皖 六安州	英山	育嬰堂	1881	官
838	粤 肇慶	德慶	育嬰堂	1881	官
839	蘇 松江	婁縣	干巷接嬰局	1881	民
840	魯 登州	福山	育嬰堂	1881？	
841	川 敘州	隆昌	育嬰局	1882	民
842	皖 鳳陽	鳳陽	育嬰堂	1882	官
843	滇 永昌	騰越廳	育嬰堂	1882	官
844	蘇 淮安	鹽城	保嬰堂	1882	民
845	蘇 揚州	江都	邵伯鎮接嬰堂	1882	民
846	浙 衢州	龍游	育嬰堂	1882？	？
847	鄂 德安	應城	育嬰堂	1882？	
848	鄂 安陸	京山	育嬰堂	1882？	？
849	蘇 太倉州	寶山	大場保嬰局	1882？	
850	川 敘州	南溪	育嬰局	1883	官
851	川 寧遠	西昌	育嬰局	1883	官
852	川 瀘州	合江	育嬰局	1883	官
853	粤 廣州	新寧	育嬰堂	1883	民
854	粤 高州	電白	育嬰堂	1883	官
855	閩 建寧	浦城	育嬰會	1883	民
856	蘇 松江	二團	保嬰局	1883	民
857	川 重慶	榮昌	育嬰局	1883？	官
858	蘇 松江	七寶	接嬰局	1883？	
859	蘇 江寧	六合	育嬰堂	1883？	
860	蘇 松江	五團	保嬰局	1883？	民
861	浙 杭州	海寧	接嬰所	1884	民
862	冀 天津	天津	恤產保嬰局	1884	民
863	鄂 黃州	廣濟	育嬰堂	1884？	？
864	湘 衡州	安仁	育嬰堂	1885？	？
865	湘 郴州	桂東	育嬰堂	1885？	？
866	滇 雲南	呈貢	育嬰院	1885？	官
867	鄂 宜昌	興山	育嬰堂	1885？	？
868	蘇 通州	泰興	張家橋保嬰局	1885？	
869	蘇 通州	泰興	露幕圩保嬰局	1885？	
870	蘇 通州	泰興	新鎮市保嬰局	1885？	
871	蘇 通州	泰興	太平洲保嬰局	1885？	

編 號	府　名	縣　名	善堂名稱	創建年分	創建人身分
872	蘇 通州	泰興	崑盧市保嬰局	1885？	
873	蘇 揚州	甘泉	接嬰堂	1885？	民
874	浙 杭州	餘杭	育嬰堂	1887	官
875	湘 桂陽州	藍山	育嬰堂之二	1887	？
876	冀 天津	天津	育嬰堂分堂	1887	官
877	滇 雲南	昆明	育嬰堂	1887？	？
878	鄂 黃州	麻城	育嬰堂	1888	官
879	閩 福州	長樂	保嬰局	1888	民
880	蘇 松江	上海	留嬰堂	1888	
881	蘇 蘇州	崑新	巴城鎮保嬰局	1888	民
882	鄂 德安	應山	育嬰堂	1888？	
883	蘇 松江	金山	朱涇鎮接嬰局	1888？	
884	川 嘉定	犍爲	育嬰局	1889	官
885	川 眉州	丹稜	育嬰堂	1889	官
886	皖 盧州	舒城	育嬰堂	1889	官
887	川 順慶	蓬溪	育嬰堂	1889？	民
888	湘 長沙	湘潭	11都育嬰堂	1889？	？
889	湘 長沙	湘潭	8都育嬰堂	1889？	民
890	湘 長沙	湘潭	14都育嬰堂	1889？	？
891	皖 鳳陽	宿州	保嬰	1889？	官
892	川 潼川	安岳	育嬰	1890	？
893	川 綿州	綿陽	育嬰局	1890	官
894	川 瀘州	遂寧	育嬰局	1890	官
895	陝 鳳翔	鳳翔	育嬰堂	1890	官
896	閩 建寧	建陽	育嬰堂	1890	官
897	川 資州	井研	育嬰堂	1891	官
898	皖 安慶	宿松	育嬰堂	1891	民
899	滇 昭通	昭通	育嬰堂	1891	官
900	蘇 松江	上海	保赤總局	1891	官
901	浙 紹興	上虞	育嬰堂	1891？	？
902	川 敘州	高縣	育嬰堂	1891？	？
903	川 順慶	南充	育嬰局	1892	民
904	皖 安慶	宿松	救嬰局	1892	民
905	鄂 鄖陽	鄖西	育嬰堂	1892	官
906	粵 肇慶	四會	育嬰堂	1892	官
907	鄂 施南	利川	育嬰堂	1892	官
908	蘇 揚州	江都	虹橋頭接嬰堂	1892	民
909	蘇 揚州	江都	杭家集接嬰堂	1892	民

編 號	府　名	縣　名	善堂名稱	創建年分	創建人身分
910	魯　兗州	鄒縣	育嬰堂	1892？	？
911	豫　河南	盧氏	育嬰堂	1892？	？
912	浙　紹興	蕭山	育嬰堂	1893	官
913	粵　肇慶	德慶	育嬰分堂	1893	民
914	蘇　松江	四團	慈航局	1893？	民
915	鄂　施南	利川	育嬰堂	1894？	
916	鄂　施南	利川	育嬰堂	1894？	
917	鄂　施南	利川	育嬰堂	1894？	
918	冀　天津	青縣	育嬰堂	1895？	
919	蘇　淮安	鹽城	接嬰堂	1895？	
920	蘇　淮安	鹽城	接嬰堂	1895？	民
921	蘇　蘇州	常昭	保嬰公所	1895？	民
922	浙　湖州	郯源	塔下保嬰會	1896	
923	蘇　揚州	江都	沙實鎮	1897	民
924	皖　寧國	寧國	育嬰堂	1898	
925	粵　嘉應州	河田堡	育嬰堂	1898？	民
926	豫　開封	祥符	育嬰堂	1898？	？
927	皖　安慶	灊山	保嬰堂	1899	
928	粵　廣州	順德	保嬰堂	1900	民
929	閩　建寧	建陽	育嬰堂	1900	官
930	蘇　太倉州	寶山	月浦里保嬰	1900	民
931	川　夔州	雲陽	育嬰堂	1901	官
932	浙　杭州	海寧	保嬰會	1902	民
933	浙　紹興	新昌	保嬰局	1903	官
934	閩　建寧	建陽	育嬰堂	1904	？
935	蘇　蘇州	常昭	保嬰局	1904？	民
936	浙　杭州	臨安	育嬰堂	1905	民
937	浙　嘉興	濮院	保嬰堂	1906	民
938	皖　六安州	英山	育嬰堂	1908	民
939	蘇　揚州	江都	李典鎮接嬰堂	1908	民
940	川　成都	華陽	保嬰會	1908？	民
941	川　保寧	南江	育嬰堂	1908？	官
942	浙　紹興	蕭山	接嬰堂	1908？	民
943	浙　杭州	海寧	接嬰所	1908？	民
944	浙　湖州	德清	接嬰所	1908？	民
945	川　夔州	雲陽	育嬰堂	1908？	民
946	粵　韶州	樂昌	育嬰堂	1908？	官
947	粵　高州	石城	育嬰堂	1908？	民

編號	府　名	縣　名	善堂名稱	創建年分	創建人身分
948	閩 邵武	建寧	保生社	1908？	？
949	浙 湖州	吳興南潯	保嬰會	1909	民
950	浙 杭州	海寧	保嬰所	1909	民
951	浙 杭州	海寧	保嬰局	1909	民
952	浙 湖州	烏程	保嬰會	1909	民
953	浙 紹興	諸暨	拯嬰局	1911？	民
954	浙 紹興	諸暨	育嬰堂	1911？	官
955	鄂 武昌	通城	育嬰堂	1911？	官
956	桂 潯州	貴縣	育嬰堂	1911？	？
957	桂 全州	全縣	育嬰堂	1911？	？
958	川 寧遠	雅安	育嬰局	1911？	官
959	桂 鬱林	陸川	育嬰堂	1911？	？
960	粵 肇慶	開平	育嬰堂	1911？	？
961	蘇 太倉州	崇明	育嬰堂	1911？	民
962	豫 鄭州	汜水	育嬰堂	1911？	？
963	蘇 揚州	江都	陳家集接嬰堂	1911？	
964	蘇 揚州	江都	仙女鎮接嬰堂	1911？	
965	蘇 揚州	江都	黃珏橋育嬰堂	1911？	
966	蘇 揚州	江都	北門外接嬰堂	1911？	
967	蘇 揚州	江都	北三圩接嬰堂	1911？	
968	蘇 揚州	江都	大橋鎮接嬰堂	1911？	
969	蘇 揚州	江都	張綱鎮接嬰堂	1911？	
970	蘇 揚州	江都	施家橋接嬰堂	1911？	
971	蘇 揚州	江都	徐家集接嬰堂	1911？	
972	蘇 揚州	江都	嘶馬鎮接嬰堂	1911？	
973	蘇 揚州	江都	宜陵鎮接嬰堂	1911？	

附表二　清節類善堂

& 表示儒嫠類　＋表示附義學

編號	府　名	縣　名	善堂名稱	創建年分	創建人身分
1	蘇 蘇州	吳縣	近取堂恤嫠會 &	1773-74	民
2	蘇 鎮江	丹陽	崇節堂	1776	民
3	蘇 鎮江	丹徒	恤嫠會 &	1785	官
4	蘇 常州	武進	敬節會	1785	
5	蘇 江寧	六合	集善堂 ＋	1795？	官
6	蘇 揚州	江都	恤嫠會公局	1796	官
7	浙 杭州	杭州	恤嫠集	1797	
8	蘇 江寧	江寧	恤嫠局 ＋	1797	民
9	浙 嘉興	秀水	卹嫠集	1803	民
10	蘇 江寧	江寧	清節堂 ＋	1806	民
11	浙 寧波	鄞縣	永濟堂	1808	？
12	浙 嘉興	石門	恤嫠會	1808	民
13	蘇 揚州	甘棠	博愛堂 ＋	1809	民
14	湘 常德	武陵	卹嫠會	1812	民
15	湘 常德		敬節堂	1812	
16	蘇 蘇州	黎里	眾善堂	1812	民
17	蘇 蘇州	長洲	清節堂 ＋&	1812	民
18	湘 常德	武陵	敬節堂	1814	官
19	蘇 揚州	泰州	清節堂 ＋	1817	民
20	粵 廣州	番禺	恤嫠公局	1818	官
21	粵 廣州	南海	恤嫠局	1820	民
22	蘇 揚州	江都	恤嫠局 &	1820？	官
23	蘇 蘇州	常熟	儒寡儒孤總會 &	1821？	民
24	浙 嘉興	梅里鎮	恤嫠會	1822	
25	閩 福州	閩縣	恤嫠會 &	1825	官
26	陝 興安	紫陽	卹嫠會	1827	官
27	蘇 松江	華亭	全節堂 &＋	1829	民
28	蘇 松江	松江	恤嫠局	1829	民
29	浙 寧波	鄞縣	同仁堂	1831	？
30	川 敘州	宜賓	厲節堂	1832	官
31	川 重慶	合川	恤嫠	1834	官
32	蘇 蘇州	吳縣	澪墨關婦仁堂	1836	民
33	蘇 松江	松江	閔行衍善堂 ＋	1837	民
34	蘇 通州	如皋	恤嫠局＋	1837	民

編號	府　名	縣　名	善堂名稱	創建年分	創建人身分
35	黔 貴州	貴陽	尚節堂	1838	
36	湘 長沙	長沙	保節堂	1839？	？
37	冀 順天	順天	恤嫠所	1839？	民
38	蘇 揚州	甘泉	邵伯鎮文節堂 &	1840	民
39	蘇 揚州	江都	立貞堂 & +	1840	民
40	浙 台州	臨海	勵節堂	1841	民
41	蘇 揚州	高郵	同善會	1841	民
42	蘇 揚州	高郵	恤嫠新會 +	1841	民
43	蘇 揚州	高郵	同善會館	1841	民
44	蘇 松江	奉賢	恤嫠局	1842	官
45	冀 保定	清苑	全節堂	1843	官
46	蘇 揚州	高郵	立貞堂	1844	民
47	蘇 揚州	高郵	立貞堂	1844	
48	蘇 松江	上海	全節堂	1846	民
49	蘇 松江	華亭	崇節堂	1848	民
50	蘇 蘇州	吳縣	儒寡會 &	1850	民
51	浙 湖州	歸安	恤嫠會	1850？	？
52	閩 建寧	建安	廣清節局	1850？	民
53	粵 廣州	香山	卹嫠局	1850？	民
54	蘇 太倉	寶山	楊行恤煢敬節	1850？	民
55	蘇 太倉	寶山	恤煢敬節	1850？	民
56	蘇 常州	武進	敬節外堂	1850？	
57	蘇 蘇州	常昭	懦嫠會 &	1852	民
58	冀 天津	天津	保貞社	1855？	民
59	蘇 通州	泰興	恤嫠局 &	1856	民
60	浙 嘉興	秀水	任卹集 &	1857	民
61	蘇 松江	婁縣	恤嫠局 +	1857	
62	川 忠州	梁山	恤節院	1861？	官
63	蘇 徐州	鹽城	恤嫠會	1862？	民
64	蘇 蘇州	昭文	清節堂 +	1862？	民
65	蘇 松江	奉賢	恤嫠會	1863	
66	湘 長沙	長沙	全節堂	1864	官
67	鄂 襄陽	襄陽	恤嫠堂	1864	？
68	川 夔州	萬縣	全貞會	1864	民
69	蘇 常州	無錫	清節堂	1864	
70	蘇 蘇州	蘇州	安節局 & +	1864？	民
71	川 潼州	三台	育嬰恤嫠	1865	官
72	蘇 太倉	崇明	清節堂 &	1865	民

編　號	府　名	縣　名	善堂名稱	創建年分	創建人身分
73	浙 台州	黃巖	恤嫠會	1865-68	官
74	川 重慶	巴縣	保節堂	1866	官
75	蘇 江寧	江寧	恤嫠米粥廠[+]	1866	
76	蘇 揚州	江都	全節堂[&+]	1866	民
77	陝 西安	咸寧	恤嫠局	1867	官
78	蘇 松江	青浦	儒嫠局	1868	民
79	冀 天津	天津	全節堂[+]	1868	官
80	鄂 漢陽	漢陽	敬節育嬰堂	1868	官
81	蘇 蘇州	常熟	清節堂[+]	1868	民
82	鄂 漢陽	漢陽	文昌社	1868？	民
83	蘇 松江	川沙	保節局	1869	民
84	蘇 松江	南匯	恤嫠局[&]	1869	官
85	蘇 常州	江陰	儒嫠局[&]	1869	
86	蘇 鎮江	丹陽	儒嫠會[&]	1869	
87	蘇 通州	通州	恤嫠局	1869	官
88	浙 嚴州	建德	清節堂	1869？	民
89	鄂 武昌	江夏	敬節堂	1869？	民
90	浙 寧波	鄞縣	感存公所	1870	民
91	蘇 徐州	宿遷	清節堂	1870	民
92	蘇 徐州	宿遷	清節堂	1870	民
93	川 成都	成都	恤嫠會	1870	
94	冀 天津	天津	卹嫠會	1870？	民
95	蘇 淮安	山陽	清節堂	1870？	民
96	浙 嘉興	石門	清芬堂	1871	官
97	蘇 松江	上海	清節堂[+]	1871	官
98	浙 湖州	烏程	絲業恤嫠會	1871	民
99	湘 長沙	長沙	勵節堂	1872	？
100	蘇 江寧	江寧	廣善堂	1872	
101	湘 長沙	長沙	卹鄉嫠局	1873	官
102	蘇 徐州	宿遷	清節堂	1873	民
103	甘 蘭州	皋蘭	恤嫠局	1873	官
104	陝 西安	西安	恤嫠局[+]	1874	官
105	蘇 江寧	江寧	與善堂	1874？	民
106	蘇 江寧	江寧	崇仁堂	1874？	
107	蘇 松江	金山	崇節堂	1874？	
108	蘇 蘇州	吳縣	婦仁堂	1874？	
109	浙 溫州	永嘉	恤嫠局	1875	官
110	蘇 常州	武進	保節局	1875	官

編號	府　名	縣　名	善堂名稱	創建年分	創建人身分
111	蘇 通州	泰興	保節局＆	1875	民
112	浙 金華	蘭谿	矜恤會	1875？	民
113	皖 安慶	懷寧	清定局	1876	？
114	鄂 荊州	江陵	清節堂＋	1876	官
115	鄂 襄陽	襄陽	清節堂	1876	官
116	浙 寧波	鎮海	感存社＆	1876	民
117	川 重慶	巴縣	保節院	1877	民
118	蘇 常州	江陰	清節堂	1877	
119	蘇 常州	江陰	清節堂	1877	民
120	皖 安慶	懷寧	清節堂	1878	民
121	冀 天津	天津	廣仁堂	1878	
122	川 敘州	敘永	敬節堂	1878	官
123	蘇 徐州	銅山	清節堂	1879	官
124	鄂 武昌	大冶	敬節堂	1879	官
125	蘇 徐州	銅山	清節堂	1879	官
126	蘇 常州	江陰	保節局	1879	民
127	蘇 徐州	豐見	清節堂	1879	官
128	川 順慶	渠縣	尙節堂	1880	官
129	皖 安慶	懷寧	普清局	1880	？
130	皖 廬州	廬江	恤嫠會	1880	官
131	川 敘州	屏山	勵節堂	1880	官
132	浙 嘉興	平湖	儒寡會＆	1881	民
133	蘇 太倉	崑新	儒嫠局＆	1881	民
134	甘 秦州	天水	恤嫠局	1881	官
135	蘇 揚州	江都	保節局	1881	民
136	浙 嘉興	桐鄉	儒嫠會＆	1882	官
137	滇 永昌	騰越	安節堂	1882	官
138	蘇 太倉	寶山	种德堂	1882？	
139	川 重慶	南川	恤嫠局	1883	官
140	蘇 太倉	寶山	羅店恤嫠敬節	1883	民
141	滇 雲南	雲南	敬節堂	1883	官
142	蘇 鎮江	金壇	恤嫠會	1883	官
143	蘇 太倉	嘉定寶山	羅店敬節局	1884	民
144	蘇 太倉	寶山	劉行恤嫠敬節	1884	
145	蘇 淮安	淮安	清節堂	1884？	民
146	滇 雲南	昆明	敬節堂	1885	？
147	蘇 松江	上海	保節堂	1885	官
148	蘇 淮安	阜寧	清節堂	1885	民

編號	府　名	縣　名	善堂名稱	創建年分	創建人身分
149	蘇 淮安	阜寧	清節堂	1885	官
150	甘 蘭州	皋蘭	保節堂 &＋	1886	官
151	蘇 太倉	寶山	盛橋恤嫠敬節	1886	民
152	蘇 鎮江	溧陽	全節會	1886	民
153	蘇 太倉	寶山	月浦恤嫠敬節	1887	
154	豫 許州	許州	保節堂	1887	官
155	鄂 漢陽	夏口	育嬰敬節堂＋	1888	民
156	川 成都	崇慶	卹嫠局	1888	民
157	蘇 揚州	甘泉	崇節堂	1888	
158	川 綿州	綿竹	卹嫠育嬰局	1889	官
159	蘇 蘇州	常熟	儒寡儒孤局 &	1889	民
160	蘇 鎮江	丹徒	完節堂	1889	民
161	湘 長沙	湘潭	保節堂	1889？	？
162	皖 鳳陽	宿州	恤嫠	1889？	官
163	蘇 揚州	儀徵	崇節堂	1890？	民
164	蘇 太倉	嘉定	清節堂	1891	民
165	川 資州	井研	卹嫠局	1891	官
166	滇 普洱	寧洱	恤嫠	1891	官
167	川 敘州	宜賓	恤嫠堂	1891？	民
168	川 敘州	隆昌	恤嫠會	1891？	官
169	川 順慶	蓬州	恤嫠公社	1893	官
170	浙 杭州	海寧	儒寡會 &	1893	民
171	蘇 松江	上海	陳行鄉保節會	1894	民
172	滇 昭通	昭通	同善局	1894	官
173	蘇 松江	上海	三林鄉保節會	1894	民
174	蘇 蘇州	吳縣	保節局	1894	民
175	鄂 漢陽	沔陽	敬節堂	1894？	？
176	滇 雲南	昆明	儒嫠會 &	1895	？
177	川 瀘州	合江	恤嫠會	1895？	民
178	浙 寧波	象山	敬節堂	1896	官
179	浙 湖州	烏程	養濟善堂	1896	民
180	川 嘉定	犍爲	卹嫠	1897	官
181	川 順慶	蓬溪	恤嫠局	1897	民
182	魯 濟南	德縣	恤嫠院	1897	官
183	浙 杭州	海寧	保節會	1897	民
184	豫 開封	祥符	保節堂	1898？	？
185	浙 湖州	烏程	儒嫠會 &	1899	民
186	川 敘州	南溪	勵節堂	1900	民

編 號	府 名	縣 名	善堂名稱	創建年分	創建人身分
187	陝 漢中	南鄭	矜節會	1900	官
188	川 綿州	德陽	敬節堂	1900	官
189	浙 衢州	衢州	恤嫠	1901	民
190	蘇 徐州	銅山	月浦里敬節	1901	民
191	皖 鳳陽	鳳陽	清節堂	1901	官
192	蘇 太倉	寶山	月浦保嬰敬節	1901	民
193	蘇 太倉	嘉定	清節堂	1901	
194	滇 順寧	順寧	清節堂	1904	官
195	蘇 松江	上海	保節公會	1904	民
196	蘇 揚州	江都	恤嫠局	1904	民
197	蘇 松江	上海	恤嫠會	1906	
198	蘇 太倉	江灣里	仁德所	1906	民
199	蘇 松江	南匯	保節局	1907	
200	浙 紹興	嵊縣	清節堂	1908？	民
201	川 保寧	南江	卹嫠會	1908？	官
202	川 成都	新都	清節堂	1908？	？
203	鄂 光陸	鍾祥	保節堂	1908？	民
204	贛 南昌	南昌	清節堂	1908？	官
205	蘇 揚州	東台	恤嫠會	1908？	
206	蘇 鎮江	溧陽	全節堂	1908？	
207	蘇 揚州	甘泉	全節堂	1910	
208	蘇 太倉	寶山	大場恤焭敬節	1911？	民
209	皖 太平	蕪湖	貞節堂	1911？	民
210	皖 太平	蕪湖	貞節堂	1911？	民
211	浙 寧波	象山	恤嫠會	1911？	民
212	川 成都	華陽	全節堂	1911？	？
213	川 成都	金堂	全節堂	1911？	？
214	蘇 常州	江陰	恤嫠分局	1911？	
215	贛 南昌	吉安	保節會	1911？	
216	蘇 揚州	江都	敦善堂	1911？	

附表三　施棺類善堂

編號	府　名	縣　名	善堂名稱	創建年分	創建人身分
1	浙 湖州	梅里	施材會		
2	蘇 蘇州	章練	同仁堂	1564？	民
3	蘇 松江	朱涇	同善堂	1572	民
4	滇 雲南	雲南	掩骼會	1698	官
5	蘇 蘇州	常熟	廣仁局	1704	民
6	浙 杭州	唐棲	捨棺會	1709	民
7	粵 廣州	廣州	敦仁館	1720	民
8	浙 湖州	烏程	師善堂	1721	？
9	魯 東昌	臨清	掩骨會	1722？	
10	冀 天津	天津	施棺局	1722？	民
11	浙 湖州	濮院	同善會	1722？	民
12	閩 漳州	龍溪	東長生堂	1726	民
13	冀 天津	天津	澤屍社	1727	民
14	閩 漳州	龍溪	南長生堂	1730	民
15	蘇 蘇州	吳縣	廣仁堂	1731	民
16	豫 開封	鄢陵	體仁堂	1734	官
17	蘇 蘇州	吳縣	錫類堂	1735	官
18	滇 雲南	昆明	施棺公會	1735？	？
19	滇 澂江	路南	掩骼所	1735？	？
20	蘇 蘇州	盛湖	普仁堂	1735？	民
21	蘇 蘇州	常昭	協善局	1735？	民
22	蘇 蘇州	虎阜	與同堂	1736	民
23	皖 寧國	涇縣	義濟堂	1736-96	民
24	蘇 通州	通州	同仁堂	1736？	民
25	蘇 蘇州	長洲	廣仁堂	1737	民
26	川 重慶	江北廳	體仁堂	1741	民
27	滇 雲南	富明	掩骼所	1743	民
28	蘇 蘇州	虎阜	積德堂	1743	民
29	甘 蘭州	臯蘭	掩骼社	1752	民
30	蘇 太倉	寶山	羅店施棺局	1752	民
31	蘇 蘇州	虎阜	永仁堂	1752	民
32	川 重慶	巴縣	敦義堂	1753	民
33	蘇 蘇州	崑山	崇善堂	1753	民
34	浙 杭州	海寧	同仁局	1757	民
35	皖 安慶	潛山	西澤局	1761	

編號	府　名	縣　名	善堂名稱	創建年分	創建人身分
36	蘇 蘇州	崑山	施棺局	1764	民
37	滇 澂江	江川	掩骼所	1765	民
38	蘇 常州	武進	懷南鄉懷仁堂	1766	民
39	蘇 常州	武進	懷仁堂	1766	民
40	浙 台州	黃巖	長生會	1768	民
41	浙 紹興	餘姚	同善堂	1770	民
42	蘇 蘇州	元和	懷善局	1770	民
43	皖 安慶	灊山	仁里局	1771	
44	冀 天津	天津	掩骼社	1771	民
45	蘇 蘇州	蘇州	周莊鎮懷善局	1771	民
46	蘇 蘇州	唯亭	樂善局	1773	民
47	皖 安慶	潛山	體仁局	1774	民
48	蘇 蘇州	蘇州	香山善濟堂	1776	
49	蘇 蘇州	吳縣	善濟堂	1776	
50	蘇 蘇州	長洲	黃埭鎮仁壽堂	1776	
51	蘇 松江	一團盛氏	施棺局	1777	
52	皖 安慶	潛山	從善局	1778	民
53	魯 濟南	濟寧州	同仁公所	1780	？
54	蘇 常州	武進	安西鄉安西堂	1780	民
55	皖 安慶	灊山	同仁堂	1781	
56	蘇 蘇州	唯亭	祝善局	1781	民
57	蘇 蘇州	元和	積善局	1781	民
58	皖 安慶	潛山	西澤局	1781？	
59	皖 安慶	潛山	同仁局	1781？	
60	川 夔州	雲陽	浮屍會	1782	民
61	閩 建寧	政和	樂義堂	1782	民
62	滇 雲南	易門	施棺會	1783	民
63	蘇 蘇州	吳縣	同仁堂	1784	民
64	皖 安慶	灊山	同善堂	1785	
65	滇 普洱	思茅廳	掩骼所之一	1785	官
66	蘇 太倉	金壇	體仁堂	1785	民
67	蘇 鎮江	金壇	體仁堂	1785	民
68	浙 嘉興	平湖	瘞骼會	1788	官
69	浙 嘉興	平湖	永安局	1789	民
70	浙 紹興	嵊縣	公濟局	1795	民
71	蘇 通州	清河	積善堂	1795	民
72	川 瀘州	瀘縣	普濟會	1795？	民
73	浙 紹興	上虞	施材局	1795？	民

編號	府　名	縣　名	善堂名稱	創建年分	創建人身分
74	浙 紹興	上虞	施材局	1795？	民
75	湘 常德	武陵	體仁堂	1795？	民
76	浙 湖州	烏程	廣仁堂	1795？	官
77	皖 太平	蕪湖	錫類堂	1795？	？
78	浙 衢州	蘭谿	近仁會	1795？	民
79	皖 安慶	潛山	勉濟堂	1795？	
80	皖 安慶	潛山	三元局之三	1795？	民
81	皖 寧國	涇縣	慶澤堂	1795？	民
82	皖 安慶	桐城	體仁局	1795？	民
83	冀 天津	天津	撈埋浮屍局	1795？	官
84	蘇 松江	青浦	同仁堂	1795？	
85	蘇 常州	武進	通江同仁堂	1795？	
86	蘇 蘇州	新陽	積善局	1795？	民
87	蘇 蘇州	吳縣	繼善堂	1795？	民
88	蘇 蘇州	震澤	同仁堂	1795？	
89	滇 東川	會澤	施棺掩骼會	1796	官
90	川 綏定	達縣	長生會	1796？	民
91	皖	霍山	公濟局	1796？	民
92	皖 安慶	太湖	暗溝保義施局	1796？	民
93	皖 安慶	太湖	寒場保近仁堂	1796？	民
94	皖 安慶	太湖	青天保清平局	1796？	民
95	皖 安慶	太湖	銀河保里仁局	1796？	民
96	皖 安慶	太湖	治溪河仁術堂	1796？	民
97	蘇 江寧	江寧	同善堂	1796？	民
98	浙 杭州	海寧	硤石廣善堂	1797	民
99	蘇 松江	青浦	同仁堂	1798	民
100	湘 長沙	瀏陽	體仁會	1798-1806	民
101	蘇 松江	青浦	同仁堂	1799	民
102	浙 衢州	西安	同仁堂	1800	民
103	浙 嘉興	嘉善	瘞埋局	1800	官
104	浙 嘉興	石門	廣仁葬會	1801	官
105	浙 嘉興	平湖	同仁堂	1801	民
106	浙 杭州	海寧	袁花崇善堂	1801	？
107	皖 安慶	太湖	小池保葆仁局	1801	民
108	鄂 施南	來鳳	見義堂	1801	民
109	滇 楚雄	鹽豐	施棺會	1801	民
110	蘇 常州	武進	同仁堂	1801	
111	蘇 常州	武進	依西同仁堂	1802	

編號	府名	縣名	善堂名稱	創建年分	創建人身分
112	皖 鳳陽	鳳陽	興善堂	1803	民
113	浙 杭州	海寧	敦仁堂	1803	民
114	皖 安慶	太湖	南莊保公輸局	1803	民
115	蘇 松江	青浦	同仁堂	1803	民
116	川 瀘州	瀘縣	浮屍會	1804	官
117	滇 永昌	騰越廳	掩骸會	1804	官
118	蘇 常州	武進	天寧寺同仁堂	1804	民
119	皖 安慶	太湖	深村保公濟局	1805	民
120	浙 杭州	海寧	同仁會	1805	民
121	皖	霍山	久安會	1806	民
122	蘇 蘇州	盛湖	積善堂	1806	民
123	滇 普洱	威遠廳	掩骼所	1807	官
124	滇 普洱	思茅廳	掩骼所之二	1807	民
125	皖 安慶	桐城	青草塥樹德堂	1808	民
126	滇 雲南	安寧州	掩骼會	1808	官
127	蘇 通州	如皋	雙願堂	1808？	民
128	蘇 揚州	江都	崇善堂	1809	民
129	湘 長沙	湘潭	皆不忍堂	1810	民
130	蘇 蘇州	崑山	廣澤堂	1811	民
131	川 成都	華陽	貧流會	1812	民
132	皖 安慶	灊山	同仁局	1812	民
133	蘇 蘇州	蘇州	體善堂	1812	
134	蘇 松江	青浦	同仁堂	1813	
135	蘇 常州	宜荊	繼善堂	1813	民
136	蘇 常州	宜荊	成仁堂	1813	民
137	蘇 常州	宜興	成仁堂	1813	民
138	蘇 蘇州	常熟	凝善堂	1813	民
139	皖 安慶	灊山	廣仁局	1814	民
140	皖 安慶	太湖	西村保同安局	1815	民
141	蘇 常州	宜興	毓善堂	1815	民
142	蘇 通州	泰興	同仁堂	1815	民
143	蘇 通州	泰興	黃橋頭同仁堂	1815	官
144	蘇 通州	泰興	同仁堂	1815	民
145	鄂 荊州	江陵	施棺所	1815？	官
146	皖 安慶	宿松	排山莊體仁局	1816	民
147	蘇 蘇州	長洲	陸巷鎮培心堂	1816	
148	贛 廣信	鉛山	萬緣堂	1816	民
149	蘇 太倉	嘉定	存仁堂	1817	官

編號	府名	縣名	善堂名稱	創建年分	創建人身分
150	蘇　太倉	嘉定	南翔鎮存仁堂	1817	官
151	蘇　蘇州	新陽	敦善堂	1817	民
152	皖　安慶	太湖	真君廟承平局	1818	民
153	浙　嘉興	海鹽	同善堂	1818	民
154	皖　安慶	桐城	樅陽鎮存仁局	1818	民
155	皖　安慶	灊山	安人局	1819	民
156	滇　普洱	寧洱	掩骼所	1819	官
157	蘇　太倉	嘉定	振德堂	1819	民
158	蘇　太倉	嘉定	南翔鎮振德堂	1819	民
159	蘇　太倉	寶山	羅店同仁堂	1820	民
160	閩　福寧	廈門	施棺義廠	1820	官
161	浙　紹興	上虞	施材所	1820？	民
162	浙　寧波	奉化	樂善堂	1820？	民
163	浙　紹興	新昌	施棺所	1820？	民
164	皖　安慶	灊山	三元局之四	1820？	民
165	皖　安慶	灊山	里人局	1820？	民
166	皖　安慶	灊山	同善局	1820？	民
167	皖　安慶	灊山	同安局	1820？	民
168	蘇　松江	青浦	同仁堂	1820？	民
169	蘇　松江	青浦	同仁堂	1820？	
170	蘇　松江	上海	清暉關	1820？	
171	浙　嘉興	平湖	廣仁堂	1821	官
172	鄂　漢陽	漢陽	自新堂	1821？	民
173	浙　嚴州	建德	普仁堂	1822	民
174	皖　安慶	宿松	體仁局	1822	民
175	皖　安慶	桐城	北峽關義局	1822	官
176	蘇　徐州	宿遷	謝可堂	1822	民
177	蘇　徐州	宿遷	遵善堂	1822	民
178	蘇　徐州	宿遷	培仁堂	1822	民
179	蘇　徐州	宿遷	半濟堂	1822	民
180	蘇　徐州	宿遷	同善堂	1822	民
181	蘇　徐州	宿遷	修善堂	1822	民
182	蘇　徐州	宿遷	公善堂	1822	民
183	蘇　徐州	宿遷	勸善堂	1822	民
184	蘇　徐州	宿遷	濟善堂	1822	民
185	蘇　徐州	宿遷	廣濟堂	1822	民
186	蘇　徐州	宿遷	從善堂	1822	民
187	蘇　徐州	宿遷	希仁堂	1822	民

編　號	府　名	縣　名	善堂名稱	創建年分	創建人身分
188	蘇 徐州	宿遷	助善堂	1822	民
189	蘇 徐州	宿遷	問心堂	1822	民
190	蘇 徐州	宿遷	協濟堂	1822	民
191	蘇 徐州	宿遷	存心堂	1822	民
192	蘇 徐州	宿遷	向善堂	1822	民
193	蘇 徐州	宿遷	微善堂	1822	民
194	蘇 徐州	宿遷	因善堂	1822	民
195	蘇 徐州	宿遷	遷善堂	1822	民
196	蘇 常州	宜興	誠善堂	1822	民
197	蘇 徐州	宿遷	公濟堂	1822	民
198	蘇 徐州	宿遷	小濟堂	1822	民
199	蘇 徐州	宿遷	協善堂	1822	民
200	蘇 徐州	宿遷	萃善堂	1822	民
201	蘇 徐州	宿遷	培善堂	1822	民
202	蘇 徐州	宿遷	小善堂	1822	民
203	蘇 徐州	宿遷	微濟堂	1822	民
204	蘇 徐州	宿遷	協理堂	1822	民
205	蘇 徐州	宿遷	議濟堂	1822	民
206	蘇 徐州	宿遷	寶善堂	1822	民
207	蘇 徐州	宿遷	裕善堂	1822	民
208	蘇 徐州	宿遷	扶濟堂	1822	民
209	蘇 徐州	宿遷	樂濟堂	1822	民
210	蘇 徐州	宿遷	三益堂	1822	民
211	蘇 徐州	宿遷	作善堂	1822	民
212	蘇 徐州	宿遷	公濟堂	1822	民
213	蘇 徐州	宿遷	亦善堂	1822	民
214	贛 廣信	鉛山	增福堂	1822	民
215	皖 安慶	太湖	香鳳山同仁局	1823	民
216	皖 安慶	宿松	陳漢莊爲善局	1823	民
217	蘇 通州	清河	向善堂	1823	民
218	湘 長沙	瀏陽	樂善堂	1824	？
219	皖 安慶	太湖	爭口山近仁局	1824	民
220	皖 安慶	太湖	香鳳山近義局	1824	？
221	皖 安慶	太湖	安樂橋里仁局	1824	民
222	皖 安慶	太湖	史藍觜體仁堂	1824	民
223	皖 安慶	太湖	鐵石灘光仁局	1824	？
224	皖 安慶	太湖	南安州敦善局	1824	
225	皖 安慶	太湖	縣西皇華局	1825	民

編號	府 名	縣 名	善堂名稱	創建年分	創建人身分
226	皖 安慶	太湖	青龍岡爲善堂	1825	民
227	皖 安慶	太湖	下羅溪樂善堂	1825	民
228	皖 安慶	太湖	白沙同善局	1825	民
229	滇 永昌	保山	施棺所	1825	官
230	蘇 常州	武進	懷南鄉依仁堂	1825	民
231	皖 安慶	太湖	赤灘保忠恕局	1826	民
232	皖 安慶	宿松	陳漢莊體仁局	1826	民
233	浙 嘉興	海鹽	同善堂	1827	官
234	皖 安慶	太湖	田祥觜體仁局	1827	民
235	皖 安慶	桐城	孔城保體仁局	1827？	民
236	皖 安慶	桐城	邑西求仁堂	1827？	民
237	皖 安慶	桐城	楊家溝安仁局	1827？	民
238	川 重慶	江北廳	惘惻堂	1828	民
239	蘇 鎮江	丹陽	敦樂二善堂	1828	民
240	蘇 鎮江	丹陽	敦樂二善堂	1828	民
241	蘇 蘇州	吳縣	誠善堂	1828	民
242	蘇 鎮江	溧陽	同仁堂	1828	民
243	皖 廬州	巢縣	崇善堂	1828？	民
244	蘇 太倉	江灣	崇善堂	1829	民
245	蘇 太倉	江灣	崇善堂	1829	民
246	冀 天津	滄州	火會公所	1829？	？
247	鄂 漢陽	沔陽州	樂善堂	1831	民
248	鄂 襄陽	襄陽	同隱堂	1831	民
249	蘇 通州	如皋	繼善堂	1831	民
250	蘇 常州	武進	懷南鄉祝慶堂	1831	
251	蘇 常州	武進	鳴鳳鄉協仁堂	1831	
252	蘇 常州	武進	鳴鳳鄉依仁堂	1831	
253	蘇 常州	武進	懷北鄉志仁堂	1831	民
254	浙 寧波	定海	同善堂	1832	民
255	蘇 常州	宜荊	誠善堂	1832	民
256	浙 杭州	海寧	同善局	1833	民
257	浙 嘉興	石門	同仁施材集	1833	官
258	皖 安慶	灊山	同善局	1833	民
259	蘇 常州	武進	懷北鄉樂仁堂	1833	民
260	蘇 常州	武進	安東鄉安仁堂	1833	
261	蘇 常州	武進	懷北鄉協仁堂	1833	民
262	贛 九江	德化	體仁堂	1833	官
263	蘇 常州	武進	安東鄉眾善堂	1833	

編號	府 名	縣 名	善堂名稱	創建年分	創建人身分
264	蘇 常州	武進	懷南鄉志仁堂	1833	民
265	蘇 常州	武進	安西鄉依仁堂	1833	民
266	蘇 常州	武進	安西鄉懷仁堂	1833	民
267	蘇 常州	武進	欽風鄉信仁堂	1833	
268	蘇 常州	武進	鳴鳳鄉體仁堂	1833	
269	蘇 常州	武進	安東鄉普仁堂	1833	
270	蘇 鎮江	丹陽	效仁堂	1833	民
271	浙 寧波	鄞縣	體仁局	1834	？
272	川 重慶	合川	施棺	1834	官
273	蘇 太倉		效仁堂	1834	民
274	蘇 松江	川沙	同善堂	1834	官
275	蘇 松江	奉賢	同善堂	1834	官
276	蘇 常州	武進	懷南鄉安仁堂	1834	民
277	蘇 鎮江	丹陽	效仁堂	1834	民
278	蘇 常州	武進	大有鄉義仁堂	1834	
279	蘇 常州	武進	安東鄉祝仁堂	1834	
280	蘇 常州	武進	安東鄉志善堂	1834	民
281	蘇 常州	武進	大有鄉德仁堂	1834	
282	蘇 常州	武進	大有鄉禮仁堂	1834	
283	蘇 常州	武進	安東鄉近仁堂	1834	民
284	蘇 常州	武進	安東鄉樂善堂	1834	民
285	滇 大理	雲南	施棺所	1835？	民
286	滇 臨安	通海	掩骼所	1835？	民
287	滇 臨安	建水	掩骼所	1835？	民
288	滇 雲南	呈貢	掩骼會	1835？	官
289	滇 武定	武定州	掩骼會	1835？	民
290	滇 武定	元謀	掩骼所	1835？	民
291	滇 武定	祿勸	掩骼所	1835？	民
292	滇	景東廳	備棺所之一	1835？	？
293	滇	景東廳	備棺所之二	1835？	？
294	滇 大理	雲南	掩骸所	1835？	民
295	滇 雲南	晉寧州	掩骼會	1835？	民
296	滇	蒙化廳	掩骼房	1835？	民
297	皖 安慶	太湖	上格城廣仁局	1836	民
298	皖 安慶	潛山	體元局	1836	？
299	皖 安慶	太湖	靈仙莊廣仁堂	1836	民
300	皖 安慶	太湖	靈仙莊積善堂	1836	民
301	蘇 常州	武進	欽風鄉慕義堂	1836	

編號	府　名	縣　名	善堂名稱	創建年分	創建人身分
302	蘇 常州	武進	扶厝局	1836	
303	浙 湖州	菱湖	廣義園	1837	民
304	甘 慶陽	鎮原	寄柩院	1837	官
305	皖 安慶	太湖	花園保樂善局	1837	民
306	皖 安慶	灊山	樂善局	1837	民
307	蘇 常州	武進	衡澤鄉依仁堂	1837	
308	蘇 常州	武進	孝西鄉同仁堂	1837	
309	蘇 常州	武進	依東鄉培德堂	1837	
310	蘇 常州	宜荊	同仁堂	1838	民
311	蘇 松江	張澤	作善堂	1838	民
312	蘇 常州	武進	太村樂善堂	1838	
313	皖 安慶	灊山	普仁局	1840	
314	蘇 徐州	宿遷	聚善堂	1840	民
315	蘇 常州	宜荊	謂仁堂	1840	
316	蘇 徐州	宿遷	同濟堂	1840	民
317	蘇 徐州	宿遷	義舉堂	1840	民
318	蘇 徐州	宿遷	基善堂	1840	民
319	蘇 徐州	宿遷	盡善堂	1840	民
320	蘇 常州	宜荊	四德堂	1840？	
321	蘇 常州	宜荊	眾善堂	1840？	
322	蘇 常州	宜荊	餘慶堂	1840？	
323	蘇 常州	宜荊	敦善堂	1840？	民
324	蘇 常州	宜興	正仁堂	1840？	
325	蘇 常州	宜興	循善堂	1840？	
326	蘇 常州	宜荊	同善堂	1840？	
327	蘇 常州	宜荊	公善堂	1840？	
328	蘇 常州	宜興	誠善堂	1840？	民
329	湘 長沙	瀏陽	樂善堂	1841	？
330	蘇 常州	陽湖	延政鄉體仁堂	1841	民
331	蘇 松江	婁縣	泗涇輔善堂	1842	
332	蘇 常州	武進	協善會	1842	
333	蘇 蘇州	新陽	敦善堂	1842	民
334	蘇 常州	陽湖	延政鄉同仁堂	1842？	
335	粵 廣州	順德	同仁社	1843	民
336	蘇 松江	華亭	新橋祝善堂	1843	民
337	蘇 松江	華亭	存仁堂	1843	民
338	蘇 松江	泗涇	助葬局	1844	民
339	浙 嘉興	嘉善	同仁會	1845	民

編號	府 名	縣 名	善堂名稱	創建年分	創建人身分
340	蘇 松江	上海	戀仁堂	1845	
341	蘇 淮安	山陽	痤骨會	1845	民
342	皖 徽州	祁門	同善局	1846	民
343	皖 安慶	太湖	八仙石存心局	1848	民
344	蘇 常州	武進	鳳遷永安堂	1848	
345	粵 潮州	海陽	希振社	1849	民
346	蘇 松江	南橋	義葬局	1850	民
347	蘇 松江	奉賢	義葬局	1850	民
348	蘇 通州	泰興	體善堂	1850	民
349	湘 長沙	瀏陽	蓄德堂	1850？	民
350	川 成都	華陽	清和當會	1850？	民
351	湘 長沙	瀏陽	利濟公所	1850？	？
352	皖 安慶	潛山	三元局之五	1850？	民
353	皖 安慶	潛山	體元局	1850？	民
354	皖 安慶	潛山	同德局	1850？	民
355	皖 安慶	宿松	麻姑莊體仁局	1850？	民
356	皖	霍山	廣生堂	1851	官
357	湘 長沙	瀏陽	同憫堂	1851	民
358	皖 安慶	太湖	廨院強恕堂	1851	民
359	蘇 松江	青浦	同仁堂	1851	民
360	浙 嘉興	平湖	樂善堂	1852	民
361	蘇 松江	上海	恆善堂	1853	
362	浙 嘉興	平湖	行便集	1854	民
363	蘇 蘇州	蘇州	一仁堂	1854？	
364	蘇 蘇州	元和	遵義堂	1856	民
365	蘇 蘇州	元和	仁濟堂	1857	民
366	蘇 松江	松江	壽善堂	1859	官
367	浙 嘉興	烏青鎮	葬會	1860？	民
368	蘇 蘇州	吳縣	志德堂	1860？	民
369	湘 長沙	瀏陽	同仁堂	1861	民
370	皖 安慶	太湖	南陽保強恕局	1861	官
371	皖 安慶	太湖	楓香保普仁局	1861#	民
372	浙 紹興	上虞	施材局	1861？	民
373	川 夔州	雲陽	浮屍會	1861？	民
374	湘 長沙	醴陵	恩豫堂	1861？	官
375	皖 安慶	潛山	治安局	1861？	
376	粵 廣州	香山	長生壽社	1861？	？
377	蘇 松江	松江	承善堂	1861？	

編號	府　名	縣　名	善堂名稱	創建年分	創建人身分
378	浙 寧波	鎮海	敦族會	1862？	民
379	湘 長沙	瀏陽	體元局	1862？	？
380	浙 杭州	海寧	永善堂	1862？	民
381	蘇 蘇州	蘇州	餘家湖存仁堂	1863	民
382	贛 廣信	玉山	同仁堂	1863	民
383	蘇 通州	泰興	體善堂	1865	民
384	湘 長沙	長沙	保骼堂	1866	民
385	浙 嘉興	秀水	永安會	1866	民
386	湘 長沙	茶陵州	惻隱堂	1866	民
387	蘇 太倉	嘉定	保元堂	1866	官
388	蘇 蘇州	吳縣	推仁局	1866	民
389	川 夔州	萬縣	公樂堂	1866？	官
390	川 夔州	萬縣	翼公會	1866？	？
391	湘 長沙	瀏陽	培遠堂	1867	官
392	蘇 松江	松江	普育堂	1867	官
393	浙 嘉興	石門	賻葬局	1868	民
394	湘 常德	武陵	同善堂	1868？	民
395	浙 嘉興	烏青鎮	掩埋公所	1869	官
396	蘇 松江	青浦	同仁堂	1869	
397	贛 廣信	鉛山	擴義園	1869	民
398	蘇 蘇州	常昭	崇善堂	1869	民
399	浙 寧波	鎮海	葆仁局	1870	民
400	蘇 松江	青浦	同仁堂	1870	
401	甘 秦州	秦州	同善堂	1871	官
402	浙 嘉興	桐鄉	濮院梅涇葬會	1871	
403	皖 安慶	灊山	樂善局	1871	
404	湘 長沙	瀏陽	體仁局	1872	？
405	浙 寧波	鄞縣	恆德堂	1872	民
406	鄂 襄陽	襄陽	皆不忍堂	1872	官
407	蘇 淮安	山陽	量濟堂	1872	民
408	皖 安慶	太湖	西莊周急局	1872？	民
409	皖 安慶	太湖	白洋體仁局	1872？	民
410	皖 安慶	太湖	白洋成斗局	1872？	？
411	皖 安慶	太湖	銀河保靖良局	1872？	
412	鄂 黃州	廣濟	公善堂	1872？	民
413	湘 長沙	瀏陽	同善堂	1873？	民
414	湘 長沙	瀏陽	兼善堂	1873？	？
415	湘 長沙	瀏陽	育德堂	1873？	民

編號	府名	縣名	善堂名稱	創建年分	創建人身分
416	湘 長沙	瀏陽	登善堂	1873？	？
417	湘 長沙	瀏陽	厚培堂	1873？	民
418	湘 長沙	瀏陽	不忍堂	1873？	民
419	湘 長沙	瀏陽	崇善堂	1873？	？
420	冀 順天	通州	義槥局	1873？	？
421	鄂 荊州	枝江	樂善堂	1874	民
422	川 敘州	南溪	施棺會	1874#	民
423	浙 杭州	海寧	施材會	1874？	民
424	浙 杭州	海寧	郭店同善會	1874？	民
425	川 順慶	大竹	掩骼會	1874？	民
426	浙 嘉興	平湖	生生集	1874？	民
427	皖 安慶	灊山	同仁局	1874？	
428	皖 安慶	灊山	同善堂	1874？	
429	皖 安慶	灊山	同慶堂	1874？	
430	閩 福州	閩縣	勸葬局	1874？	官
431	蘇 江寧	江寧	繼善堂	1874？	民
432	蘇 太倉	寶山	月浦里施棺	1874？	民
433	蘇 太倉	寶山	月浦里同仁堂	1874？	民
434	蘇 江寧	江寧	樂善堂	1874？	民
435	蘇 太倉	崇明	同善局	1874？	民
436	蘇 太倉	崇明	同善局	1874？	民
437	蘇 松江	青浦	同仁堂	1874？	
438	蘇 鎮江	金壇	薛埠鎮施材局	1874？	民
439	川 成都	華陽	施棺會	1875？	民
440	皖 太平	蕪湖	施棺會	1875？	民
441	皖 安慶	宿松	同仁局	1875？	民
442	蘇 蘇州	信義	代賒會	1875？	
443	甘 蘭州	皋蘭	同仁局	1876	官
444	皖 太平	蕪湖	同善堂	1876	？
445	豫 光州	信陽	瘞骨會	1876	民
446	贛 撫州	臨川	同仁堂	1876？	
447	浙 溫州	永嘉	輔善局	1877	官
448	皖 安慶	灊山	樂義局	1877	？
449	浙 寧波	鎮海	廣仁堂	1877-80	民
450	蘇 鎮江	溧陽	南仁會	1877？	民
451	蘇 鎮江	溧陽	希仁會	1877？	民
452	皖 安慶	灊山	同德局	1878	民
453	蘇 松江	華亭	漕涇寶善堂	1878	民

編　號	府　　名	縣　　名	善堂名稱	創建年分	創建人身分
454	贛　南昌	南昌	體仁局	1878	官
455	浙　寧波	奉化	義恤會	1879	民
456	浙　嘉興	桐鄉	濮院保元堂	1879	民
457	鄂　荊州	松滋	同善堂	1880？	
458	蘇　蘇州	崑山	廣善堂	1880？	民
459	甘　秦州	天水	同善堂	1881	官
460	浙　寧波	鎮海	存仁會	1881	民
461	粵　潮州	海陽	誠奠社	1881	民
462	蘇　太倉	丹陽	薰德堂	1881	民
463	蘇　鎮江	丹陽	薰德堂	1881	民
464	蘇　淮安	山陽	集腋堂	1882	民
465	蘇　常州	宜荊	近仁堂	1882？	
466	蘇　常州	宜荊	誠善堂	1882？	民
467	蘇　常州	宜荊	循善堂	1882？	民
468	皖　太平	蕪湖	復本堂	1883	民
469	浙　湖州	剡源	存善局	1883	民
470	浙　寧波	奉化	存善局	1883	民
471	蘇　松江	松江	下沙施棺局	1883？	民
472	蘇　松江	松江	中心河賒棺局	1883？	民
473	蘇　松江	松江	沙塗廟施棺局	1883？	民
474	蘇　松江	松江	五六團慈雲局	1883？	民
475	蘇　松江	松江	代賒局	1883？	
476	蘇　松江	松江	周浦代葬局	1883？	官
477	蘇　松江	松江	沈莊施棺局	1883？	官
478	蘇　江寧	六合	借材局	1883？	
479	浙　杭州	海寧	施材會	1884	民
480	浙　寧波	鎮海	華仁局	1884	民
481	魯　東昌	臨清	施棺會	1884	民
482	鄂　黃州	蘄州	問心堂	1884？	民
483	蘇　蘇州	常昭	同善局	1884？	民
484	浙　寧波	鎮海	公善會	1885	民
485	川　重慶	南川	施棺會	1885	官
486	滇　昭通	昭通	撿骨會	1885	民
487	蘇　江寧	勾容	施材局	1885	
488	蘇　通州	泰興	段港同仁堂	1885	官
489	蘇　通州	泰興	同仁堂	1885	官
490	湘　辰州	溆浦	體仁堂	1885？	？
491	浙　寧波	鎮海	體仁借材會	1886	民

編號	府名		縣名	善堂名稱	創建年分	創建人身分
492	浙	嘉興	烏青鎮	同善會堂	1887？	
493	浙	杭州	海寧	施材會	1888	民
494	湘	長沙	湘潭	朱亭作善堂	1889？	民
495	皖	鳳陽	宿州	掩骼	1889？	官
496	皖	鳳陽	宿州	施棺	1889？	官
497	浙	處州	宣平	同善堂	1890	官
498	蘇	松江	南匯	綿氏施棺處	1890	民
499	浙	紹興	餘姚	掩埋所	1891	民
500	蘇	蘇州	吳縣	好善堂	1891？	
501	蘇	蘇州	崑新	培德堂	1892	民
502	浙	杭州	昌化	同仁堂	1892？	？
503	浙	寧波	鎮海	永濟公所	1893	民
504	皖	太平	蕪湖	樂善堂	1893	民
505	浙	杭州	富陽	同德會	1894	民
506	浙	紹興	餘姚	志仁堂	1894	民
507	浙	杭州	海寧	施材會	1894	民
508	蘇	松江	南匯	周浦鎮萬緣堂	1894？	
509	滇	普洱	寧洱	施棺會	1895？	官
510	皖	寧國	南陵	種福堂	1896	民
511	皖	安慶	灊山	三元局之二	1897	
512	皖	安慶	宿松	二郎莊體仁局	1897	民
513	浙	杭州	海寧	普善堂	1898	官
514	浙	杭州	海寧	施材會	1898	民
515	浙	寧波	奉化	廣濟局	1899	官
516	浙	紹興	上虞	施材局	1899？	民
517	浙	紹興	上虞	存仁草棺會	1899？	民
518	浙	紹興	上虞	同仁施材所	1899？	民
519	浙	紹興	上虞	施材所	1899？	民
520	浙	寧波	奉化	見恤會	1900	民
521	蘇	松江	上海	百壽會	1900	民
522	蘇	松江	上海	益壽會	1900	民
523	蘇	淮安	阜寧	東坎鎮施棺局	1900	民
524	閩	建寧	浦城	義埋會	1900？	民
525	蘇	蘇州	吳縣	光福埋掩局	1900？	民
526	皖	安慶	灊山	子惠局	1901	
527	蘇	蘇州	吳縣	體仁局	1902	民
528	蘇	淮安	阜寧	通洋港施棺局	1902	民
529	蘇	蘇州	崑新	眾善堂	1902	民

編號	府　名	縣　名	善堂名稱	創建年分	創建人身分
530	皖 安慶	潛山	景岐局	1903	民
531	皖 安慶	宿松	楓香團長生局	1903	
532	蘇 松江	南匯	五團勸葬局	1903	民
533	蘇 太倉	寶山	高橋存心堂	1905？	民
534	蘇 常州	武進	存心堂	1906？	
535	蘇 常州	武進	體仁堂	1906？	
536	浙 寧波	鎮海	義濟會	1907	民
537	浙 杭州	海寧	施材會	1908	民
538	蘇 松江	南匯	施棺局	1908	民
539	蘇 淮安	山陽	濟幼堂	1908	官
540	浙 杭州	海寧	鄲墅普濟善堂	1908？	民
541	浙 湖州	德清	掩埋會	1908？	民
542	浙 寧波	鎮海	樂善會	1908？	民
543	贛 瑞州	新昌	同善堂	1908？	
544	蘇 蘇州	吳縣	相城億益會	1908？	民
545	蘇 蘇州	常昭	仁濟堂	1908？	民
546	皖 安慶	懷寧	同善堂	1909	
547	浙 寧波	鎮海	崇善會	1910	民
548	浙 湖州	濮院	永保會	1910	民
549	魯 東昌	聊城	同仁社	1910？	
550	蘇 太倉	寶山	吳淞施棺局	1910？	民
551	皖 安慶	潛山	光仁局	1911？	
552	滇 曲靖	宣威	施棺會	1911？	民
553	皖 安慶	潛山	里美堂	1911？	
554	桂 全州	全縣	施棺會	1911？	？
555	浙 寧波	鎮海	普濟會	1911？	民
556	湘 桂陽	藍山	不忍堂	1911？	？
557	浙 寧波	象山	舍棺會	1911？	民
558	皖 安慶	潛山	大義堂	1911？	
559	皖 安慶	潛山	普仁局	1911？	
560	皖 安慶	潛山	福緣局	1911？	
561	皖 安慶	潛山	興九公局	1911？	
562	皖 安慶	潛山	仁一局	1911？	
563	皖 安慶	潛山	同仁局之一	1911？	
564	皖 安慶	潛山	樂善局	1911？	民
565	皖 安慶	潛山	里仁堂	1911？	
566	滇 永昌	龍陵廳	施棺所	1911？	？
567	皖 安慶	潛山	里仁局	1911？	

編 號	府 名	縣 名	善堂名稱	創建年分	創建人身分
568	皖 安慶	灊山	仁里堂	1911？	
569	滇 昭通	昭通	施棺會	1911？	？
570	滇 雲南	宜良	施棺會	1911？	民
571	皖 安慶	灊山	西澤局	1911？	民
572	粵 廣州	香山	慎終會	1911？	民
573	皖 安慶	灊山	三元局之一	1911？	民
574	皖 安慶	灊山	五美局	1911？	民
575	皖 安慶	灊山	里仁局	1911？	
576	皖 安慶	灊山	存仁局	1911？	
577	皖 安慶	灊山	存仁局	1911？	民
578	皖 安慶	灊山	同仁局	1911？	
579	皖 安慶	灊山	積善局	1911？	
580	皖 安慶	灊山	三元會	1911？	
581	皖 安慶	灊山	同仁局之二	1911？	
582	蘇 松江	南匯	陳家橋里仁堂	1911？	
583	蘇 松江	南匯	泥城同善堂	1911？	
584	蘇 松江	南匯	施棺局	1911？	
585	蘇 松江	南匯	施濟堂	1911？	
586	蘇 淮安	阜寧	施棺局	1911？	
587	蘇 蘇州	吳縣	相城培心堂	1911？	
588	蘇 蘇州	崑新	樂善局	1911？	
589	蘇 淮安	山陽	義會公所	1911？	民

附表四　綜合性善堂

編號	府　名	縣　名	善堂名稱	創建年分	創建人身分
1	浙 杭州	杭州	悲智社	1661？	民
2	蘇 蘇州	吳縣	昌善局	1707	民
3	蘇 揚州	揚州	邵伯鎮同善堂	1729	官
4	閩 建寧	浦城	孤貧院	1742	民
5	皖 安慶	懷寧	體仁局	1744	民
6	蘇 松江	上海	同善堂	1745	官
7	蘇 松江	南匯	廣善堂	1751	民
8	川 瀘州	瀘縣	廣仁堂	1757	官
9	川 瀘州	瀘縣	體仁堂	1758	官
10	皖 廬州	合肥	廣益局	1760	官
11	皖 鳳陽	亳州	廣善局	1767	官
12	蘇 松江	金山	同善堂	1773	民
13	蘇 蘇州	崑新	永安局	1776	
14	蘇 揚州	高郵	同善會館	1782	民
15	蘇 松江	南匯	同善堂	1789	民
16	蘇 揚州	甘棠	博愛堂	1789	民
17	蘇 蘇州	長洲	同善堂	1793	
18	蘇 常州	武進	同仁堂	1794	民
19	浙 紹興	餘姚	岫陰堂	1795？	民
20	蘇 常州	武進	安西同仁堂	1795？	
21	蘇 常州	武進	通江鄉同仁堂	1795？	民
22	蘇 蘇州	信義	祝善局	1795？	民
23	蘇 常州	無錫金	同仁堂	1797	民
24	蘇 松江	青浦	同善堂	1798	民
25	蘇 松江	青浦	同仁堂	1799	民
26	蘇 松江	上海	法華鎮同仁堂	1800	官
27	蘇 松江	上海	高行鎮同仁堂	1800	官
28	蘇 常州	江陰	同善堂	1803	民
29	川 敘州	富川	廣仁堂	1805	官
30	蘇 松江	華婁	同善堂	1805	民
31	蘇 蘇州	蘇州	山陽橋惠安堂	1806	民
32	蘇 松江	華亭	同善堂	1808	民
33	蘇 松江	金山	同仁堂	1808	官
34	蘇 松江	松江	與善堂	1808	民
35	蘇 揚州	甘泉	邵伯鎮博愛堂	1809	民

編 號	府　名	縣　名	善堂名稱	創建年分	創建人身分
36	蘇 松江	華亭	後岡同善堂	1810	民
37	蘇 常州	江陰	公善堂	1810	民
38	蘇 蘇州	吳縣	祝善局	1812	民
39	蘇 松江	華亭	同仁堂	1812	民
40	蘇 蘇州	吳江震	昌善局	1812	民
41	蘇 蘇州	吳江	眾善堂	1812	民
42	蘇 蘇州	黎里	眾善堂	1812	民
43	蘇 通州	泰興	同仁堂	1815	民
44	蘇 松江	奉賢	充善堂	1815	民
45	贛 南康	星子	崇善堂	1817	官
46	皖 安慶	太湖	敦善堂	1818	民
47	川 嘉定	榮縣	同善局	1818	？
48	蘇 蘇州	蘇州	木瀆鎮濟善堂	1819	民
49	蘇 太倉	嘉定寶	羅店怡善堂	1820	民
50	滇 雲南	昆明	恤貧會公局	1820	民
51	蘇 松江	南匯	同善堂	1820	民
52	川 成都	華陽	樂善公所	1820？	民
53	蘇 淮安	阜寧	同善堂	1820？	官
54	川 夔州	雲陽	樂善堂	1821？	民
55	鄂 漢陽	夏口	自新堂	1821？	
56	蘇 江寧	六合	積德堂	1821？	民
57	蘇 蘇州	吳縣	同仁堂	1821？	民
58	蘇 蘇州	常昭	梅李鎮樂善堂	1821？	民
59	湘 長沙	善化	同仁堂	1822？	民
60	蘇 蘇州	吳江	仁善堂	1823	民
61	鄂 漢陽	漢陽	同善堂	1825	民
62	湘 永州	零陵	永善堂	1825	官
63	皖 安慶	宿松	體仁局之一	1826	民
64	皖 安慶	宿松	體仁局之二	1826	民
65	湘 長沙	長沙	同善堂	1826	民
66	蘇 蘇州	常昭	東唐墅從善局	1826	民
67	蘇 蘇州	常昭	眾善堂	1826	民
68	滇 雲南	昆明	恤貧會公局	1826？	民
69	皖 安慶	宿松	體仁局之三	1827	？
70	陝 興安	紫陽	同善堂	1827	官
71	蘇 揚州	甘泉	文德堂	1828	民
72	鄂 漢陽	漢陽	自新堂	1831	民
73	皖 太平	蕪湖	體仁局	1831？	民

編號	府　名	縣　名	善堂名稱	創建年分	創建人身分
74	蘇 松江	上海	公善堂	1832	民
75	湘 長沙	醴陵	皆不忍堂	1833	？
76	川 重慶	合州	六政	1834	官
77	蘇 松江	川沙	同善堂	1834	官
78	鄂 漢陽	漢陽	敦善堂	1835	民
79	蘇 常州	武進	敦仁堂	1835	民
80	蘇 常州	武進	壽安堂	1835	
81	蘇 常州	武進	敦仁堂	1835	民
82	湘 岳州	巴陵	敦善堂	1836	民
83	蘇 常州	江陰	同善堂	1836	民
84	蘇 松江	上海	衍善堂	1837	民
85	湘 澧州	澧州	同善堂	1838	民
86	蘇 松江	華亭	亭林同善堂	1838	民
87	蘇 常州	武進	太平永善堂	1839	
88	湘 長沙	瀏陽	同善堂	1841	民
89	蘇 常州	江陰	登仁堂	1842	官
90	蘇 松江	泗涇	輔善堂	1842	
91	蘇 松江	華莊	樂善堂	1842	民
92	蘇 松江	漕涇	同志堂	1842	
93	粵 廣州	順德	同仁社	1843	官
94	蘇 松江	新橋	祝善堂	1843	民
95	蘇 松江	新橋	存仁堂	1843	民
96	蘇 松江	上海	同仁輔元堂	1843	民
97	川 重慶	巴縣	存心堂	1844	民
98	皖 安慶	灊山	慕仁堂	1844	民
99	川 重慶	巴縣	體心堂	1844	民
100	蘇 松江	上海	悅善堂	1844	
101	蘇 松江	華亭	輔德堂	1844	民
102	鄂 漢陽	夏口	普善堂	1847	
103	蘇 松江	上海	厚仁堂	1847	民
104	鄂 黃州	黃岡	培心善堂	1848	民
105	湘 衡州	衡陽	同仁堂	1849	官
106	浙 嘉興	嘉興	同仁堂	1850	民
107	川 成都	華陽	樂善堂	1850？	民
108	皖	全椒	從善堂	1850？	民
109	蘇 通州	泰興	同善堂	1850？	
110	蘇 蘇州	吳縣	輪香局	1850？	
111	蘇 蘇州	吳縣	周急局	1850？	民

編號	府 名	縣 名	善堂名稱	創建年分	創建人身分
112	蘇 通州	泰興	體仁堂	1850？	
113	蘇 松江	漕涇	寶善堂	1850？	民
114	蘇 常州	江陰	樂善堂	1850？	民
115	蘇 蘇州	常昭	同興堂	1850？	民
116	蘇 蘇州	常昭	繼善堂	1850？	民
117	鄂 漢陽	漢陽	樂善堂	1851	民
118	湘 衡州	衡山	同善堂	1851	民
119	蘇 通州	泰興	體善堂	1852	民
120	蘇 揚州	興化	祝善會	1852？	
121	鄂 宜昌	興山	公善堂	1853	民
122	蘇 松江	婁縣	崇善堂	1853	民
123	蘇 蘇州	元和	安仁南局	1854	
124	蘇 常州	江陰	惟善堂	1854？	民
125	蘇 蘇州	新陽	正心壇	1855	民
126	粵 廣州	東莞	廣行善堂	1856	民
127	蘇 蘇州	蘇州	一仁堂	1856	民
128	鄂 漢陽	夏口	培德堂	1857	
129	鄂 漢陽	夏口	從善堂	1858	
130	鄂 漢陽	漢陽	補善堂	1858	民
131	蘇 松江	上海	仁濟堂	1858？	民
132	川 重慶	巴縣	至善堂	1859	民
133	蘇 松江	上海	果育堂	1859	民
134	鄂 荊州	宜都	同善堂	1860	民
135	川 成都	華陽	正心堂	1860	民
136	蘇 淮安	山陽	公善堂	1860	民
137	皖 徽州	祁門	勉濟局	1861	民
138	蘇 揚州	甘泉	復初堂	1861	民
139	鄂 漢陽	漢陽	近思堂	1861？	民
140	皖 安慶	懷寧	養心局	1862	民
141	鄂 漢陽	黃陂	自新堂	1862	民
142	鄂 漢陽	夏口	從仁堂	1862	
143	蘇 松江	七寶	三善堂	1862？	
144	鄂 漢陽	夏口	敦實堂	1863	
145	鄂 武昌	興國州	同善堂	1863	官
146	鄂 漢陽	夏口	安善堂	1863	
147	蘇 松江	上海	復善堂	1863	民
148	閩 建寧	浦城	同善堂	1863	民
149	蘇 常州	江陰	寶善堂	1863	民

編號	府　名	縣　名	善堂名稱	創建年分	創建人身分
150	鄂 漢陽	漢陽	敦實堂	1864	
151	皖 太平	蕪湖	善後局	1864	民
152	鄂 漢陽	漢陽	安善堂	1864	民
153	蘇 松江	南匯	益善堂	1864	民
154	鄂 宜昌	東湖	培元堂	1864？	民
155	鄂 漢陽	漢陽	補濟堂	1865	民
156	鄂 漢陽	夏口	願善堂	1865	
157	浙 湖州	烏程	善舉公所	1865	民
158	鄂 漢陽	夏口	道心堂	1865	
159	鄂 漢陽	夏口	補濟堂	1865	民
160	蘇 蘇州	吳縣	仁濟局	1865	
161	蘇 蘇州	元和	保息局	1865	民
162	鄂 漢陽	漢陽	公善局	1866	官
163	鄂 漢陽	夏口	公善堂	1866	
164	鄂 漢陽	夏口	培心堂	1866	
165	鄂 漢陽	夏口	惠滋堂	1867	
166	川 重慶	涪陵	志仁堂	1867	官
167	鄂 漢陽	夏口	普安堂	1867	
168	蘇 蘇州	吳縣	种善局	1867	民
169	蘇 揚州	甘泉	務本堂	1867？	民
170	皖 安慶	懷寧	永安局	1868	民
171	蘇 松江	松江	周浦萬緣堂	1868	民
172	蘇 常州	武進	豐北同善堂	1868	
173	鄂 漢陽	漢陽	意誠堂	1868？	民
174	蘇 松江	松江	溝沍志仁堂	1868？	民
175	湘 長沙	長沙	卹無告堂	1869	民
176	鄂 漢陽	夏口	仁善堂	1869	
177	蘇 松江	松江	法華贊育堂	1869	民
178	川 重慶	巴縣	普善堂	1870	民
179	皖 池州	貴池	生生局	1870	民
180	贛 廣信	鉛山	廣仁公宇	1870	民
181	鄂 襄陽	光化	敦善堂	1871	官
182	皖 池州	貴池	輔仁局	1871	民
183	鄂 安陸	京山	同善堂	1871	官
184	鄂 漢陽	夏口	復善堂	1871	
185	粤 廣州	廣州	愛育堂	1871	官
186	湘 岳州	平江	同善堂	1872	民
187	鄂 漢陽	夏口	善實堂	1872	

編號	府名	縣名	善堂名稱	創建年分	創建人身分
188	浙 嘉興	秀水	新塍培元堂	1872	民
189	浙 湖州	歸安	信善堂	1872	民
190	蘇 淮安	山陽	繼濟堂	1872	民
191	浙 嘉興	嘉興	仁濟堂	1873	民
192	浙 嘉興	梅里	仁濟堂	1873	民
193	鄂 武昌	大冶	與善堂	1873	官
194	湘 岳州	平江	皆不忍堂	1873	官
195	蘇 松江	上海	同仁分局	1873	
196	蘇 蘇州	吳縣	公義局	1873	民
197	川 成都	成都	慈惠堂	1873？	民
198	湘 長沙	瀏陽	三善堂	1873？	民
199	鄂 漢陽	夏口	敦仁堂	1874	
200	川 夔州	雲陽	樂善堂	1874	？
201	浙 紹興	餘姚	繼善公所	1874	？
202	閩 福州	長樂	歸善局	1874	官
203	鄂 漢陽	夏口	道生堂	1874？	
204	鄂 漢陽	夏口	永安堂	1874？	
205	閩 泉州	龍巖	同仁堂	1874？	官
206	浙 嘉興	平湖	生生集	1874？	民
207	蘇 徐州	邳州	善堂15所	1874？	
208	蘇 常州	武進	旌孝鄉存仁堂	1874？	
209	鄂 漢陽	夏口	衛生堂	1875	
210	湘 長沙	長沙	同仁小補堂	1875	民
211	浙 杭州	杭州	勸善集	1875	民
212	鄂 漢陽	夏口	鎮安堂	1875	
213	浙 湖州	歸安	惟善堂	1875	民
214	鄂 漢陽	夏口	寶善堂	1875	
215	粵 廣州	香山	與善堂	1875	民
216	鄂 漢陽	夏口	真善堂	1875？	
217	湘 永州	道州	道善堂	1876	官
218	川 重慶	合州	餘慶堂	1876？	民
219	蘇 揚州	甘泉	實濟局	1876？	民
220	鄂 漢陽	夏口	慈濟堂	1878	
221	川 重慶	巴縣	培善堂	1878	民
222	蘇 常州	江陰	培善堂	1878	民
223	蘇 蘇州	常昭	博濟堂	1878	民
224	鄂 襄陽	宜城	公善堂	1878？	？
225	鄂 漢陽	夏口	滋善堂	1879	

編號	府　名	縣　名	善堂名稱	創建年分	創建人身分
226	皖 安慶	蕪湖	積善堂	1879	民
227	川 重慶	酆都	誠善堂	1879	官
228	浙 嘉興	桐鄉	濮院保元堂	1879	民
229	蘇 松江	松江	青浦同仁分局	1879	
230	蘇 揚州	甘泉	因新局	1879	民
231	皖 池州	貴池	保安局	1880	民
232	皖	五河	同善堂	1880	官
233	贛 南昌	武寧	樂善堂	1880	官
234	川 成都	崇寧	同善堂	1882	民
235	鄂 漢陽	夏口	濟生堂	1882	
236	粵 廣州	東莞	溥生社	1882	民
237	蘇 松江	松江	北六善堂	1883？	民
238	鄂 漢陽	夏口	樂善堂	1884	
239	川 瀘州	瀘縣	安懷公所	1884	民
240	蘇 松江	上海	仁濟分堂	1884	
241	川 綏定	達縣	同德堂	1885	民
242	粵 廣州	順德	同仁善堂	1885	民
243	粵 廣州	順德	來蘇院	1885	民
244	蘇 蘇州	常昭	孚善堂	1885	民
245	蘇 蘇州	常昭	裕善堂	1885	民
246	皖 廬州	合肥	同善局	1885？	民
247	蘇 揚州	甘泉	瓊花觀粥廠	1885？	民
248	鄂 漢陽	夏口	普化堂	1886	
249	浙 紹興	餘姚	繼善新所	1887	民
250	蘇 松江	上海	高行鎮集義社	1887	民
251	粵 廣州	順德	同志善社	1887	民
252	甘 秦州	天水	同仁局	1888	？
253	川 重慶	江津	樂善堂	1888	民
254	鄂 漢陽	夏口	仁濟堂	1889	
255	粵 廣州	順德	體仁善堂	1889	民
256	滇 雲南	昆明	盡心社	1889	？
257	粵 廣州	順德	壽仁善堂	1889	民
258	蘇 松江	上海	位中堂	1889	民
259	蘇 松江	上海	曹行鎮務仁堂	1889	民
260	皖 鳳陽	宿州	善堂	1889？	官
261	粵 廣州	東莞	登善社	1890	民
262	川 重慶	巴縣	義濟堂	1891	民
263	粵 廣州	赤溪	保赤善堂	1891	？

編號	府 名	縣 名	善堂名稱	創建年分	創建人身分
264	蘇 淮安	鹽城	喻義局	1891？	官
265	蘇 松江	松江	五團善堂	1892？	官
266	粵 潮州	海陽	方便所	1893	民
267	閩 福州	長樂	宣講局	1893	民
268	川 成都	華陽	體仁慈善會	1894	民
269	粵 廣州	番禺	省躬草堂善社	1894	民
270	蘇 蘇州	常昭	東唐墅悟修堂	1894	民
271	粵 廣州	香山	福善堂	1895	民
272	蘇 松江	上海	同愿留心社	1895	民
273	滇 雲南	昆明	體仁堂	1895	？
274	陝 漢中	南鄭	同善堂	1896	民
275	蘇 松江	南匯	三墩明善堂	1896	民
276	粵 廣州	順德	贊育善堂	1896	民
277	鄂 漢陽	夏口	廣濟堂	1897	
278	川 重慶	巴縣	尊德堂	1898	民
279	鄂 漢陽	夏口	化善堂	1898	
280	蘇 揚州	甘泉	庇寒所	1898	民
281	粵 廣州	番禺	崇本善堂	1898	民
282	蘇 松江	南匯	亦善堂	1898	民
283	粵 廣州	順德	安懷善堂	1899	民
284	鄂 漢陽	夏口	聖化堂	1900	
285	粵 廣州	順德	本仁善堂	1900	？
286	陝 西安	興平	義生善堂	1901	官
287	蘇 松江	上海	同仁公濟堂	1902	民
288	川 重慶	雙流	與善公所	1903	民
289	粵 廣州	順德	同樂善堂	1903	民
290	皖 鳳陽	鳳陽	普善堂	1904	官
291	蘇 松江	上海	廣仁堂	1904	民
292	粵 廣州	順德	保濟院	1904	民
293	蘇 蘇州	常昭	同善局	1904？	民
294	蘇 蘇州	常昭	承志堂	1904？	民
295	蘇 蘇州	常昭	集善堂	1904？	
296	蘇 蘇州	常昭	與善堂	1904？	民
297	粵 廣州	順德	濟生善社	1905	民
298	蘇 松江	上海	同義善會	1905	
299	鄂 漢陽	夏口	依善堂	1906	
300	粵 廣州	順德	如春善堂	1906	民
301	蘇 松江	上海	思濟堂	1906	民

編號	府　名	縣　名	善堂名稱	創建年分	創建人身分
302	蘇 揚州	揚州	樂善中醫院	1907	民
303	川 夔州	雲陽	同樂堂	1908？	官
304	川 順慶	大竹	十全會	1908？	？
305	川 資州	眉山	慈善局	1908？	？
306	粵 廣州	順德	溥仁善堂	1908？	民
307	粵 廣州	順德	集義善社	1908？	民
308	粵 廣州	順德	志仁善堂	1908？	民
309	豫 汝寧	信陽	八善局	1908？	民
310	豫 汝寧	正陽	八善局	1908？	民
311	粵 廣州	順德	平安義院	1908？	民
312	鄂 漢陽	夏口	保安堂	1909	
313	粵 廣州	順德	集益善堂	1909	民
314	粵 廣州	香山	團益公會	1911	民
315	鄂 漢陽	夏口	普樂堂	1911？	
316	鄂 漢陽	夏口	萬安堂	1911？	
317	鄂 漢陽	夏口	友仁義社	1911？	
318	鄂 漢陽	夏口	同善社	1911？	
319	甘 秦州	秦州	同仁局	1911？	官
320	鄂 漢陽	夏口	德善堂	1911？	
321	鄂 漢陽	夏口	奠安堂	1911？	
322	鄂 漢陽	夏口	義德堂	1911？	
323	湘 澧州	慈利	同善堂	1911？	？
324	湘 桂陽	藍山	雙善堂	1911？	？
325	川 綏定	宣漢	同善局	1911？	？
326	陝 同州	大荔	近仁局	1911？	民
327	粵 廣州	順德	聯濟善堂	1911？	民
328	粵 廣州	香山	同善堂	1911？	
329	粵 廣州	順德	康濟義院	1911？	民
330	粵 廣州	順德	廣樂善堂	1911？	民
331	粵 廣州	順德	愛仁善院	1911？	民
332	粵 廣州	順德	廣愛善堂	1911？	民
333	粵 廣州	順德	輔仁社	1911？	民
334	魯 萊州	掖縣	廣仁堂	1911？	
335	蘇 松江	南匯	四團慈善局	1911？	
336	鄂 漢陽	夏口	普濟堂	1913	
337	鄂 漢陽	夏口	醫心堂	1913	
338	鄂 漢陽	夏口	同德堂	1918	

附表五　方志

編號	省分	書　名	年　分	編號	省分	書　名	年　分
1	蘇	江南通志	1684	37	蘇	金壇縣志	1885
2	蘇	江蘇省例三篇	1883	38	蘇	松江府志	1512
3	蘇	江蘇省例四篇	1890	39	蘇	松江府志	1663
4	蘇	江蘇各縣志摘鈔	萬曆	40	蘇	松江府志	1631
5	蘇	南畿志	1534	41	蘇	松江府志	1815
6	蘇	太倉州志	1642	42	蘇	松江府續志	1883
			(1678)	43	蘇	青浦縣志	1597
7	蘇	嘉定縣志	1881	44	蘇	青浦縣志	1879
8	蘇	蘇州府志	1883-84	45	蘇	婁縣志	1786
9	蘇	蘇州府志	1824-25	46	蘇	弘治上海志	1504
10	蘇	蘇州府志	1379	47	蘇	上海縣志	1588
11	蘇	蘇州府志	1691	48	蘇	上海縣志	1872
12	蘇	長洲縣志	1598	49	蘇	上海縣續志	1918
13	蘇	長洲縣志	1693	50	蘇	重修常州府志	1618
14	蘇	長洲縣志	1635-36	51	蘇	江陰縣志	1840
15	蘇	重修長洲縣志	1598	52	蘇	江陰縣志	1547
16	蘇	姑蘇志	1506	53	蘇	江陰縣志	1878
17	蘇	吳縣志	1933	54	蘇	續纂宜興荊溪縣志	1869
18	蘇	吳縣志	1642	55	蘇	宜興縣志	1797
19	蘇	常熟縣志	1539	56	蘇	武進縣志	1605
20	蘇	常昭合志稿	1904-05	57	蘇	光緒武進陽湖縣志	1879
21	蘇	常昭合志	1797-98	58	蘇	武進陽湖合志	1842
22	蘇	吳江縣志	1734-35	59	蘇	通州直隸州志	1875
23	蘇	吳江縣續志	1879	60	蘇	通州志	1530
24	蘇	吳江志	1488	61	蘇	通州志	1577
25	蘇	吳江縣志	1558	62	蘇	通州志	1578
26	蘇	吳江縣志	1567	63	蘇	重修通州志	1674
27	蘇	吳江縣志	1747	63	蘇	重修通州志	1674
28	蘇	江南通志	1736	64	蘇	直隸通州志	1755
29	蘇	吳江縣志定本	1684	65	蘇	通州直隸州志	1875
30	蘇	崑新兩縣續修合志	1881-82	66	蘇	如皋縣志	1808
31	蘇	無錫縣志	1690	67	蘇	如皋縣志	1873
32	蘇	重修鎮江府志	1597	68	蘇	如皋縣志	1618
33	蘇	鎮江府志	1685	69	蘇	光緒泰興縣志	1885
34	蘇	丹徒縣志	1683	70	蘇	泰興縣志	1597
35	蘇	丹徒縣志	1521	71	蘇	重刊江寧府志	1880
36	蘇	金壇縣志	1683	72	蘇	江寧府志	1668

編號	省分	書　　名	年　分	編號	省分	書　　名	年　分
73	蘇	上元縣志	1594	114	蘇	海州直隸州志	1811
74	蘇	上元縣志	1721	115	蘇	贛榆縣續志	1924
75	蘇	江寧縣志	1598	116	蘇	贛榆縣志	1888
76	蘇	江寧縣志	1683	117	蘇	雲台縣志	1836
77	蘇	六合縣志	1883	118	蘇	寶山縣志	1881
78	蘇	六合縣志	1684	119	蘇	朱涇志	1916
79	蘇	溧水縣志	1676	120	蘇	江灣里志	1921
80	蘇	溧水縣志	1579	121	蘇	周莊鎮志	1880
81	蘇	勾容縣志	1496	122	蘇	續修豐縣志	1894
82	蘇	續纂勾容縣志	1904	123	蘇	徐州府志	1742
83	蘇	江浦縣志	1641	124	蘇	揚州府志	1664
84	蘇	江浦縣志	1684	125	蘇	揚州府志	1810
85	蘇	淮安府志	1748	126	蘇	揚州府志	1601
86	蘇	淮安府志	1884	127	蘇	嘉靖惟揚志	1542
87	蘇	淮陰縣志	1565	128	蘇	揚州畫舫錄	1735
		（舊清河縣志）		129	蘇	兩淮鹽法志	1806
88	蘇	阜寧縣志	1886	130	蘇	江都縣志	1599
89	蘇	鹽城縣志	1747	131	蘇	江都縣志	1741
90	蘇	安東縣志	1875	132	蘇	江都縣續志	1819
91	蘇	阜寧縣新志	1933	133	蘇	興化縣志	1559
92	蘇	重修鹽城縣志	1895	134	蘇	興化縣志	1591
93	蘇	山陽縣志	1873	135	蘇	興化縣志	1684
94	蘇	續纂山陽縣志	1921	136	蘇	明隆慶儀真縣志	1566
95	蘇	淮郡文渠志	1872	137	蘇	儀真縣志	1718
96	蘇	光緒睢寧縣志	1886-87	138	蘇	重修儀徵縣志	1850
97	蘇	海州志	1572	139	蘇	儀真縣志	1567
98	蘇	溧陽縣志	1713	140	蘇	隆慶高郵州志	1572
99	蘇	法華鄉志	1922	141	蘇	高郵州志	1783
100	蘇	寶山縣續志	1921	142	蘇	高郵州志	1845
101	蘇	沐陽縣志	清	143	蘇	泰州志	1633
102	蘇	宿遷縣志	1935	144	蘇	泰州志	1827
103	蘇	宿遷縣志	1874	145	蘇	增修甘泉縣志	1885
104	蘇	邳志補	1926	146	蘇	甘泉縣志	1803
105	蘇	邳州志	1851	147	蘇	重修寶應縣志	1846
106	蘇	碭山縣志	1767	148	蘇	泰州志	1728
107	蘇	續蕭縣志	1875	149	蘇	再續高郵州志	1883
108	蘇	蕭縣志	1814	150	蘇	寶應縣志	1690
109	蘇	沛縣志	1920	151	蘇	高郵州志	1725
110	蘇	續修豐縣志	1894	152	蘇	高郵州志	1684
111	蘇	銅山縣志	1831	153	蘇	盛湖志補	1874
112	蘇	銅山縣志	1926	154	蘇	黎里續志	1898-99

編號	省分	書　名	年　分	編號	省分	書　名	年　分
156	蘇	重修寶應縣志	1841	197	蘇	崑新兩縣續補合志	1923
157	蘇	月浦里志	1934	198	蘇	吳縣城區附刊	1931
158	蘇	璜涇志稿	1830	199	蘇	木瀆小志	1921
159	蘇	重輯張堰志	1919	200	蘇	相城小志	1930
160	蘇	羅店鎮志	1881	201	蘇	光福志	1900
161	蘇	南翔鎮志	1807	202	蘇	續吳郡志	明
162	蘇	楊舍堡志稿	1883	203	蘇	吳縣志稿	民國
163	蘇	楓涇小志	1911	204	蘇	涇州志	1754
164	蘇	濮院志	1927	205	蘇	東臺縣志	1817
165	蘇	淮鹺備要	1823	206	蘇	如皋縣續志	1873
166	蘇	岳州救生局志一卷	1888	207	蘇	相城小志	1930
167	蘇	淮南鹽法紀略	1873	208	蘇	章練小志	1914
168	蘇	郟源鄉志	1916	209	蘇	光福志	1900
169	蘇	江寧府重修普育四堂志	1645	210	蘇	朱涇志	1916
				211	蘇	烏青鎮志	1916
170	蘇	江寧府重修普育四堂志	1886	212	蘇	梅里備志	1916
				213	蘇	南潯志	1859
171	蘇	江寧府重建普育堂志	1871				(1920)
172	蘇	蒸里志略	1910	214	蘇	菱湖鎮志	1893
173	蘇	黃埭鄉志	1922	215	蘇	濮院志	1927
174	蘇	虎阜志	1732	216	蘇	唐棲志	1818
175	蘇	甘棠小志	1855	217	蘇	衢縣志	1937
176	蘇	元和唯亭志	1933	218	蘇	梁山縣志	1894
177	蘇	信義志稿	1911	219	蘇	嘉興府志	1879
178	蘇	周莊鎮志	1882	220	蘇	菱湖鎮志	1893
179	蘇	震澤鎮志	1843	221	蘇	梅里備志	1893
180	蘇	新塍鎮志	1920	222	蘇	華亭縣志	1878
181	蘇	具區志	1689	223	蘇	羅店鎮志	1889
182	蘇	章練小志	1914	224	蘇	甘棠小志	1889
183	蘇	徐州府志	1881	225	蘇	江陰近事錄	1920
184	蘇	徐州府志	1874	226	蘇	盛湖志	1920-24
185	蘇	華亭縣志	1791	227	蘇	章練小志	1914
186	蘇	松江府續志	1884	228	蘇	周莊鎮志	1880
187	蘇	南匯縣續志	1929	229	蘇	震澤縣志	1893
188	蘇	溧陽縣續志	1897	230	蘇	羅店鎮志	1889
189	蘇	金山縣志	1858	231	蘇	南翔志	1889
190	蘇	金山縣志	1751	232	蘇	月浦里志	1934
191	蘇	寶山縣志	1882	233	蘇	江灣里志	1921
193	蘇	增修甘泉縣志	1881	234	蘇	法華鄉志	1922
194	蘇	重刊續纂宜荊縣志	1840	235	蘇	元和唯亭志	1922
196	蘇	錫金志外	1846	236	浙	餘姚縣志	1899

編號	省分	書　　名	年　分	編號	省分	書　　名	年　分
237	浙	諸暨縣志	1911	278	浙	富陽縣志	1902-06
238	浙	諸暨縣志	1773	279	浙	寧志餘聞	1789
239	浙	山陰縣志	1803	280	浙	海寧州志稿	1922
240	浙	會稽縣志稿	1845	281	浙	富陽縣新志補正	1911
241	浙	會稽縣志稿	道光	282	浙	海昌勝覽	1852
242	浙	紹興縣志資料	1937	283	浙	海寧州志	1775
243	浙	定海廳志	1884	284	浙	海寧縣志	1675
244	浙	象山縣志	1926	285	浙	杭州府志	1579
245	浙	象山縣志	1758	286	浙	杭州府志	1784
246	浙	鎮海縣新志備稿	1931	287	浙	杭州府志	1922
247	浙	鎮海縣志	1931	288	浙	海寧縣志	1775
248	浙	剡源鄉志	1901	289	浙	唐棲志	1898
249	浙	忠義鄉志	1901	290	浙	平瀾縣志	1932
250	浙	奉化縣志	1772	291	浙	浙江通志	1684
251	浙	鄞縣通志	1937	292	浙	紹興府志	1535
252	浙	鄞縣志	1877	293	浙	紹興府志	1792
253	浙	寧波府志	1733	294	浙	浙江通志	1561
254	浙	歸安縣志	1882	295	浙	南潯志	1922
255	浙	武康縣志	1829	296	浙	梅里備志	1862
256	浙	孝豐縣志	1877	297	浙	烏青鎮志	1936
257	浙	湖州府志	1874	298	浙	菱湖縣志	1893
258	浙	德清縣新志	1923	299	浙	杭州府志	1898
259	浙	德清縣續志	1808				(1922)
260	浙	烏青鎮志	1919	300	浙	嘉善縣志	1893
261	浙	寶前兩溪志略	1807	301	浙	嘉善縣志	1677
262	浙	長興縣志	1892	302	浙	嘉善縣志	1825
263	浙	長興縣志	1749	303	浙	嘉善縣志	1734
264	浙	雙林鎮志	1917	304	浙	嘉興縣纂修啓禎兩	明末
265	浙	南潯志	1920			朝實錄	
266	浙	南潯鎮志	1859	305	浙	嘉善縣纂修啓禎條款	1650
267	浙	烏程縣志	1746	306	浙	赤城志	乾隆
268	浙	石門縣志	1879	307	浙	義烏縣志	1640
269	浙	平湖縣志	1886	308	浙	富陽縣新舊志校記	1906
270	浙	嘉善縣志	1894	309	皖	青陽縣志	1594
271	浙	嘉興府志	1721	310	皖	銅陵縣志	1587
272	浙	嘉興府志	1879	311	皖	霍邱縣志	1596
273	浙	昌化縣志	1924	312	皖	潁州志	1547
274	浙	昌化縣志	1823	313	皖	懷遠縣志	1605
275	浙	新登縣志	1922	314	皖	鳳陽縣志	1578
276	浙	餘杭縣志稿	1906	315	皖	續纂淮關統志	1881
277	浙	餘杭縣志	1808	316	皖	祁門縣志	1600

編號	省分	書　名	年　分	編號	省分	書　名	年　分
317	皖	新安志補	1562	355	皖	渦陽縣志	1924
318	皖	萬曆合肥縣志	1573	356	皖	重修蒙城縣志書	1915
319	皖	和州志	1441	357	皖	蒙城縣志	1776
320	皖	萬曆廬州府志	1575	358	皖	太和縣志	1925
321	皖	弘治桐城縣志	1490	359	皖	光緒太平府志	1903
322	皖	池州府志	1518	360	皖	太平府志	1707
323	皖	太平府志	1497	361	皖	民國英山縣志	1920
324	皖	萬曆太和縣志	1574	362	皖	寧國縣志	1825
325	皖	續溪縣志	1581	363	皖	寧國縣志	1936
326	皖	嘉靖含山邑乘	1555	364	皖	光緒霍山縣志	1905
327	皖	懷遠縣志	1539	365	皖	乾隆霍山縣志	1776
328	皖	萬曆舒城縣志	1850	366	皖	光緒重修安徽通志	1878
329	皖	東流縣志	1575	367	皖	亳州志	1825
330	皖	弘治直隸鳳陽府宿州志	1499	368	皖	亳州志	1894
				369	皖	亳州志	1774
331	皖	連平縣志	嘉靖	370	皖	光緒宿州志	1889
332	皖	正德無爲州志	1520	371	皖	建平縣志	1531
333	皖	亳州志	1564	372	皖	天長縣志	1560
334	皖	民國安徽通志稿	1934	373	皖	銅陵縣志	1563
335	皖	皖省志略	1821	374	皖	壽州志	1550
336	皖	盱眙縣志	1873	375	皖	潁志	明成化中
337	皖	盱眙縣志稿	1891 (1903)	376	皖	池州志	1545
338	皖	盱眙縣志	1747	377	皖	宿州志	1537
339	皖	備修天長縣志	1812 (1934)	378	皖	寧國府志	1536
340	皖	天長志	1550	379	皖	弘治徽州府志	1502
341	皖	玉河縣志	1894	380	皖	懷遠縣志	1819
342	皖	玉河縣志	1686	381	皖	帝鄉紀略	1599
343	皖	泗縣志略	1936	382	皖	鳳陽府誌	1785
344	皖	虹縣志	1678	383	皖	成化中都志	1488
345	皖	民國重修全椒縣志	1920	384	皖	天啓鳳書	1621
346	皖	泗虹合志	1888	385	皖	鳳陽縣志略	1936
347	皖	泗州志	1688	386	皖	東流縣志	1818
348	皖	泗州志	1788	387	皖	東流縣志	1758
349	皖	天啓新修來安縣志	1621	388	皖	建德縣志	1910
350	皖	滁陽志	1615	389	皖	建德縣志	1825
351	皖	滁州續志	1784	390	皖	建德縣志	1778
352	皖	光緒滁州直隸州志	1896	391	皖	建德縣志	1754
353	皖	康熙滁州志	1773	392	皖	皖志便覽	1898
354	皖	渦陽風土記	1924	393	皖	青陽縣志	1891
				394	皖	青陽縣志	1783
				395	皖	石埭縣志採訪冊	1824

編號	省分	書　名	年　分	編號	省分	書　名	年　分
396	皖	光緒貴池縣志	1883	436	皖	蕪湖縣志	1808
397	皖	康熙貴池縣志	1692	437	皖	蕪湖縣志	1919
398	皖	續石埭縣志	1749	438	皖	當塗縣志	1750
399	皖	康熙石埭縣志	1675	439	皖	繁昌縣志	1675
400	皖	萬曆石埭縣志	1604	440	皖	繁昌縣志書	1826
401	皖	嘉靖石埭縣志	1547	441	皖	廣德縣志	1612
402	皖	乾隆銅陵縣志	1756	442	皖	廣德州志	1536
403	皖	萬曆池州府志	1612	443	皖	民國懷寧縣志	1915
404	皖	乾隆池州府志	1779	444	皖	乾隆英山縣志	1756
405	皖	休寧縣志	1815	445	皖	六安州志	1872
406	皖	康熙休寧縣志	1690	446	皖	乾隆六安州志	1751
407	皖	績溪縣志	1810	447	皖	萬曆六安州志	1584
408	皖	乾隆績溪縣志	1756	448	皖	民國南陵縣志	1924
409	皖	同治黟縣三志	1870	449	皖	道光旌德縣續志	1826
410	皖	嘉慶黟縣志	1812 (1825)	450	皖	嘉慶旌德縣志	1808
411	皖	同治祁門縣志	1873	451	皖	乾隆宣城縣志	1739
412	皖	祁門縣志	1827	452	皖	嘉慶寧國府志	1815
413	皖	光緒婺源縣志	1882	453	皖	寧國府志	1673
414	皖	道光續修婺源縣志	1826	454	皖	光緒宣城縣志	1888
415	皖	乾隆婺源縣志	1787	455	皖	光緒直隸和州志	1901
416	皖	乾隆婺源縣志	1757	456	皖	寧國府志	1753
417	皖	婺源縣志	1693	457	皖	萬曆寧國府志	1577
418	皖	婺源鄉土志	1908	458	皖	嘉慶歷陽典錄	1867
419	皖	歙縣志	1828	459	皖	乾隆含山縣志	1674
420	皖	民國歙縣志	1937	460	皖	正統和州志	1441
421	皖	道光重修徽州府志	1827	461	皖	乾隆和州志	1764
422	皖	乾隆歙縣志	1771	462	皖	和州志	1575
423	皖	康熙歙縣志	1690	463	皖	嘉慶廬州府志	1803
424	皖	徽郡志	1563	464	皖	潛山縣志	1920
425	皖	康熙徽州府志	1699	465	皖	道光桐城續修縣志	1827
426	皖	嘉靖徽州府志	1566	466	皖	廬州衛志	1747
427	皖	新安志	1175	467	皖	嘉慶合肥縣志	1804
428	皖	廣德州志	1794	468	皖	巢縣志	1828
429	皖	廣德州志	1881	469	皖	光緒續修廬州府志	1885
430	皖	道光涇縣續志	1825	470	皖	光緒續修舒城縣志	1897
431	皖	嘉慶太平縣志	1808	471	皖	嘉慶廬江縣志	1803
432	皖	嘉慶涇縣志	1807	472	皖	廬江縣志	1732
433	皖	乾隆太平縣志	1756	473	皖	乾隆望江縣志	1768
434	皖	雍正太平縣志	1725	474	皖	潛江縣志	1675
435	皖	光緒南陵小志	1899	475	皖	乾隆潛山縣志	1781
				476	皖	嘉靖安慶府志	1554

編號	省分	書　名	年　分	編號	省分	書　名	年　分
477	皖	萬曆望江縣志	1594	518	贛	清江縣志	1642
478	皖	道光懷寧縣志	1825	519	贛	臨江府志	1536
479	皖	民國宿松縣志	1921	520	贛	瑞州府志	1628
480	皖	同治太湖縣志	1872	521	贛	進賢縣志	1563
481	皖	康熙宿松縣志	1685	522	贛	上高縣志	1554
482	皖	乾隆太湖縣志	1761	523	贛	彭澤縣志	1582
483	皖	懷寧縣志	1686	524	贛	建昌縣志	1618
484	皖	安慶府志	1675	525	贛	靖安縣志	1565
485	皖	安慶府志	1721	526	贛	南安府志補正	1875
486	皖	潁州府志	1752	527	贛	南安府志	1868
487	皖	亳縣志略	1936	528	贛	上猶縣志	1893
488	皖	潁上縣志	1878	529	贛	上猶縣志	1823
489	皖	潁上縣志	1826	530	贛	瑞金縣志	1875
490	皖	潁上縣志	1753	531	贛	重修九江府志	1874
491	皖	霍邱縣志	1774	532	贛	廬山續志稿	1947
492	皖	重修阜陽縣志	1829	533	贛	德化縣志	1872
493	皖	阜陽縣志	1755	534	贛	廣昌縣志	1867
494	皖	宿州志	1718	535	贛	南豐縣志	1871
495	皖	萬曆宿州志	1596	536	贛	南豐縣志	1924
496	皖	壽州志	1767	537	贛	新城縣志	1751
497	皖	壽州志	1890	538	贛	新城縣志	1871
498	皖	臨淮縣志	1773	539	贛	饒州府志	1872
499	皖	鳳臺縣志	1893	540	贛	萬年縣志	1871
500	皖	靈壁縣志	1758	541	贛	德興縣志	1872
501	皖	鳳陽縣志	1775	542	贛	樂平縣志	1870
502	皖	光緒鳳陽府志	1908	543	贛	餘干縣志	1872
503	贛	泰和志	1579	544	贛	鄱陽縣志	1871
504	贛	寧都縣志	1592	545	贛	南康府志	1872
505	贛	瑞金縣志	1603	546	贛	安義縣志	1871
506	贛	崇義縣志	1553	547	贛	贛州府志	1848
507	贛	江西通志	1525	548	贛	贛州府志	1873
508	贛	贛州府志	1536	549	贛	重修贛縣志	1872
509	贛	南康府誌	1520	550	贛	信豐縣志	1664
510	贛	永豐縣志	1544	551	贛	興國縣志	1824
511	贛	瑞昌縣志	1570	552	贛	定南廳志	1825
512	贛	東鄉縣志	1524	553	贛	龍南縣志	1876
513	贛	瑞金縣志	1542	554	贛	長寧縣志	1876
514	贛	建昌府志	1517	555	贛	重修會昌縣志	1872
515	贛	臨江府志	1572	556	贛	興國縣志	1872
516	贛	袁州府志	1514	557	贛	重修吉安府志	1876
517	贛	九江府志	1527	558	贛	吉安府志	1660

編號	省分	書　　名	年　分	編號	省分	書　　名	年　分
559	贛	吉安縣紀事	1921	599	贛	南昌紀事	1920
560	贛	廬陵縣志	1920	600	贛	進賢縣志	1871
561	贛	泰和縣志	1872	601	贛	南昌府志	1873
562	贛	泰和縣志	1878-79	602	贛	江西通志	1732
563	贛	安福縣志	1872	603	贛	江西全省輿圖	1868
564	贛	萬安縣志	1873	604	贛	江西考古錄	1767
565	贛	永寧縣志	1874	605	贛	江西通志	1880
566	贛	寧岡縣志	1919	606	鄂	來鳳縣志	1866
			(1937)	607	鄂	利川縣志	1894
567	贛	永新縣志	1874	608	鄂	施南府志	1871
568	贛	臨江府志	1871	609	鄂	恩施縣志	1868
569	贛	新淦縣志	1873	610	鄂	建始縣志	1842
570	贛	新喻縣志	1873	611	鄂	建始縣志	1866
571	贛	清江縣志	1870	612	鄂	咸豐縣志	1865
572	贛	袁州府志	1874	613	鄂	宜昌府志	1885
573	贛	萬載縣志	1940	614	鄂	歸州志	1882
574	贛	續修萍鄉縣志	1872	615	鄂	興山縣志	1885
575	贛	昭萍志略	1912	616	鄂	歸州志	1866
576	贛	分宜縣志	1940	617	鄂	巴東縣志	1866
577	贛	分宜縣志	1871				(1880)
578	贛	鹽乘	1917	618	鄂	長樂縣志	1875
579	贛	續修上高縣志	1870	619	鄂	鄖陽府志	1870
580	贛	高安縣志	1871	620	鄂	鄖西縣志	1886
581	贛	瑞州府志	1873	621	鄂	竹谿縣志	1867
582	贛	廣信府志	1873	622	鄂	鄖陽府志	1797-
583	贛	玉山縣志	1873				1809
584	贛	鉛山縣志	1873	623	鄂	鄖縣志	1866
585	贛	興安縣志	1871	624	鄂	鄖西縣志	1936
586	贛	廣豐縣志	1872	625	鄂	保康縣志	1866
587	贛	上饒縣志	1870	626	鄂	竹山縣志	1865
588	贛	貴溪縣志	1871	627	鄂	竹山縣志	1785
589	贛	撫州府志	1554	628	鄂	房縣志	1865
590	贛	撫州府志	1876	629	鄂	荊門直隸州志	1868
591	贛	樂安縣志	1871	630	鄂	荊門州志	1754
592	贛	宜黃縣志	1825	631	鄂	當陽縣志	1866
593	贛	宜黃縣志	1871	632	鄂	當陽縣補續志	1889
594	贛	安仁縣志	1872	633	鄂	遠安縣志	1866
595	贛	奉新縣志	1824	634	鄂	潛江縣志	1879
596	贛	武寧縣志	1870	635	鄂	潛江縣志	1694
597	贛	南昌縣志	1935	636	鄂	享山縣志	1882
598	贛	豐城縣志	1825	637	鄂	鍾祥沿革考	1933

編號	省分	書　名	年　分	編號	省分	書　名	年　分
638	鄂	鍾祥縣志	1937	677	鄂	同治續輯漢陽縣志	1868
639	鄂	鍾祥縣志	1867	678	鄂	漢陽縣識	1884
640	鄂	襄陽府志	1760	679	鄂	夏口縣志	1920
641	鄂	興都志	1542	680	鄂	漢川縣志	1873
642	鄂	襄陽府志	1885	681	鄂	漢口叢談	1822
643	鄂	襄陽縣志	1874	682	鄂	黃陂縣志	1871
644	鄂	棗陽縣志	1923	683	鄂	黃陂縣志稿	道光末年
645	鄂	棗陽縣志	1865	684	鄂	黃陂縣志	1556
646	鄂	南漳縣志集鈔	1815 (1865)	685	鄂	孝感縣志	1882
				686	鄂	沔陽州志	1531
647	鄂	南漳縣志	1922	687	鄂	沔陽州志	1894
648	鄂	宜城縣續志	1883 (1907)	688	鄂	黃州府志	1884
				689	鄂	黃州府志	1500
649	鄂	宜城縣志	1866	690	鄂	麻城縣志前編、	1935
650	鄂	光化縣志	1884			續編	
651	鄂	光化縣志	1515	691	鄂	羅田縣志	1542
652	鄂	續輯均州志	1884	692	鄂	蘄州志	1536
653	鄂	穀城縣志	1867	693	鄂	蘄州志	1884
654	鄂	荊州府志	1880	694	鄂	黃岡縣志	1882
655	鄂	嘉靖荊州府志	1532	695	鄂	黃岡縣志	1608
656	鄂	江陵縣志	1876	696	鄂	黃岡縣志	1848
657	鄂	江陵縣志	1794	697	鄂	蘄水縣志	1880
658	鄂	公安縣志	1874	698	鄂	黃安縣志	1869
659	鄂	公安縣志	1721	699	鄂	麻城縣志	1882
660	鄂	公安縣志	1543	700	鄂	廣濟縣志	1872
661	鄂	石首縣志	1736	701	鄂	續修黃梅縣志	1876
662	鄂	監利縣志	1872	702	鄂	蘄州志	1755
663	鄂	松滋縣志	1869	703	鄂	湖北通志	1804
664	鄂	枝江縣志	1866	704	鄂	湖廣通志	1733
665	鄂	宜都縣志	1866	705	鄂	湖廣總志	1591
666	鄂	德安府志	1888	706	鄂	崇陽縣志	1866
667	鄂	雲夢縣志略	1840	707	鄂	興國州志	1889
668	鄂	續雲夢縣志略	1883	708	鄂	大治縣志	1867
669	鄂	安陸縣志補正	1872	709	鄂	通山縣志	1665
670	鄂	安陸縣志	1843	710	鄂	興國州志補編	1903
671	鄂	應城縣志	1882	711	鄂	大治縣志續編	1884
672	鄂	隨州志	1869	712	鄂	蒲圻縣志	1836
673	鄂	嘉靖隨志	1539	713	鄂	續輯咸寧縣志	1882
674	鄂	應山縣志	1540	714	鄂	武昌縣志	1885
675	鄂	漢陽府志	1747	715	鄂	江夏縣志	1869
676	鄂	漢陽府志	嘉靖	716	鄂	嘉魚縣志	1449

編號	省分	書　　名	年　分	編號	省分	書　　名	年　分
717	鄂	莆圻縣志	1866	757	湘	澧州直隸州志	1562
718	鄂	興國州志	1554	758	湘	臨湘縣志	1872
719	鄂	湖北輿地記	1894	759	湘	平江縣志	1874-75
720	鄂	湖北通志	1921	760	湘	巴陵縣志	1891
721	湘	長沙縣志	1810	761	湘	巴陵縣志	1872
722	湘	靖州鄉土志	1908	762	湘	岳州府志	萬曆
723	湘	靖州志	洪武	763	湘	岳州府志	隆慶
724	湘	古丈縣志地方人情		764	湘	華容縣志	1882
		風俗彙編		765	湘	永州府志	1382
725	湘	古丈坪廳志	1694	766	湘	江華縣志	1601
726	湘	龍山縣志	1878	767	湘	江華縣志	1870
727	湘	晃州廳志	1936	768	湘	寧遠縣志	1875
728	湘	永綏廳志	1909	769	湘	寧遠縣志	1811
729	湘	乾州廳志	1877	770	湘	道州志	1877
730	湘	重修會同縣志	1876	771	湘	東安縣志	1875
731	湘	州府義田總記	1845	772	湘	祁陽縣志	1870
732	湘	永順縣志	1930	773	湘	零陵縣志	1876
733	湘	桑植縣志	1873	774	湘	永州府志	1865
734	湘	桂陽直隸州志	1869	775	湘	永州府志	1571
735	湘	藍山縣圖志	1933	776	湘	衡州府志	1536
736	湘	嘉禾縣圖志	1938	777	湘	酃縣志	1873
737	湘	彬州志	1576	778	湘	常寧志	1870
738	湘	興寧縣志	1875	779	湘	來陽縣志	1885
739	湘	汝城縣志	1932	780	湘	來陽縣志	1826
740	湘	桂東縣志	1866	781	湘	衡山縣志	1875
741	湘	黔陽縣志	1874	782	湘	衡山縣志	1488
742	湘	芷江縣志	1869	783	湘	清泉縣志	1869
743	湘	芷江縣志	1839	784	湘	清泉縣志	1763
744	湘	武陵縣志	1868	785	湘	衡陽縣志	1872
745	湘	常德府志	1547	786	湘	衡陽縣志	1820
746	湘	桃源縣志	1892	787	湘	城步縣志	1867
747	湘	永定鄉土志	1920	788	湘	新寧縣志	1893
748	湘	安鄉縣志	1936	789	湘	武岡州志	1873
749	湘	澧縣縣志	1939	790	湘	新化縣志	1549
750	湘	慈利縣志	1923	791	湘	新化縣志	1871
751	湘	慈利縣志	1869	792	湘	邵陽縣鄉土志	1907
752	湘	石門縣志	1818	793	湘	邵陽縣志	1876-77
753	湘	石門縣志	1868	794	湘	寶慶府志	1845
754	湘	慈利縣志	1573	795	湘	長沙府志	1749
755	湘	安鄉縣志	1880	796	湘	湘潭縣志	1889
756	湘	直隸澧州志	1874	797	湘	茶陵州志	1870

編號	省分	書 名	年 分	編號	省分	書 名	年 分
798	湘	安化縣志	1543	837	川	嘉慶納谿縣志	1813
799	湘	攸縣志	1871	838	川	光緒岳池縣志	1875
800	湘	湘鄉縣志	1874	839	川	道光補輯石砫廳新志	1843
801	湘	湘鄉縣志	1825	840	川	民國萬源縣志	1932
802	湘	寧鄉縣志	1702	841	川	道光城口廳志	1844
803	湘	鑿石浦志	1904	842	川	光緒秀山縣志	1891
804	湘	湘潭縣志	1553	843	川	同治理番廳志	1866
805	湘	醴陵鄉土志	1926	844	川	嘉慶合江縣志	1813
806	湘	醴陵縣志	1870	845	川	光緒丹稜縣志	1892
807	湘	瀏陽鄉土志	1967	846	川	光緒瀘州直隸州志	1882
808	湘	瀏陽縣志	1873	847	川	同治合江縣志	1871
809	湘	瀏陽縣志	1561	848	川	嘉慶江安縣志	1812
810	湘	善化縣志	1877	849	川	道光江安縣志	1829
811	湘	湘陰縣圖志	1880	850	川	道光茂州志	1831
812	湘	長沙縣志	1870	851	川	嘉慶眉州屬志	1799
813	湘	湘潭縣志	1818	852	川	光緒丹陵縣鄉土志	1906
814	湘	長沙縣志	1817	853	川	光緒青神縣志	1877
815	湘	湖南通志	1820	854	川	道光江油縣志	1840
816	湘	湖南通志	1885	855	川	道光龍安府志	1842
817	湘	湖南全省掌故備考	1888	856	川	道光石泉縣志	1834
818	湘	東湖縣志	1864	857	川	康熙石泉縣志	1687
819	川	大足縣志	1750	858	川	光緒遂寧縣志	1879
820	川	天啓新修成都府志	1621	859	川	道光蓬溪縣志	1844
821	川	嘉靖保寧府志	1543	860	川	光緒蓬溪縣續志	1899
822	川	萬曆四川總志	1619	861	川	民國中江縣志	1930
823	川	民國榮經縣志	1929	862	川	道光中江縣新志	1839
824	川	光緒名山縣志	1892	863	川	嘉慶射洪縣志	1819
			(1896)	864	川	道光樂至縣志	1840
825	川	民國西昌縣志	1925	865	川	光緒續增樂至縣志	1883
826	川	康熙蘆山縣志	1721	866	川	道光安岳縣志	1836
827	川	乾隆雅州府志	1739	867	川	光緒續修安岳縣志	1897
			(1811)	868	川	嘉慶三臺縣志	1814
828	川	民國雅安縣志	1928	869	川	光緒新修潼川府志	1897
829	川	宣統昭覺縣志稿	1920	870	川	乾隆潼川府志	1786
830	川	光緒射洪縣志	1886	871	川	同治劍州志	1873
831	川	民國夾江縣續志	1934	872	川	民國續修大竹縣志	1928
832	川	民國眉山縣志	1923	873	川	光緒西充縣志	1875
833	川	光緒梁山縣志	1894	874	川	道光大竹縣志	1822
834	川	同治重修成都縣志	1873	875	川	同治渠縣志	1864
835	川	民國富順縣志	1931	876	川	民國渠縣志	1932
836	川	民國江津縣志	1924	877	川	民國南充縣志	1929

編號	省分	書　　名	年　分	編號	省分	書　　名	年　分
878	川	民國渠縣志	1940	916	川	光緒珙縣志	1883
879	川	光緒蓬州志	1897	917	川	光緒興文縣志	1887
880	川	同治營山縣志	1870	918	川	同治增修萬縣志	1866
881	川	民國南江縣志	1922	919	川	咸豐開縣志	1853
882	川	光緒德陽縣志續編	1905	920	川	咸豐雲陽縣志	1854
883	川	民國德陽縣志	1939	921	川	道光夔州府志	1891
884	川	道光德陽縣新志	1837	922	川	光緒長壽縣志	1875
885	川	道光巴州志	1833	923	川	光緒榮昌縣志	1883
886	川	咸豐閬中縣志	1851	924	川	道光墊江縣志	1828
887	川	道光南部縣志	1849	925	川	民國墊江縣鄉土志	1917
888	川	民國重修廣元縣志稿	1940	926	川	光緒酆都縣志	1893
889	川	乾隆廣元縣志	1757	927	川	同治酆都縣新志	1873
890	川	道光重修昭化縣志	1864	928	川	民國酆都縣鄉土志	1929
891	川	道光保寧府志	1821	929	川	光緒江津縣志	1875
892	川	嘉慶羅江縣志	1815	930	川	光緒銅梁縣志	1875
			(1865)	931	川	同治涪州志	1870
893	川	光緒綿竹縣鄉土志	1908	932	川	道光重慶府志	1843
894	川	同治安縣志	1864	933	川	光緒合州志	1876
895	川	咸豐重修梓潼縣志	1858	934	川	乾隆巴縣志	1760
896	川	嘉慶續纂綿州直隸	1812	935	川	光緒定遠縣志	1875
		州志		936	川	嘉慶漢州志	1812
897	川	道光榮縣志	1842	937	川	同治續漢州志	1869
898	川	乾隆威遠縣志	1775	938	川	光緒彭縣志	1878
899	川	民國重修南川縣志	1931	939	川	同治郫縣志	1870
900	川	嘉慶洪雅縣志	1813	940	川	道光新都縣志	1844
901	川	光緒洪雅縣志	1884	941	川	民國雙流縣志	1937
902	川	嘉慶夾江縣志	1813	942	川	同治續金堂縣志	1867
903	川	嘉慶峨嵋縣志	1813	943	川	嘉慶溫江縣志	1815
904	川	嘉慶犍爲縣志	1814	944	川	宣統溫江鄉土志	1909
905	川	嘉慶宜賓縣志	1822	945	川	光緒新繁縣鄉土志	1907
906	川	嘉慶馬邊廳志略	1805	946	川	同治續修新繁縣志	1873
907	川	民國筠連縣志	1948	947	川	光緒雙流縣志	1894
908	川	同治筠連縣志	1873	948	川	嘉慶金堂縣志	1844
909	川	同治南溪縣志	1874	949	川	灌記初稿	1894
910	川	道光南溪縣志	1840	950	川	雍正四川通志	1733
911	川	同治富順縣志	1872	951	川	蜀故	1898
912	川	道光富順縣志	1827	952	川	民國四川郡縣志	1935
913	川	乾隆富順縣志	1777	953	川	蜀典	1876
			(1882)	954	川	光緒灌縣鄉土志	1906
914	川	光緒敘州府志	1895	955	川	乾隆灌縣志	1786
915	川	慶符縣志	1876	956	川	宣統新津縣鄉土志	1909

編號	省分	書　名	年分	編號	省分	書　名	年分
957	川	嘉慶崇寧縣志	1813	997	川	民國松藩縣志	1924
958	川	光緒簡州續志	1897	998	川	民國樂至縣志又續	1929
959	川	光緒增修崇慶州志	1877	999	川	民國資中縣續修資州志	1929
960	川	嘉慶華陽縣志	1816				
961	川	嘉慶什邡縣志	1812	1000	川	民國遂寧縣志	1929
962	川	宣統成都通覽	1909	1001	川	民國三臺縣志	1931
963	川	嘉慶成都縣志	1815	1002	川	民國重修郫都縣志	1927
964	川	民國重修宣漢縣志	1931	1003	川	光緒井研縣志	1900
965	川	光緒太平縣志	1893	1004	川	咸豐資陽縣志	1860
966	川	嘉慶達縣志	1815	1005	川	道光忠州直隸州志	1826
967	川	嘉慶邛州直隸州志	1818	1006	川	同治壁山縣志	1865
968	川	同治大邑縣志	1867	1007	川	民國涪陵縣續修涪州志	1928
969	川	同治仁壽縣志	1866				
970	川	光緒內江縣志	1883	1008	川	道光江北廳志	1844
971	川	民國古宋縣志初稿	1931	1009	川	民國華陽縣志	1934
972	川	道光仁壽縣新志	1837	1010	川	民國榮縣志	1929
973	川	光緒資州直隸州志	1876	1011	川	民國重修什邡縣志	1929
974	川	嘉慶羅江縣志稿	1802	1012	川	民國樂山縣志	1934
975	川	嘉靖洪雅縣志	1562	1013	川	光緒黔江縣志	1894
976	川	嘉靖雲陽縣志	1541	1014	川	民國犍爲縣志	1937
977	川	嘉靖馬湖府志	1555	1015	川	光緒威遠縣志三編	1877
978	川	正德夔州府志	1513	1016	川	宣統峨眉縣續志	1935
979	川	民國北川縣志	1932	1017	川	民國溫江縣志	1921
980	川	民國名山縣新志	1930	1018	川	民國崇慶縣志	1926
981	川	民國內江縣志	1925	1019	川	民國重修新都縣志	1929
982	川	光緒補纂仁壽縣原志	1802 (1881)	1020	川	民國巴縣志	1939
983	川	民國重修大邑縣志	1929	1021	川	民國合川縣志	1920
984	川	民國邛崍縣志	1922	1022	川	民國綦江縣志	1938
985	川	民國南溪縣志	1937	1023	川	光緒永川縣志	1894
986	川	民國武勝縣新志	1931	1024	川	光緒增修灌縣志	1886
987	川	民國雲陽縣志	1935	1025	川	民國金堂縣續志	1921
988	川	光緒奉節縣志	1893	1026	川	嘉慶四川通志	1816
989	川	民國綿陽縣志	1932	1027	川	民國崇寧縣志	1925
990	川	民國敘永縣志	1933	1028	川	道光新津縣志	1922
991	川	民國合江縣志	1929	1029	川	民國簡陽縣續志	1931
992	川	民國瀘縣志	1938	1030	閩	永春州志	1847
993	川	民國綿竹縣志	1919	1031	閩	永春州志	1786
994	川	光緒大寧縣志	1885	1032	閩	道光福建通志	1868
995	川	同治彰明縣志	1871	1033	閩	乾隆泉州府志	1763
996	川	光緒廣安州新志	1927	1034	閩	福州府志	1754
				1035	閩	乾隆安溪縣志	1757

編號	省分	書　　名	年　分	編號	省分	書　　名	年　分
1036	閩	宣統泉州鄉土地理志	1910	1074	閩	漳浦縣志	1700
1037	閩	閩中沿革表	道光	1075	閩	南平縣志	1921
1038	閩	乾隆福建通志	1737	1076	閩	壽寧縣志	1686
1039	閩	光緒漳州府志	1877	1077	閩	武夷山志	1751
1040	閩	光緒平潭廳鄉土志	1906	1078	閩	順昌縣志	1832
		略稿		1079	閩	光澤縣志	1897
1041	閩	萬曆永福縣志	1612	1080	閩	永春州志	1787
1042	閩	閩侯縣志	1933	1081	閩	福鼎縣志	1806
1043	閩	閩都記	1612	1082	閩	永安縣志	1732
1044	閩	邵武府志	1900	1083	閩	莆田水利志	1875
1045	閩	福寧府志	1762	1084	閩	閩縣鄉土志	
1046	閩	汀州府志	1752	1085	閩	侯官縣鄉土志	
1047	閩	連江縣志	1927	1086	閩	永安縣續志	1834
1048	閩	永泰縣志	1922	1087	閩	大田縣志	1931
1049	閩	福安縣志	1884	1088	閩	尤溪縣志	1927
1050	閩	平潭縣志	1923	1089	閩	永春縣志	1930
1051	閩	莆田縣志	1879	1090	閩	松溪縣志	1700
1052	閩	晉江縣志	1765	1091	閩	周墩區志	1938
1053	閩	同安縣志	1919	1092	閩	明溪縣志	1943
1054	閩	永福縣志	1749	1093	閩	長泰縣志	1748
1055	閩	龍巖州志	1835	1094	閩	建陽縣志	1929
1056	閩	龍巖縣志	1920	1095	閩	崇安縣新志	1941
1057	閩	長汀縣志	1879	1096	閩	連城縣志	1938
1058	閩	寧化縣志	1635	1097	閩	閩小記	乾隆
1059	閩	雲霄廳志	1816	1098	閩	僊遊縣志	1771
1060	閩	龍溪縣志	1762	1099	閩	閩雜記	1985
			(1879)	1100	閩	嘉靖延平府志	
1061	閩	平和縣志	1719	1101	閩	嘉靖建寧府志	
1062	閩	漳平縣志	1830	1102	閩	嘉靖尤溪縣志	1527
1063	閩	歐寧縣志	1693	1103	閩	嘉靖安溪縣志	
1064	閩	建甌縣志	1929	1104	閩	嘉靖惠安縣志	1530
1065	閩	浦城縣志	1900	1105	閩	嘉靖龍溪縣志	
1066	閩	政和縣志	1919	1106	閩	嘉靖邵武府志	
1067	閩	馬巷廳志	1777	1107	閩	嘉靖建陽縣志	
			(1893)	1108	閩	金門志	1882
1068	閩	延平府志	1660	1109	閩	廈門志	1839
1069	閩	古田縣志	1751	1110	閩	弘治長樂縣志	1503
1070	閩	閩清縣志	1921	1111	閩	萬曆政和縣志	1599
1071	閩	霞浦縣志	1929	1112	閩	萬曆羅源縣志	
1072	閩	寧洋縣志	1875	1113	閩	萬曆南靖縣志	1598
1073	閩	建寧縣志	1919	1114	閩	萬曆福州府志	1613

編號	省分	書　　名	年　分	編號	省分	書　　名	年　分
1115	閩	萬曆邵武府志	1619	1155	粵	光緒香山縣志	1879
1116	閩	萬曆古田縣志	1606	1156	粵	道光香山縣志	1828
1117	閩	萬曆將樂縣志	1585	1157	粵	羊城古鈔	1806
1118	閩	萬曆福寧州志	1614	1158	粵	廣東通志	1822
1119	閩	嘉靖德化縣志	1531	1159	粵	潮州府志略	1933
1120	閩	萬曆漳州府志	1573	1160	粵	新寧縣志	1893
1121	閩	萬曆寧德縣志	1591	1161	粵	長樂縣志	1845
1122	粵	潮州府志	1762	1162	粵	韶州府志	1874
1123	粵	廣州府志	1879	1163	粵	惠州府志	1881
1124	粵	民國長樂縣志	1918	1164	粵	順德縣志	1929
1125	粵	萬曆新會縣志	1609	1165	粵	新會縣志	1841
1126	粵	萬曆南海縣志	1609	1166	粵	開平縣志	1933
1127	粵	隆慶重修潮陽縣志	1572	1167	粵	恩平縣志	1825
1128	粵	萬曆西寧縣志	1592	1168	粵	三水縣志	1819
1129	粵	嘉靖韶州府志	1542	1169	粵	興寧縣志	1856
1130	粵	萬曆普寧縣志略	1610	1170	粵	海豐縣志	1750
1131	粵	光緒定安縣志	1878	1171	粵	陸豐縣志	1745
1132	粵	道光高州府志	1827	1172	粵	潮陽縣志	1884
1133	粵	道光廉州府志	1833	1173	粵	瓊州府志	1841
1134	粵	光緒石城縣志	1892				(1890)
1135	粵	嘉慶石城縣志	1819	1174	粵	番禺縣志	1871
1136	粵	雍正羅定州志	1730	1175	粵	番禺縣續志	1931
1137	粵	民國陽春縣志	1949	1176	粵	南海縣志	1835
1138	粵	同治高要續修志稿	1863	1177	粵	順德龍江鄉志	1926
1139	粵	道光欽州志	1834	1178	粵	東莞縣志	1921
1140	粵	民國高要縣志初編	1949	1179	粵	龍門縣志	1936
1141	粵	康熙廣寧縣志	1687	1180	粵	清遠縣志	1880
1142	粵	道光佛山忠義鄉志	1923	1181	粵	花縣志	1890
1143	粵	嘉慶和平縣志	1934	1182	粵	赤溪縣志	1920
1144	粵	民國續修翁源縣志初稿	1974	1183	粵	高要縣志	1826
				1184	粵	四會縣志	1925
1145	粵	乾隆翁源縣志	1765	1185	粵	曲江縣志	1875
1146	粵	民國大埔縣志	1943	1186	粵	直隸南雄州志	1824
1147	粵	民國潮州志匯編	1946	1187	粵	樂昌縣志	1871
1148	粵	嘉靖潮州府志	1547	1188	粵	澄海縣志	1815
1149	粵	雍正海陽縣志	1733	1189	粵	歸善縣志	1783
1150	粵	雍正澄海縣志	1731	1190	粵	海陽縣志	1900
1151	粵	同治新會縣續志	1871	1191	粵	茂名縣志	1888
1152	粵	道光南海縣志	1835	1192	粵	吳川縣志	1888
1153	粵	雍正廣東通志	1731	1193	粵	高州府志	1889
1154	粵	乾隆香山縣志	1750	1194	粵	廣東圖說	同治

編號	省分	書　　名	年　分	編號	省分	書　　名	年　分
1195	粵	廣東輿地圖說	1909	1236	粵	儋縣志	1936
1196	粵	澳門紀略	1751	1237	粵	樂昌縣志	1931
1197	粵	肇慶府志	1833	1238	粵	羅定縣志	1935
1198	粵	香山縣志	1920	1239	粵	從化縣志	1710
1199	粵	西寧縣志	1830	1240	粵	揭陽縣正續志	1779
1200	粵	廣寧縣志	1824	1241	粵	惠志略	1560
1201	粵	豐順縣志	1884	1242	粵	仁化縣志	1594
1202	粵	電白縣志	1825	1243	粵	欽州志	1539
1203	粵	惠來縣志	1731	1244	粵	翁源縣志	1686
1204	粵	嘉應州志	1898	1245	粵	潮陽縣志	1572
1205	粵	連陽八排風土記	1708	1246	粵	惠州府志	1595
1206	粵	增城縣志	1820	1247	粵	感恩縣志	1931
1207	粵	遂溪縣志	1848	1248	桂	田西縣志	1938
1208	粵	德慶州志	1899	1249	桂	臨桂縣志	1802
1209	粵	臨高縣志	1892				(1880)
1210	粵	連山綏猺廳志	1837	1250	桂	雷平縣志稿	1946
1211	粵	瓊山縣志	1857	1251	桂	歸順直隸州志	1848
1212	粵	佛岡廳志	1951	1252	桂	同正縣志	1933
1213	粵	陽江縣志	1822	1253	桂	崇善縣志	1937
1214	粵	東安縣志	1823	1254	桂	鎮安府志	1892
1215	粵	瓊東縣志	1820	1255	桂	凌雲縣志	1942
1216	粵	翁源縣新志	1820	1256	桂	百色廳志	1891
1217	粵	新安縣志	1820	1257	桂	遷江縣志	1935
1218	粵	普寧縣志	1745	1258	桂	遷江縣志	1891
1219	粵	宣統高要縣志	1938	1259	桂	宜北縣志	1937
1220	粵	仁化縣志	1931	1260	桂	思恩縣志	1935
1221	粵	化州志	1834	1261	桂	天河縣鄉土志	民國
1222	粵	平遠縣志	1820	1262	桂	天河縣志	1826
1223	粵	永安縣三志	1832	1263	桂	柳城縣志	1940
1224	粵	石城縣志	1931	1264	桂	三江縣志	1946
1225	粵	始興縣志	1926	1265	桂	來賓縣志	1936
1226	粵	南海縣續志	1910	1266	桂	象州志	1870
1227	粵	封川縣志	1835	1267	桂	柳州縣志	1764
1228	粵	徐聞縣志	1911	1268	桂	馬平縣志	1764
1229	粵	恩平縣志	1934	1269	桂	雒容縣志	1934
1230	粵	海康縣志	1687	1270	桂	融縣志	1936
1231	粵	高明縣志	1894	1271	桂	羅城縣志	1935
1232	粵	順德縣志	1853	1272	桂	昭平縣志	1934
1233	粵	揭陽縣續志	1880	1273	桂	賀縣志	1934
1234	粵	陽山縣志	1938	1274	桂	鍾山縣志	1933
1235	粵	陽江志	1925	1275	桂	富川縣志	1890

編號	省分	書　名	年　分	編號	省分	書　名	年　分
1276	桂	恭城縣志	1889	1316	滇	鄧川州志	1853
1277	桂	平樂縣志	1903	1317	滇	趙州志(鳳儀縣志)	1914
1278	桂	平樂縣志	1884	1318	滇	浪穹縣志略	1903
1279	桂	龍勝廳志	1846	1319	滇	雲南縣志	1890
1280	桂	全縣志	1935	1320	滇	大理縣志稿	1916
1281	桂	全州志	1799	1321	滇	龍陵縣志	1917
1282	桂	義寧縣志	1821	1322	滇	永昌府志	1885
1283	桂	榴江縣志	1937	1323	滇	騰越廳志稿	1887
1284	桂	陽朔縣志	1936	1324	滇	騰越州志	1790
1285	桂	靈川縣志	1929	1325	滇	景東縣志稿	1923
1286	桂	陸川縣志	1924	1326	滇	新平縣志	1933
1287	桂	續修興業縣志	1811	1327	滇	元江志稿	1922
1288	桂	北流縣志	1880	1328	滇	普洱府志	1897
1289	桂	博白縣志	1832	1329	滇	師宗州志	1729
1290	桂	鬱林州志	1894	1330	滇	廣西府志	1739
1291	桂	貴縣志	1934	1331	滇	富州縣志	1932
1292	桂	平南縣鑑	1940	1332	滇	廣南府志	1848
1293	桂	桂平縣志	1920	1333	滇	馬關縣志	1932
1294	桂	懷集縣志	1916	1334	滇	黎縣舊志	乾隆
1295	桂	岑溪縣志	1744	1335	滇	阿迷州志	1735
1296	桂	容縣志	1897	1336	滇	石屏縣志	1938
1297	桂	藤縣志	1908	1337	滇	石屏州志	1759
1298	桂	梧州府志	1873	1338	滇	石屏續志	1780
1299	桂	上林縣志	1934	1339	滇	河西縣志	1788
1300	桂	隆安縣志	1934	1340	滇	建水州志	1731
1301	桂	新寧州志(扶南縣志)	1878	1341	滇	續修蒙自縣志	1791
1302	桂	邕寧縣志	1937	1342	滇	楚雄縣志	1910
1303	桂	廣西通志	1800 (1865)	1343	滇	路南縣志	1917
				1344	滇	澂江縣鄉土資料	民國
1304	桂	廣西通志	1733	1345	滇	昭通縣志稿	1936
1305	滇	順寧府志稿	1904	1346	滇	昭通縣志	1924
1306	滇	高嶢志	1939	1347	滇	巧家縣志	1942
1307	滇	瀘水志	1932	1348	滇	尋甸府志	1550
1308	滇	鎮越縣志	1938	1349	滇	羅平縣志	1932
1309	滇	鎮南州志	1891	1350	滇	陸涼州志	1752
1310	滇	鹽豐縣志	1922	1351	滇	霑益州志	1885
1311	滇	續修白鹽井志	1901	1352	滇	宣威縣地志	
1312	滇	白鹽井志	1730	1353	滇	宣威縣志稿	1934
1313	滇	姚州志	1885	1354	滇	宣威州志	1844
1314	滇	蒙化志稿	1919	1355	滇	南寧縣志	1852
1315	滇	鶴慶州志	1894	1356	滇	平彝縣志	1705

編號	省分	書　名	年　分	編號	省分	書　名	年　分
1357	滇	祿勸縣志	1925	1398	黔	貴定一覽	1937
1358	滇	續修嵩明州志	1887	1399	黔	黔記	道光
1359	滇	嵩明州志	1889	1400	黔	黔南職方紀略	1847
1360	滇	祿豐縣志條目	1931	1401	黔	黔南識略	1848
1361	滇	呈貢縣志	1885	1402	黔	續黔書	1802
1362	滇	宜良縣志	1921	1403	黔	貴州通志	1941
1363	滇	昆明市志	1924	1404	黔	貴州通志	1741
1364	滇	昆明縣志	1901	1405	冀	大名府志	1506
1365	滇	雲南府志	1770	1406	冀	河間府志	1540
1366	滇	滇繫	1808	1407	冀	定縣志	1934
1367	滇	雲南備徵志	1831	1408	冀	翟城村志	1925
1368	滇	續雲南通志稿	1901	1409	冀	嘉靖灤州志	1548
1369	滇	雲南通志稿	1835	1410	冀	邯戰縣志	1646
1370	滇	雲南通志	1736	1411	冀	清河縣志	1565
1371	滇	雲南通志	1576	1412	冀	內邱縣志	1642
1372	滇	續修馬龍縣志	1917	1413	冀	廣宗縣志	1598
1373	黔	納雍縣志		1414	冀	真定府志	1547
1374	黔	永寧州志	1837	1415	冀	保定府志	1607
1375	黔	興義縣政一覽	1944	1416	冀	河間府志	1615
1376	黔	普安縣志	1926	1417	冀	永寧縣志	1602
1377	黔	普安廳志	1889	1418	冀	任縣志	1568
1378	黔	普安州志	1536	1419	冀	河間乘史	1601
1379	黔	印江縣志	1837	1420	冀	順德府志	弘治
1380	黔	沿河縣志	1943	1421	冀	滄州志	1603
1381	黔	黃平州志	1801	1422	冀	景州志	1512
1382	黔	德江縣志	1942	1423	冀	隆慶豐潤縣志	1570
1383	黔	思南府志	嘉靖	1424	冀	故城縣志	1592
1384	黔	天柱縣志	1683	1425	冀	威縣志	1620
1385	黔	八寨縣志稿	1931	1426	冀	廣平縣志	1608
1386	黔	三合縣志略	1940	1427	冀	新修清豐縣志	1558
1387	黔	麻江縣志	1938	1428	冀	新河縣志	1564
1388	黔	荔波縣志	1875	1429	冀	文安縣志	1631
1389	黔	續修正安州志	1877	1430	冀	慶雲縣志	1578
1390	黔	桐梓縣志	1929	1431	冀	涿州志	1574
1391	黔	遵義新志	1948	1432	冀	薊州志	1524
1392	黔	續遵義府志	1936	1433	冀	交河縣志	1588
1393	黔	遵義府志	1841	1434	冀	任邱縣志	1578
1394	黔	餘慶縣志	1936	1435	冀	順天府志	1593
1395	黔	湄潭縣志	1899	1436	冀	固安縣志	1632
1396	黔	甕安縣志	1915	1437	冀	固安縣志	1565
1397	黔	開陽縣志稿	1940	1438	冀	香河縣志	1620

編號	省分	書　名	年分	編號	省分	書　名	年分
1439	冀	懷柔縣志	1604	1480	冀	密雲縣志	1914
1440	冀	西關志	1548	1481	冀	平谷縣志	1934
1441	冀	畿輔通志	1884	1482	冀	懷柔縣新志	1721
1442	冀	天津縣志	1739	1483	冀	房山縣志	1928
1443	冀	重修天津府志	1895	1484	冀	通州志	1879
1444	冀	山海關志	1535	1485	冀	重修居庸關志	萬曆
1445	冀	通縣志要	1941	1486	冀	順義縣志	1933
1446	冀	河北通志稿	1937	1487	冀	寶坻縣志	1745
1447	冀	南皮縣續志	1888	1488	冀	薊縣志	1944
1448	冀	南皮縣志	1932	1489	冀	薊州志	1831
1449	冀	鹽山縣新志	1916	1490	冀	昌平州志	1879
1450	冀	慶雲縣志	1855	1491	冀	昌平外志	1892
1451	冀	滄縣志	1933	1492	冀	河間縣志	1760
1452	冀	天津衛志	1934	1493	冀	獻縣志	1761
1453	冀	鹽山縣志	1868	1494	冀	獻縣志	1857
1454	冀	青縣志	1931	1495	冀	獻縣志	1925
1455	冀	重修青縣志	1882	1496	冀	阜城縣志	1734
1456	冀	滄縣志	1933	1497	冀	阜志	1672
1457	冀	重輯靜海縣志	1873	1498	冀	肅寧縣志	1754
1458	冀	靜海縣志	1934	1499	冀	交河縣志	1916
1459	冀	畿輔通志	1735	1500	冀	任邱縣志	1762
1460	冀	續天津縣志	1870	1501	冀	續補景州志	1680
1461	冀	天津市概要	1934	1502	冀	景州志	1672
1462	冀	天津誌略	1931	1503	冀	景州志	1745
1463	冀	津門雜記	1884	1504	冀	景縣志	1932
1464	冀	順天府志	1902	1505	冀	寧津縣志	1890
1465	冀	大興縣志	1685	1506	冀	吳橋縣志	1875
1466	冀	良鄉縣志	1924	1507	冀	東光縣志	1888
1467	冀	固安文獻志	1927	1508	冀	寧津縣志	1588
1468	冀	固安縣志	1859	1509	冀	順天府志	1886
1469	冀	良鄉縣志	1889				(1902)
1470	冀	永清縣志	1779	1510	冀	寧河縣志	1779
1471	冀	續永清縣志	1875	1511	冀	續修故城縣志	1885
1472	冀	香河縣志	1936	1512	冀	保定縣志	1673
1473	冀	霸縣志	1933	1513	冀	重修文安縣志	1703
1474	冀	霸縣新志	1934	1514	冀	文安縣志	1922
1475	冀	安次縣舊志	1936	1515	冀	大城縣志	1897
1476	冀	三河縣新志	1935	1516	冀	保定府志	1886
1477	冀	三河縣志	1760	1517	冀	清苑縣志	1873
1478	冀	涿縣志	1936	1518	冀	清苑縣志	1934
1479	冀	涿州續志	1875	1519	冀	滿城縣志略	1931

編號	省分	書　名	年　分	編號	省分	書　名	年　分
1520	冀	安肅縣志	1808	1559	冀	晉縣鄉土志	1928
1521	冀	定興縣志	1890	1560	冀	無極縣志	1893
1522	冀	新城縣舊志	1838	1561	冀	無極縣續志	1893
1523	冀	新城縣志	1935	1562	冀	稿城縣志續補十卷	1881
1524	冀	唐縣志	1878	1563	冀	續修稿城縣志	1933
1525	冀	望都縣志	1934	1564	冀	稿城縣志	1720
1526	冀	望都縣鄉土圖說	1905	1565	冀	稿城縣志	1534
1527	冀	慶都縣志	1678	1566	冀	稿城縣鄉土地理	1923
1528	冀	完縣新志	1934	1567	冀	新樂縣志	1885
1529	冀	容城縣志	1857	1568	冀	光緒永平府志	1879
1530	冀	容城縣志	1896	1569	冀	乾隆永平府志	1774
1531	冀	蠡縣志	1876	1570	冀	盧龍縣志	1931
1532	冀	雄縣鄉土志	1905	1571	冀	遷安縣志	1931
1533	冀	雄縣新志	1929	1572	冀	遷安縣志	1873
1534	冀	祁州續志	1875	1573	冀	撫寧縣志	1682
1535	冀	祁州志	1756	1574	冀	光緒灤州志	1898
1536	冀	康熙束鹿縣志	1671	1575	冀	光緒撫寧縣志	1877
1537	冀	乾隆束鹿縣志	1762	1576	冀	光緒樂亭縣志	1877
1538	冀	光緒束鹿鄉土志	1905	1577	冀	續修昌黎縣志	1933
1539	冀	同治束鹿縣志		1578	冀	同治重修昌黎縣志	1879
1540	冀	嘉慶束鹿縣志	1799	1579	冀	續修臨榆縣志	1929
1541	冀	安國縣新志稿	光緒	1580	冀	乾隆臨榆縣志	1756
1542	冀	高陽縣志	1933	1581	冀	光緒臨榆縣志	1878
1543	冀	正定府志	1762	1582	冀	行唐縣新志	1772
1544	冀	正定縣志	1875	1583	冀	直隸易州志	1747
1545	冀	獲鹿縣志	1736	1584	冀	乾隆淶水縣志	1743
1546	冀	獲鹿縣志	1881	1585	冀	光緒廣昌縣志	1875
1547	冀	井陘縣志料	1934	1586	冀	光緒淶水縣志	1895
1548	冀	井陘縣志	1730	1587	冀	直隸遵化州志	1794
1549	冀	井陘縣志	1875	1588	冀	光緒玉田縣志	1884
1550	冀	欒城縣志	1846	1589	冀	光緒豐潤縣志	1891
1551	冀	欒城縣志	1872	1590	冀	深州風土記	1900
1552	冀	靈壽縣志	1873	1591	冀	深州直隸州志	1827
1553	冀	靈壽縣志	1686	1592	冀	安平縣志	1692
1554	冀	平山縣志	1854 (1875)	1593	冀	饒陽縣志	1749
1555	冀	元氏縣志	1875	1594	冀	武強縣志	1831
1556	冀	元氏縣續志	1649	1595	冀	乾隆直隸定州志	1736
1557	冀	贊皇縣志	1876	1596	冀	定州續志	1860
1558	冀	晉州志	1700 (1860)	1597	冀	道光直隸定州志	1849
				1598	冀	同治深澤縣志	1862
				1599	冀	重修曲陽縣志	1904

編號	省分	書　　名	年　分	編號	省分	書　　名	年　分
1600	冀	大名府志	1853	1640	冀	新河縣志	1836
1601	冀	大名縣志	1789	1641	冀	新河縣志	1929
1602	冀	大名縣志	1934	1642	冀	南宮縣志	1559
1603	冀	元城縣志	1872	1643	冀	南宮縣志	1936
1604	冀	南樂縣志	1903	1644	冀	衡水縣志	1767
1605	冀	南樂縣志	1711	1645	冀	冀縣志	1929
1606	冀	清豐縣志	1676	1646	冀	武邑縣志	1872
			(1872)	1647	冀	武邑縣志	1694
1607	冀	東明縣新志	1933	1648	冀	南宮縣志	1831
1608	冀	開州志	1881	1649	冀	寧晉縣志	1929
1609	冀	開州志	1806	1650	冀	隆平縣志	1764
1610	冀	長垣縣志	1873	1651	冀	高邑縣志	1933
1611	冀	長垣縣志	1849	1652	冀	柏鄉縣志	1766
1612	冀	長垣縣志	1810	1653	冀	趙州屬邑志	1900
1613	冀	內邱縣志	1832	1654	冀	直隸趙州志	1897
1614	冀	任縣志	1910	1655	冀	承德府志	1830
1615	冀	唐山縣志	1881				(1886)
1616	冀	南和縣志	1749	1656	冀	承德縣志書	1910
1617	冀	鉅鹿縣志	1886	1657	冀	欽定熱河志	1781
1618	冀	廣宗縣志	1933	1658	冀	朝陽縣志	1930
1619	冀	續修廣宗縣志	1874	1659	冀	宣化府志	1757
1620	冀	續增沙河縣志	1845	1660	冀	宣化鄉土志	1711
1621	冀	沙河縣志	1757	1661	冀	宣化縣志	1711
1622	冀	續修邢臺縣志	1905	1662	冀	宣化縣新志	1922
1623	冀	廣平府志	1745	1663	冀	宣府鎮志	1536
1624	冀	重修廣平府志	1894	1664	冀	赤城縣續志	1883
1625	冀	曲周縣志	1869	1665	冀	赤城縣志	1759
1626	冀	永年縣志	1877	1666	冀	懷來縣志	1882
1627	冀	雞澤縣志	1766	1667	冀	懷來縣志	1712
1628	冀	廣平縣志	1676	1668	冀	龍門縣志	1712
1629	冀	廣平縣志	1939	1669	冀	萬全縣志	1933
1630	冀	肥鄉縣志	1867	1670	冀	萬全縣志	1742
1631	冀	邯戰縣志	1933				(1834)
1632	冀	乾隆邯戰縣志	1756	1671	冀	蔚州志	1877
1633	冀	成安縣志	1931	1672	冀	蔚縣志	1739
1634	冀	清河縣志	1883	1673	冀	蔚州志補	1745
1635	冀	磁州續志	1874	1674	冀	蔚州志	1635
1636	冀	磁州志	1703	1675	冀	延慶州志	1742
1637	冀	增修磁縣志	1941	1676	冀	延慶衛志略	1745
1638	冀	棗強縣志補正	1876	1677	冀	延慶州志	1880
1639	冀	棗強縣志	1803	1678	冀	西寧縣新志	1873

編號	省分	書　名	年　分	編號	省分	書　名	年　分
1679	冀	陽原縣志	1935	1720	魯	霑化縣志	1619
1680	冀	懷安縣志	1876	1721	魯	六安州志	1555
1681	冀	懷安縣志	1934	1722	魯	即墨縣志	1764
1682	冀	保安州鄉土志	1877	1723	魯	高唐州志	1553
1683	冀	保安州續志	1877	1724	魯	冠縣志	1608
1684	冀	保安州志	1835	1725	魯	沂州志	1608
1685	冀	察哈爾省通志	1935	1726	魯	青城縣志	1612
1686	冀	張北縣志	1935	1727	魯	齊東縣志	1617
1687	冀	口北三廳志	1758	1728	魯	山東通志	1915
1688	冀	霸州志	1548	1729	魯	山東通志	1736
1689	冀	重修趙州志	1567	1730	魯	靖海衛志	
1690	冀	廣平府志	1548	1731	魯	范縣鄉土志	1908
1691	冀	保定郡志	1494	1732	魯	德州鄉土志	光緒
1692	冀	隆慶志	1549	1733	魯	思縣鄉土志	光緒
1693	冀	雄乘	1586	1734	魯	范縣縣志	1935
1694	冀	易州志	1502	1735	魯	曹州府志	1756
1695	魯	杞紀	1706	1736	魯	曹州志	1674
1696	魯	武定志	1550	1737	魯	單縣志	1760 (1794)
1697	魯	武城縣志	1549				
1698	魯	華縣志	1515	1738	魯	曹縣志	1884
1699	魯	淄川縣志	1546	1739	魯	單縣志	1929
1700	魯	萊蕪縣志	1548	1740	魯	定陶縣志	1876
1701	魯	臨朐縣志	1552	1741	魯	定陶縣志	1916
1702	魯	夏津縣志	1540	1742	魯	城武縣志	1830
1703	魯	青州府志	1565	1743	魯	鉅野縣志	1940
1704	魯	齊乘	1564	1744	魯	續修鉅野縣志	1921
1705	魯	德州志	1576	1745	魯	鄆城鄉土志	1893民國
1706	魯	青州府志	1615	1746	魯	鄆城縣志	1893
1707	魯	平原縣志	1590	1747	魯	濮州志	1673
1708	魯	商河縣志	1637	1748	魯	濮州志	1909
1709	魯	鄒縣地理誌	1525	1749	魯	濮州續志	1711
1710	魯	諸城縣志	1603	1750	魯	觀城縣志	1838
1711	魯	弘治泰安州志	1488	1751	魯	朝城縣鄉土志	1905
1712	魯	萬曆淄川縣志	1622	1752	魯	朝城縣志	1673
1713	魯	章邱縣志	1596	1753	魯	朝城縣續志	1920
1714	魯	山東通志	1616	1754	魯	荷澤縣鄉土志	1908
1715	魯	丘縣志	1576	1755	魯	沂州府志	1760
1716	魯	蒲臺志	1591	1756	魯	臨沂縣志	1917 (1935)
1717	魯	灘縣志	1574				
1718	魯	濱州志	1583	1757	魯	費縣志	1896
1719	魯	武定府志	1588	1758	魯	費縣志	1763

編號	省分	書　名	年分	編號	省分	書　名	年分
1759	魯	沂水縣志	1827	1800	魯	鄒縣志	1715
1760	魯	郯城縣志	1763	1801	魯	鄒縣續志	1892
1761	魯	續修郯城縣志	1810	1802	魯	寧陽縣志	1879
1762	魯	莒州志	1796	1803	魯	寧陽縣續志	1887
1763	魯	日照縣志	1715	1804	魯	寧陽縣鄉土志	1907
1764	魯	日照縣志	1886	1805	魯	寧陽縣志	1851
1765	魯	沂州志	1674	1806	魯	滋陽縣志	1888
1766	魯	德縣志	1904	1807	魯	滋陽縣志	1672
1767	魯	德平縣續志	1935	1808	魯	曲阜縣志	1774
1768	魯	德平縣志	1893	1809	魯	曲阜縣志	1934
1769	魯	德平縣志	1796	1810	魯	武定府志	1859
1770	魯	續修平原縣志	1935	1811	魯	商河縣志	1836
1771	魯	平原縣志	1748	1812	魯	蒲臺縣志	1763
1772	魯	陵縣續志	1935	1813	魯	利津縣續志	1935
1773	魯	陵縣志	1846	1814	魯	霑化縣志	1891
1774	魯	陵縣鄉土志	1907	1815	魯	利津縣志續編	1758
1775	魯	德州志	1788	1816	魯	利津縣志	1883
1776	魯	臨邑縣志	1874	1817	魯	利津縣志補	1770
1777	魯	禹城鄉土志	1908	1818	魯	利津縣新志	1673
1778	魯	禹城縣志	1808	1819	魯	東平州志	1825
1779	魯	壽張縣志	1717	1820	魯	樂陵縣志	1762
1780	魯	壽張縣志	1900	1821	魯	濱州志	1860
1781	魯	兗州府志	1770	1822	魯	青城縣志	1935
1782	魯	嘉祥縣志	1908	1823	魯	青城縣志	1759
1783	魯	金鄉縣志	1862	1824	魯	無隸縣志	1925
1784	魯	濟寧直隸州續志	1927	1825	魯	海豐縣志	1670
1785	魯	濟寧縣志	1927	1826	魯	陽信縣志	1926
1786	魯	濟寧直隸州志	1778	1827	魯	陽信縣志	1759
1787	魯	濟寧直隸州志	1858	1828	魯	泰安府志	1760
1788	魯	魚臺縣志	1764	1829	魯	平陰縣志	1808
1789	魯	魚臺縣志	1889	1830	魯	平陰縣鄉土志	1908
1790	魯	嶧縣鄉土志	1904	1831	魯	車平州志	1879
1791	魯	嶧縣志	1904	1832	魯	東平縣志	1936
1792	魯	嶧縣志	1761	1833	魯	東阿縣志	1829
1793	魯	續修汶上縣志	1717	1834	魯	惠民縣鄉土志	1905
1794	魯	汶上縣志	1608	1835	魯	惠民縣志	1886
1795	魯	泗水縣志	1892				(1899)
1796	魯	泗水縣志	1662	1836	魯	肥城縣鄉土志	1908
1797	魯	滕縣志	1846	1837	魯	新泰縣志	1784
1798	魯	滕縣續志稿	1911	1838	魯	新泰縣志	1784
1799	魯	滕縣鄉土志	1907				(1891)

編號	省分	書　　名	年　分	編號	省分	書　　名	年　分
1839	魯	萊蕪縣志	1673	1880	魯	萊陽縣志	1935
1840	魯	肥城縣志	1891	1881	魯	寧海州志	1864
1841	魯	肥城縣志	1815	1882	魯	文登縣志	1839
1842	魯	新泰縣鄉土志	1908	1883	魯	榮成縣志	1840
1843	魯	重修泰安縣志	1939	1884	魯	海陽縣志	1742
1844	魯	泰安縣志	1782	1885	魯	海陽縣續志	1880
1845	魯	泰安縣志	1828	1886	魯	萊州府志	1740
1846	魯	齊東縣鄉土志	1910	1887	魯	萊州府志	1604
1847	魯	新修齊東縣志	1685	1888	魯	掖縣志	1758
1848	魯	濟陽縣志	1765	1889	魯	續掖縣志	1807
1849	魯	長清縣志	1835	1890	魯	再續掖縣志	1841
1850	魯	長清縣志	1935	1891	魯	三續掖縣志	1893
1851	魯	齊河縣志	1735	1892	魯	四續掖縣志	1935
1852	魯	齊河縣志	1933	1893	魯	昌邑縣志	1742
1853	魯	桓臺縣志略	1933	1894	魯	平度州志	1849
1854	魯	新城縣志續志	1693	1895	魯	平度縣續志	1936
1855	魯	新城縣志	1933	1896	魯	平度州志	1666
1856	魯	長山縣志	1801	1897	魯	濰縣志	1941
1857	魯	淄川縣志	1776	1898	魯	濰縣鄉土志	1907
1858	魯	三續淄川縣志	1920	1899	魯	濰縣志	1760
1859	魯	鄒平縣志	1836	1900	魯	增修膠州志	1931
1860	魯	章邱縣志	1833	1901	魯	重修膠州志	1845
1861	魯	章邱縣鄉土志	1907	1902	魯	膠澳志	1928
1862	魯	續修歷城縣志	1924	1903	魯	高密縣志	1935
1863	魯	歷城縣志	1772	1904	魯	即墨縣志	1764
1864	魯	續登州府志	1742	1905	魯	即墨縣志	1873
1865	魯	增修登州府志	1881	1906	魯	青州府志	1859
1866	魯	登州府志	1694	1907	魯	臨朐縣志	1884
1867	魯	蓬萊縣續志	1882	1908	魯	臨朐續志	1935
1868	魯	蓬萊縣志	1839	1909	魯	安邱縣志	1589
1869	魯	蓬萊縣志	1673	1910	魯	續安邱縣志	1682
1870	魯	蓬萊縣志	1961	1911	魯	續安邱新志	1920
1871	魯	黃縣志	1756	1912	魯	諸城縣續志	1834
1872	魯	黃縣志	1871	1913	魯	諸城縣志	1764
1873	魯	福山縣志稿	1931	1914	魯	增修諸城縣續志	1892
1874	魯	棲霞縣志	1754	1915	魯	青州府志	1721
1875	魯	棲霞縣續志	1879	1916	魯	益都縣志	1672
1876	魯	招遠縣志	1846	1917	魯	續修廣饒縣志	1935
1877	魯	招遠縣續志	1846	1918	魯	益都縣圖志	1907
1878	魯	牟平縣志	1936	1919	魯	續修博山縣志	1937
1879	魯	萊陽縣志	1678	1920	魯	博山縣志	1753

編號	省分	書　名	年　分	編號	省分	書　名	年　分
1921	魯	臨淄縣志	1920	1961	豫	重修信陽縣志	1936
1922	魯	博興縣志	1840	1962	豫	信陽州志	1749
1923	魯	高苑縣志	1758	1963	豫	偃師縣志	1789
1924	魯	樂安縣志	1733	1964	豫	偃師縣風土志略	1934
1925	魯	壽光縣志	1935	1965	豫	河南通志	1660
1926	魯	壽光縣志	1799	1966	豫	光州志	1886
1927	魯	昌樂縣志	1809	1967	豫	光山縣志約稿	1936
1928	魯	昌樂縣志續編	1934	1968	豫	光山縣志補刊本	1889
1929	魯	臨清直隸州志	1785	1969	豫	淅川廳志	1861
1930	魯	增訂武城縣志續編	1912	1970	豫	商城縣志	1690
1931	魯	續武城縣志	1841	1971	豫	商城縣志	1803
1932	魯	邱縣志	1782	1972	豫	息縣志	1799
1933	魯	臨清縣志	1935	1973	豫	固始縣志	1786
1934	魯	夏津縣志	1741	1974	豫	唯州志	
1935	魯	夏津縣志續編	1934	1975	豫	葉縣志	1542
1936	魯	高唐州鄉土志	1906	1976	豫	溫縣志	1577
1937	魯	東昌府志	1808	1977	豫	新蔡縣志	1579
1938	魯	續修聊城縣志	1910	1978	豫	林縣志	1596
1939	魯	聊城縣志	1663	1979	豫	陽武縣志	1591
1940	魯	堂邑縣志	1711	1980	豫	內鄉縣志	1485
1941	魯	博平縣志	1831	1981	豫	歸德府志	嘉靖
1942	魯	茌平縣志	1710	1982	豫	開封府志	1585
1943	魯	茌平縣志	1935	1983	豫	氾水縣志	1554
1944	魯	冠縣縣志	1831	1984	豫	滎陽縣志	嘉靖
1945	魯	冠縣縣志	1934	1985	豫	淇縣志	1531
1946	魯	清平縣志	1798	1986	豫	獲嘉縣志	1602
1947	魯	清平縣志	1936	1987	豫	柘城縣志	
1948	魯	莘縣志	1717	1988	豫	項城縣志	1600
1949	魯	莘縣志	1887	1989	豫	酢城縣志	1581
1950	魯	莘縣鄉土志	1909	1990	豫	武陟志	1608
1951	魯	館陶縣鄉土志	1908	1991	豫	原武縣志	1594
1952	魯	高唐州志	1907	1992	豫	登封縣志	1569
1953	魯	館陶縣志	1893	1993	豫	臨潁志	1529
1954	魯	重修恩縣志	1909				(1541)
1955	魯	恩縣志	1599	1994	豫	南陽府志	1577
			(1723)	1995	豫	懷慶府志	1566
1956	魯	威海衛志	1742	1996	豫	南陽府志	1436
1957	魯	濟南府志	1840	1997	豫	中牟縣誌	1515
1958	魯	荷澤縣志	1884	1998	豫	裕州志	1546
1959	豫	偃師縣志	1789	1999	豫	河南總志	1484
1960	豫	臥龍岡志	康熙	2000	豫	中牟縣志	1626

編號	省分	書　　名	年　分
2001	豫	河南通志	1556
2002	豫	南陽府志	1807
2003	豫	南陽府志	1694
2004	豫	南陽縣志	1691
2005	豫	新修南陽縣志	1904
2006	豫	南召縣志	1746
2007	豫	鎮平縣志	1876
2008	豫	泌陽縣志	1828
2009	豫	桐柏縣志	1753
2010	豫	內鄉縣志	1693
2011	豫	鄧州志	1755
2012	豫	唐縣志	1787
2013	豫	新野縣志	1754
2014	豫	裕州志	1740
2015	豫	葉縣志	1896
2016	豫	舞陽縣志	1835
2017	豫	汝州直隸州志	1840
2018	豫	寶豐縣志	1837
2019	豫	郟縣志	1864
2020	豫	重修盧氏縣志	1892
2021	豫	重修伊陽縣志	1838
2022	豫	閿鄉縣志	1932
2023	豫	閿鄉縣志	1894
2024	豫	閿鄉縣志	1748
2025	豫	靈寶縣志	1747
2026	豫	重修靈寶縣志	1876
2027	豫	陝州志	1891
2028	豫	陝縣志	1936
2029	豫	鞏縣志	1789
2030	豫	鞏縣志	1937
2031	豫	孟津縣志	1709
2032	豫	宜陽縣志	1881
2033	豫	登封縣志	1787
2034	豫	洛寧縣志	1917
2035	豫	澠池縣志	1810
2036	豫	永寧縣志	1790
2037	豫	嵩縣志	1767
2038	豫	靈寶縣志	1536
2039	豫	虞城縣志	1895
2040	豫	永城縣志	1901
2041	豫	夏邑縣志	1920

編號	省分	書　　名	年　分
2042	豫	鹿邑縣志圖	1896
2043	豫	鹿邑縣志	1896
2044	豫	鹿邑縣志	1753
2045	豫	寧陵縣志	1693
2046	豫	商邱縣志	1705
2047	豫	新鄭縣志	1776
2048	豫	密縣志	1923
2049	豫	密縣志	1817
2050	豫	禹縣志	1831 (1870)
2051	豫	儀封縣志	1764
2052	豫	中牟縣志	1936
2053	豫	中牟縣志	1870
2054	豫	鄢陵縣志	1833
2055	豫	洧川縣鄉土志	1900
2056	豫	洧川縣志	1818
2057	豫	尉氏縣志	1831
2058	豫	通許縣志	1771
2059	豫	杞縣志	1788
2060	豫	陳留縣志	1910
2061	豫	新修祥符縣志	1898
2062	豫	祥符縣志	1739
2063	豫	開封府志	1695
2064	豫	續河南通志	1767 (1914)
2065	豫	河南通志	1735 (1869)
2066	豫	豫乘識小錄	1873
2067	豫	陳州府志	1747
2068	豫	淮陽縣志	1934
2069	豫	淮寧縣志	1826
2070	豫	商水縣志	1747
2071	豫	商水縣志	1918
2072	豫	西華縣志	1754
2073	豫	西華縣續志	1938
2074	豫	項城縣志	1746
2075	豫	項城縣志	1914
2076	豫	沈邱縣志	1746
2077	豫	扶溝縣志	1833
2078	豫	扶溝縣志	1893
2079	豫	太康縣志	1828

編號	省分	書　名	年　分	編號	省分	書　名	年　分
2080	豫	太康縣志	1933	2121	豫	臨漳縣志	1731
2081	豫	許州志	1838	2122	豫	臨漳縣志	1904
2082	豫	許州志	1745	2123	豫	重修林縣志	1932
2083	豫	許昌縣志	1922	2124	豫	林縣志	1752
2084	豫	鄢城縣志	1754	2125	豫	內黃縣志	1739
2085	豫	臨穎縣續志	1747	2126	豫	內黃縣志初稿	1890
2086	豫	重修臨穎縣志	1915	2127	豫	續武陟縣志	1931
2087	豫	臨穎縣志	1660	2128	豫	武陟縣志	1829
2088	豫	襄城縣志	1745	2129	豫	涉縣志	1799
2089	豫	長葛縣志	1931	2130	豫	武安縣志	1739
2090	豫	長葛縣志	1748	2131	豫	懷慶府志	1789
2091	豫	鄭縣志	1916	2132	豫	河內縣志	1825
2092	豫	鄭州志	1748	2133	豫	濟源縣志	1761
2093	豫	滎陽縣志	1746	2134	豫	續濟源縣志	1813
2094	豫	續滎陽縣志	1922	2135	豫	原武縣志	1747
2095	豫	河陰縣志	1691	2136	豫	修武縣志	1840
2096	豫	滎澤縣志	1748	2137	豫	修武縣志	1931
2097	豫	汜水縣志	1928	2138	豫	陽武縣志	1745
2098	豫	衛輝府志	1788	2139	豫	溫縣志	1759
2099	豫	汲縣志	1935	2140	豫	孟縣志	1790
2100	豫	汲縣志	1755	2141	豫	孟縣志	1695
2101	豫	新鄉縣續志	1923	2142	豫	修武縣補志	1868
2102	豫	新鄉縣志	1747	2143	豫	河南府志	1779
2103	豫	獲嘉縣志	1756	2144	豫	河南府志	1695
2104	豫	淇縣志	1660	2145	豫	河南府續志	1728
2105	豫	輝縣志	1895	2146	豫	洛陽縣志	1813
2106	豫	胙城縣志	1659	2147	豫	洛陽縣志	1745
2107	豫	延津縣志	1702	2148	豫	汝寧府志	1796
2108	豫	續濬縣志	1886	2149	豫	汝陽縣志	1690
2109	豫	濬縣志	1801	2150	豫	正陽縣志	1796
2110	豫	重修渭縣志	1932	2151	豫	上蔡縣志	1690
2111	豫	滑縣志	1867	2152	豫	新蔡縣志	1795
2112	豫	封邱縣續志	1697	2153	豫	正陽縣志	1936
2113	豫	封邱縣續志	1680	2154	豫	西平縣志	1934
2114	豫	封縣志	1659	2155	豫	西平縣志	1691
2115	豫	彰德府志	1787	2156	豫	遂平縣志	1759
2116	豫	續安陽縣志	1933	2157	豫	確山縣志	1746
2117	豫	安陽縣志	1819	2158	豫	羅山縣志	1746
2118	豫	湯陰縣志	1738	2159	豫	夏邑縣志	1548
2119	豫	臨漳縣志略備考	1874	2160	豫	鄧州志	1564
2120	豫	臨漳縣志	1860	2161	豫	光山縣志	1556

編號	省分	書　　名	年　分	編號	省分	書　　名	年　分
2162	豫	許州志	1538-41	2202	晉	垣曲縣志	1672
2163	豫	開州志	1534	2203	晉	垣曲縣志	1765
2164	豫	汝州志	1506	2204	晉	直隸絳州志	1765
2165	豫	襄城縣志	1551	2205	晉	直隸絳州志	1879
2166	豫	彰德府志	1522	2206	晉	芮城縣志	1923
2167	豫	內黃縣志	1527	2207	晉	芮城縣續志	1881
2168	豫	偃師縣誌	1504	2208	晉	芮城縣志	1859
2169	豫	蘭陽縣志	1545	2209	晉	芮城縣志	1763
2170	豫	鄢陵志	1535	2210	晉	平陸縣志	1764
2171	豫	固始縣志	1542	2211	晉	夏縣志	1880
2172	豫	長垣縣志	1516	2212	晉	夏縣志	1764
2173	豫	魯山縣志	1552	2213	晉	解州全志	1764
2174	豫	新鄉縣志	1506	2214	晉	續猗氏縣志	1880
2175	豫	尉氏縣志	1548	2215	晉	續猗氏縣志	1867
2176	豫	歸德府志	1754	2216	晉	猗氏縣志	1729
2177	豫	柘城縣志	1896	2217	晉	榮河縣志	1881
2178	豫	考城縣志	1698	2218	晉	虞鄉縣新志	1920
2179	豫	續修睢州志	1892	2219	晉	虞鄉縣志	1886
2180	豫	陳州府志	1747	2220	晉	續修臨晉縣志	1880
2181	豫	商水縣志	1747 (1783)	2221	晉	臨晉縣志	1773
2182	豫	淮寧縣志	1826	2222	晉	永濟縣志	1886
2183	晉	三關圖說	1607	2223	晉	蒲州府志	1754
2184	晉	嘉靖三關志	1545	2224	晉	蒲州志	1559
2185	晉	永和縣志	1931	2225	晉	增修襄陵縣志	1881
2186	晉	大寧縣志	1844	2226	晉	襄陵縣志	1568
2187	晉	趙城縣志	1881	2227	晉	太平縣志	1882
2188	晉	趙城縣志	1760	2228	晉	太平縣志	1825
2189	晉	靈石縣志	1934	2229	晉	翼城縣志	1881
2190	晉	續修靈石縣志	1875	2230	晉	翼城縣志	1771
2191	晉	靈石縣志	1601	2231	晉	續修曲沃縣志	1880
2192	晉	靈石縣志	1817	2232	晉	續修曲沃縣志	1796
2193	晉	汾西縣志	1882	2233	晉	新修曲沃縣志	1757
2194	晉	續刻直隸霍州志	1880	2234	晉	康熙沃史	1668
2195	晉	直隸霍州志	1825	2235	晉	萬曆沃史	1612
2196	晉	續修稷山縣志	1885	2236	晉	安澤縣志	1932
2197	晉	稷山縣志	1865	2237	晉	新修岳陽縣志	1913
2198	晉	絳縣志	1895	2238	晉	鄉寧縣志	1917
2199	晉	絳縣志	1880	2239	晉	鄉寧縣志	1784
2200	晉	聞喜縣志	1919	2240	晉	浮山縣志	1880
2201	晉	聞喜縣志	1766	2241	晉	浮山縣志	1874
				2242	晉	洪洞縣志	1917

編號	省分	書　名	年　分	編號	省分	書　名	年　分
2243	晉	洪洞縣志	1730	2284	晉	平定州志	1882
2244	晉	臨汾縣志	1779	2285	晉	武鄉縣續志	1879
2245	晉	臨汾縣志	1591	2286	晉	武鄉縣志	1790
2246	晉	平陽府志	1615	2287	晉	沁州復續志	1880
2247	晉	安邑縣運城志	1764	2288	晉	沁州志	1771
2248	晉	安邑縣續志	1880	2289	晉	沁源縣續志	1881
2249	晉	安邑縣志	1763	2290	晉	沁源縣志	1713
2250	晉	河曲縣志	1872	2291	晉	重修和順縣志	1914
2251	晉	續補保德州志	1785	2292	晉	遼州志	1733
2252	晉	定襄縣補志	1880	2293	晉	沁水縣志	1881
2253	晉	忻州志	1826	2294	晉	陽城縣志	1784
2254	晉	忻州志	1747	2295	晉	續高平縣志	1880
2255	晉	忻州志	1608	2296	晉	高平縣志	1867
2256	晉	五寨縣志	1751	2297	晉	高平縣志	1774
2257	晉	偏關縣志	1915	2298	晉	鳳臺縣續志	1882
2258	晉	寧武府志	1750	2299	晉	鳳臺縣志	1784
2259	晉	馬邑縣志	1918	2300	晉	澤州府志	1735
2260	晉	馬邑縣志	1608	2301	晉	澤州志	1609
2261	晉	朔州志	1735	2302	晉	壺關縣續志	1881
2262	晉	朔平府志	1733	2303	晉	壺關縣志	1834
2263	晉	繁峙縣志	1836	2304	晉	壺關縣志	1770
2264	晉	續修崞縣志	1882	2305	晉	潞城縣志	1885
2265	晉	崞縣志	1757	2306	晉	潞城縣志	1706
2266	晉	崞縣志	1566	2307	晉	襄垣縣志	1928
2267	晉	五臺縣志	1775	2308	晉	襄垣縣志	1782
2268	晉	代州志	1880				(1880)
2269	晉	直隸代州志	1781	2309	晉	襄垣縣續志	1880
2270	晉	代州志書	1586	2310	晉	屯留縣志	1885
2271	晉	應州再續志	1882	2311	晉	屯留縣志	1730
2272	晉	應州志	1599	2312	晉	長子縣志	1882
2273	晉	渾源州續志	1881	2313	晉	長子縣志	1816
2274	晉	渾源州志	1753	2314	晉	長子縣志	1513
2275	晉	渾源州志	1611	2315	晉	長治縣志	1894
2276	晉	廣靈縣補志	1881	2316	晉	長治縣志	1763
2277	晉	懷仁縣志	1660	2317	晉	潞安府志	1661
2278	晉	大同縣志	1830	2318	晉	潞安府志	1770
2279	晉	大同府志	1782	2319	晉	潞州志	1495
2280	晉	壽陽縣志	1882	2320	晉	臨縣志	1917
2281	晉	盂縣志	1881	2321	晉	石樓縣志	1730
2282	晉	盂縣志	1784	2322	晉	介休縣志	1930
2283	晉	昔陽縣志	1915	2323	晉	介休縣志	1880

編號	省分	書　名	年　分	編號	省分	書　名	年　分
2324	晉	介休縣志	1819	2365	陝	平利縣志	1755
2325	晉	平遙縣志	1883	2366	陝	安康縣志	1815
2326	晉	孝義縣續志	1880	2367	陝	興安府志	1788
2327	晉	孝義縣志	1770	2368	陝	漢陰廳志	1818
2328	晉	汾陽縣志	1884	2369	陝	磚坪縣志	1917
2329	晉	汾陽縣志	1851	2370	陝	定遠廳志	1879
2330	晉	汾陽縣志	1772	2371	陝	佛坪廳志	1883
2331	晉	汾州府志	1771	2372	陝	新續略陽縣志	1903
2332	晉	汾州府志	1609	2373	陝	略陽縣志	1846
2333	晉	岢嵐州志	1884	2374	陝	沔縣志	1883
2334	晉	清源鄉土志	1882	2375	陝	西鄉縣志	1948
2335	晉	清源縣志	1661	2376	陝	洋縣志	1898
2336	晉	補修徐溝縣志	1881	2377	陝	寧羌州鄉土志	1937
2337	晉	徐溝縣志	1712	2378	陝	寧羌州志	1888
2338	晉	增修興縣志	1763	2379	陝	城固縣鄉土志	1937
2339	晉	興縣誌	1577	2380	陝	城固縣志	1717
2340	晉	合河政紀	1927	2381	陝	襄城縣志	1831
2341	晉	合河紀聞	1798	2382	陝	續修南鄭縣志	1921
2342	晉	文水縣志	1883	2383	陝	漢中續修府志	1814
2343	晉	交城縣志	1882	2384	陝	漢中府志	1544
2344	晉	交城縣志	1709	2385	陝	永壽縣重修新志	1888
2345	晉	祁縣志	1882	2386	陝	永壽縣志	1791
2346	晉	太谷縣志	1931	2387	陝	永壽縣志	1668
2347	晉	太谷縣志	1855	2388	陝	武功縣續志	1888
2348	晉	太谷縣志	1795	2389	陝	續武功縣志	1816
2349	晉	榆次縣續志	1885	2390	陝	武功縣續志	1662
2350	晉	榆次縣志	1863	2391	陝	武功縣前志	1761
2351	晉	榆次縣志	1609	2392	陝	武功縣志	1519
2352	晉	陽曲縣志	1843	2393	陝	乾縣新志	1942
2353	晉	陽曲縣志	1682	2394	陝	乾州志稿	1884
2354	晉	太原府志	1612	2395	陝	乾州新志	1726
2355	晉	太原縣志	1826	2396	陝	乾州志	1633
2356	晉	重修太原縣志	1731	2397	陝	續修長武縣志	1910
2357	晉	山西志輯要	1780	2398	陝	長武縣志	1783
2358	晉	山西通志	1734	2399	陝	新修淳化縣志	1784
2359	晉	山西通志	1564	2400	陝	淳化志	1570
2360	晉	山西通誌	1474	2401	陝	三水縣志	1785
2361	晉	太原縣志	嘉靖	2402	陝	邠縣新志稿	1929
2362	晉	山西通志	1892	2403	陝	直隸邠州志	1784
2363	陝	鎮安縣鄉土志	1908	2404	陝	隴州續志	1766
2364	陝	重修紫陽縣志	1925	2405	陝	隴州志	1713

編號	省分	書　　名	年　分	編號	省分	書　　名	年　分
2406	陜	重修汧陽縣志	1841	2444	陜	澄城縣志	1551
2407	陜	麟遊縣新志草	1883				(1851)
2408	陜	麟遊縣志	1708	2445	陜	雍勝略	1597
2409	陜	郿縣志	1779	2446	陜	雍大記	1522
2410	陜	扶風縣鄉土志	1906	2447	陜	郃陽縣全志	1769
2411	陜	扶風縣志	1818	2448	陜	平民縣志	1931
2412	陜	寶雞縣志	1922	2449	陜	朝邑縣鄉土志	1937
2413	陜	寶雞縣志	1785	2450	陜	朝邑縣志	1851
2414	陜	岐山縣鄉土志	1937	2451	陜	朝邑縣志	1779
2415	陜	岐山縣志	1884	2452	陜	朝邑縣後志	1712
2416	陜	岐山縣志	1779	2453	陜	續朝邑縣志	1584
2417	陜	孝義廳志	1883	2454	陜	朝邑縣志	1519
2418	陜	鳳翔縣志	1767	2455	陜	大荔縣續志	1885
2419	陜	鳳翔府志	1766	2456	陜	道光大荔縣志	1850
2420	陜	雒南縣鄉土志	光緒	2457	陜	大荔縣志	1786
2421	陜	雒南縣志	1787	2458	陜	大荔縣志	1742
2422	陜	續潼關廳志	1817	2459	陜	同府續志	1881
2423	陜	潼關廳志	1685	2460	陜	同州府志	1851
2424	陜	蒲城縣新志	1905	2461	陜	同州府志	1781
2425	陜	直隸商州志	1744	2462	陜	同州志	1625
2426	陜	蒲城縣志	1782	2463	陜	耀州志	1802
2427	陜	蒲城縣志	1666	2464	陜	耀州志	1557
2428	陜	續商州志	1758	2465	陜	續耀州志	1762
2429	陜	華陰縣志	1788	2466	陜	同官縣志	1765
			(1928)	2467	陜	同官縣志	1618
2430	陜	華陰縣志	1614	2468	陜	續修醴泉縣志稿	1935
2431	陜	三續華州志	1882	2469	陜	醴泉縣志	1784
2432	陜	華州志	1572	2470	陜	醴泉縣志	1700
2433	陜	華州鄉土志	1937	2471	陜	醴泉縣志	1535
2434	陜	韓城縣續志	1925	2472	陜	富平縣志稿	1891
2435	陜	韓城縣續志	1818	2473	陜	富平縣志	1778
2436	陜	韓城縣志	1784	2474	陜	富平縣志	1584
2437	陜	韓城縣志	1607	2475	陜	新續渭南縣志	1892
2438	陜	白水縣志	1754	2476	陜	渭南縣志	1829
2439	陜	白水縣志	1609	2477	陜	盩厔縣志	1925
2440	陜	澄城縣附志	1926	2478	陜	三原縣新志	1879
2441	陜	澄城縣志	1851	2479	陜	三原縣志	1783
2442	陜	澄城縣志	1784	2480	陜	三原縣志	1766
2443	陜	澄城縣志	1649	2481	陜	重修三原志	1535
			(1851)	2482	陜	重修涇陽縣志	1911
				2483	陜	涇陽縣志	1842

編號	省分	書　　名	年　分	編號	省分	書　　名	年　分
2484	陝	涇陽縣志	1778	2525	陝	延安府志	1802
2485	陝	涇陽縣志	1547				(1884)
2486	陝	重修藍田縣志	1838	2526	陝	葭縣志	1933
2487	陝	藍田縣志	1571	2527	陝	重修葭州志	1894
2488	陝	藍田縣志	1875	2528	陝	葭州志	1809
2489	陝	鄠縣鄉土志	1937				(1894)
2490	陝	鄠縣新志	1777	2529	陝	延安府志	1504
2491	陝	重修鄠縣志	1933	2530	陝	橫山縣志	1929
2492	陝	高陵縣志	1541	2531	陝	懷遠縣志	1842
2493	陝	高陵縣續志	1884	2532	陝	府谷縣志	1783
2494	陝	臨潼縣續志	1895	2533	陝	神木縣志	1841
2495	陝	臨潼縣續志	1890	2534	陝	神木鄉土志	1937
2496	陝	臨潼縣志	1776	2535	陝	延綏鎮志	1673
2497	陝	興平縣志	1923	2536	陝	榆林府志	1841
2498	陝	興平縣志	1777	2537	陝	鳳縣志	1892
2499	陝	興平縣鄉土志	1907	2538	陝	商略商南縣集	1552
2500	陝	咸寧長安兩縣續志	1936	2539	陝	商南縣志	1752
2501	陝	咸寧縣志	1819	2540	陝	鎮安縣志	1755
2502	陝	咸寧縣志	1668	2541	陝	寧陝廳志	1829
2503	陝	咸陽縣志	1751	2542	陝	石泉縣志	1849
2504	陝	西安府志	1779	2543	陝	石泉縣志	1687
2505	陝	雍錄	宋	2544	陝	紫陽縣志	1843
2506	陝	長安志	1891				(1882)
2507	陝	長安志圖	元	2545	陝	白河縣志	1893
2508	陝	續修陝西省通志稿	1934	2546	陝	白河縣志	1801
2509	陝	陝西志輯要	1827	2547	陝	洵陽縣志	1902
2510	陝	陝西通志	1735	2548	陝	洵陽縣志	1783
2511	陝	陝西通志	1542	2549	陝	續平利縣志	1896
2512	陝	宜川鄉土志	1937	2550	陝	興安府續志	1812
2513	陝	宜君縣志	1732	2551	陝	重修漢陰縣志	1618
2514	陝	中部縣志	1807	2552	陝	留壩廳志	1842
2515	陝	中部縣鄉土志	1937	2553	陝	略陽縣志	1552
2516	陝	洛川縣志	1807	2554	陝	長安縣志	1815
2517	陝	清澗縣志	1828	2555	甘	玉門縣志	乾隆
2518	陝	米脂縣志	1907	2556	甘	敦煌縣志	1831
2519	陝	米脂縣志	1681	2557	甘	高臺縣志	1921
2520	陝	靖邊縣志稿	1899	2558	甘	重修肅州新志	1737
2521	陝	安定縣志	1597	2559	甘	續敦煌實錄	清
2522	陝	保安縣志	1856	2560	甘	肅鎮志	1657
2523	陝	甘泉縣鄉土志	1937	2561	甘	山丹縣志	1835
2524	陝	安塞縣志	1914	2562	甘	甘州府志	1779

編號	省分	書　　名	年　分	編號	省分	書　　名	年　分
2563	甘	重刊甘鎮志	1657	2590	甘	重修通渭縣新志	1893
2564	甘	永登縣志	清	2591	甘	兩當縣新志	1840
2565	甘	民勤縣志	1926	2592	甘	徽郡志	1563
2566	甘	平番縣志	1749	2593	甘	清水縣志	1795
2567	甘	古浪縣志	1749	2594	甘	天水縣志	1939
2568	甘	鎮番縣志	1825	2595	甘	秦州直隸州新志續編	1934
2569	甘	鎮番縣志	1749	2596	甘	秦州直隸州新志	1889
2570	甘	永昌縣志	1749	2597	甘	會寧縣志	1840
2571	甘	武威縣志	1749	2598	甘	洮州廳志	1907
2572	甘	海城縣志	1908	2599	甘	岷州志	1702
2573	甘	固原直隸州志	1909	2600	甘	漳縣志	1927
2574	甘	鎮原縣志	1847	2601	甘	鞏昌府志	1687
2575	甘	重修崇信縣志	1926	2602	甘	夏河縣志	1935
2576	甘	合水縣志	1761	2603	甘	狄道州志	1763
2577	甘	正寧縣志	1763	2604	甘	臨洮府志	1687
2578	甘	寧州志	1687	2605	甘	創修渭源縣志	1926
2579	甘	慶陽府志	1761	2606	甘	安定縣志	1680
2580	甘	莊浪志略	1790	2607	甘	金縣志	1687
2581	甘	隆德縣志	1663	2608	甘	靖遠衛志	1709
2582	甘	靜寧州志	1746	2609	甘	靖遠縣志	1833
2583	甘	增修華亭縣志	1933	2610	甘	續修靖遠縣志	1775
2584	甘	華亭縣志	1796	2611	甘	重修皋蘭縣志	1892
2585	甘	平涼府志	1560	2612	甘	皋蘭縣志	1778
2586	甘	成縣志	1741	2613	甘	蘭州府志	1833
2587	甘	武階備志	1873	2614	甘	甘肅通志	1736
2588	甘	階州直隸州續志	1886	2615	甘	甘肅新通志	1909
2589	甘	西和縣志	1774				

參考書目

中日文參考書目：

一、原始資料

《大明會典》，1587。

《己未詞科錄》，1985[1807]（秦瀛輯），清代傳記叢刊。台北：明文書局。

《上海碑刻資料選編》，1984。上海人民出版社。

《五朝小說大觀》，1926。上海：掃葉山房。

王　徵
    1634　《仁會》。

王懋竑
    1839　《白田草堂文錄》，在《國朝文錄》。瑞州府鳳儀書院印。

王士性
    1981　《廣志繹》，元明史料筆記叢刊。北京：中華書局。

王廷相
    1989　《王廷相集》。北京：中華書局。

王明倫選編
    1984　《反洋教書文揭帖選》。濟南：齊魯書社。

《孔子家語》，1968。台北：中華書局據四部備要版景印。

甘　熙
    1970[1890]　《白下瑣言》。台北：廣文書局景印。

毛奇齡
    1937　《西河文集》。上海：商務印書館。

北京基督教青年會編

    1923   《北京慈善彙編》，頁5-41。

《史記》，1982。台北：鼎文書局，正史全文標校讀本。

《全唐文》，1987。北京：中華書局。

朱・珪

    1936   《知足齋文集》，叢書集成初篇，2511-2512。上海：商務印書
            館。

《江南育嬰堂記》（卷二），清末。徐家匯藏書。

《江寧府重建普育堂志》，1871。

《江寧府重修普育四堂志》，1886。

《江蘇省例》，1869。江蘇書局刊。

《江蘇省例續編》，1875。江蘇書局刊。

《江蘇省例三編》，1883。江蘇書局刊。

《江蘇省例四編》，1890-92。江蘇書局刊。

阮本焱

    1968[1887]   〈飭發育嬰堂章程論〉（阜寧育嬰堂），《求牧芻言》，
            8；近代中國史料叢刊，第27冊。台北：文海出版社。

余 治編

    1969[1869]   《得一錄》。台北：中華文史叢書景印蘇城得見齋刻本。

李 澄

    1823   《淮鹺備要》。

李 燾

    1964   《續資治通鑑長編》。台北：世界書局景印本。

《宋史》，1982。台北：鼎文書局，正史全文標校讀本。

沈 括

    1926   〈惠民藥局議〉；見《五朝小說大觀》，函3冊30。上海：掃葉
            山房。

沈家本

    1985   《歷代刑法考》（原《沈寄簃先生》遺書甲編）。北京：中華書
            局。

沈 榜

    1980   《宛署雜記》。北京：古籍出版社。

沈德符

　　1976　《萬曆野獲編》（原萬曆版）。台北：偉文圖書出版社。

汪　中

　　1971　《述學》；四庫備要，第548冊。台北：中華書局。

汪喜孫

　　1925[1845]　《從政錄》；重印於江都汪氏叢書。中國書店。

汪輝祖

　　1935[1889]　《汪龍莊公遺書》。台北：廣文書局景印。

吳榮光

　　1870[1832]　《吾學錄初編》。江蘇書局重刊。

吳　淵

　　1977　《退菴遺集》；四庫全書珍本，第6集。台北：商務印書館。

《明史》，1965。上海：中華書局。

《明會要》，1960。台北：世界書局。

《明實錄》，1966。中央研究院歷史語言研究所校刊。台北：中央研究院
　　歷史語言研究所。

祁彪佳

　　1969　〈祁忠敏公年譜〉；見《甲乙日曆》附。台北：台灣銀行。

　　1982　《祁忠敏公日記》；紹興縣修志委員會校刊。杭州：古舊書店。

《武林坊巷志》，1987。浙江人民出版社。

《兩淮鹽法志》，1806（佶山監纂，單渠等總纂）。

《牧令書》，1848（徐棟輯）。

周亮工

　　1979　《賴古堂集》。上海：上海古籍出版社據康熙刻本影印。

周夢顏撰輯

　　1977　《陰騭文廣義》；筆記小說大觀，7篇7冊。台北：新興書局。

《洪江育嬰小識》，1888。

洪　邁

　　1988　《夷堅志》；筆記小說大觀，8篇3-5。台北：新興書局。

昭　槤

　　1967[1880]　《嘯亭雜錄》，近代中國史料叢刊，7篇3冊。台北：文
　　海出版社。

《南齊書》，1982。台北：鼎文書局，正史全文標教讀本。

紀大奎
　　1808　《紀慎齋先生全集》。

皇甫謐
　　1985-86　《高士傳》；叢書集成新編。台北：新文豐出版社。

《皇明寶訓》，1984[1962]。台北：中央研究院歷史語言研究所校印。

俞　樾
　　1977[1883]　《茶香室叢鈔》；筆記小說大觀，23篇5冊。台北：新興
　　　　　　書局。

《保嬰編》，1890。澡雪堂藏新喻縣事鍾澤生序版。

柯悟遲
　　1985　《漏網喁魚集》；近代筆記叢刊（首版，1959）。北京：中華書
　　　　　局按虞山俞氏抄本排印本。

《拯嬰報應錄》，1855。羊城味經堂書坊。

高攀龍
　　1632　《高子遺書》。嘉善錢士升等刊本。

《唐會要》，1974。台北：世界書局。

唐　甄
　　1955[1703]　《潛書》。北京：中華書局。

袁　采
　　1978[1476]　《世範》；筆記小說大觀，4篇4冊。台北：新興書局。

《宮中檔雍正朝奏摺》，1979。第22輯。台北：國立故宮博物院。

馬可勃羅撰，張星烺譯
　　1974　《馬可勃羅遊記》。台北：商務印書館。

馬端臨
　　1987　《文獻通考》。台北：台灣商務印書館據光緒間浙江刊本縮
　　　　　印。

徐元瑞
　　1988[1301]　《吏學指南》。浙江古籍出版社。

徐映璞
　　1988　《兩浙史事叢稿》。浙江古籍出版社。

《海寧州城重設留嬰堂徵信錄》，1891。

梁章鉅

　　1969　　《退庵隨筆》；在近代中國史料叢刊正編，第44輯438冊。台
　　　　　　北：文海出版社。

梁啓超

　　1970[1932]　〈論幼學〉，《飲冰室文集》。台北：中華書局重印年
　　　　　　版。

《梁書》，1982。台北：鼎文書局，正史全文標教讀本。

《清史稿》，1928。北京：清史館。

《清代毘陵名人小傳稿》，1984[1927]（張維驤纂）。近代中國史料叢刊續
　　　編，第13輯。台北：文海出版社。

《清朝文獻通考》，1987[光緒間]。台北：臺灣商務印書館。

《清實錄》，1969。台北：華文書局景印。

曹　安

　　1977[1515]　《讕言長語》；見筆記小說大觀，5篇4冊。台北：新興書
　　　　　　局。

《望仙橋鄉志稿》，1992。光緒間手稿，《中國方志集成：鄉鎮志專
　　　輯》。上海：上海書店景印，第3冊。

湯　斌

　　1879　　《湯子遺書》；在《三賢政書》，冊1-8。

張之洞

　　1963[1937]　《張文襄公全集》。台北：文海出版社據學精廬本景印。

張允祥

　　1992[1695]　《廣惜字說》；在《檀几叢書》，第30卷。上海：古籍出
　　　　　　版社。

張履祥

　　1871[1644]　《言行見聞錄》；見《楊園先生集》。

張　燾

　　1884　　《津門雜記》。游藝山莊刊本。

陳其元

　　1989　　《庸閒齋筆記》。北京：中華書局。

陳宏謀

　　1869　　《培遠堂偶存稿》。

陳耆卿

　　1981　《赤城志》；四庫全書珍本，第11集。台北：商務印書館。

陳　確

　　1979　《陳確集》。北京：中華書局。

陳龍正

　　1631年自序　《幾亭外書》。

　　1635　《幾亭文錄》。

陸以湉

　　1984[1856]　《冷廬雜識》。北京：中華書局。

陸　燿

　　1979　〈文昌祠說〉，見《皇朝經世文編》（賀長齡編）；近代中國史
　　　　　料叢刊，第74輯。台北：文海出版社。

陸　筠

　　1985[1867原序]　《海角續編》，附於柯悟遲《漏網喁魚集》；近代筆
　　　　　記叢刊（首版，1959）。北京：中華書局。

陸　粲

　　1987[1617]　《庚巳編》。北京：中華書局。

《國朝文錄》，1849。鳳儀書院版。

《國朝科場異聞錄》，1873。在《試場異聞錄》（呂相燮輯）。錢塘俞氏刊
　　本。

《國朝鼎甲徵信錄》，1985[1863]（閻湘蕙輯）。清代傳記叢刊。台北：明
　　文書局。

馮桂芬

　　1876　《顯志堂稿》；在《顯志堂集》。校邠盧刊本。

馮夢龍

　　1620-21　《古今小說》。

勞　潼

　　1850　《救荒備覽》（1794年序）；嶺南遺書，第4集50冊。

惠　棟注

　　1789　《太上感應篇注》；筆記小說大觀，6篇10冊。台北：新興書局。

黃　佐

　　1983　《泰泉鄉禮》；見四庫全書珍本經部四集，第54冊。台北：商

務印書館。

黃　震

1767　《黃氏日抄》。新安汪氏校宋刊本。

黃六鴻

1978[1850]　《福惠全書》（初版，1694）；山根幸夫據小鈿行蘭本編。
台北：九思出版社。

黃希憲

崇禎　《撫吳檄略》。

黃姬水

1985-86　《貧士傳》；叢書集成新編。台北：新文豐出版社。

賀長齡

1882　《耐菴奏議存稿》。

1979　《皇朝經世文編》；近代中國史料叢刊，第74輯。台北：文海
出版社。

《欽定大淸會典事例》，1899。

《欽定康濟錄》，1739。

《欽定學政全書》，1812。

《欽定禮部則例》，1966[1844]。台北：成文出版社。

葉　盛

1980　《水東日記》。北京：中華書局。

葉　權

1981　《賢博編》；明史資料叢刊（一）。江蘇人民出版社。

葉春及

1987　《惠安政書》。福建人民出版社。

彭定求

1726年序　《南畇文稿》。

彭紹升

1882[1799]　《二林居集》。

1839　〈近取堂記〉；《國朝文錄》，26冊：12下-13上。瑞州：鳳儀
書院刊本。

彭啓豐

1876[1785]　《芝庭先生集》。惠州官署覆刊本。

楊東明

    1612   《山居功課》。范炳校刊本。

葛士濬編

    1979[1888]   《皇朝經世文續編》；近代中國史料叢刊，第75輯。台北：文海出版社。

《雍正朝起居注冊》，1993。中國第一歷史檔案館編。北京：中華書局。

趙　翼

    1975[1791]   《陔餘叢考》。台北：新文豐出版公司按湛貽堂藏版景印。

《像法決疑經》，1983[1336]。在《大藏經》。台北：新文豐出版公司。

鄭元祐

    1940   《遂昌山樵雜識》；在《歷代小史》第24冊。上海：商務印書館據明本景印。

劉宗周

    1824[1808]   《劉子全書》。益善堂刊本。

    1903[1634]   《人譜三篇附類記六卷》（1634年原序）。滇官書局刊本。

翟　灝

    1751   《通俗編》。無不宜齋刊本。

錢大昕

    1989   《潛研堂文集》。上海：上海古籍出版社。

錢　泳

    1982[1837]   《履園叢話》。台北：大立出版社。

錢實甫編

    1980   《清代職官年表》。北京：中華書局。

歐陽兆熊

    1984   《水窗春囈》。北京：中華書局。

謝肇淛

    1977   《五雜俎》。台北：偉文圖書出版社。

戴均衡

    1979[1898]   〈桐鄉書院四議：課經學〉，《皇朝經世文編續編》卷65（盛康輯）；近代中國史料叢刊，第84-85輯。台北：文海出版社。

戴肇辰輯

　　1867　《學仕錄》。

《魏書》，1982。台北：鼎文書局。正史全文標校讀本。

魏　禧

　　1973　《魏叔子文集》。台北：商務印書館影印清初易堂藏板。

《優婆塞戒經》，1983。在《大藏經》。台北：新文豐出版公司。

顏　元

　　1987　《顏元集》。北京：中華書局。

顏延表著，顏雲麓補，顏生愉校

　　1901　《丹桂籍註案》；有福讀書堂叢刻後編。儀徵吳氏刊本。

《續高僧傳》，1983。在《大藏經》。台北：新文豐出版公司。

《鶴徵前錄》，1985[1797]。清代傳記叢刊。台北：明文書局。

顧炎武

　　1976　《日知錄集釋》。台北：中華書局據四部備要版景印。

顧　祿

　　1986　《清嘉錄》。江蘇古籍出版社。

顧震濤

　　1986　《吳門表隱》（按道光間刻本）。江蘇古籍出版社。

龔　煒

　　1984　《巢林筆談》。北京：中華書局。

二、現代文獻

上田信

　　1981　〈明末初江南の都市の「無賴」をあぐる社會關係〉，《史學雜誌》90/10，頁1-35。

山崎宏

　　1947　《支那中世佛教の展開》。東京：清水書店。

川勝守

　　1984　〈明代長江デルタ社會と荒政〉，在《東アジア史における國家と農民》，西定生博士還曆紀念論叢編輯委員會編。東京：山川出版社。

中村元等監修

1974　《アジア佛教史中國編 III 現代中國の諸宗教：民眾宗教の系譜》。東京：佼成出版社。

方　豪

1970　《天主教史人物傳》。香港公教真理學會。台中：光啓出版社。

夫馬進

1982　〈同善會小史〉，《史林》65：4，頁37-76。

1983　〈善會善堂の出發〉，在小野和子編，《明清時代の政治と社會》。京都大學人文科學研究所。頁189-232。

1986　〈清代前期の育嬰事業〉，《富山大學人文學部紀要》第11號，頁5-41。

1986B　〈清代松江育嬰堂の經營實態と地方社會〉，《東洋史研究》45卷3號，頁55-94。

1990　〈清末の保嬰會〉，《シリーズ世界史への問い》第五卷。岩波書店。頁163-190。

1991　〈清代の恤嫠會と清節堂〉，《京都大學文學部研究紀要》30，頁41-131。

1993　〈中國明清時代における寡婦の地位と強制再婚の風習〉，在前川和也編，《家族，世帶，家門：工業化以前の世界から》。京都ミネルヴァ書房。頁249-287。

王爾敏

1992　〈四民名義考〉，見中央研究院，《中國文哲研究集刊》2期，頁169-182。

王德毅

1970　《宋代災荒的救濟政策》。中國學術獎助委員會。

1971　〈宋代的養老與慈幼〉，《宋史研究集》第6輯，頁399-428。

今崛誠二

1955　〈宋代における嬰兒保護事業に〉，《廣島大學文學部紀要》8，頁127-151。

石　錦

1985　〈明清時代桐鄉縣社會精華分子的社會組成和變化稿〉，《漢學研究》3/2，第2冊，頁739-770。

曲彥斌

　　1990　《中國乞丐史》。上海：上海文藝出版社。

伊原弘介

　　1982　〈明末清初「紳士」的土地經營〉，在《明清史國際學術討論
　　　　　會論文集》。天津人民出版社。頁567-574。

全漢昇

　　1987　《明清經濟史研究》。台北：聯經出版公司。

任繼愈

　　1990　《中國道教史》。上海：上海人民出版社。

伍繼濤、閻新建

　　1988　〈明後期江南地主救荒思想探原〉，《華東師範大學學報》（哲
　　　　　學社會科學版），頁57-62。

牟潤孫

　　1987　〈論乾隆時期的貪污〉，在《注史齋叢稿》。北京：中華書
　　　　　局。頁445-462。

托馬斯(Thomas, K.)　芮傳明譯

　　1992　《巫術的興衰》（原著*Religion and the Decline of Magic*, 1971）。
　　　　　上海人民出版社。

宋采義、豫嵩

　　1988　〈宋代官辦的幼兒慈善事業〉，《史學月刊》28，頁25-30。

杜正勝

　　1990　《編戶齊民》。台北：聯經出版公司。

那波利貞

　　1960　〈唐朝政府の醫療機構と民庶の疾病に對する救濟方法に就い
　　　　　ての小考〉，《史窗》17、18。

吳　晗

　　1991　〈明代的新仕宦階級，社會的政治的文化的關係及其生活〉，
　　　　　《明史研究論叢》5，頁1-68。

吳承明

　　1989　〈中國近代農業生產力的考察〉，在《中國經濟史研究》2，頁
　　　　　63-77。

余英時

1987 《士與中國文化》。上海：上海人民出版社。

何炳棣（葛劍雄譯）

1989 《1368-1953中國人口研究》。上海古籍出版社。

李文治

1988 〈明代宗族制的體現形式及其基層政權作用〉，《中國經濟史研究》1，頁54-72。

1989 《晚明民變》。中華書局。

李 喬

1990 《中國行業神崇拜》。北京：中國華僑出版公司。

1991 〈敬惜字紙的習俗〉，《不今不古集》。北京出版社。頁183-186。

李德超

1991 〈澳門之中文碑刻與澳門史研究〉，在林天蔚主編，《亞太地方文獻研究論文集》。香港大學。

李龍潛

1988 《明清經濟史》。廣東高等教育出版社。

林滿紅

1990 〈明清的朝代危機與世界經濟蕭條：十九世紀的經驗〉，《新史學》1：，頁127-147。

林麗月

1991 〈晚明「崇奢」思想隅論〉，《國立台灣師範大學歷史學報》19，頁215-234。

林萬傳

1992 〈士林神農宮之碑林〉，《史聯雜誌》20，臺灣碑碣專輯，頁186-193。

孟昭信

1988 《康熙大帝全傳》。吉林文史出版社。

金中樞

1968 〈宋代幾種社會福利制度：居養院、永濟坊、漏澤園〉，《新亞書院學術年刊》10，頁127-160。

周遠廉

1990 《乾隆皇帝大傳》。河南人民出版社。

柳存仁

　　1991　〈王陽明與道教〉，見《和風堂文集》。上海古籍出版社（原文刊
　　　　　　於《中國文化研究所學報》〔1970〕3：2）。

　　1991B　〈明儒與道教〉，見《和風堂文集》。上海古籍出版社，頁
　　　　　　809-846。

星斌夫

　　1978　〈明代の養濟院について〉，在《星博士退官記念中國史論
　　　　　　集》，頁133-149。

　　1989　《明清時代社會經濟史の研究》。東京：國書刊行會。

酒井忠夫

　　1960　《中國善書の研究》。東京：國書刊行會。

唐文基

　　1991　《明代賦役制度史》。中國社會科學出版社。

高　邁

　　1990[1935]　〈我國貞節堂制度的演變〉，原載《東方雜誌》
　　　　　　32/5（1935），重刊於《守節、再嫁、纏足及其它》。山西人民
　　　　　　出版社。頁199-206。

高橋芳郎

　　1986　〈宋代の「良賤制」と雜人、雜戶〉，《史朋》20，頁17-27。

荒木敏一

　　1969　《宋代科舉制度研究》。京都大學東洋史研究會。

韋慶遠

　　1991　〈論雍乾交替與治道異同〉，《史學集刊》1，頁29-47。

徐　泓

　　1989　〈明代社會風氣的變遷：以江浙地區為例〉，台北：《中研院
　　　　　　第二屆國際漢學會議論文集》，頁137-139。

徐永志

　　1992　〈近代溺女之風盛行探討〉，《近代史研究》第5期，頁30-
　　　　　　42。

張壽安

　　1993　〈十七世紀中國儒學思想與大眾文化間的衝突：以喪葬禮俗為
　　　　　　例的探討〉，《漢學研究》11/2，頁69-80。

梁方仲

　　1989　〈一條鞭法〉，《梁方仲經濟史論文集》。中華書局。頁34-
　　　　　89。

　　1990　〈明代一條鞭法的爭論〉，《梁方仲經濟史論文集集遺》。廣
　　　　　東人民出版社。頁185-211。

梁庚堯

　　1984　《南宋的農村經濟》。台北：聯經出版公司。

　　1990　〈南宋城市的社會結構〉（上、中、下），《大陸雜誌》81：4-6。

　　1991　〈南宋的貧士與貧宦〉，《國立台灣大學歷史系學報》16，頁
　　　　　91-137。

梁其姿

　　1984　〈十七、十八世紀長江下游之育嬰堂〉，《中國海洋發展史論
　　　　　文集 I》。中央研究院三民主義研究所。頁97-130。

　　1986　〈明末清初民間慈善活動的興起：以江浙地區為例〉，《食貨
　　　　　月刊》15：7-8，頁52-79。

　　1987　〈明清預防天花措施之演變〉，在《國史釋論》，陶希聖先生
　　　　　九秩榮慶祝壽論文集編輯委員會編，頁239-253。

　　1988　〈清代慈善機構與官僚層的關係〉，《中央研究院民族學研究
　　　　　所集刊》66，頁85-103。

　　1990　〈中國明清時期的通俗文化〉，《新史學》創刊號，頁145-
　　　　　153。

　　1991　中華民國行政院國家科學發展委員會研究計畫NSC80-0301-
　　　　　H001-16〈明清慈善活動(公元1600-1850)〉研究報告。

　　1993　〈「貧窮」與「窮人」觀念在中國俗世社會中的歷史演變〉，
　　　　　收錄於黃應貴主編《人觀、意義與社會》。中央研究院民族學
　　　　　研究所。頁129-162。

　　1994　〈清代的惜字會〉，《新史學》6：2，頁83-115。

郭立誠

　　1957　《行神研究》。台北：歷史博物館。

郭漢辰

　　1993　〈敬惜字紙尊古聖賢：特優村長阿祥伯的故事〉，《中國時
　　　　　報》1993年7月11日。

郭蘊靜

　　1984　《清代經濟史簡編》。河南人民出版社。

許滌新、吳承明

　　1985　《中國資本主義的萌芽》。北京：人民出版社。

陳玉瓊

　　1988　〈中國近五百年的乾旱〉，《農業考古》1988.1，頁300-307。

陳東原

　　1978[1937]　《中國婦女生活史》。台北：商務印書館。

陳春聲

　　1996　〈關於清末民國時期澄海縣同善堂的一份檔案〉，《華南研究
　　　　　資料中心通訊》5：4-5。

陳國棟

　　1990　〈論清代中葉廣東行商經營不善的原因〉，《新史學》1：4，
　　　　　頁1-40。

陳寶良

　　1991　〈明代的社與會〉。《歷史研究》5，頁140-155。

陳　鋒

　　1988　《清代鹽政與鹽稅》。中州古籍出版社。

陸寶千

　　1983　《清代思想史》。台北：廣文書局。

崛敏一

　　1987　《中國古代の身分制：良と賤》。東京：汲古書院。

常建華

　　1990　〈試論明清時期的漢族火葬風俗〉，《南開史學》2，頁56-69。

曾我部靜雄（鄭清茂譯）

　　1962　〈溺女考〉，《文星》10：1，頁52-57。

逍端良秀

　　1937　〈唐代寺院の社會事業：悲田養病坊に就いて〉，《叡山學
　　　　　報》15輯，頁18-26。

馮爾康

　　1991　〈道光朝存在的社會問題〉，《南開學報》4，頁28-36。

　　1992　《雍正傳》。北京人民出版社。

森田憲司

　　1984　　〈文昌帝君の成立〉，在《中國近世の都市と文化》，梅原郁
　　　　　　編。京都大學人文科學研究所。頁389-418。

黃依妹

　　1991　　〈清乾隆時期士大夫的佛教信仰〉，《興大歷史學報》創刊
　　　　　　號，頁113-131。

黃彰健

　　1979　　《明代律例彙編》。台北：中研院史語所專刊之75。

葉　坦

　　1989　　〈商品經濟觀念的歷史轉化：立足宋代的考察〉，《歷史研
　　　　　　究》4，頁133-149。

彭信威

　　1988[1958]　《中國貨幣史》。上海：人民出版社。

《溫病學》，1983。南京中醫學院溫病學教研組編。北京：人民衛生出版社。

經君健

　　1993　　《清代社會的賤民等級》。浙江人民出版社。

楊聯陞

　　1987　　《中國文化中「報」、「保」、「包」之意義》。香港：中文
　　　　　　大學出版社。

趙文林、謝淑君

　　1988　　《中國人口史》。北京人民出版社。

劉子健

　　1987　　〈劉宰與賑饑〉，《兩宋史研究彙編》。台北：聯經出版公
　　　　　　司。頁307-360。

劉志琴

　　1984　　〈晚明城市風尚初探〉，《中國文化研究專刊》1，頁190-208。

劉坤太

　　1989　　〈宋代等貴賤思想論略〉，見鄧廣銘等主編，《宋史研究論文
　　　　　　集》。河北教育出版社。頁441-460。

劉枝萬

　　1962　　《臺灣中部碑文集成》，《臺灣文獻叢刊》151。台北：臺灣銀
　　　　　　行經濟研究室。

劉　淼
　　1985　〈徽商鮑志道及其家世考述〉，《徽商研究論文集》。合肥：安徽人民出版社。頁 109-124。

劉翠溶
　　1992　《明清時代家族人口與社會經濟變遷》。台北：中央研究院經濟研究叢書第15種

劉錚雲
　　1987　〈義莊與城鎮：清代蘇州府義莊之設立與分布〉，《中研院歷史語言研究所集刊》58：3，頁633-672。

劉靜貞
　　1994　〈宋人生子不育風俗試探：經濟性理由的檢討〉，《大陸雜誌》88：6，頁19-41。

濱口重國
　　1966　《唐王朝の賤人制度》。京都大學：東洋史研究叢刊之15。

謝國禎
　　1980　《明代社會經濟史料選編》。福建人民出版社。
　　1981　《明代農民起義史料選編》。福建人民出版社。
　　1982　《明末清初的學風》。北京：人民出版社。
　　1982B　《明清之際黨社運動考》。北京：中華書局。

鎌田茂雄（鄭彭年譯）
　　1986　《簡明中國佛教史》。上海：上海譯文出版社。

英法文參考書目

一、原始資料

"A Chinese Benevolent Association"
　　1887　*The China Medical Missionary Journal*, vol. 1.
Marco Polo
　　1980　*Devisement du monde. Le livre de merveilles*. Paris: Maspero.
Milne, William C.
　　1859　*Life in China*. London: Routledge.

Ricci, Mateo

    1953   *China in the Sixteenth Century: The Journals of Matthew Ricci, 1583-1610.*（Translated from the Latin by L. Glaalgher.）New York: Random House.

Le Pere d'Entrecolles

    1979   "Les expositions d'enfants", lettre a Madame X, a Pekin le 19 octobre 1720. in *Lettres edifiantes et curieuses de Chine par des missionaires jesuites 1702-1776.* Paris: Flammarion.

Pinto, Fernao Mendes

    1968   *La Peregrination, Chine et le Japon au X VIe siecle.* Paris: Calmann-Levy.

二、現代文獻

Ashford, D.

    1986   *The Emergence of the Welfare State.* Basil Blackwell.

Beattie, H.

    1979   *Land and Lineage in China, A Study of T'ung-ch'eng County, Anhwei, in the Ming and Ch'ing Dynasties.* Cambridge University Press.

Beier, A. L.

    1966   "Poor Relief in Warwickshire, 1630-1660", *Past and Present*, 35, pp.77-100.

Bernhardt, K.

    1992   *Rents, Taxes, and Peasnt Resistance. The Lower Yangzi Region, 1840-1950.* Stanford: Stanford University Press.

Boswell, J.

    1988   *The Kindness of Strangers. The Abandonment of Children in Western Europe from Late Antiquity to the Renaissance.* New York: Pantheon.

Bourdieu, P.

    1990[1972]   *Outline of a Theory of Practice.* Cambridge University Press.

Boxer, C. R.

    1953 *South China in the 16th Century.* London: Hakluyt Society.

Brokaw, C.

1987　"Yuan Huang（1533-1606）and the Ledgers of Merit and Demerit", *Harvard Journal of Asiatic Studies* 47.1, pp. 137-195.

1991　*The Ledgers of Merit and Demerit: Social Change and Moral Order in Late Imperial China*. Princeton: Princeton University Press.

Chow, K. W.

1994　*The Rise of Confucian Ritualism in Late Imperial China*. Stanford University Press.

Chu, T. T.

1971　*Local Government in China under the Ch'ing*. Cambridge: Harvard University Press.

Davis, N.

1975　"Poor relief, humanism, and heresy", *Society and Culture in Early Modern France*. Stanford University Press, pp. 17-62.

Dennerline, J.

1986　"Marriage, adoption, and charity in the development of lingeages in Wu-hsi from Sung to Ch'ing", in P. Ebrey & J. Watson eds., *Kinship Organization in Late Imperial China*. Berkeley: University of California Press, pp.170-209.

1975　"Fiscal Reform and Local Control: the Gentry-Bureaucratic Alliance Survives" in Wakeman, F. & Grant, C. eds., *Conflict and Control in Late Imperial China*. Berkeley: University of California Press.

Deyon, P.

1967　"Peinture et charite chretienne", *Annales. E.S.C.* （janvier）, pp.137-153.

Duara, P.

1988　*Culture, Power, and the State. Rural North China, 1900-1942*. Stanford University Press.

Dunstan, H.

1975　"The Late Ming Epidemics: A Preliminary Survey", *Ch'ing-shih wen-ti* III-3, pp.1-59.

Eastman, L.

1988 *Family, Fields, and Ancestors: Constancy and Change in China's Soical and Economic History, 1550-1949.* Oxford University Press.

Ebrey, P.

1991 "Introduction", in R. Watson & P. Ebrey eds., *Marriage and Inequality in Chinese Society.* Berkeley: University of California Press, pp.1-24.

Elvin, M.

1984 "Female virtue and the state in China", *Past and Present* 104, pp.111-152.

Ewald, F.

1986 *l'Etat providence.* Paris: Grasset.

Fairchilds, C.

1976 *Poverty and Charity in Aix-en-Provence, 1640-1789.* Baltimore: The Johns Hopkins University Press.

Faure, D.

1989 "The Lineage as a cultural invention. The case of the Pearl River Delta", *Modern China* 15.1, pp.4-36.

Geremek, B.

1987 *La Potence ou la Pitie, l'Europe et les pauvres du Moyen Age a nos jours.* J. Arnold-Moricet tr., Paris: Gallimard.

Gernet, J.

1956 *Les aspects economiques du bouddhisme dans la societe chinoise du Ve au Xe siecles.* Saigon: E.F.E.O.

1986 "Clubs, cenades et societes dans la Chine des XVIe et XVIIe siecles" *Lecture* 21 Nov. 1986. Institut de France.

Ginzburg, C.

1980 *Le fromage et les vers. L'univers d'un meunier du XVIe siecle.* Paris: Flammarion.

Goodrich & Fang

1976 *Dictionary of Ming Biography 1368-1644.* New York: Columbia University Press.

Gueslin, A. & Guillaume, P. eds.

1992　*De la charite medievale a la securite sociale.*　Paris: les Editions Ouvrieres.

Gutton, J. P.

1974　*La Societe et les pauvres en Europe, XVIe-XVIIe siecles.* Paris: P.U.F.

Hamashima, A.

1977(1969)　"The organization of water control in the Kiangnan Delta in the Ming Period", *Acta Asiatica* 38, pp.69-92.

Himmelfarb, G.

1984　*The Idea of Poverty.* New York: Knopf.

Holmgren, J.

1985　"The economic foundations of virtue: widow remarriage in early and modern China", *Australian Journal of Chinese Affairs* 13, pp.1-27.

Ho, P. T.

1954　"The Salt Merchants of Yangchou: A Study of Commercial Capitalism in Eighteenth Century China", *Havard Journal of Asiatic Studies* 17: 1-2, pp.130-168.

1959　*Studies on the Population of China, 1368-1953.* Cambridge: Harvard University Press.

1964　*The Ladder of Success in Imperial China.* New York: Science Editions.

Hummel, A.

1970　*Eminent Chinese of the Ch'ing Period.* Taipei: Ch'eng Wen Publishing Co.

Hunt, L. ed.

1990　*The New Cultural History.* Berkeley: University of California Press.

Katz, M.

1989　*The Undeserving Poor.* New York: Pantheon.

Kidd, A. J.

1984　"Charity organization and the unemployed in Manchester c. 1870-1914", *Social History* 9.1 (January), pp.45-66.

Kinney, A. B.

1993　"Infant abandonment in Early China", *Early China* 18, pp. 107-138.

Kleeman, T.

    1988   "Wenchang and the Viper: The Creation of a Chinese National God". Ph.D. dissertation. Berkeley: University of California.

Kuhn, P.

    1970   *Rebellion and Its Enemies in Late Imperial China.* Cambridge: Harvard University Press.

    1975   "Local self-government under the Republic: Problems of control, autonomy, and mobilization", F. Wakeman & C. Grant eds., *Conflict and Control in Late Imperial China.* Berkeley: University of California Press, pp.257-298.

    1987   "Political Crime and Bureaucratic Monarchy: A Chinese Case of 1768", *Late Imperial China* VIII: 1, pp.80-104.

    1991   "Chinese Views of Social Classification", in *Language, History and Class*, P. J. Corfield ed., Basil Blackwell.（先在 J. L. Watson ed., *Class and Social Structure in Post-Revolution China.* Cambridge University Press, 1984 一書中發表）

Laget, M.

    1982   *Naissances. L'accouchement avant l'age de la clinique.* Paris: Seuil.

Leung, A. K. C.

    1985   "L'accueil des enfants abandonnés dans la Chine du Bas-Yangzi aux XVIIe et XVIIIe siècles", *Etudes Chinoises* IV-1, pp.15-54.

    1987   "Organized Medicine in Ming-Qing China: State and Private Medical Institutions in the Lower Yangzi Region", *Late Imperial China* 8:1, pp.134-166.

    1993   "To Chasten Society: The Development of Widow Homes in the Ch'ing, 1773-1911", *Late Imperial China* 14:2, pp.1-32.

    1994   "Elementary education in the Lower Yangtze Region in the 17th and 18th centuries", in B. Elman & A. Woodside eds., *Education and Society in Late Imperial China, 1600-1900.* Berkeley: University of California Press. pp.381-416.

Lum, R.

1984   "Aid for Indigent widows in nineteenth-century Canton" 手稿.

MacPherson, K.

1987   *A Wilderness of Marshes. The Origins of Public Health in Shanghai, 1843-1893*. Hong Kong: Oxford Univ. Press.

Mann, S.

1987   *Local Merchants and the Chinese Bureaucracy, 1750-1950*. Stanford University Press.

1987B   "Widows in the kinship, class, and community structures of Qing dynasty China", *Journal of Asian Studies* 46.1, pp.37-56.

Pao-Tao, C.

1991   "Chaste widows and institutions to support them in late Ch'ing China", *Asia Major* 4.1, pp.101-118.

Perdue, P.

1982   "Water Control in the Dongting Lake Region during the Ming and Qing Periods", *Journal of Asiatic Studies* XLI-4, pp.747-765.

1987   *Exhausting The Earth, State and Peasant in Hunan 1500-1850*. Harvard University Press.

Porter, R.

1989   "The gift relation: philanthropy and provincial hospitals in 18th-century England", in *The Hospital in History*. L. Granshaw & R. Porter eds., London: Routledge. pp.149-178.

Rankin, M.

1986   *Elite Activism and Political Transformation in China, Zhejiang Province, 1865-1911*. Stanford University Press.

1990   "The origins of a Chinese public sphere: local elites and community affairs in the late-imperial period", *Etudes Chinoises* 9. 2, pp.13-60.

Rankin, M. & Esherick, J. eds.

1990   *Chinese Local Elites and Patterns of Dominance*. Berkeley: University of California Press.

Rowe, W.

1984   *Hankow: Commerce and Society in a Chinese City, 1796-1889*. Stanford University Press .

1989   *Hankow: Conflict and Community in a Chinese City, 1796-1895.* Stanford University Press.

1990   "The public sphere in modern China", *Modern China* 16.3, pp.309-329.

Sangren, S.

1987   *History and Magical Power in a Chinese Community.* Stanford University Press.

Shubert, A.

1991   "Charity properly understood: changing ideas about poor relief in liberal Spain", *Comparative Studies in Society and History* 33.1 （January）, pp.16-55.

Skinner, G. W.

1977   *The City in Late Imperial China.* Stanford University Press.

Slack, P.

1988   *Poverty and Policy in Tudor and Stuart England.* London: Longmans.

Smith, J. H.,

1987   "Benevolent societies: the reshaping of charity during the late Ming and early Ch'ing", *Journal of Asian Studies* 46.2, pp.309-337.

Symposium

Public Sphere / Civil Society in China? Paradigmatic issues in Chinese Studies, III, *Modern China* 19, 2.

1993   論文包括 F. Wakeman, "The civil society and public sphere debate; Western reflections on Chinese political culture"; W. Rowe, "The problem of 'civil society' in late imperial China", M. Rankin, " Some observations on a Chinese public sphere"; R. Madsen, "The public sphere, civil society, and moral community"; H. Chamberlain, " On the search for civil society in China"; P. Huang, "Public spher / civil society in China?".

T'ien, J.

1988   *Male Anxiety and Female Chastity, A Copmparative Study of Chinese Ethical Values in Ming-Ch'ing Times.* Leiden: Brill.

Twitchett, D.

1959 "the Fan Clan's Charitable estate 1050-1760", in D.S. Nivison & A.F. Wright eds., *Confucianism in Action*. Stanford University Press. pp.96-133.

van Leewen, M.

1994 "Logic of charity: poor relief in preindustrial Europe", *Journal of Interdisciplinary History* 24: 4（Spring）, pp. 586-613.

von Glahn, R.

1991 "The Enchantment of Wealth: The God Wutong in the Social History of Jiangnan", *Harvard Journal of Asiatic Studies* 51, 2. pp.651-741.

Will, P.-E.

1980 *Bureaucratie et famine en Chine au 18e siecle*. Paris: Mouton / EHESS.

1984 "The Occurences of, and Responses to, Catastrophes and Economic Change in the Lower and Middle Yangtze", Paper for the International Conference on Spatial and Temporal Trends and Cycles in Chinese Economic History, Bellagio. pp.42-43.

1985 "State intervention in the administration of a hydraulic Infrastructure: the example of Hubei province in the late imperial times", in S. R. Schram ed., *The Scope of State Power in China*. Hong Kong: SOAS, pp.295-348.

Wong, B.

1991 "Decline and it's opposition, 1781-1850", in P.-E. Will & Wong, B. eds., *Nourish the People. The State Civilian Granary System in China, 1650-1850*. University of Michigan, pp.75-92.

Woodside, A.

1990 "State, scholars, and orthodoxy: The Ch'ing Academies, 1736-1839", in K.C. Liu ed., *Orthodoxy in Late Imperial China*. Berkeley: University of California Press, pp.158-184.

Zurndorfer, H.

1981 "The Hsin-an Ta-Tsu Chih and the Development of Chinese Gentry Society", *T'oung Pao*. 67, pp.154-215.

索　引

施善與教化：明清的慈善組織

1997年6月初版　　　　　　　　　　　　　定價：新臺幣480元
2018年7月初版第四刷
有著作權・翻印必究
Printed in Taiwan.

著　　　者	梁	其	姿
責任編輯	鄭	秀	蓮

出　版　者	聯經出版事業股份有限公司	總　編　輯	胡	金	倫
地　　　址	新北市汐止區大同路一段369號1樓	總　經　理	陳	芝	宇
編輯部地址	新北市汐止區大同路一段369號1樓	社　　　長	羅	國	俊
台北聯經書房	台北市新生南路三段94號	發　行　人	林	載	爵
電　　　話	(0 2) 2 3 6 2 0 3 0 8				
台中分公司	台中市北區崇德路一段198號				
暨門市電話	(0 4) 2 2 3 1 2 0 2 3				
郵政劃撥帳戶	第 0 1 0 0 5 5 9 - 3 號				
郵撥電話	(0 2) 2 3 6 2 0 3 0 8				
印　刷　者	世和印製企業有限公司				
總　經　銷	聯合發行股份有限公司				
發　行　所	新北市新店區寶橋路235巷6弄6號2F				
電　　　話	(0 2) 2 9 1 7 8 0 2 2				

行政院新聞局出版事業登記證局版臺業字第0130號

本書如有缺頁，破損，倒裝請寄回台北聯經書房更換。　ISBN　978-957-08-1690-7 (平裝)
聯經網址 http://www.linkingbooks.com.tw
電子信箱 e-mail:linking@udngroup.com

國家圖書館出版品預行編目資料

施善與教化：明清的慈善組織
/梁其姿著 . --初版 . --新北市：
聯經，1997年　380面；16×24公分 .
參考書目：26面
ISBN　978-957-08-1690-7（平裝）
[2018年7月初版第四刷]

Ⅰ.社會救濟-中國-近代（1600-　）

548.1　　　　　　　　　　86005627